# 国家社科基金后期资助项目
# 出版说明

后期资助项目是国家社科基金设立的一类重要项目，旨在鼓励广大社科研究者潜心治学，支持基础研究多出优秀成果。它是经过严格评审，从接近完成的科研成果中遴选立项的。为扩大后期资助项目的影响，更好地推动学术发展，促进成果转化，全国哲学社会科学工作办公室按照"统一设计、统一标识、统一版式、形成系列"的总体要求，组织出版国家社科基金后期资助项目成果。

全国哲学社会科学工作办公室

国家社科基金
GUOJIA SHEKE JIJIN HOUQI ZIZHU XIANGMU
后期资助项目

# 环境控权论

## 通过法律控制政府环境决策权力

# Theory of Environmental Power Control

Legal Constraints on
Government Environmental Decision-Making

唐瑭　著

上海三联书店

# 目　　录

# 序

祝贺唐瑭第一部个人学术专著的发表！

这部著作的选题十分有意义，它抓住了我国环境法学研究的一个重要方向——政府环境行为的规范和制约，提出和论述了一个宏大而真实的命题——环境控权。

这部著作体现了作者宽阔的学术视野，从中我们既可以看到作者对美国环境法的全面把握和深入了解（这与作者在上海交通大学攻读博士学位期间赴美国芝加哥学习美国环境法的经历是分不开的），又可以看到作者对中国环境法发展现状的密切观察和深入思考。

这部著作是我国一部难得的比较环境法学重要研究成果。作者以政治学和行政法学上的控权理论为依据，结合美国和我国环境保护体制的现状，提出并分析、探讨了美国的多中心主义环境控权模式和我国的单中心主义环境控权模式。作者的论述亮点频现。在种种学术亮点中，处于中心的是对中、美两国环境控权模式的深度观察和准确概括。这两种模式，一个水平、一个垂直，一个横向、一个纵向，比较好地总结和揭示了中、美两国有关规范和制约政府环境行为的法律机制之特点。

作者提倡多中心主义环境控权模式。就我理解，唐瑭的这个主张就是要求政府作为整体对环境保护负责，而不是仅仅由政府的一个部门（环保部门）负责。这是一个具有方向性的学术主张。这个学术主张与我国自2014年《环境保护法》修订以来的环境法治实践的发展方向是吻合的。2014年修订的《环境保护法》突破性地加强了对有关环境的政府行为的规范和制约。之后，不论是2015年中共中央和国务院联合制定的《党政领导干部生态环境损害责任追究办法（试行）》，还是中央和地方生态环境保护督察工作的常态化，都是对作为整体的政府的环境履职之新要求。唐瑭的这部著作为这个方向上的学术研究增添了一个重要的新成果。

这部著作的另外一个值得称道之处，是作者对学科交叉研究方法的运用。在这部著作中，作者比较熟练地运用经济学、政治学等基础学科的相关基本原理和工具,对中、美环境法律制度进行深度观察和思考。这种交叉学科方法的成功运用,使得作者新观点的提出水到渠成、自然而然、瓜熟蒂落。

总而言之,这是一部既充满新意又建立在传统学科深厚理论基础上的用功之作。作者成功地运用了多学科交融的研究方法,大胆提出并初步论证了具有特色的重要学术主张。通过作者的观察、分析和阐述,我们对中、美两国环境法的认识更加深入。

在亮点频现的同时,这部著作也存在一些不足。例如,对一些基本概念定义不足、有的地方的论述不够严密和充分等。当然,这些缺点瑕不掩瑜,相信作者会在今后的学术生涯中对其加以修补。

祝愿唐瑭在这部著作的基础上,继续发展,不断产生新的学术成果!

王　曦

2019 年 8 月 18 日

# 自　序

　　控权理论是公法学领域的一个基本理论,其是由法治原则发展而来的。控权观念在英美法国家有着较长的历史,已渗透到法律的各领域。以20世纪70年代美国颁行的《国家环境政策法》(National Environmental Policy Act,NEPA)为代表的具有里程碑意义的环境法律,代表着环境法治治理的一种新方式,即通过法律来控制政府各行政机构有关环境影响的行政决策的作出。本书将这种理念与方式总结为环境控权,即通过法律所规定的规范,施加给行政机构相应的政府环境责任,通过有效的司法救济及其他救济方式,控制行政部门所作出的可能影响环境或者涉及环境的行政决策。

　　控权理论是解决环境问题上政府失灵的有效手段之一。无论是美国还是我国的环境法律实践均表明,在环境问题的诱发、作用及加重的过程中,除了以企业为主的污染者是直接因素外,政府机构作为公共政策的制定者、公共事业发展的导向者、公共利益的管理者,也是引发环境问题的一个重要因素。因而,除了污染者及环境执法部门外,所有的政府行政机构也应当是环境法治制约及规范的重要主体。美国《国家环境政策法》作为较早提出并规范所有政府行政机构与环境有关的行政决策的法案,为世界其他国家治理环境提供了可资借鉴的理念与方法。这种理念与方法的践行有赖于基本的行政控权规则体系。本书便将控权理论运用于环境法律领域。那么什么是环境控权呢? 如同行政控权一样,环境控权意指通过法律来控制行政机构的环境行政决策权,包括涉及环境问题或环境影响的具有自由裁量权的行政决策权。

　　环境保护法的根本目的究竟为何? 这是环境法研究必须要面对和回答的问题。自生态文明建设开展以来,近几年环境公益诉讼蓬勃发展。环境司法的发展以《民法典》的环境侵权责任为依据,在环境民事公益诉讼方面取得了较大发展。以检察公益诉讼为主的环境行政公益诉讼多以诉前检察而终结,旨在监督环境保护机关的环保履职。环境立法以行政管理法

1

为主,大多环境法规范赋予了环境行政机关履行环境保护的职责与职能,以管理污染者和生态破坏者的行为作为主要规范内容。我国《环境保护法》于 1989 年正式出台,于 2014 年进行了修改。目前,我国形成了以《环境保护法》为基础,以《大气污染防治法》《水污染防治法》《固体废物污染环境防治法》《环境噪声污染防治法》《放射性污染防治法》《海洋环境保护法》等一系列环境资源保护单行法律为主要内容的环境保护法律体系,并建立了环境影响评价制度、"三同时"制度、排污收费制度、排污许可制度、限期治理制度等主要环境管理制度。这一体系在我国实施至今已有近四十年。我们不可否认,在过去四十年中,我国环境与资源保护方面取得了非常大的进步与发展,特别是对可持续发展、生态文明等环境保护理念的接受与不断更新。近年来,对生态环境法典编纂的研究空前繁荣,生态环境法典也呼之欲出。然而,由于环境立法、环境司法与环境法学研究相互作用发展,加之生态文明建设的持续推进及环境保护相关的新概念层出不穷,以行政管理法为核心的环境立法与以环境侵权为解释和适用逻辑的环境司法几近断裂,使得环境保护法的价值论、目的论和方法论并不统一,甚至越发多元和分散。

环境保护法应当回归其本源问题,环境法研究亦应当追问其本源问题,即究竟环境保护法为何,以及环境保护法的本源逻辑为何。过去四十年,我国环境法研究在立法论和解释论上的研究都卓有成效,有两条逻辑主线始终贯穿其中:一是惩罚污染主体或生态环境破坏主体的逻辑;二是侵权法中的损害结果论的逻辑。但是,这两条逻辑皆非环境保护法的本源逻辑。在污染防治的研究中,研究者基本以环境行政管理为视角,以环境保护部门的执法为基点,主张惩罚污染主体或生态环境破坏主体。在环境司法专门化研究中,研究者多以民事侵权和民事法律关系为核心,以损害结果为基准,将惩罚污染主体或生态破坏主体作为救济路径。在生态系统保护的研究中,研究者以生态系统立法保护为重心,从行政管理的逻辑展开论述。在生态环境法典编纂的研究中,研究者虽有回归法学研究之意,但或因法典化工作较为纷繁宏大,仍未脱离上述两条逻辑,且湮没了环境保护法的本源问题。因此,追问环境保护法的本源为何,尤为必要。

环境保护法的本源逻辑应为通过法律来控制行政机关的环境行政权力,即环境控权。环境行政权力包括两个方面:一是具有环境保护职责的行政机关的行政权力;二是各行政机关涉及生态环境公共利益的行政决策及行政权力。生态环境保护法的价值目标是生态环境公共利益。所谓生态环境公共利益,有别于公民个体环境利益,其应有三个层面的含义,一是公共环境健康利益;二是生态环境自身利益;三是生态环境风险。依据《宪法》,国家具有保护生态环境公共利益的义务和职责,即国家环境保护义务。行政管理法是通过立法授予国家及政府保护环境的职责,所以称为行政权力,行政权力自然应当受到法律监督,应当为法律所控制。此谓控权,即通过法律来控制行政权力。以行政管理法为核心的环境保护法应顺应和遵循此宪法逻辑与规律,以公法下的控权论为其首要研究进路。

　　立足当下,研究生态环境法中的控权论,应从两个维度把握:一方面,生态环境法的运行应当按照控权论的逻辑展开。从立法者到执法者,从司法者到研究者,看待环境问题及环境管理的视角应当转变,即从环境行政管理的视角向环境控权的视角转变。从管理的视角向控权的视角转变,意指从"控制—命令型"单一地由环保部门管理以企业为主的污染者的行政管理模式,向"互动—协商型"多元化的互动模式转变。另一方面,面向当前过于能动的环境司法,诸多环境公益诉讼案件未能厘清我国环境行政权和环境司法权之间的逻辑关系。以环境控权论的视角,有利于厘清我国环境行政权和环境司法权之间的逻辑关系,即应依照环境立法,使环境行政权充分履行,当行政机关履职不充分或者其环境行政权缺位时,则由法院行使环境司法权。

　　本书试图围绕控制政府环境行政决策权力这一主题,对中、美环境法进行深入比较和分析。根据美国和中国法律法规的不同,按照被控权对象来划分,本书将美国和中国的环境控权模式分别界定为多中心主义控权模式与单中心主义控权模式。环境控权的多中心主义模式是指被控权对象多元化,各行政机构均为被控权的对象,如美国环境控权体系是控制和制约联邦政府各部门,具有多元化的特点。环境控权的单中心主义模式是指被控权对象单一化,只有环境行政部门才是被控权对象,如我国以环境保护部门作为控权对象。从环境控权的角度看,环境控权主要包括两种类型,即以美国环境法为基础形成的多中心主义环境控权体系和以我国社会主义法治特色为基础的环保部门中心主义环境控权体系。这两个体系所控制权力的对象、方法、运作机制等都差别非常大,而这正是本书试图阐释和辨析清楚的问题。本书的另一个亮点便是结合美国国会对《国家环境政策法》的立法过程,分析环境控权体系的形成过程。关于国会立法过程的阐述,本书均采用国会立法记录的第一手资料,以历史分析的方法来客观揭示这一过程,并阐述其对环境控权体系形成的影响。这在国内对美国环境法的研究中较为少见。

　　通过环境控权规则体系及理论模型的构建,本书试图为转型时期的中国处理环境问题提出一条从认识论到方法论的转变性治理之路。这种转变的关键便是从管理论的认识论向控权论的认识论的转变,而具体路径便是构建环境控权规则体系。其中,最大的困境便是使《环境保护法》从立法到司法在认识论上发生这种转变。本书并不认为应当照搬照抄外国立法,但是美国环境治理水平和环境质量保护效果较好,确有其优点。本书通过平行化分析,阐述和分析两种类型在运作机制、具体规则、控权核心方面之不同,从认识论和方法论上提出美国可供学习之处。

对于我国《环境保护法》的立法视角如何转变、环境控权规则体系何以实现等问题,美国的《国家环境政策法》及其判例规则给了我们一个虽不可复制但可借鉴的样本。我们可以从美国环境控权规则体系建立的原因、困境及问题应对方案中受到很多启发,从而推动我国在这一问题上的转变。

此外,我们需要厘清"通过法律来控制行政机构的环境行政决策权"的含义。首先,在英美法的用语中,"行政机构"是指联邦政府的所有行政机构,包括联邦政府各部门及各独立委员会或独立行政机构,如内务部、交通部、住房建设部、州际贸易委员会、原子能委员会等。在我国的用语中,一般是用"行政机关"或者"地方政府",二者在本书中同义。其次,"环境行政决策权"是指涉及环境问题或环境影响的行政决策,并非仅限于环境保护部门的环境执法的环境行政决策。最后,"行政决策权"主要是指行政机构享有自由裁量的行政决策权力,这种权力类型包含前文所讲的针对不特定人的行政规则的制定及针对特定人的行政裁决的颁布,以及其他各种可能影响环境的行政决策。

谨以此书献给我国正在转型中的生态环境保护事业!

唐　瑭

2024 年 4 月 22 日

# 引　言

控权理论是公法学领域的一个基本理论,其是由法治原则发展而来的。控权观念在英美法国家有着较长的历史,已渗透到法律的各领域。以20世纪70年代美国颁行的《国家环境政策法》为代表的具有里程碑意义的环境法律,代表着环境法治治理的一种新方式,即通过法律来控制政府各行政机构有关环境影响的行政决策的作出。本书将这种理念与方式总结为环境控权,即通过法律所规定的规范,施加给行政机构相应的政府环境责任,通过有效的司法救济及其他救济方式,控制行政部门所作出的可能影响环境或者涉及环境的行政决策。

控权理论是解决环境问题上政府失灵的有效手段之一。无论是美国还是我国的环境法律实践均表明,在环境问题的诱发、作用及加重的过程中,除了以企业为主的污染者是直接因素外,政府机构作为公共政策的制定者、公共事业发展的导向者、公共利益的管理者,也是引发环境问题的一个重要因素。因而,除了污染者及环境执法部门外,所有的政府行政机构也应当是环境法治制约及规范的重要主体。美国《国家环境政策法》作为较早提出并规范所有政府行政机构与环境有关的行政决策的法案,为世界其他国家治理环境提供了可资借鉴的理念与方法。这种理念与方法的践行有赖于基本的行政控权规则体系。本书便将控权理论运用于环境法律领域。那么什么是环境控权呢? 如同行政控权一样,环境控权意指通过法律来控制行政机构的环境行政决策权,包括涉及环境问题或环境影响的具有自由裁量权的行政决策权。

本书试图围绕控制政府环境行政决策权力这一主题,对中、美环境法进行深入比较和分析。根据美国和中国法律法规的不同,按照被控权对象来划分,本书将美国和中国的环境控权模式分别界定为多中心主义控权模式和单中心主义控权模式。环境控权的多中心主义模式是指被控权对象多元化,各行政机构均为被控权的对象,如美国环境控权体系是控制和制约联邦政府各部门,具有多元化的特点。环境控权的单中心主义模式是指被控权对象单一化,只有环境行政部门才是被控权对象,如我国以生态环境部门作为控权对象。从环境控权的角度看,环境控权主要包括两种类型,即以美国环境法为基础形成的多中心主义环境控权体系和以我国社会主义法治特色为基础的环保部门中心主义环境控权体系。这两个体系所控制权力的对象、方法、运作机制等都差别非常大,而这正是本书试图阐释和辨析清楚的问题。本书的另一个亮点便是结合美国国会对《国家环境政策法》的立法过程,分析环境控权体系的形成过程。关于国会立法过程的阐述,本书均采用国会立法记录的第一手资料,以历史分析的方法来客观揭示这一过程,并阐述其对环境控权体系形成的影响。这在国内对美国环境法的研究中较为少见。

通过对美国《国家环境政策法》及其判例的研究,本书以英美法治原则下的控权论为理论基础及基本模型,依托以美国宪法及行政法为主体的行政控权规则体系,构建并分析了以《国家环境政策法》的成文法规则及判例法规则为核心的环境控权规则体系。并且,本书通过环境控权的基本模型,对中国环境控权体系进行分析,总结出两种环境控权模式,即多中心主义模式和单中心主义模式,从而对环境控权理念论、构造论和借鉴论进行了详细、系统的阐述。本书的研究目的是以美国环境控权体系为参照,反思我国环境控权体系的构造及问题,提出我国未来环境治理理念和制度设计的完善方向。

我国《环境保护法(试行)》于1979年颁布,《环境保护法》于1989年正式出台并于2014年进行了修改,而环境保护法律体系也在此基础上于20世纪90年代基本形成。目前,我国构建了以《环境保护法》为基础,以《大气污染防治法》《水污染防治法》《固体废物污染环境防治法》《环境噪声污染防治法》《放射性污染防治法》《海洋环境保护法》等一系列环境资源保护单行法律为主要内容的环境保护法律体系,并建立了环境影响评价制度、"三同时"制度、排污收费制度、排污许可制度、限期治理制度等主要环境管理制度。这一体系在我国实施至今已有近四十年。我们不可否认,在过去四十年中,我国环境与资源保护方面取得了非常大的进步与发展,特别是对可持续发展等环境保护理念的接受与更新,以及近几年对节能减排所作出的努力等,而环境保护法律体系在其中自然发挥了不可替代的作用。

然而,在这四十年中,随着环境治理工作的不断开展,也不断有新的环境问题出现。从20世纪末及21世纪初的松花江污染、淮河污染等大面积的水污染问题及各种重大环境污染的突发事件,到近十年的环境群体性事件及近几年引起关注的能源消耗与温室气体增多的问题,再到近两年集中

出现的雾霾问题,都既推动着我国环境保护法治不断发展,也表明了我国
环境保护法律体系所存在的各种问题。这种趋势既显示了我国环境法律
研究在不同时期的不同重点,也显示了我国环境法律研究尚不能涵盖所有
现实中出现的问题。

　　十八届三中全会以前,我国环境法律研究在解释上述问题时,基本以
环境行政管理为视角,以生态环境部门的执法为基点,以环境保护法律的
修改和完善为路径。通常的研究者认为,我国的环境问题之所以不断出
现,是因为我国环境法律的可操作性不强;环境执法部门的执法力度较弱;
我国仍然是以经济发展为主的发展中国家,因而难免要牺牲环境利益;以
及在环境管理尚没有实现垂直管理,环境管理部门仍隶属于各级地方政府
的情况下,各地的地方政府部门以 GDP 为政绩考核的核心,从而忽视了环
境保护工作。

　　不可否认,上述观点都分析了在我国的基本国情下所存在的各项因
素,但是这些因素固然重要,却未必是问题的核心与关键。一个更为核心
的问题在于,从立法者到执法者,从司法者到研究者,看待环境问题及环境
管理的视角应当转变,即从环境行政管理的视角向环境控权的视角转变。
从管理的视角向控权的视角转变,意指从"控制—命令型"单一地由环保部
门管理以企业为主的污染者的行政管理模式,向"互动—协商型"多元化的
互动模式的转变。所谓多元的互动模式,是指将社会生活中的各种涉及环
境问题的主体全部纳入考虑体系,除了环保部门和以企业为主的污染者
外,还应当包括受环境影响的公众,以及享有可能影响环境的行政决策权
的其他政府部门。这种互动模式的主要视角及实现路径便是环境控权,即
以风险预防原则为基本理念,借助法律规范,以行政机构作为控权对象,以
政府环境责任作为核心,为行政部门设置更为合理的决策程序,通过司法
救济及其他救济方式来控制行政部门所作出的可能影响环境或涉及环境
的行政决策。

　　通过环境控权规则体系及理论模型的构建,本书试图为转型时期的中
国处理环境问题提出一条从认识论到方法论的转变性治理之路。这种转
变的关键便是从管理论的认识论向控权论的认识论的转变,而具体路径便
是构建环境控权规则体系。其中,最大的困境便是使《环境保护法》从立法
到司法在认识论上发生这种转变。本书并不认为应当照搬照抄外国立法,
但是美国环境治理水平和环境质量保护效果较好,确有其优点。通过平行
化分析,阐述和分析两种类型在运作机制、具体规则、控权核心方面之不
同,从认识论和方法论上提出美国可供学习之处。

对于我国《环境保护法》的立法视角如何转变、环境控权规则体系何以实现等问题,美国的《国家环境政策法》及其判例规则给了我们一个虽不可复制但可借鉴的样本。我们可以从美国环境控权规则体系建立的原因、困境及问题应对方案中受到较多启发,从而推动我国在这一问题上的发展。

在环境控权问题上,目前我国尚没有学者明确提出并研究,但有学者就政府在环保领域的失灵、构建政府环境责任、监督和管理政府与环境有关的行政行为等问题提出建议及观点,如蔡守秋、王曦、吕忠梅、张建伟、钱水苗等(以中国知网关键词搜索结果为标准)。其中,具有代表性的是如下两位:张建伟的著作《政府环境责任论》提出,应当为政府设定更多的环境责任;王曦教授的文章《环境主体互动法制保障论》则从理念上提出了"环境主体参与的多元化、互动化",并且提出了应当为政府与环境有关的行政行为提供更多的规范。就具体规则的完善而言,有不少学者对不同的问题进行了研究。例如,在推动环境公民诉讼、环境公益诉讼的构建上,李艳芳、李挚萍、朱谦、陈冬、巩固、王小钢等学者(以中国知网关键词搜索结果为标准)进行了多年的研究。在环境信息公开问题上,李艳芳、朱谦、张建伟、周卫等学者(以中国知网关键词搜索结果为标准)曾提出过各种建议及观点。但是,总体来讲,上述研究都尚没有实现一种视角的彻底转变。就对控权论的研究而言,我国行政法学界的学者参与较多,如叶必丰、沈岿、孙笑侠、徐炳等。

从国外的研究看,对控权论的研究以英国的威廉·韦德、美国的伯纳德·施瓦茨为代表。《国家环境政策法》的环境控权功能在美国国会立法及美国环境法学者中是普遍的通说,并不需要特别的研究。对《国家环境政策法》有较多研究的学者包括卡朋特(Carpenter)、卡德维尔(Caldwell)等。美国学者对环境问题的研究具有综合性、广泛性、多元性等特点。综合性体现在美国学者对环境法的研究方法较为多元,往往不局限于环境法本身来研究环境法问题,而是通过多角度来渗透。例如,对美国环境法律制度的研究会与气候变化背景下的温室气体之标准、监测等技术问题结合起来,对排污权交易的研究会与财产权、产权交易等经济学问题结合起来。广泛性体现在对美国环境法内容的研究上,有的学者从非政府组织(NGO)入手来研究,有的学者从《国家环境政策法》入手来研究,有的学者从具体的制度来入手研究,有的学者从具体某个条款入手来研究,有的学者则从案例入手来研究。例如,美国学者 Peter Borrelli 从环境道德的角度对环境法律问题进行研究,而 Daniel Mandelker 教授则对《国家环境政策法》的法律制度有深入的研究。多元性则体现在美国环境法研究的研究者的身份之多元化。与此同时,对美国环境法进行概括性介绍的专著也有很多,如 Percival 教授的《美国环境法律、规制与政策》、史蒂文·费里的《环境法——案例与解析》、芬德利与法贝尔的《美国环境法简论》等。从更为广泛的角度介绍美国立法过程及美国法律发展史的著作也有很多。通过这些介绍,本书可以更为清晰地把握美国环境立法理念的发展脉络。从美国环境立法理念的研究看,较少有学者直接使用"美国环境立法理念"这一名词,这可能是由于英美法系与大陆法系的名称使用之差异。实质上,认为以《国家环境政策法》作为统领的美国环境法旨在规范政府环境行为的学者在美国有很多。Peter Borrelli 和 Daniel Mandelker 教授都认为《国家环境政策法》是美国环境法中具有统领性的法律,甚至称之为环境保护领域的"大宪章"。因此,《国家环境政策法》的立法理念实际上统领了整个美国环境法律的立法。George J. Mannina Jr. 认为,《国家环境政策法》是规范政府环境行为的法律,是帮助政府进行科学决策的法律。

此外,我们需要厘清"通过法律来控制行政机构的环境行政决策权"的含义。首先,在英美法的用语中,"行政机构"是指联邦政府的所有行政机构,包括联邦政府各部门及各独立委员会或独立行政机构,如内务部、交通部、住房建设部、州际贸易委员会、原子能委员会等。在我国的用语中,一般是用"行政机关"或者"地方政府",二者在本书中同义。其次,"环境行政决策权"是指涉及环境问题或环境影响的行政决策,并非仅限于生态环境部门的环境执法的环境行政决策。最后,"行政决策权"主要是指行政机构享有自由裁量的行政决策权力,这种权力类型包含前文所讲的针对不特定人的行政规则的制定及针对特定人的行政裁决的颁布,以及其他各种可能影响环境的行政决策。

谨以此书献给我国正在转型中的环境法治事业!

# 第一章 环境控权的理论源：
## 基于目的与意义的分析

英国法学家威廉·韦德在其《行政法》一书中，将行政法的第一含义界定为"关于控制政府权力的法"①，由此控权论便得以诞生及发展。控权论是行政法的认识论之一，它与管理论及我国行政法学界通行的平衡论相对应。② 同时，控权论经日后的发展也可被视为一种践行法治的方法论，即通过法律来控制行政权力。③

就方法论的角度而言，美国环境法与美国行政法一脉相承，法律通过授予行政机构以行政职权与职责，并用相应制度来保障其执行，从而实现对行政机关的权力控制。在美国环境法律体系中，《国家环境政策法》集中体现了这一点。在英美法系框架下，美国法继承了英国行政法的法治理念，美国行政法从英国行政法发展而来。法治理念本身便包含了通过法律来控制行政权力的含义，从这一意义上来讲，美国行政法乃至美国环境法都是对控权论的进一步践行，以实现法治理念。就认识论的角度而言，美国行政法与美国环境法是基于法治理论而产生的控制行政权力的法律。

通过法律来控制行政权力，也就是让公共机关的权力居于法律之下，之所以如此，是因为所有的公共权力均具有以下两个特点：第一，它们都应受到限制，没有绝对的和没有制约的行政权力；第二，任何权力都有可能被滥用，这是一个必然的结果。④ 同时，我们应当清楚地认识到，"滥用"一词并不当然地具有恶意、坏意等这样的贬义性质。行政机构可能会像其他人一样容易误解自身的位置，并且其所需执行的法律规范是复杂的、不明确的，所以滥用权力是不可避免的。因此，法律提供各种方法去制止滥用

① ［英］威廉·韦德：《行政法》，徐炳译，中国大百科全书出版社1997年版，第5页。
② 我国行政法学者罗豪才教授主张行政法平衡论。
③ 我国学者孙笑侠主张通过法律来控制行政权力，相关论述详见其专著《法律对行政的控制》。
④ ［英］威廉·韦德：《行政法》，徐炳译，中国大百科全书出版社1997年版，第5页。

尤为重要。①

　　本章力图梳理控权论的理论渊源，以及其对环境控权理论形成的影响。从理论渊源上讲，控权论除了源自古老的亚里士多德、孟德斯鸠等法学家的法治理论，还源自更为具体的英国行政法理论及美国建国之初的民主主权理论。

# 第一节　控权的一般理论

## 一、控权对法治的演绎

　　法治的基本内涵之一，便是控制和制约行政机关的行政权力。控权论是对法治理念的一种具体演绎。在控权理论中，法治具有以下四个层面的含义：

　　法治的第一层基本含义是，任何事件都必须依法而行。"将此原则适用于政府时，它要求每个政府当局必须能够证实自己所做的事是有法律授权的，几乎在一切场合这都意味着由议会立法的授权。否则，它们的行为就是侵权行为，或侵犯了他人的自由。"②"政府部门及权力的所有者即所有影响他人法律权利、义务和自由的行为都必须说明它的严格的法律依据"③，这便是合法性原则。

　　合法性原则在英国学者的控权论之中并不被视为最高标准，其是法治的基本底线。因为"政府所以被授予无限的自由裁量权，而使它们所做的一切都可以合法"④。

　　法治的第二层基本含义是，政府必须根据公认的限制自由裁量权的一整套规则和原则办事。⑤英国行政法是英美行政法的基础，其作用在于限制议会立法授予部长或其他行政机关的行政权力，其所体现的控权论中法治的实质便是防止滥用自由裁量权的规则。这种法治必须是客观的、非政治的。

　　法治的第三层基本含义是，对政府行为是否合法的争议应当由完全独

---

① 　[英]威廉·韦德：《行政法》，徐炳译，中国大百科全书出版社1997年版，第5页。
② 　同上，第25页。
③ 　同上。
④ 　同上。
⑤ 　同上。

立于行政之外的法官裁决。[①] 在英美法系中,这种争议由普通法院裁决。在英美法系下,由高度独立的法官组成的普通法院提起针对政府的争议,其独立性会更加强。

法治的第四层基本含义是,法律必须平等地对待政府和公民,即政府不应当在普通法律上享有不必要的特权和豁免权。[②]

上述四个层面既是控权论对法治理念的进一步演绎,也是法治理念对控权论的基本要求。

## 二、法治理念下的控权原则

控权论不仅在理论上深化了法治的概念及意义,而且针对法治对控权论的上述四个基本要求,控权论发展了实现法治要求的四个基本原则。这四个原则的实现也是英美行政法的核心价值内容。法治的第一层基本含义要求"任何事件都必须依法而行",英美行政法对应的具体原则是越权原则。法治的第二层基本含义要求"政府必须根据公认的限制自由裁量权的一整套规则办事",这一要求延伸出了限制自由裁量权原则。法治的第三层基本含义要求"对政府行为是否合法的争议应当由完全独立于行政之外的法官裁决"。法治的第四层基本含义要求"法律必须平等地对待政府和公民",对应的是自然正义原则。自然正义原则具体体现为反对偏私原则和和公正审判原则。以上这些具体原则构成了英美行政法的核心内涵。

### (一) 越权原则

法治的第一层基本含义要求"任何事都必须依法而行"。以控权论为基础的英美行政法对应这一要求延伸出越权原则,即行政机构不得越权,应依法律授权行使职权。[③] 这也是控权论的一项重要原则。

越权原则的"权"从广泛意义上讲是指行政管辖权。越权原则可理解为任何超越行政管辖权之外的行政行为与行政命令在法律上是无效的。这是因为法律效力必须由法律授予,如不在法律范围内,它就在法律上不成立。为达到真正的法律效果,法院被法律授权,提供以下几种限制行政权力、保障公民权利的司法救济形式,具体包括调卷令(Certiorari)、禁止执行的禁止令(Injunction)、发回重新裁决等。其中,发回重新裁决是指不合法的决定可以由合法的行为或决定代替。越权原则的"权"在更深层次上

---

① [英]威廉·韦德:《行政法》,徐炳译,中国大百科全书出版社1997年版,第27页。

② 同上。

③ 同上,第43页。

是指法律授予的职权，或曰法定授权。行政机构应当依法定授权行事，不得超越法律的授权范围。众所周知，法定授权有时是非常明确的，有时也存在一定的模糊性，有时在法定授权与自由裁量权之间存在一定的空白地带。后两种情况在现实中大量存在，这便主要依赖于法官对法律适用的解释来判断行政自由裁量权的合法性。这一适用的关键在于对权力界限的认定和把握。

在法律规定的行政权限明确的情况下，适用法律仅仅是从文字上解释法律语言，进而适用于事实。这种法律适用是清晰、明了、简单的。例如，法律规定"只要土地不是公园，就可以被强制征用"，那么法院只需裁决所争议土地是否是公园。大部分情况下，法律规范的漏洞会导致自由裁量权的产生。例如，如果法律本身对"公园"的概念界定不清晰，存在一定的模糊性，那么便需要法院进一步作出解释。这种情况下，法律授权与自由裁量权之间便有可能存在一定的空白。这一空白的大小同样取决于法律规定。如果法律对"公园"的概念有一定的描述，只是存在模糊度，那么也可认为对争议土地是否是公园的理解仍由法律界定，只是需要法官稍加解释。这种情况下，越权原则足以限制行政权力，法定授权与自由裁量权之间的空白并不大。然而，当自由裁量权过大时，仅靠越权原则是不能有效限制行政权力的。如果法律规定"只要部长认为它不是公园就可以强制征用"，那相当于法律授予了行政机构一项自由裁量权，其所留下的法定授权与自由裁量权之间的空白便相当大。在确有争议的情况下，法官不考虑行政机构是否持有上述观点即可。在此，我们可以考虑一种更为极端的情况。如果行政机构决定征用海德公园的土地，并论证认为这不是公园[1]，那么其存在争议时，法院是否仍只考虑其合法的自由裁量权即可呢？这显然是不合理的。这也是法定授权与自由裁量权之间最大的空白之所在。那么，此时应当如何处理呢？

海德公园的情形便印证了前文法治含义所提到的，仅仅满足第一层基本含义（依法行事）是远远不够的。因此，控权论仅有一个越权原则也是不够的，是无法符合法治的四个基本要求的。故而与第二层基本含义（政府必须根据公认的限制自由裁量权的一整套规则和原则来办事）相匹配的限制自由裁量权原则便应运而生。在这一规则之下，仅仅根据法定授权的自由裁量权认为海德公园不是公园是不成立的，因为法院可以认定行政（部

---

① ［英］威廉·韦德：《行政法》，徐炳译，中国大百科全书出版社1997年版，第43页。

门)机构的行为是恶意的、不合情理的,从而认定其无效并撤销之。①

**(二) 限制自由裁量权原则**

对自由裁量权进行相应限制,从广泛的控权论意义上包括两种方式:一是通过法律来限制自由裁量权;二是通过司法审查来限制自由裁量权。第一种方式也可被理解为通过议会(国会)来限制自由裁量权,因为法律是经由议会(国会)制定的。自由裁量权被视为行政权力的核心要素,行政权力也当然地包括法律授予的其他行政管辖权。在法治理念下,自由裁量权应当是法律所重点关注的领域,也是控权论的核心。

自由裁量权与法律的关系并非非全对立,如海德公园的例子。当法律规定"只要部长认为它不是公园便可强制征用"时,实质上是授予了行政机构一项自由裁量权。在此种意义上,法律与自由裁量权是有相容性的。但是,当部长通过论证认为海德公园不是公园,可以强制征用时,其决定显然具有不合理性。在这样的情况下,即便是被法律授予的自由裁量权,也应当被限制。这种限制的方式包括议会通过一项新立法予以限制,以及法院通过司法审查加以限制。由此可以看出,法律与自由裁量权并非不相容。根据现代法治要求,对自由裁量权的态度也并非完全消灭,而是通过法律来提供一套公认的限制自由裁量权的规则和原则,从而控制它的行使。

限制自由裁量权原则有两层含义:一是所有的权力均受法律限制;二是法院应当确定哪些限制,以在行政效率与对公民的法律保护之间作出最为适当的平衡。在现代法治理念的权力运行结构中,法院所承担的限制功能已远远大于议会。议会可以授予看似绝对和专断的权力(如公园的例子),但法院也会拒绝专断的、无拘束的(恣意的)自由裁量权的行使。法院要求法定权力应合理、善意且仅为正当目的行使,并与法律精神及内容相一致。这一点在美国《国家环境政策法》中也被普遍强调,同时形成了许多的案例。

从另一方面来讲,这便形成了司法权大于行政权和立法权的局面。长期的司法控制也引起了人们对如何控制司法审查的界限,以防止司法过度干预行政权力,从而导致对行政权力的篡夺之考量。这也是现代法治的另一层面思考。在美国法律体系和法律规范之运行中,也存在这一问题。法院通过解释法律,维护法律对自由裁量权的限制,从而维护法治的要求。由此,法院的限制功能便不断扩大和加强。

对于司法权力的限制问题,限制自由裁量权原则与越权原则相得益

---

① 〔英〕威廉·韦德:《行政法》,徐炳译,中国大百科全书出版社1997年版,第43页。

彰,这是因为"在要求合理地、善意地和有正当理由地行使法定权力时,法院仍在众所周知的越权原则范围内工作"①。越权原则是限制自由裁量权原则的根本,而限制自由裁量权原则是对越权原则的深化。法院假设议会没有授权不合理行为的意图,因此一旦有不合理行使自由裁量权行为发生时,便认定这种行为是超出了议会授权的,此乃限制自由裁量权的司法方法。

这种判断自由裁量权是否过当的司法方法就是合理原则。法官可以依据合理原则来判断行政机关所行使的自由裁量权是否已超越议会制定法律授权的范围。在我们前文提到的公园征地的例子中,法院要求法定权力应合理、善意且仅为正当目的行使。法院判断自由裁量权是否越权,主要是以合理原则作为依据。以韦德内斯伯里案为代表,英国法院形成了"韦德内斯伯里原则"或"韦德内斯伯里不合理性",意指司法会阻止不合理权力的行使,其标准为专断地、反复无常地、恣意地行使自由裁量的行政权力。②

显然,在法律的合理限制范围内,行政机构可以自由地行使自由裁量权。③ 因此,符合合理原则的裁决,在没有超出法律限制的情况下,法院并不能干涉。换言之,法院的司法审查只针对不合理的越权行为,或者反复无常地、专断地、恣意地行使自由裁量权的行为。法院并不考量行政决策的利弊得失及政策的明智与否。④ 这也可以看作立法限制与司法限制之间的疆界。黑尔什姆大法官便指出,两个合理的人可以对同一事件得出完全相反的结论,且无法指责这两个相反的结论有任何不合理。⑤ 合理原则及标准对于填补法定授权与自由裁量权之间的适用空白而言是非常重要的。⑥

越权原则及限制自由裁量权原则均反映了一个问题,即在公法中没有不受约束的自由裁量权(行政权力)。无约束的自由裁量权不适合授予为公共利益而使用权力和拥有权力的公共权力机关。⑦ 这正是控权论最为重要的观点。

**(三) 自然正义原则**

"自然正义"一词在广泛意义上与"公正"一词基本同义。英美行政法

---

① [英]威廉·韦德:《行政法》,徐炳译,中国大百科全书出版社1997年版,第57页。
② 同上,第68页。
③ 同上,第77页。
④ 同上。
⑤ 同上。
⑥ 同上。
⑦ 同上。

对自然正义有更为具体清晰的概念界定。英美行政法认为，自然正义以正当程序作为具体制度载体，它包括公正程序的两项根本规则，即一个人不能在自己的案件中作为法官，以及人们的抗辩必须被公正地听取。①这两项规则是自然正义原则的具体体现，也是程序正义（正当程序）的根本性规则。之所以称为自然正义原则，是因为在英美法系中，这两项规则应当理所当然地被遵守，并且被相当普遍地广泛应用。

自然正义原则符合控权论所体现的法治要求，即法律提供"一整套规则和原则"。同时，自然正义原则的两项具体规则也体现了法治所要求的"对政府行为是否合法的争议应当由独立于行政之外的法庭裁决"（即一个人不能在自己的案件中作为法官），以及"法律应当公平地对待政府和公民"（即人们的抗辩必须被公正地听取）。这是控权论的核心制度与原则。

自然正义原则在立法、执法、司法上普遍适用，对控制行政权力起到了非常关键的作用。体现自然正义原则的正当程序制度最早应用于英国行政法的司法控制领域，后来推广至行政执法领域，并且由于在行政执法中的普遍适用，最终进入立法领域。此后，正当程序成为一种行政程序性制度，进而由立法再次反作用于行政执法及司法领域，最终成为一种极其普遍且自然的制度和原则。美国行政法与美国环境法都继承了这一原则中的基本制度。

最早在英国司法判决的适用中，自然正义原则也是与越权原则配合适用的。这是因为凡是违反自然正义的行政行为便被划为各种错误程序或滥用权力的情形之一，即超越了议会意向授权的范围②，法官可以裁决其越权。在 Spackman v. Plumstead District Board of Works（1885）一案中，塞尔波恩勋爵便指出："如果做出了有违基本正义的事情，那就不是法律意义之内的决定。"这一段话被广泛引用。到 1980 年的 A. -G v. Roym 一案，检察院再次引用并指出"触犯自然正义原则的决定是超越决策机构权力的决定，这早已成为法律定则"。因此，自然正义原则作为强制性要求起作用，不遵守它会使权力的行使归于无效。③在司法控制行政权力方面，自然正义原则与限制自由裁量权原则都具有普遍适用性。前者要求行政机构不得无视正当程序，后者要求行政机构不得任意地、反复无常地、武断地行使自由裁量权。可谓一个是程序性要求，一个是实质性要求。违反二

① ［英］威廉·韦德：《行政法》，徐炳译，中国大百科全书出版社 1997 年版，第 95 页。
② 同上。
③ 同上，第 95—96 页。

者中的任何一个之行为,均被法院视为越权,从而被撤销或者宣告无效。

自然正义原则是从英国法中流传下来直至为美国法所继受。要求裁判者不偏袒及公开听证的原则可以追溯到中世纪的判例。在中世纪,这两项规则也被视为事物不可移易的秩序之一部分。在 1610 年的博瀚姆大夫案中,这项原则的适用达到了一个最高水位线。首席大法官柯克认为,如果议会法律让某人成为自己案件的法官或以别的方式"触犯普通的理性",法院可以宣布该法无效(即便是议会,也被认为应遵守这一原则)。①

在现代法律之下,行政机构往往在某种意义上是自己事务的法官。自然正义原则在普遍适用于司法的状况下,自然而然地推广至行政行为之中,先是从准司法性质的行政决定开始,进而渗透至整个行政领域。在 18世纪与 19 世纪的英国,地方政府绝大部分把持在地方治安官手中,他们的许多决定由于在高速公路管理、济贫法管理、酒业许可等事务上存在偏私而被宣布无效。②

早在 17 世纪,公开听证(受公正审讯)原则便已渗透至行政决定。在Bagg's Case 一案中,普利茅斯镇的自由民因威胁、诽谤市长而被剥夺公民权。当时,法院同样认为处罚不正当,不存在剥夺公民权的特别权力;即便有,该权力也无效,因为没有事实证明该处罚作出前,事先进行过审讯。本案最终发布了恢复选举权的强制令(Mandamus)。柯克引用之,指出"一旦违反自然正义,决定事实上正确也不成为理由"③。

到 20 世纪,这种渗透更为明确,并且具有了合理的解释。法院认为,大多数行政行为具有"司法性"。④ 到 20 世纪后,被引用最频繁的是洛本勋爵 1911 年在上议院的发言。在该案中,地方政府拒绝按政府自己学校的教师薪金标准支付教会学校的教师薪金。教师要离职,管理人员提出地方政府没有按《教育法》来有效管理学校,而教育委员会则支持了地方政府的做法。上议院决定颁发调查令和强制令来废止教育委员会的决定,并命令妥善裁决此纠纷。在该案中,大法官洛本勋爵说道:"救济制定法即便没有开创,至少也已经扩大了授予国家部门或官员制定或者裁决各种问题的职责之做法。像其他许多情况一样,需要裁决的是可自由裁量处理的事项,与法律无涉。我认为,这往往是行政性的;但有时它既牵涉事实,也牵涉法律或甚至完全取决于法律事项。在本案中,教育委员会必须弄清法律,且

---

① ［英］威廉·韦德:《行政法》,徐炳译,中国大百科全书出版社 1997 年版,第 98 页。
② 同上,第 105 页。
③ 同上,第 105—136 页。
④ 同上,第 140—141 页。

查清事实。我没有必要补充说,在做着两项事情的任何一项时,他们必须善意行事,公开地听取两方意见,因为那是每个负责制定任何事情的人的责任。但我并不认为他们必须像对待审判一样对待这类问题。他们无权主持宣誓,也没有必要查询证人。他们可以用他们认为最妥适的任何方式获取情况,但却应毫无例外地给予争议当事人纠正或反驳他们认为有偏见的任何事情的公开机会。"①这段话明确指出了公平听证是"每个负责制定任何事情的人的责任",并且保留了行政权力本身的特性。这是一种较为经典地将自然正义原则从司法领域渗透至行政领域的方式。这一判决对这种渗透的描述较为恰当。

从 17 世纪到 20 世纪,从柯克大法官对议会违反自然正义原则的制定法之推翻到洛本勋爵在对保有一定行政特性的自由裁量权的认可之基础上要求行政机构不得违反自然正义原则,自然正义原则不断从司法裁决领域渗透至立法决策与行政裁决各领域。自然正义原则从推翻制定法的范式向解释制定法的范式渗透开来。换言之,自然正义原则不再推翻制定法,而是在保有制定法的前提下,通过解释适用来实现其价值。到 20 世纪中后期,自然正义原则甚至通过制定法固化发展下来,如美国《行政程序法》便是对自然正义原则的进一步固化与发展。

自然正义原则也从程序上践行了法治的要求(一个人不能做自己的法官;法律应平等地对待政府和公民)。同时,自然正义原则是控权论中最核心的保障程序正当性的规范,与具有实体性规范属性的限制自由裁量权原则并驾齐驱,保障控权论的有效运行。

## 第二节　美国宪法对控权论的发展

美国法对英国控权理论的继受体现在理念和观念上受其影响,以及在具体制度的设计上渐渐发展出了自己的特色。

美国宪法在强调公民权利让与的社会契约论的同时,从权力制约与控制的角度出发,设计出了三权分立、联邦主义等具有典型权力制约特点的制度。美国宪法强调的权力制约是立法、司法、执法三权的相互制约,并非仅仅对行政权力的控制与制约。

---

① [英]威廉·韦德:《行政法》,徐炳译,中国大百科全书出版社 1997 年版,第 105 页和第 143 页。

美国法真正形成有其特点的控权，是从 1946 年的《行政程序法》颁布开始的。在此之前，美国行政体系经历了有限政府、新政时期的行政扩权等重要的发展时期。在长期发展中，由于大量因立法而产生的独立行政机构，以及行政部门自身行政权力的不断扩大，大部分行政机关的立法权与司法权不断泛化，导致了控权论的呼声不断提高。直至 1946 年《行政程序法》的颁布，使得美国法以宪法中的正当程序条款为基础，以严格行政程序、重视程序正当性为特点的控权体系逐步形成。英国控权法律体系对程序正义与实质正义同样重视。美国法以正当程序为重点的控权体系是其区别于英国控权法律体系的最大特点。与此同时，美国行政控权法律体系也吸收了英国法中的越权原则、自然正义原则等古典控权原则，并对其有了新发展。

1946 年，《行政程序法》明确地将美国行政机构的所有决策活动分为行政立法（Rulemaking）和行政司法（Adjudication）两大类。因此，现代美国行政法主要围绕这两大类活动展开。

美国《国家环境政策法》则为现代控权法律体系注入了新鲜的能量，并从一定程度上使行政决策体系有所改变。一方面，美国环境行政控权承继于美国行政法；另一方面，以《国家环境政策法》为根基，美国环境行政控权在立法授权、正当程序规则及司法审查方面又进行了深化发展。

## 一、法治原则

最早较为流行的法治定义源于英国法学家戴西，他认为法治表示普通法的绝对最高、法律面前人人平等、个人权利源于宪法。[①] 这一定义限制了政府自由裁量权的泛化。较早提出控权论的英国法学家韦德则较好地用法治的四层基本含义——前文提到的法治对控权的四个要求——来表述法律与政府权力的关系。

法治理念的核心观点是政府权力应当受到法律的限制，法律独立于政府。这样的法治思想是亘古不变且源远流长的。基于控权论，韦德认为，法治是"任何事件都必须依法而行"。限制政府的理论最早源自古希腊与古罗马时代的自然法思想。自然法思想认为，在人类社会中，存在一个超越于政府权威的法律，谓之自然法。自然法则甚至高于政府的制定法。随着法学理论的不断发展，人们逐渐形成了"法律高于政府权威"的观念。[②]

---

① 　王名扬：《行政法》（上册），中国法制出版社 1995 年版，第 111 页。
② 　同上，第 113 页。

在英国,受自然法思想的影响,普通法并非由立法机关制定,其是独立于立法机关并限制政府的法律。英国传统思想认为,普通法从长期习惯中产生,是其民族集体智慧的结晶,法院只是承认普通法的存在,立法机关制定的成文法只是宣布已经存在的法律。一切英国人,包括政府官员甚至国王,均受普通法约束。这一思想在英美法系中根深蒂固,从而形成了控权论的思想基础,并且发展了法治原则。政府官员只能行使法律赋予的权力,并且只能在法律允许的框架内行使;其行为的合法性,必须接受司法审查。基于对法治原则内涵的阐释,韦德提出了控权理论下的法治之四层基本含义:(1)任何事件都必须依法而行。(2)政府必须根据公认的限制自由裁量权的一整套规则和原则办事。(3)对政府行为是否合法的争议应当由完全独立于行政之外的法官裁决。(4)法律必须平等地对待政府和公民。

英国宪法与行政法基于上述四层基本含义,形成了控权法律体系的三个原则,即越权原则、限制自由裁量权原则、自然正义原则(含公正审判原则与正当程序原则)。

美国宪法与行政法也根据法治原则及英国控权法律体系,发展出了适合其国情的规则体系。与英国法不同,美国有宪法成文法,美国宪法规则是美国控权法律体系的组成部分。此处仅阐述美国宪法规则,行政法规则将在后文论述。美国宪法的相关规定也可被视为美国宪法所形成的控权规则体系,包括基本权利规则、平等保护规则、正当程序规则、司法审查规则。

美国宪法修正案前十条规定了公民的基本权利,又称为《权利法案》。这些权利包括言论自由、出版自由、宗教信仰自由、和平集会自由、对不法侵害请求救济的权利、人身自由、居住自由、不能自证其罪的自由等。这些权利被视为法律应当保护的人类固有权利,以及一切立法必须遵循的标准和政府权力行使的限制。①

美国宪法修正案第 5 条和第 14 条规定了正当程序规则。第 5 条规定:"未经正当法律程序不得剥夺任何人的生命、自由和财产。"第 14 条则把正当程序扩大到限制州政府的权力。以上规定既体现了自然正义原则,也体现了法治所要求的"政府应根据公认的限制自由裁量权的一整套规则和原则办事"。

与英国控权法律体系不同,美国宪法所规定的正当程序规则在美国行

---

① 王名扬:《行政法》(上册),中国法制出版社 1995 年版,第 114 页。

政控权体系中具有相当重的分量。美国行政控权规则体系主要是通过对正当程序的保障和实施来构建的。

同时,美国宪法修正案第 14 条也规定了平等保护原则,即"任何州不得对其管辖下的任何人拒绝法律的平等保护"。该条也符合法治原则所要求的"法律应公平地对待政府和公民"。

美国宪法也规定了法院是法律的执行机构,在政府行使权力侵害公民权利时,受害人可以请求法院审查行政机关行政行为的合法性。同时,法院也可以审查国会所制定的法律,宣告违反宪法的法律无效。这一规定既体现了自然正义原则中的公正独立审判原则之要求,也体现了法治原则中的"对政府行为是否合法的争议应完全由独立于政府之外的法官裁决"这一要求。与英国法相同,司法审查规则在美国控权规则体系中起着非常重要的作用,它既是对行政权力控制的司法救济,也是最终保障。

## 二、分权原则

分权原则是美国宪法对控权法律体系的主要贡献之一,也是美国控权规则体系的重要组成部分,其基本出发点是制约权力。这种制约包含了立法权、行政权和司法权的相互制约,并非仅指对行政权力的制约。分权原则所形成的基本框架是控制行政权力的基础,特别是司法权对行政权的制约,即司法审查,其为法律控制行政权力提供了救济性的保障。从更广泛的意义上来讲,立法机关、司法机关和行政机关都是广义上的政府机关,其权力都可被视为应当受到制约的权力。此处的分权之权指广义上的权力,本书所指的控权之权主要是行政机关的行政权力。因此,分权原则对控权规则体系的意义是非常重大的。

分权原则起源于欧洲 17 世纪与 18 世纪流行的政府结构理论,以孟德斯鸠的分权学说为基础。孟德斯鸠认为,防止权力(广义上)滥用的方法是以权力(广义上)制约权力(广义上)。他认为国家中存在立法、行政、司法三种权力,必须由三个部门分别行使,相互制约。英国也实行这样的分权制度,美国则更加完善了分权制度,并规定于宪法中。孟德斯鸠的分权学说是美国制宪者信奉的信条,他们认为美国建立一个自由的政府必须实行分权,各种权力(广义)相互制约。麦迪逊说:"立法权、行政权、司法权全部集中同一管理者手中,不论其为一人、少数人还是许多人,不论他是世袭的、自己指定的还是选举产生的,都可以正当地称之为专制。"防止各种权力逐渐集中于一个部门的最大保障在于,给予每个部门(广义)的主管者必要的宪法手段和个人动机,以抵制其他部门的侵犯。为了控制政府权力滥用,必须使用这种方法,这是人性的一种反应,政府本身也有趋利避害性。如果人性本身不存在趋利避害性,那就不需要政府管理;如果政府没有趋利避害性,那也不需要对政府内部和外部进行控制。在组织一个由人控制人的政府时,最大的困难在于,"首先必须使政府有力量控制被统治者,其次必须使政府本身控制自己"①。分权学说主张权力控制的有效手段是内部控制,使政府内部结构在其相互关系中互相制约。权力分立并互相制约以求平衡,是美国宪法分权原则的核心。

美国宪法前三条分别设立了立法、行政、司法三个部门,行使不同的政府权力。参议院和众议院所组成的国会被宪法授予全部的立法权力,总统被授予行政权,法院则被授予司法权。三者之间相互独立,但也相互制约。法律赋予总统对国会的否决权,但国会得以三分之二多数票推翻总统的否决。总统的行政权力包括任命官员、缔结条约、对外宣战等,但这些权力在行使时需经参议院同意。众议院可以弹劾总统。司法机关的法官由总统任命,国会可以弹劾法官。②

在此值得一提的是,控权论之"权"所指的行政权力包含总统的行政权力,但这只是其控制的一部分行政权力。这三项权力中,并没有包括维持美国行政体系运行的大量行政机构的行政权力。有学者将这部分行政机构称为除上述三权之外的"第四分权",而这部分权力才是控权规则体系的重点。分权原则仅是控权论的基础,其从价值理念上给予控权论的影响远远大于实际影响。

控权论的依据在于法治原则。控权论强调的是通过法律来控制行政权力的外部制约,而分权学说则强调通过司法权与立法权来制约行政权力。

## 三、联邦主义

分权原则主要涉及同一层级政府(广义)中的权力分配,即横向分配,而联邦主义则主要是指美国联邦和州两级政府之间的权力分配,即纵向分配。联邦主义是美国宪法的重要制度,但并不是美国控权规则体系的重点。控权论主要研究横向权力的制约,特别是联邦政府的行政权力,并不研究纵向权力。在本书中提出联邦主义,也只是作为对美国行政体系的背景介绍,并非重点问题。

---

① 王名扬:《行政法》(上册),中国法制出版社 1995 年版,第 91 页。
② 同上,第 93 页。

美国宪法规定，联邦主义的核心理念仍是控制联邦政府及州政府的权力，防止联邦政府滥用权力侵犯州的权力及人民的权利。美国宪法在联邦和州的关系上区分了五种权力。(1)联邦专有的权力。(2)联邦政府与州政府共有的权力。(3)禁止联邦政府行使的权力。(4)禁止州政府行使的权力。(5)州和人民所保留的权力。

联邦主义虽然意在控制联邦政府的权力滥用，但其根本的理论源泉是联邦制本身所要求的与州政府之间的相对独立性，而非分权原则所依据的权力制约理论。联邦制并不反映控权论所依据的法治原则，其应当不同于分权原则与法治原则的属性。

## 第三节　基于环境法学理论的逻辑起点

环境法学理论不仅包含法学理论本身，还包含生态学、环境学等与环境法学相关的理论。这些理论共同构成了环境法学的基本理论，也成为环境控权的逻辑起点。

### 一、生态学与伦理学的基本理论

#### (一) 生态均衡(Ecology Equilibrium)

1935 年，A. G. Tansley 第一次给"生态"下定义，他认为："在生态系统里，有机与非有机因素都是一个相对稳定的动态平衡的组成部分。" Raymond Lindeman 提出了生态中的热点水平的概念，他对稳定的自然系统也持类似观念，他认为："承续是生态系统向相对稳定均衡状态发展的一个过程。"这些早期的生态思想者们构想了一个理想化的稳定系统，他们认为自然一直在努力达到那个理想状态，这便是生态均衡理论。

生态均衡指的是自然平衡，它影响了环境法及其规制的发展与确立。[1] 生态均衡理论有三个要点：(1)自然在无人类打搅的情况下达到无限期存在的永久状态与结构；(2)这种永久状态对于自然来说是最佳状态，对于其他生物、环境、及人类而言均为最佳；(3)这种生态平衡一旦被干扰破坏，能自动恢复。[2] 历史和生态的证据都支持这样一个普遍的推论，即

---

[1] Daniel Botkin, Adjusting Law to Nature's Discordant Harmonies, *Duke Environmental Law & Policy Forum*, 1996, Vol7. 25, pp. 25 - 29.

[2] Id.

人类活动烈度越低,生态成功恢复的可能性越高;而人类活动烈度与人口密度有关,人口越密集,对自然的改变越剧烈。[①]

生态平衡理论的代表人物之一是 Frederic Clements,他的生态理论深深根植于科学思考,从而强化了"静态的未来环境"的概念,这个概念被称为"末态规划"。[②] 他的观点表明,在没有人类打扰的情况下,环境终究会停止在一个最佳状态,即环境已达到自然均衡状态的那一点[③],并且每个动植物物种都会在永久的稳定和谐中占有一席之地[④]。火、洪水及其他自然事件会打断这种和谐,但从长久看,这没有什么关系,因为自然环境会再次动态地向自然平衡状态发展,自然最终又会回到最佳状态。人类可以通过科学及科学知识进行经济分析的区域规划,以帮助社会发展。同时,人类也想方设法地避免那些打破自然均衡的活动,以确保都市的真正健康合理的经济布局。[⑤]

## (二) 非平衡范式(Non-equilibrium Paradigm)

过去二十多年来,另一种完全不同的理论也在不断发展,即 Daniel Botkin 在他的著作《不协调的和谐》中提出的生态非平衡理论。[⑥] 他认为,人们错误地认为受影响的生态环境是静态的,而实际上,我们资源使用的问题需要对自然有更精准的理解,即自然是动态的。这个观念来自一个前提,即人类的活动是影响宇宙系统的主要因素之一,宇宙系统的动荡既具有可预测性又具有随机性。[⑦] 作为一个完整体系,生态系统既包含有机体系,又包含整个物理因素,从而构成我们所说的生物群系环境,即它包含所有最广义上的栖息因素。生态系统的承续是一个过程,并非一定会走向终

---

① Daniel Botkin, Adjusting Law to Nature's Discordant Harmonies, *Duke Environmental Law & Policy Forum*, 1996, Vol7. 25, pp. 25 - 29.

② Fred P. Bosselman, A. Dan Tarlock, The Influence of Ecological Science on American Law: An Introduction, *Chicago Kent Law Review* Vol. 69, p. 847.

③ Frederic E. Clements, The Nature and Structure of the Climax, *Journal of Ecology*, 1936 Vol. 24, pp. 252,255 - 256.

④ John E. Weaver & Frederic E. Clements, *Plant Ecology* (2d ed. 1938), at 261; Robert P. McIntosh, *The Background of Ecology* 294 (1985), at 104 - 05.

⑤ Fred P. Bosselman, A. Dan Tarlock, The Influence of Ecological Science on American Law: An Introduction, *Chicago Kent Law Review* Vol. 69, p. 847.

⑥ Daniel B. Botkin, *Discordant Harmonies: A New Ecology for the Twenty-First Century* 51 (1990).

⑦ A. Dan Tarlock, Slouching Toward Eden: The Eco-pragmatic challenges of Ecosystem Revival, in Symposium, The Pragmatic Ecologist: Environmental Protection as Jurisdynamic Experience, *Minnesoda Law Review*, 2003, Vol. 87, pp. 1173 - 1208. Stephen Toulmin, The Idol of Stability, in 20 The Tanner Lectures, *Human Values* 1999, pp. 325,353.

极性平衡的最佳状态。非平衡范式理论认为，环境始终在变，物种则始终在适应这个变化。如果我们想保护和管理我们的生活资源，我们必须理解这种变化的自然性，这就要求我们远离古老而普遍的自然平衡的错误观念。因此，即使不按照我们想象的方式来运作，大自然也并非因为人类活动的改变而变得没有章法。例如，即使不再是一个由巨大古老的橡树与山核桃树组成的森林，也并非意味着森林的消失。[①] 这种理论在向环境保护主义的传统观念发出挑战的同时，又为环境管理提出了新的问题，即环境管理模式是否会因此发生改变。例如，将水体视为封闭平衡状态来进行管理与将其视为开放、动态的非平衡状态来进行管理的目标及方式可能会有所不同。但是，这种理论并非否定环保主义，只是在保护方式上进行了不同的思考。

### （三）大地伦理（Land Ethic）

Aldo Leopold 于 1949 年提出大地伦理理论，该理论阐述了为什么人类应该保护环境及避免造成环境损害。这个理论对环境保护法的制定及行政法向环境领域的延伸产生了深远的影响。大地伦理理论认为，没有一项人类的福利能脱离其生存的生态系统。[②] 生态是众多不同的基于生物与生态环境观点的统一纽带。大地伦理理论强调人与自然互相依赖的关系，强调不同观点的和谐与合作。[③] Leopold 的大地伦理有三个要点：（1）基于人类是生态系统的一部分的认识论，Leopold 认为，如果一个行为能维护生态体系的完整性、稳定性及优点，那么这个行为一定是正确的，否则它就是错的。[④]（2）关于对无明显经济价值的环境要素的看法，Leopold 认为，总的来说，基于经济自利的保护制度绝对是片面的，因为这会导致忽略乃至消除没有商业价值的土地要素，而实际上，这些要素对环境的良性运行至关重要。生物系统的经济功能也能正常运转。在经济上可行的情形下，环境污染问题也会发生。[⑤]（3）人类的活动是造成环境损害的最大因素。历史与生态的证据共同得出一个结论，即人为的变化强度越小，成功

---

① Daniel Botkin, Adjusting Law to Nature's Discordant Harmonies, *Duke Environmental Law & Policy Forum*, 1996, Vol7. 25, pp. 25 - 29.

② Nash, *The Rights of Nature: A History of Environmental Ethics*, University of Wisconsin Press, 1989, p. 160.

③ J. B. Callicott, *Companion to A Sand County Almanac*, University of Wisconsin Press, 1987, pp. 26 - 29.

④ Aldo Leopold, A Sand County Almanac and Sketches Here and There, *The Quarterly Review of Biology*, Vol. 26, 1951, pp. 201, 224 - 225.

⑤ Id, p. 213.

调整生态的可能性越大。人类活动的强度随人口密度变化,人口越密则强度越剧烈。北美如果能持续控制人口密度,就能比欧洲做得好。[①]

## 二、庞德早期的生态—法律思想

庞德将生态学与法学进行了有效的连接。庞德生态思想的基本原则及他对有机物的相互依赖的研究,源于对菌类与青苔的长期研究。与其他早期的生态学家类似,庞德对多种生活在同一个生物关系中的动植物之相互依赖度有很深的认识。同时,庞德对社会学非常感兴趣,他在社会学中看到了自己在法学研究中苦寻未果的科学,他将自己在生态研究中所发现的经验主义研究与互相依赖的科学观点运用到了法学领域。基于这种生态学的观点,庞德批评法律行业沉溺于陈旧的法律书本而忽视社会变迁的事实。庞德提出新的社会法理学,提倡法律是社会变革的工具,立法应该着眼于革除社会弊病,这便是"行动中的法"。经验主义与相互依赖的观点,是庞德早期社会法律学著作的两个主题,它们是他早期生态学研究理论的延伸。

经验主义与相互依赖的观点被后来的学者誉为"庞德范式"的研究要素。庞德的社会法学也指出了环保主义者在法学领域的开拓,即基于相互依赖的观点和经验主义,将法律与社会现实相联系,将法律与生态学等科学技术相联系。"行动中的法"便体现了这些目标。对于实践主义的学者与环境运动律师而言,社会法理学很快成为他们开展各种改革的流行标签。

## 三、美国国会早期对环境问题思考的影响

早在 1960 年,美国国会的一些议员便开始了对环境问题的思考与关注。这种关注有的以议案的形式表达出来,有的则在国会内部的研讨会或听证会的讨论中体现出来。其中,最为典型的是参议院议员马瑞(Murray)于 1959 年最早提出的关于资源与保护法案的议案,以及国会召开的 1966 年以环境管理为主题的听证会和 1968 年以环境质量为主题的听证会。这些在国会内部的讨论逐渐对国会内部造成了较大的影响,使得国会在行政控权向环境领域延伸方面不断地发展进步,最终以参议院 S. 1075 议案与众议院 H. R. 6750 议案的合并体为基础形成了《国家环境

---

① Aldo Leopold, A Sand County Almanac and Sketches Here and There, *The Quarterly Review of Biology*, Vol. 26, 1951, p. 220.

政策法》，该法体现了环境控权的核心价值。

**（一）S. 2549：最早的环境议案**

美国国会对环境议案的讨论起源于一个曾经被长期遗忘的议案，即1960年的资源与保护法案。[①] 这个议案代码为 S. 2549，由参议员马瑞在1959年提出。[②] 参议员马瑞这样说明其议案的合理性："我们所努力的就是要建立永久的政府机制来给予整个自然资源以持续关注，并定期给总统及议会提供其所需要的环境信息。"[③]马瑞所选择的机制包括三个方面：(1)面向总统服务的咨询委员会。(2)议会联合委员会。(3)年度报告。这三个机制在后来的十年中一直被讨论。

S. 2549 议案所提议的咨询委员会被建议放置于总统办公室下面，其主要任务是准备年度报告、根据宣告的政策来评估联邦政府的项目、制定自然资源政策、收集自然资源政策信息及自然资源保护与发展的信息。[④]作为实现必要协调职能的主要部门，自然资源咨询委员会被设于总统办公室下。[⑤]

S. 2549 议案所提到的国会联合委员会与其他委员会一样，也分很多部门；其基本设想是，在总统办公室下的咨询委员会能在行政层面提供环境监督，而国会下的联合委员会则可以在立法层面做同样的工作。国会联合委员会被设计由 16 个国会成员构成，8 个是参议院议员，8 个是众议院

---

① Terrence Finn, "Conflict and Compromise: Congress Makes A Law, The Passage of the National Environmental Policy Act" (Ph. D. dissertation, *Department of Government*, Georgetown University, 1972), Chapter I, p. 29.

② Murray was the Chairman of the Senate Interior Committee, a leading Senate liberal, and as a five-term veteran of the Senate, an established political figure. Terrence Finn, "Conflict and Compromise: Congress Makes A Law, The Passage of the National Environmental Policy Act" (Ph. D. dissertation, *Department of Government*, Georgetown University, 1972), Chapter I, p. 30.

③ Terrence Finn, "Conflict and Compromise: Congress Makes A Law, The Passage of the National Environmental Policy Act" (Ph. D. dissertation, *Department of Government*, Georgetown University, 1972), Chapter I, p. 35.

④ Section 4 (c) (2), S. 2549, 86th Congress, 1 Session, 1959. See also Terrence Finn, "Conflict and Compromise: Congress Makes A Law, The Passage of the National Environmental Policy Act" (Ph. D. dissertation, *Department of Government*, Georgetown University, 1972), Chapter I, 33, Prof. Finn pointed out that, the tasks were similar to those assigned the Council of Economic Advisers in the Employment Act of 1946. They are almost identical, as if the authors of S. 2549 merely substituted the phrase "natural conservation and development" whenever the word "economic" appeared in the 1946 law.

⑤ Terrence Finn, "Conflict and Compromise: Congress Makes A Law, The Passage of the National Environmental Policy Act" (Ph. D. dissertation, *Department of Government*, Georgetown University, 1972), Chapter I, p. 37.

代表。类似于联合经济委员会,S.2549 议案提议成立的联合委员会是一个审核研究委员会,无权提交立法议案。[1] 该委员会每年向国会提交调查报告,这些报告会被广泛讨论,并引导立法委员会采取必要行动。这两个委员会的设计在国会后来的议案中被不断讨论。在后期决定只设立一个环境委员会时,该委员会究竟是放于总统之下还是国会之下,成为立法争论的核心问题之一。

同时,宣布国家保护资源与发展政策是 S.2549 议案的另一个重要部分[2],S.2549 议案的第二部分对国家政策作了如下描述:"国会在此宣布在工业界、农业界、保护主义者、州及地方政府、私有业主等的协助下,联邦政府应使用所有适用的方法,如协调利用各种计划与功能、利用各种可能的便利等,以建立与维持提升并促进大众福利的国家政策。并且,在此基础上,保护、发展与利用自然资源来满足人文的、经济的及国防的需要。这些需要包括娱乐使用、野生动物保护、风景享受,以及具有科学价值且能够有利于子孙后辈的国家遗产的保全。这是联邦政府的长期与持续的政策与职责。"[3]

除此之外,S.2549 议案第三节规定,总统每年向国会提交年度资源与保护报告。这个报告要转给国会下设的联合委员会,以便该委员会对之进行听证。报告应陈述自然资源状况,提出资源管理发展趋势,审核当前的资源项目,推荐执行符合环境政策宣言的项目,描述自然资源对国家人文与经济需要所能提供的最大承载力。[4]

S.2549 议案草案在当时遭到了包括联邦政府机构、商业协会等在内的多方主体的反对。因此,参议院内部委员会没有就 S.2549 议案进行听证和报告。很多因素导致此议案搁浅[5],这些因素包括缺乏强有力的公众支持、艾森豪威尔政府的反对,以及参议员马瑞在提出该议案后因病退休并于 1961 年去世等。

**(二) 1966 年关于环境管理的听证会**

美国国会在 1964 年再次讨论环境管理议题,该议题包括咨询委员会

---

[1] Terrence Finn, "Conflict and Compromise: Congress Makes A Law, The Passage of the National Environmental Policy Act" (Ph. D. dissertation, *Department of Government*, Georgetown University, 1972), Chapter I, p. 34.

[2] Id, p. 32.

[3] Section 2, S. 2549, 86<sup>th</sup> Congress, 1<sup>st</sup> Session, 1959.

[4] Id.

[5] Terrence Finn, "Conflict and Compromise: Congress Makes A Law, The Passage of the National Environmental Policy Act" (Ph. D. dissertation, *Department of Government*, Georgetown University, 1972), Chapter I, p. 54.

的设立及技术评估的设计。1964 年到 1968 年是国会对环境问题的认识深化的关键期。这一时期对国家环境政策概念的形成至关重要。在此期间，主要有两个发展思路：一是国会建立科学研究与发展分委员会，以聚焦环境质量与评估技术方法；二是通过生态研究与统计立法来关注生态保护。尽管 1966 年在内政部里"生态"一词已成为越来越普遍的用语，但其明显未能得到很好的理解。正如 Finn 教授所说："很多环境立法议案被提出，这些议案大多体现为一般概念。这些议案并没有抱有会被国会最终通过的期待，其提出者只是希望提出后所引发的讨论能够完善生态、环境等概念，并使其得到更多的理解与关注。"①

　　1963 年 8 月，代表米勒（众议院科学与航空委员会主席）创立了科学研究与发展分委员会。该分委员会由众议院代表达达里奥任主席，新分委员会将定义整个委员会对科技的管辖范围。分委员会也会进一步研究环境质量的问题。② 1964 年，众议院代表 Daddario 在此基础上建立了一个团体，即研究管理与咨询小组，这个小组会对支持国家控制环境污染努力的技术能力状态做初步研究。该小组的报告在 1966 年完成，报告名称为《减轻污染的技术完备性研究报告》。③ 该报告强调，科技对提升环境质量至关重要。报告描述了联邦环境政策关于研究与发展的几个方面问题，具体包括税收激励、科研产品研发的购买、联邦标准的制定与执行。该报告也描述了国会应进一步考虑的事项，包括环境目标的设定、环境研究的战略、联邦环境研究与发展规划、污染防治政策的科学基础等。④ 针对这一报告，该

---

① Terrence Finn, "Conflict and Compromise: Congress Makes A Law, The Passage of the National Environmental Policy Act" (Ph. D. dissertation, *Department of Government*, Georgetown University, 1972), Chapter I, p. 100.

② Id, p. 84.

③ U. S. , Congress, House, Committee on Science and Astronautics, Subcommittee on Science, Research, and Development, *Report of the Research Management Advisory Panel: The Adequacy of Technology For Pollution Abatement*, 89th Congress, 2d Session, 1966. See also Terrence Finn, "Conflict and Compromise: Congress Makes A Law, The Passage of the National Environmental Policy Act" (Ph. D. dissertation, *Department of Government*, Georgetown University, 1972), Chapter III, p. 86.

④ U. S. , Congress, House, Committee on Science and Astronautics, Subcommittee on Science, Research, and Development, *Report of the Research Management Advisory Panel: The Adequacy of Technology For Pollution Abatement*, 89th Congress, 2d Session, 1966. P. iii. See also Terrence Finn, "Conflict and Compromise: Congress Makes A Law, The Passage of the National Environmental Policy Act" (Ph. D. dissertation, *Department of Government*, Georgetown University, 1972), Chapter III, p. 87.

委员会举行了听证会。① 这是联邦政府机构官员首次与科学家就空气污染、水污染及固体废物处理的技术能力展开合作式的讨论。同时,生态研究与环境本身的问题、组织要求、联邦资助等事项也得到了一定的讨论。

作为分委员会的高级顾问专家,(立法咨询服务机构内设的科学政策研究部专家)也在听证会上准备了一份听证报告。该报告总结了听证发言,并进一步提炼了一些听证会上提出的观点。他认为美国应该发展监测环境变化的能力,他还呼吁将生态研究与调查职能集中于联邦机构之中。② 该报告将环境研究与调查的领导机构局限于环境研究团体,反对设立任何新的机构组织架构。然而,在各种价值利益发生冲突时,总需要有判断环境价值是否应被考虑的机制或机构,联邦政府需要这一目前还没有的机制或机构来完成这一任务。

### (三) 1968 年关于环境质量的听证

1968 年,科学研究与发展分委员会再次回到环境质量的主题上,并召开了听证会。委员会提出了环境质量问题及环境质量委员会设立的问题。分委员会主席、众议院代表 Daddario 将本次听证会视为 1966 年听证会的自然延续。③ 参会者主要是政府与企业界代表,他们关注减少环境污染的研究,他们的发言大多以此类主题为中心,但他们对总体协调联邦涉及资源与保护的机构架构设计尚有疑问。

在 1968 年的分委员会的听证会上,需要一个机构或机制来评价环境影响的议题引起了与会者进一步的思考和讨论。Lamont Cole 博士(美国生态协会主席)作为发言人指出,国会应考虑弥补目前缺乏对行政行为的环境后果进行评估的问题。④ 他指出,政策制定者要么不认可生态后果,

---

① U. S. , Congress, House, Committee on Science and Astronautics, Subcommittee on Science, Research, and Development, *Report of the Research Management Advisory Panel: The Adequacy of Technology For Pollution Abatement*, 89<sup>th</sup> Congress, 2d Session, 1966. See also Terrence Finn, "Conflict and Compromise: Congress Makes A Law, The Passage of the National Environmental Policy Act" (Ph. D. dissertation, *Department of Government*, Georgetown University, 1972), Chapter III, p. 88.

② U. S. , Congress, House, Committee on Science and Astronautics, Subcommittee on Science, Research, and Development, Report, *Environmental Pollution: A Challenge to Science and Technology*, 89<sup>th</sup> Congress, 2d Session, 1966, p. 7.

③ House Subcommittee on Science, Research, and Development, Hearings on H. R. 7796, 1968, p. 1.

④ Terrence Finn, "Conflict and Compromise: Congress Makes A Law, The Passage of the National Environmental Policy Act" (Ph. D. dissertation, *Department of Government*, Georgetown University, 1972), Chapter III, p. 119.

要么将生态问题抛给科学家及工程师，但他们具备就生态问题提供建议的能力，却没有决策的权力。环境管理政策一直基于经济学、工程便利与政治便利被考量，很少基于审美的角度被考量，基于生态的考量就更少了。[①]

在科学研究与发展分委员会进行环境质量的听证会后，卡朋特作了一份名为《管理环境》的简要报告。该报告对环境问题进行了充分讨论，并侧重于探讨组织机构与国家政策问题。[②] 这份报告对《国家环境政策法》的制定起到了推动作用。《管理环境》被广泛传阅，并激起了学界及政界对环境政策与组织的兴趣[③]，它是影响国会制定《国家环境政策法》的数个文件中，第一个起到重要作用的文件。[④] 该报告主要包括以下几个内容：

第一，报告建议环境问题现在要引起真正的注意，并形成全局性的环境管理责任。但是，这种责任不仅限于政府的环境责任，私营机构在恢复与维持环境质量方面也有重要的责任。报告还强调了科技的重要性。卡朋特认为，环境质量现在已是被广泛接受的国际目标。环境决策的信息通常是科学与工程数据，必须应用科技来减少环境管理的错误，并提升具备长远眼光的环境管理能力。[⑤]

第二，环境管理要求内政部作为领导机构，协调所有联邦机构在环境工程方面的运作。报告认为，内政部具备所有联邦政府不具备的研究环境项目的有效协调能力。[⑥] 但是，报告也注意到，内政部已碰到过其管理的环境项目相互矛盾之情况。比如，内政部负责减少水污染，但同时也负责近海油田的租赁项目。报告认为，这种矛盾对于内政部而言是家常便饭，

---

① Terrence Finn, "Conflict and Compromise: Congress Makes A Law, The Passage of the National Environmental Policy Act" (Ph. D. dissertation, *Department of Government*, Georgetown University, 1972), Chapter III, p. 119. See also House Subcommittee on Science, Research, and Development, Hearings on H. R. 7796, 1968, p. 327.

② House Subcommittee on Science, Research, and Development, Hearings on H. R. 7796, 1968, pp. 415. See also Terrence Finn, "Conflict and Compromise: Congress Makes A Law, The Passage of the National Environmental Policy Act"(Ph. D. dissertation, *Department of Government*, Georgetown University, 1972), Chapter III, p. 119.

③ U. S., Congressional Record, 91st Congress, 1st Session, 1969, CXV, Part 20, 26763

④ Terrence Finn, "Conflict and Compromise: Congress Makes A Law, The Passage of the National Environmental Policy Act" (Ph. D. dissertation, *Department of Government*, Georgetown University, 1972), Chapter III, p. 121.

⑤ Terrence Finn, "Conflict and Compromise: Congress Makes A Law, The Passage of the National Environmental Policy Act" (Ph. D. dissertation, *Department of Government*, Georgetown University, 1972), Chapter III, 121. See also House Subcommittee on Science, Research, and Development, Report, *Managing the Environment*, 1968, pp. 1,5.

⑥ House Subcommittee on Science, Research, and Development, Report, *Managing the Environment*, 1968, p. 34.

不应成为阻止内政部担任领导机构的理由。[①]

第三,报告不赞成建立一个保护咨询委员会。报告认为,由于环境管理的责任被分散在政府与企业之中,咨询委员会有可能会重视前者而忽视后者的诉求。同时,进行长期理性管理的最佳方法是建立信息库,并将信息提供给所有涉及环境的运营项目管理者,以便为其提供政策指导,从而个体决策者,包括政府官员和私营业者,都能作出与生态系统相协调的决策。[②]

第四,报告对政策导向的需要进行了格外强调,它提出了一个环境管理的国家政策。卡朋特开始意识到政策的重要性。[③] 报告列出了国家政策可陈述的要点,这些要点包括为全人类的利益使用环境、以永久使用为前提的最大环境生产率、产业激励、地方政府的努力、国际环保项目的发展、环境教育计划的推进,以及避免环境公关中的投机表述与情绪渲染。[④]

无论如何,对如何建立环境质量评价体系、环境政策及环境监督机构的这些讨论表明了国会的立法取向,也就是将联邦行政管理职能向环境领域拓展,换句话说就是将行政控权向环境领域拓展。并且,这种对环境价值的考虑,需要一个控制和监督机制来保障联邦机构的自由裁量权不被滥用。卡朋特的报告提出进行国家环境政策的设置及国家环境管理的设计,并对国会设置联邦机构考虑环境质量的领导机构及运作方式给出了进一步的建议。该报告将联邦机构的行政管理职能向环境领域拓展再次推进了一步。

由此,从 1960 年马瑞的第一个议案到科学研究与发展分委员会对环境问题的深入讨论,体现了近十年美国国会对环境问题的不断思考。在其思考与讨论的脉络中,我们也不难看到美国国会将联邦政府的行政管理职能向环境领域拓展的意图,这是潜在地将行政控权向环境领域进行拓展。在这一拓展的不断讨论与尝试中,国会试图寻求某种机构或机制对行政机

---

① House Subcommittee on Science, Research, and Development, Report, *Managing the Environment*, 1968, p. 35.

② Id, p. 29.

③ Id, p. 5; Terrence Finn, "Conflict and Compromise: Congress Makes A Law, The Passage of the National Environmental Policy Act" (Ph. D. dissertation, *Department of Government*, Georgetown University, 1972), Chapter III, p. 127.

④ House Subcommittee on Science, Research, and Development, Report, *Managing the Environment*, 1968, p. 7. See also Terrence Finn, "Conflict and Compromise: Congress Makes A Law, The Passage of the National Environmental Policy Act" (Ph. D. dissertation, *Department of Government*, Georgetown University, 1972), Chapter III, p. 127.

关进行监督，以确保联邦政府对环境价值的考虑，从而控制联邦行政机构在涉及环境问题或环境影响的决策上所行使的自由裁量权。这既说明了行政控权向环境控权逐步延伸的发展过程，也表明国会最终通过《国家环境政策法》完成这种延伸的原因。

## 四、新理论的出现：公共信托理论

司法干预的新理论既注重将法院作为一种司法工具对行政和政治自由裁量权进行实质性控制，也注重将法院作为一种使现有行政程序更加民主化的促进工具，以及推动行政机构与公民进行对话的一种方式。公共信托理论创始人 Sax 教授认为，要进一步保证立法至高无上的宪法精神，法院首先应当确保其机构对立法授权的信仰。在这种情况下，虽然没有明确的法律授权，但环境价值已经成为必然的需求，以至于法院应当帮助行政机构打开使其行政决策程序更富有弹性的大门。一方面，法院应当通过限制没有充分考虑环境影响的行动计划及建设项目来保证环境质量。同时，确保那些没有考虑、没有充分解决或没有论证合理怀疑可能后果的项目，在未经过证明之前不得继续进行，而这便需要司法实质性地干预行政决策。另一方面，法院应当经常地要求行政机构更加充分、更加公开地向公众公开信息，以保证行政机构在重大决策作出之前，有关环境的各种担忧得到满意的解决。①

环境律师的领袖 David Sive 认为："在任何涉及多种价值冲突平衡的环境争议中，法院作为中立、全面的裁决机构，应当是最终的权衡者。仅仅依靠有组织地考虑发展并具有地域性思维局限的行政机构，不能够有效地解决多元价值冲突的问题。"②Dicey 教授则认为，广泛授权行政机构自由裁量权来管理公共利益，恰恰是不符合法治原则的。他认为，对于个体与政府之间的诉讼裁定，不应当在行政机构中得到最终的裁决，而应当在更能够考虑保护个体利益以对抗政府独断的一般性法院的法官那里进行。③Dicey 为推动公共福利的现代国家行政运作模式提供了强大的概念性支持。④ 并且，Dicey 与 Sax 的理论都为环境控权的建立提供了有利的理论

① Joseph Sax, *Defending the Environment*, Vintage Books, 1971, p. 115.
② Sive, The Role of Litigation in Environmental Policy: The Power Plant Siting Problem, *Natural Resouces Journal*, Vol. 11, 1971, pp. 467 – 471.
③ Eva H. Hanks, A. Dan Tarlock, John L. Hanks, *Environmental Law and Policy cases and materials*, West Public Co., 1974, p. 85.
④ A. V. Dicey, *Introduction to the Study of the Law of the Constitution*, Liberty Fund, 1982, pp. 303 – 330.

支撑。

随着时间的推移,法院试图解决行政机构与法治之间的紧张关系。法院通过在行政程序和决策中复制司法模式来达到缓解这种紧张关系之目的,也就是将司法程序引入行政机构的裁决程序。所有的环境批评者都认为,行政决策者的视野是有限的。行政决策者被要求承担预先规划责任,并且开展积极和创新的行动,以保护和提高环境价值。但是,受到行政计划本身性质的局限,这种行动和计划很难确定一个明确的边界——既考虑环境因素又不越权——这就导致其与法治理念的冲突。[1] 因此,从这个方面看,立法规则的出现对行政控权向环境利益的延伸具有相当的必要性。与此同时,法院的司法干预在原有控权规则体系上所具有的局限性,也导致了以《国家环境政策法》规则为核心,以原有控权规则体系为基础的环境控权规则体系必然会形成。

## 五、严格审查主义在法院的确立

严格审查主义(Hard Look Doctrine)是指从行政法的角度,法院应当认真并严格地审查行政机构所作出的行政决策,以保证行政机构认真、尽职、充分地作出合理的决策。如果行政机构没有对其决策中的核心问题进行充分考虑,并且这种表现非常明显,那么法院就应当对其进行干涉。法院可以使行政机构武断的、恣意的决策无效。严格审查主义对反映法院的司法审查怎样才是有效的、有意义的具有推动性的作用。

在《国家环境政策法》出台以前的 20 世纪 60 年代,法院对行政控权向环境领域的延伸起到了积极的推动作用。在联邦最高法院的 Udall 案[2]和 Scenic Hudson 案[3]中,通过环境问题上的严格审查主义之确立,相关问题得到了比较积极的解决,这两个案件是联邦法院最早期的严格审查主义的范例。在此之后的 20 世纪 70 年代,严格审查主义被联邦法院广泛地使用,以迫使联邦行政机构在决策中考虑环境价值。[4] 联邦最高法院在 1967 年对 Udall 案作出的判决是其强调环境价值的十年之始。在此之后的十年,也产生了很多联邦环境立法。

---

[1] Reich, the Law of the Planned Society, *Yale Law Journal*, Vol 75, pp. 1227,1245,1966. See also Mashaw, The Legal Structure of Frustration: Alternative Strategies for Public Choice Concerning Federally Aided Highway Construction, *122 U. Pa. L. Rev. 1*, pp. 66 - 67,1973.

[2] 案例索引号 387 U. S. 428,1967。

[3] 同上。

[4] James Oakes, The Judicial Role in Environmental Law, *New York University Review*, Vol. 52,1977, p. 498.

### （一）Udall 案

在 Udall v. Federal Power Commission[①] 一案中，1937 年《博纳维尔电力管理法》(the Bonneville Power Administrative Act of 1937)第 7 条 b 款规定，联邦电力管理委员会(Federal Power Commission)可以拒绝颁发许可证，并可以由联邦政府推荐选址开发的位置。Udall 案中，联邦最高法院面临着对该条款授权的具体适用。在该案中，私人电力开发公司和市政府都申请在斯内克河上建 High Mountain Sheep 大坝。在许可证审批过程中，内阁秘书催促委员会在任何一个许可证的审批过程中应当关注金枪鱼和其他鱼类的保护问题，并对此展开研究。在研究期间，应当延缓许可证的审批。委员会倾向于在没有进行所要求的研究之情况下推进许可证的审批。在此之后，内阁向委员会书面通知，催促其向国会推荐考虑由联邦政府来进行 High Mountain Sheep 大坝的建设。在委员会进行了许可证审批听证会之后，听证会主席推荐太平洋西北电力公司获得许可证。在解释联邦开发问题时，他写道："没有证据证明联邦开发能够提供更好的洪水控制、电力优势、鱼类通行、航行或娱乐，但却有实质的证据证明相反的结论。"委员会确认了听证会主席的决定，认为证据没有显示联邦政府进行开发的优越性，同时委员会认为，其没有发现联邦政府开发在公共目的之实现上与太平洋西北电力公司有什么不同。

内阁将这一案件上诉至联邦最高法院，联邦最高法院将委员会的决定发回重新裁决，以进一步考虑联邦政府开发的选择。法院认为，拒绝联邦政府接管建坝是缺乏证据的。法院认为，《博纳维尔电力管理法》第 7 条 b 款指出，无论何时，在委员会的裁决中，任何为了公共利益目的进行开发的水资源应当由美国政府自身负责，委员会不能够许可其他机构或企业的申请。然而，委员会通过裁决，以内阁秘书干涉其自由裁量权为由来排除第 7 条 b 款授权的裁决。

联邦最高法院认为，在斯内克到哥伦比亚的水道上，High Mountain Sheep 与海洋之间已经有了八个水电站大坝，还有一个已经获得批准，这些都是联邦项目；当另一个大坝开始建设时，是否应当在联邦保护下进行这一问题显得更加突出了。High Mountain Sheep 上储水量释放情况的时间记录对适航度具有很大的影响，对于以最大容量运行发电机而言，在水位较低的时候，其会影响低水位水电站的生产量；其会影响灌溉；在水温过高或氧气不充分时，其会影响三文鱼的游动。相对于个人或市政府而言，

---

① 案例索引号 387 U.S. 428，1967。

在管理整个巨大河流复杂水体方面,联邦政府具有令人信服的控制优势。

保护"娱乐休闲目的"的目标是指除了上述目标外,从娱乐休闲的角度看,由大坝建起的水库将影响娱乐休闲目的之实现,大坝将妨碍娱乐休闲。现在,已经有八个较低的大坝在哥伦比亚河流域,并且还有第九个已经批准;如果像内阁秘书所担心的,再额外地建设一个大坝会破坏溯河产卵鱼类的的产卵场所,那么这个项目将会备受关注。优质野生与养殖三文鱼及虹鳟鱼的出口是非常重要的,以至于某一时间段内,它们被破坏的可能将优先于所谓的"水道提高与开发"功能。法院认为,国家在溯河产卵鱼类保护方面已经臭名昭著,以至于其无法相信由国会通过的现有法律会完全授权公司进行建坝。联邦法院由此决定撤销委员会的裁决。

### (二) Scenic Hudson 案

在 Scenic Hudson Preservation Conference v. Federal Power Commission[1] 一案中,由非营利组织、环境保护主义者等组成的保护哈得逊河优美风景协会要求法院取消联邦电力委员会 1965 年 3 月 9 日给纽约 Consolidated Edison Company 颁发的许可证。这一许可证是许可 Consolidated Edison Company 在哈得逊河西侧的 Storm King 山上建设抽水蓄能水电站。Storm King 项目引起了环保组织,受影响的市、州,以及立法单位和行政机构的广泛关注。

《联邦电力法》第 10 条 a 款规定,委员会颁发许可证的项目必须满足法律规定的条件,即适合提高和发展水道的最佳综合计划。[2] 委员会在其意见中表示,"与 Consolidated Edison Company 许可证相关联的问题是,这一许可证的颁发必须比较其他 Cornwall 的所有项目,并且考虑了各种可替代方案"。毫无疑问,委员会根据法律的要求,已经考虑了各种可替代方案。在 1965 年 1 月 7 日,作为可行的可替代方案,Alexander Lurkis 先生关于气体涡轮使用的证言由 Hilltop Cooperative of Queens,一个消费者和纳税人协会,提供给委员会。Luriks 先生是具有 39 年经验的工程咨询师。1965 年 1 月 13 日,委员会以"不及时"为由拒绝采纳这一新证据。两个月后,委员会把许可证颁给了 Consolidated Edison Company。1965 年 4 月 8 日,Lurkis 先生的证言再次由请求人提交,委员会再次以"专家意见不一致"为由拒绝采纳。

Lurkis 先生的分析基于对 Consolidated Edison Company 系统的集中

---

① 案例索引号 354. 2d 608 (D. C. Cir. 1965)。
② 案例索引号 16 U. S. C. §803(a)。

研究,该系统每超过 15 年则达到其高峰需求。他准备对气体涡轮系统与 Storm King 抽水蓄能水电站进行经济比较。除此之外,他准备回答 Consolidated Edison Company 反对使用气体涡轮的意见。

除了 Consolidated Edison Company 的自我概述,记录中的唯一关于气体涡轮可替代方案的证言是由 Ellery Fosdick 提供的。Fosdick 认为,蒸汽和液体驱动涡轮与气体驱动是一样的,但他的证言在整个报告中仅不到十页。他的证言不能够满足充分考虑可替代方案的要求。因此,法院认为,没有充分且重要的证据证明气体涡轮的可替代方案被充分考虑,至少在报告中没有这样的证据。

法院认为,评估这个证据不是法院的职责。法院只关注委员会的行为。Lurkis 的证言最初由非请求人 Hilltop 公司提供,这一事实与本案无关。特别是在这种类型的案子中,公共利益备受关注。委员会拒绝接受 Lurkis 的证言及提供鱼类保护装置信息和地下传输设备,这些行为都表现了委员会忽视考虑法律授权指导委员会提供的全部可行的可替代方案。

联邦电力委员会认为,请求人不能够将一个明确肯定的责任强加给委员会。但是,国会授予联邦电力委员会相关职责。这个项目在许可证审批中,不仅应考虑工程和适航方面的因素,还应考虑直接和长期的影响。

法院认为,在本案及其他案件中,委员会声称是公共利益的代表,这一作用不允许其作为裁判员在双方中的一方面前表现出温和及宽容的态度,委员会必须积极和肯定地保护公众的权利。

法庭不能也不应该代替委员会的裁判,但法院必须判断委员会是否正确地履行了职责,包括其在审批许可证过程中是否充分考虑了公共利益。委员会有考虑所有相关因素的明确职责。

除了没有充分考虑气体涡轮可替代方案的证据外,委员会也没有积极地完善报告。法院决定发回重新进行裁决,委员会应该在决定是否批准该项目时,充分考虑鱼类保护的所有问题。同时,委员会应该重新考虑法院所发现的记录的不充分性。

Scenic Hudson 案在《国家环境政策法》颁布以前,为行政机构考虑环境因素提供了一个很好的先例。法院要求所有的联邦机构在采取行动或审批许可之前,审查其行动对环境的影响。值得注意的是,联邦电力委员会在审批电力建设项目时,很少进行相应的环境影响考量。即使是在《国家环境政策法》颁布以后,联邦电力委员会也很少进行环境影响评价报告书的研究。[①] 并且,本案中,法院只要求委员会考虑分析环境影响,并不能够避免委员会在进行环境影响评价后,得出"没有重大环境影响"的评价结果。

在上述两个案件中,法院均采取严格审查主义来评价和判断行政机构的决策。在第一个案件中,法院没有明确地指出这一点,但从判决看,法院是从分析行政机构决策合理性的角度,以及要求行政机构充分履行其职责的角度来进行审查的。第二个案件则更为明显。在第二个案件中,法院认为:"评估这个证据不是法院的职责。法院只关注委员会的行为。"同时,法院认为:"法庭不能也不应该代替委员会的裁判,但法院必须判断委员会是否正确地履行了职责,包括在审批许可证过程中是否充分考虑了公共利益。委员会有考虑所有相关因素的明确职责。"

---

① David B. Spence, Agency Discretion and the Dynamics of Procedual Reform, 59 *Pub. Admin. Rev.*, p. 425,1999.

# 第二章　环境控权的起源及方法之形成

## 第一节　环境控权的起源

### 一、初期联邦行政机构动力的缺乏

　　基于立法推动、司法审查等原因,美国国会、联邦法院和公众在环境保护领域均开始尝试针对联邦行政机构涉及环境的行政决策之规制与行动,这便把环境控权行为延伸到了行政法律关系中。但是,这种延伸对于行政法律关系中的联邦行政机构而言是被动的、缺乏动力的。这是因为联邦行政机构在法律上没有明确的授权。在实践中,基于经济利益、部门利益、政治利益等因素的考量,联邦行政机构没有现实动力。

　　从客观的行政决策模式看,联邦行政机构传统的行政决策模式和管理模式也限制了其在行政决策中主动考虑环境因素。

#### (一) 政府行政决策模式所带来的困境

　　对于联邦行政机构而言,环境保护问题实质上是政府对环境公共利益的考虑。特别是在法律没有明确规定之前,联邦行政机构没有考虑环境公共利益的动力,只有在政治利益和政党利益有特殊需求的情况下,环境保护问题才会作为公共利益被提及。对于联邦行政机构而言,公共利益的保护并不是其职责范围内的事务。[①] 从客观上看,这是由联邦行政机构对其行政决策的认识和定位决定的。

　　联邦行政机构对其行政决策的认识和定位主要有三种观点,即理性主义、理想主义和现实主义。

　　理性主义认为,在政治体系中,行政决策的标准和流程已全部被完备地设置。理性主义认为,政治和政府官员的作用是相同的,即都是将已设

---

① Comment, Public Participation in Federal Administrative Proceedings, *120 U. Pa. L. Rev.*, pp. 702,723 - 725,1972.

置完备的标准转化成具体的、现实的政府行为规则。理想主义认为,行政决策是要求权力厘清不清晰的权力运行标准,并将其运用于社会计划。这一观点认为,行政决策是有标准的,行政决策的职能是厘清不清晰的标准。现实主义则认为,政府官员应该是解决政治争端的,公共政策是具体但充满矛盾的。[①] 公共事务并不是政府官员解决的重点。现实主义的观点直接排除了公共利益决策。从理性主义的行政决策观看,在法律没有授权政府考虑环境价值时,全部设定好的决策标准中,必然不存在对环境价值考量的决策要求。这也就使得行政机构在处理未设定标准、流程的环境公共利益时显得束手无策。从理想主义模式看,在环境标准没有通过法律成为一个社会标准的前提下,就谈不上厘清其不清晰之处。因此,通过行政权力对社会标准加以厘清,必然不包括对涉及环境利益的行政行为之厘清。从现实主义角度看,尽管在 20 世纪 70 年代,环境问题成为政治争端的一个工具,但在行政机构内部,对环境价值的考量并不在政治争端之内。政府行政机构对这一问题的看法是一致的,即他们没有考虑环境因素的必要。由此,根据传统的行政决策观,政府没有任何考虑环境价值的激励性理由。

　　除了对行政决策的理解观念存在问题,在行政决策模式上,同样存在着对环境考量的困境。行政机构决策模式有两种可供选择的类型,一种是管理模式,另一种是协商模式。管理模式指在决策过程中依赖于专家和行政机构常规的价值判断,以科层制为基础,不培养公众参与;协商模式则依赖于公众参与,决策结果由选区公民的深入参与决定,并且强调行政决策中的公共政策而不是技术性决策本身的复杂性问题。[②] 管理模式是行政机构处理日常事务的常规模式,其具体运行方法如下:首先,一个运行良好的政府机构会划定待处理问题的边界,高层作出广泛性和概括性的决策;然后,将这种框架性的任务分配给具体的项目主管或负责人员来进行更具体的任务分配[③],主管会分配给必要的人员进行研究及执行,建立监控体系并提供必要的人力、财力的配合,从而在短时间内便可以掌握高层所需要的所有的基本资料;最后,再由具体的计划小组进行程序化和系统

---

① Schubert, *Is there a Public Interest Theory?*, Nomos V: The Public Interest, C. Friedrich ed. 1962, p. 164.

② Boyer, Alternatives to Administrative Trial - Type Hearings for Resolving Complex Scientific, Economic, and Social Issues, *71 Mich. L. Rev.*, pp. 111,150 - 164.

③ Louis Hector, Problems of the CAB and the Independent Regulatory Commissions, *69 Yale L. J.*, pp. 931,932,1960.

化的运作与执行,计划小组会制定详细的、与高层制定的概括性政策一致
的计划方案,并且在遇到问题时,可以向项目主管反映,项目主管则可以将
任何执行中遇到的政策性问题提交给高层决策;至此,计划接近完成,工作
人员、项目主管和制定概括性政策的高层再进行实质性协商,并且最终很
快地通过计划。[①] 这种模式最初源于美国建国初期商业公司的决策模式,
出现政府以后被移植到政府决策程序中。这种模式在被移植到政府决策
后,会遇到一些客观的弊端,特别是在解决公共利益决定时。

　　一方面,在行政决策中,最重要的一些问题通常是模糊的。例如,何种
类型是"高层应该进行的概括性决策"? 谁来制定关于"哪些问题是应当由
项目主管或高层进行决策"的标准及规则? 除此之外,这种类型无法解决
这样一个问题,即在遇到涉及公共利益的决策时,如何平衡受影响的利益
集团与公众利益之间的关系。

　　另一方面,当这种管理模式直接全盘从商业领域移植到公共管理领域
时,会失去很多其本质性的功能。第一,在商业领域,当市场运行良好时,
其会对不良决策形成自动检验机制。若一个公司不成比例地作出几次错
误的或者效率低下的决策,它就会在竞争中失去优势,成为商业败家,无论
这家企业之前是运转良好的还是濒临破产的。鲜有事例表明,行政机构的
决策会受到这种错误决策的后果之影响。在政府进行了错误决策或者频
繁浪费公共资源的时候,并没有相应的压力可以导致行政机构进行激烈的
改革或者停止营业。行政机构或官员对涉及环境公共利益的行政决策可
以被视为无压力、无成本的。第二,企业与行政机关的区别也表现在机构
内部的组织机制。在企业中,工作人员都非常积极地在其职责范围内确保
自己及其下属解决问题的精确度和高效性。如果不这样,他们将面临被立
刻开除或降职的可能。有效的激励机制为商业组织提供了明确且可以协
商一致的目标。[②] 然而,在行政决策领域,具有冲突性的利益目标和具有
隐藏性的个体理性目标不得不在行政决策过程中不断地被平衡。带有不
同利益目标的计划之间的权衡会导致更多问题的产生。甚至当机构可能
面对来自一些特殊利益集团的压力时,行政决策还必须要同时兼顾这些利
益集团的压力与公平及可分配正义之间的关系。这些都是商业决策者可

---

① Louis Hector, Problems of the CAB and the Independent Regulatory Commissions, *69 Yale L. J.*, pp. 931,932,1960.

② See Zeckhauser & Schaefer, *Public Policy and Normative Economic Theory*, in R. Bauer & K. Gergen, *The Study of Policy Formation*, 1968, pp. 27,46.

以直接忽略的因素。[1] 不断地平衡各种利益目标及协调其相互关系,最终会导致行政决策与其最初目标之间的偏离。特别是在涉及公共利益,且公共利益不被代表及没有被保护机制的情况下,行政决策在涉及环境公共利益时的决策机制之弊端便显露无遗。因此,政府机构运用管理模式不能满足精确性、有效性和具体化及可接受化的基本决策标准的要求。[2] 然而,20 世纪 60 年代以前,管理模式是行政机构主要的决策模式。

尽管环境问题在当时已经逐渐成为公众担心的主要社会问题之一,并且是国会中不断热议的议题,但是由于这种模式在政府决策中具有先天的弊端,联邦行政机构在未授权考虑环境价值时,没有动力主动考虑环境问题并积极解决环境问题。

### (二) 行政机构的系统分析方法之缺陷

环境影响是一种典型的具有不确定性的影响,且涉及多方面的问题。在处理具有不确定性的特定问题及综合性较强的问题时,行政机构会运用系统分析方法。行政决策者即使在掌握非决定性证据及对现实认识有意见分歧的不确定性材料的情况下,也会制定出相应的行动计划,只是这种行动计划可能会因材料的不确定性而导致行动的绝对成功或绝对失败。[3] 系统分析方法便是为了解决这种决策问题而设计的传统分析方法,旨在解决多元化、综合性的问题。这种方法基于金字塔结构的模型,在最顶尖上是要决策的根本性问题。以建发电厂提案的环境影响为例,金字塔最顶端应当是"环境利益与环境损害之间的最佳平衡是什么",在此之下的层级则是将影响因素分为环境因素和经济因素。每个分支再进行更为具体的划分。环境因素可划分为工厂的特征和选址的特征两项。然后,每项问题再进一步划分,如工厂选址的特征可分为生态性、风景优美性、历史价值等。这种方法在分析中涉及环境问题的决策时会有一个弊端,即系统分析方法是由金字塔底层的诸多细节性、综合性问题组成的。系统分析方法的前提是各细节问题相对独立,互相之间不产生影响。由此,在不涉及各问题的关联性之前提下,找到每个问题的最佳答案是较为有效的。[4] 在涉及环境问题的行政决策中,这种可分性是不能实现的。例如,发电厂可以通过安装冷却塔来解决热效应对水生生物的影响,但这就会影响广泛风景优美

---

[1] Cf. G. Black, *the Application of Systems Analysis to Government Operation 67*, 1968.

[2] Eva H. Hanks, A. Dan Tarlock, John L. Hanks, *Environmental Law and Policy cases and materials*, West Public Co., 1974, p. 81.

[3] Kalpan, Decision theory and the Fact-finding Process, 20 Stan. L. Rev. 1065, 1968, p. 83.

[4] Id.

性,同时带来环境成本的投入问题。冷却塔既不美观,也不经济。许多环境问题和安全问题是不可分割的,具有相互促进、相互影响的关系。这些因素无法被分割成相对独立且互不影响的具体问题。[1] 行政决策作为一种系统化、逻辑化的努力,通过寻求某种颇具可行性的研究方法来分解复杂的问题是很困难的。[2] 因此,系统分析方法运用于涉及环境问题的行政决策时,会遇到许多无法克服的问题。

尽管从公共利益及处理公共事务的责任上看,环境价值应当与经济利益同等地在行政决策中被考量,但是基于上述各种客观困境,行政机构没有进行环境价值的考量,也没有预先决定环境价值的比重如何分配。[3] 正当行政程序的反对者也担心同样的问题,与行政权力对个体权利可能造成的作为性损害相比,他们更担心行政机构在公共利益保护中的不作为。[4] 由此可见,行政机构很难自发地考虑环境价值。作为行政控权向环境领域延伸的主要执行者,行政机构不可能有这样的动力给自己强加一项环境责任去履行。

## 二、环境保护主义价值观在公众中的兴起

针对环境保护主义的核心价值,不同的学者有不同的认识。最初,在加拿大学者的认识中,可持续发展社会与节约型社会两个概念体现了温和环境保护主义的内涵。[5]"保护"的观念由加拿大科学委员会推广兴起,其发表的畅销书《加拿大的节约型社会》提到,由于不确定资源与新技术的需求,节约型社会以反对浪费与污染为原则。因此,节约型社会应当是环境友好型社会,其要求具体包括:(1)倡导社会制度设计的经济性,即提倡以花费少量的资源来完成更多的经济目标为行动理念。(2)提倡尽力进行资源循环与再利用。(3)质疑人为地通过市场手段刺激与满足不断增长的人均商品需求。(4)接受在能源、交通等不同领域实施多样化的解决方案,

---

[1] Kalpan, Decision theory and the Fact-finding Process, *20 Stan. L. Rev. 1065*, 1968, p. 84.

[2] Id.

[3] Kalpan, Decision theory and the Fact-finding Process, *20 Stan. L. Rev. 1065*, 1968, p. 84. Robert Paehlke, *Environmentalism and the Future of Progressive Politics*, 1989, pp. 117 – 119.

[4] Eva H. Hanks, A. Dan Tarlock, John L. Hanks, *Environmental Law and Policy cases and materials*, West Public Co., 1974, 84. See also Boyer, Alternatives to Administrative Trial-Type Hearings for Resolving Complex Scientific, Economic, and Social Issues, *71 Mich. L. Rev.*, pp. 111, 150 – 164.

[5] Robert Paehlke, *Environmentalism and the Future of Progressive Politics*, 1989, pp. 117 – 119.

以实现整体系统的经济性、稳定性与活跃性。①

可持续发展也是环境保护主义的重要理念之一。"可持续发展"的概念在国际社会之提出,始于1987年由挪威首相布伦特兰夫人领导的世界环境与发展委员会发布的研究报告《我们共同的未来》。该报告指出,可持续发展是既要满足当代人的需要,又不对后代人满足其需要的能力构成危害的发展。Lester Brown也在其著作《建立可持续发展社会》中总结了可持续发展的概念,即我们并非从我们的先辈那里继承了地球,而是从我们的下一代那里借用了地球。Brown的环境保护概念着重于对地球可再生资源的维护与使用,而非避免浪费与消耗。他强调保护水土质量,保护生态资源免受人口与工业化膨胀的侵害,提倡使用可再生能源及维持人口数量的稳定。可持续发展是一种价值理念上的转变。后来,这种理念因1992年环境与发展大会而被推广至全世界的各个国家。这种理念的转变是长期而又漫长的过程。这种理念在20世纪六七十年代影响着美国社会,特别是公众及环保人士,进而推动美国国会在立法观念上不断转变。

有学者将环境保护主义的核心价值观总结为以下几个要点:(1)认可各种生命形式及生态网络的复杂性特点。(2)对人和其他物种,乃至整个生态系统的关系持谦卑感。(3)关心人类的生活质量及健康,包括强调采用预防性药品、饮食及锻炼来维持与增强健康。(4)具有全球合作观。(5)一定程度上赞成政治与人口的分散化。(6)要有长远观念,关注世界及生命的长远利益。(7)生命周期中长期或短期的紧迫感。(8)认为人类社会应在可持续的技术与物质基础上进行重构,认为当下生命的许多方面在本质上都是转瞬即逝的。(9)崇尚简约,但并不意味着抛弃科技与现代化。(10)对季节、环境、气候及自然材料持审美体验。(11)保持一份敬仰,对社会价值形式(如非物质的技能、艺术、努力及品德)怀有敬仰之情。(12)推崇在人类活动中的自主及自我管理,以及促进更多民主与公众参与的行政程序框架设计。②

20世纪六七十年代,这些价值理念支撑着美国公众对环境问题的深入关注,并支撑着他们反对各种影响环境的行政决策,进而使这种影响扩大至国会及行政机构内部。例如,在Grand Canyon大坝建设项目中,公众

---

① Robert Paehlke, *Environmentalism and the Future of Progressive Politics*, 1989, pp. 117 - 119.

② Id.

便是基于经济的、环保的、文化历史的及生态的理由来提出反对意见。①

美国环境保护主义价值观是多样化的，而非统一的。美国环境保护主义包含多样化的价值体系、观念及视角，并从复杂的历史、哲学及宗教传统中汲取灵感。②

值得注意的是，各种环境价值观就环保主义的内涵并没有达成共识。有些环境价值观期待毒物排放减少，有些期待控制污染物，还有一些期待减少人类行动对生态系统的妨害。环境价值观可以从很多方面加以区别。一个基本的区分是根据价值观的道德与伦理取向分为不同角度，如人类的、生物的及整个生态系统的，这些角度分别称为人类中心主义、生物中心主义和生态中心主义。

除此之外，（自然）保存主义（Preservationist）及宗教的观点在美国环境保护主义发展中起了关键作用。（自然）保存主义（Preservationist）注重传统历史文化与自然关系的保持。③ 有些环保观念认为，世界和平正被人类对自然的不敬、对自然资源的掠夺及持续下降的生活质量威胁。④ 罗马教皇曾使用"生态"这个词，他认为："一个好环境的解决方案不能只是依托于对自然资源的有效管理及合理使用。神学、哲学与科学都在讲和谐宇宙，都在讲求一个由德性及内在动态平衡形成的宇宙。这种动态平衡的秩序必须遵守。"⑤基督福音教派（Christian evangelicals）的环境观念已经在创世说理论中开始发展了，基督教的环境观认为，国家应以对其神圣创立者的景仰为根本，以关注家庭与孩子的健康为目标，并且其对政府随意的、大政府主义的做法持怀疑态度。⑥

---

① Robert Paehlke, *Environmentalism and the Future of Progressive Politics*, 1989, pp. 117 - 119.

② Samuel Hays, *Three Decades of Environmental Politics*, *in Government and Environmental Politics*, pp. 20, 25, (M. J. Lacey ed., 1989).

③ Emerson, Nature, 1836, reprinted in G. Gunn ed., *New World Metaphysics*, p. 171, 1981; See also, R. Elliot & A. Gare eds., *Environmental Philosophy*, 1983.

④ John Passmore, *Man's Responsibility for Nature*, 1974. In 1990, Pope John Paul II, message entitled "peace with all Creation": alongside the arms race, regional conflicts, and domestic injustice, world peace is threatened by a lack of due respect for nature, by the plundering of natural resources and by a progressive decline in the quality of life.

⑤ Id.

⑥ John Cochran, New Heaben, New Earth, *CQ Weekly*, p. 2768, 2005. 2004, the Evangelical Environmental Network declared on the Care of Creation: We and our children face a growing crisis in the health of the creation in which we are embedded, and through which, by God's grace, we are sustained. Yet we continue to degrade that creation. These degradation of creation can be summed up as 1) land degradation; 2) deforestation; 3)species extinction; 4) water degradation; 5) global toxification; 6) the alteration of atmosphere; 7) human （转下页）

各种环境保护主义价值观不断发展、交汇、碰撞,使得环境保护主义不断兴起,以至于 20 世纪六七十年代开始出现了大量的环境保护主义者,并成立了塞拉俱乐部、自然之友等大量的环境保护团体,他们围绕着环境问题举行各种游行与游说活动。同时,公众因其身边的某种环境影响而自发组织的环境保护运动也大量兴起,如洛夫水道事件一样,他们担心自己居住的环境受到危害,担心下一代的身体健康。他们自发组织各种活动,并试图影响国会及联邦政府机构。这些环境保护运动的兴起逐渐影响着美国社会的整体观念,也在国会中逐渐发挥作用。

## 三、生态学与伦理学的特殊影响

Leopold、Eugene Odum 等生态学家所提出的土地利用伦理学的依据在于生态平衡理论,或者通俗地表达为自然平衡论。立法者及律师都非常积极地推崇这一理论,因为它可以像一种中立且普遍的公共政策原则,这个原则适用于所有自然资源使用与管理领域。现代环境资源管理科学对法律系统的贡献便在于此。美国环境法律体系的大部分立法以自然平衡论作为基本理论支撑,如《国家环境政策法》《濒危物种法》《荒野法》《清洁水法》《清洁空气法》等。①

环境保护主义者运用经济学、工程学与生态学来解释和支撑环境保护主义运动的内涵及正当性。其中,生态学及其理论是所有相关学科中,对于环境法来说最核心的学科。生态学及其理论较为全面地解释了人类诸多行为是如何对环境造成负面后果的。同时,生态学理论对环境保护方式提出的要求是"让自然独善其身"。

在这一思想的影响下,资源环境管理者逐渐意识到经济利益与环境利益之间有此消彼长的关系。这里的环境利益主要是指野生动物及其审美价值等合法性利益。在环境保护主义出现之前,环境资源利益从属于人类自然资源开发效益最大化的目的,并且被无节制地利用。这种毫无节制利

---

（接上页）and cultural degradation. Many of these degradations are signs that we are pressing against the finite limits God had set for creation. With continued population growth, these degradations will become more severe. Our responsibility is not only to bear and nurture children, but to nurture their home on earth. We respect the institution of marriage as the way God had given to insure thoughtful procreation of children and their nurture to the glory of God. We recognize that human poverty is both a cause and a consequence of environmental degradation.

① Fred P. Bosselman, A. Dan Tarlock, THE INFLUENCE OF ECOLOGICAL SCIENCE ON AMERICAN LAW: AN INTRODUCTION, *69 Chi. -Kent L. Rev.*, p. 847.

用环境资源利益的不良后果并没有被重视,以至于使人类忽视了环境资源利益的存在。

因此,生态理论的发展逐渐改变着人们对自然和环境的认识。在由参议院与众议院联合举行的特别学术研究会上,美国国会的公共事务委员会预测"生态已经做好了迅速发展的准备"。该研讨会为1969年的《国家环境政策法》奠定了基础。该委员会在其报告中也肯定了科学的社会效用。生态学的相关理论备受卡德维尔教授(印地安纳大学的公共行政教授,《国家环境政策法》的起草者之一)的推崇,他在20世纪60年代发表的一系列颇有影响的文章中认为,定性型的环境标准能提供行政上的黏合,这种黏合长期以来在自然资源政策中缺失。这种黏合也可以理解为行政控权向环境领域的扩张与延伸。卡德维尔教授的创造性贡献在于,为《国家环境政策法》提供了最有力的生态理论支持。《国家环境政策法》是第一部将生态提升到重要地位的联邦立法。环境评估及风险评估均是环境法中为数不多的几个富有创造性的概念。

1968年以后,特别是上述研讨会以后,生态主导的环境保护主义从根本上改变了人类看待世界的方法及人类行为的判断标准。它把生态理性化的概念提升到与经济理性平行的地位,因此致命地打击了西方传统的世界观中关于人类有义务征服自然的理论。在此过程中,自然平衡理论成为无可争议的伦理准则。

同时,生态非平衡理论也对环境保护主义发挥着影响。有学者认为,自然平衡理论很有诗意但不科学。新的生态非平衡理论认为,生态系统是一个热动力系统,它永远不会达到平衡状态。既然自然在不断变化,那么人类造成的变化应只是一种被容忍的自然变化形态的一部分。[1] 这个新理论并不排斥环境保护主义的存在。相反,它为环境保护主义提供了进一步发展的基础。这一理论同时呼吁人们关注生态系统运作,并且深入地理解如何有效地进行环境管理,以及如何环保地作出行政决策。依据这一原理,爱达荷大学的Reed教授[2]将非平衡理论运用到实践中,对环境保护的内在要求进行了进一步的解释。作为一种新的应用理论学科,非平衡理论已经存在了近15年,它可以较好地解释复杂的甚至是退化的环境中维持生物多样性的原因。Reed教授的论文着重于学科发展的一些原理,这些

---

[1]　Fred P. Bosselman, A. Dan Tarlock, THE INFLUENCE OF ECOLOGICAL SCIENCE ON AMERICAN LAW: AN INTRODUCTION, *69 Chi. -Kent L. Rev.*, p. 847.

[2]　Judy Meyer, The Dance of Nature: New Concepts in Ecology, *69 Chi. -Kent L. Rev.*, p. 876.

原理用于设计在环境退化过程中保护栖息地的具体制度,以使得濒危物种还能有一线存活于人类干扰的环境之中的生机。

非平衡理论为融合利益冲突各方在环境问题上的隔阂并实现共赢提供了理论基础。南加利福尼亚大学法律中心的 Christopher 教授便认为,可持续发展的辩论反映了环境保护主义者与开发者之间的知识鸿沟,反映了真实的、难以解决的利益冲突,穷人与富人都是合法利益获得者,但他们之间必有利益冲突需要协调。他提出了一个替代解决方案,该方案确认了发展共同利益的可行性。例如,本地区各方利益者的共同参与可以促进利益冲突各方达成具有建设性的共识,从而保证可持续发展的实现。

由此,我们可以看出,生态学与伦理学对行政控权向环境领域的延伸有两个重要影响:一是生态学中的生态均衡论证明了保护环境、控制人类环境影响对维持生态均衡的重要意义,而非平衡理论则从管理方式上提供了更深入的解决方案,如各利益冲突方之间的共赢。二是从伦理学角度看,人类尊重自然且不影响自然规律是一种道德,这就为人类为什么要保护环境及为什么要进行环境影响的控制提供了答案,而这一答案就成为环境影响评价制度在《国家环境政策法》中设立的前提。特别是在庞德的法社会学及相互依赖的观点之影响下,环境控权规则在设计上使用跨学科的综合性方法,这为行政控权向环境领域延伸提供了可能。生态学与伦理学强调控制人类对自然的影响,从而在行政控权向环境领域延伸的过程中,为环境控权规则体系构建了一种新的立法理念。这种理念是通过环境影响评价制度的设计来控制行政机构涉及环境问题的自由裁量权,并且通过控制行政机构决策的环境影响来控制整个社会对环境的影响。行政机构是整个社会活动的枢纽,大部分影响环境的人类活动,如土地的开垦、矿产资源的开发、高速公路的修建、工业生产的选址等,都是经过政府的批准或资助才得以进行,或者直接由行政机构来开展。因此,只有控制了行政机构对建设项目的审批、资助和参与,以及其对可能影响环境的行政决策的自由裁量权,才能控制整个社会对环境的影响。

公众的视线之所以会向环境问题转移,其中涉及许多因素,最主要的原因是生态学与伦理学对公众认识环境问题的推动,二者甚至影响了《国家环境政策法》的价值理念,《国家环境政策法》的一些规定是基于这一理念形成的。国会在立法时认为,跨部门的生态研究应该成为联邦政府的行政决策之主要参考,因为只有在全面对某一行为进行成本效益分析的情况下,才能更好地理解该行为可能导致的不可预见的环境效果。于是,《国家环境政策法》第 102 条便要求联邦政府机构应当使用系统的、跨部门的方法来保证在规划中综合利用自然与社会科学及环境规划的综合技术,从而确保可量化的环境价值与经济效率在决策中均被适当地考虑。[①]

## 第二节　环境控权的方法之自审自控式:
## "谁污染,谁负责"之延伸

### 一、控权之对象——行政机构

从 1878 年美国联邦政府成立开始算起,到 1946 年《行政程序法》颁布为止,在这 150 多年的法律发展过程中,法治理念在美国深入人心,但并不都是通过法律对行政权力进行控制的方式。这是一段从有限政府到政府扩权,再从政府扩权到控权的法律发展史。

以 1887 年州际贸易委员会的成立为分界,英美国家在此之前都奉行亚当·斯密的自由主义,从而建立了一个不受政府控制的市场。政府只是有限政府,当今大量行政机关所管理的事务,在当时全部由市场自行运转。[②] 因此,那时的美国政府中并没有大量的行政机关存在,只有少量必要的为总统提供服务的总统执行机构。

直到 1887 年,为了加强联邦政府对私人经济活动的控制,防止垄断企业超过州管辖范围的垄断经济活动影响美国国家的经济发展,联邦国会制定了州际贸易法,成立了州际贸易委员会。[③] 州际贸易委员会是第一个现代行政管理机构。[④] 国会通过立法,第一次建立了这样一种"专门负责搞好极端重要的国家工业"的政府部门。[⑤] 它被赋予了广泛的行政立法权(rulemaking)、行政裁判权(adjudication,有时称为司法权),以及其本身的行政执行权。在管理法律规定的专门事务方面,州际贸易委员会变成了国会、总统、法院(立法、执法、司法)的集合体,它成为现代行政机构的原始模型。自此之后,凡是行政管理方面的专门问题,都采用这种设立机构的方式进行公共事务管理。

---

① Robert Percival, *Environmental Regulation: Law, Science, and Policy*, Wolters Kluwer, 2018, p. 40.

② 王名扬:《行政法》(上册),中国法制出版社 1995 年版,第 48 页。

③ 同上,第 50 页。

④ [美]伯纳德·施瓦茨:《行政法》,徐炳译,群众出版社 1986 年版,第 16 页。

⑤ 同上,第 17 页。

　　设立独立委员会的目的是执行某一专门工作任务,这与通常是政客的行政部门的官员大不相同。政客往往在具体领域并不专业,而委员会则可以把精力集中于它的工作领域,其成员大多是专家。委员会的成员由总统任命,有固定的任期,总统没有绝对的罢免权,他们在法律上并不对总统负责。① 由于委员会是根据国会立法设立的,因此其接受国会的监督及司法审查。这种机构统称为独立委员会,但并不限于"委员会""机构",环保署也是这种类型的机构。

　　此类行政机构的激增是在 1929 年经济危机爆发后,1933 年罗斯福当选总统推行新政开始的。罗斯福新政的主要内容是控制银行、市场,在社会领域规定最低、最高工作时间,鼓励工会和雇主进行谈判,部分地推行社会保障制度。② 这些措施的目标便是政府干预经济,以控制经济危机的恶化。新政的措施是通过设立像州际贸易委员会这样的行政机构作为执行工具来实施的。③ 这些机构均拥有行政立法权和行政裁判权,并且在新政时期,它们的权力行使并没有受到必须的程序限制。"(新政)措施执行得很迅速,事实上,有时是太迅速了。原因来不及分析,问题来不及究清,设立的行政机构就是为了全力以赴地解决这些问题。"④新政时期的政策以克服市场失灵为目标,很多社会问题和公共事务需要时效性,因此决策时便忽略了深入研究和判断。

　　行政法在这一时期的主要任务是使这些机构的行政立法权和行政裁量权得到合法的授权。这一时期,一揽子立法授权成为常态。例如,1934 年的《电讯法》仅规定"联邦电讯委员会必须依公共利益行事",此规定是该委员会唯一的权力限制。⑤ 这样的标准相当于是没有标准,这种授权被称为"漫无节制的授权"。一些行政法学者已经开始认识到,对这些行政机构的权力进行控制是非常必要的。鲁特教授认为:"行政机构对公民的行政权限必须用法律加以规定和限制。公民能够反抗这些行政机构的权利必须规定清楚。"⑥这种观点得到许多法学学者的支持,这是将行政法转为控权法的早期基础。不过,这一时期,即使是法院也迫于罗斯福总统的压力,选择对行政机构行使的广泛的行政权力表示尊重⑦,司法审查也没有起到

① [美]伯纳德·施瓦茨:《行政法》,徐炳译,群众出版社 1986 年版,第 14—15 页。
② 王名扬:《行政法》(上册),中国法制出版社 1995 年版,第 53 页。
③ [美]伯纳德·施瓦茨:《行政法》,徐炳译,群众出版社 1986 年版,第 18 页。
④ 同上。
⑤ 同上,第 19 页。
⑥ 同上,第 18 页。
⑦ 王名扬:《行政法》(上册),中国法制出版社 1995 年版,第 53 页。

有效的限制作用。在新政的后期,限制行政权力的诉求日渐增多,加强程序保障和司法审查的呼声日渐高涨。这一系列的压力导致 1946 年《行政程序法》的颁布,该法全面规定了行政机构的行政程序,并为行政程序规定了最低标准。

《行政程序法》规定,行政机构是指除国会、法院外的美国政府各机构。① 这里所界定的行政机构,是美国控权规则的控权对象。实践中,只有那些会影响到私人权利并具有广泛行政立法权和行政裁量权的行政机构,才是真正的被控权对象。

尽管联邦政府中,总统管辖的各部门与独立的行政机构在属性上有所不同(各部部长由总统任命,总统对各部门有绝对罢免权),但是在长期的行政管理发展中,有些部门也被授予行政立法权和行政裁量权。一旦这些部门所行使的权力影响了私人权利,便也属于被控权的对象。

因此,被控权的行政机构实际上是动态的。凡是符合以下两个条件的,均有可能成为控权规则体系所规制的对象,也就是被控权的对象:(1)被授予了行政立法权和行政裁量权。(2)其制定的规章或裁决影响了私人的权利和义务。

## 二、控权之"权"——行政权力

1946 年的《行政程序法》将行政机构的所有行政活动称为行政决策,又将行政决策分为两大类型,即规章制定(Rulemaking)和裁决(Adjudication),并且规定行政审批与行政命令均属于裁决,同时裁决也包括对私人主体之间的利益裁决。规章制定则是根据国会立法规定的委任立法进行的,主要是为了细化国会立法的规定并执行相关法律。立法权和司法权便是控权规制的核心内容。

美国宪法规定,国会通过立法,授予相关机构立法权和司法权。第一届国会的第一次会议制定了相关立法授权的法律。其中,一部法律创设了现在由退伍军人委员会执行的福利计划,并规定"按照美国总统制定的规章"给残疾军人提供养老金;而另外两部法律则将行政裁判权授予了海关税收官。② 1887 年的州际贸易委员会被视为第一个现代行政管理机构。这样的机构在新政时期激增,但并没有法律控制其行使权力的限度,这便导致了漫无目的的大量立法授权的存在,也导致了以现代行政法为基础的

---

① ［美］伯纳德·施瓦茨:《行政法》,徐炳译,群众出版社 1986 年版,第 19 页。
② 同上,第 16 页。

控权规则体系的出现。那么,应如何通过法律来控制这些权力呢?

我们在这里需要厘清立法授权创设的行政机构的行政权力与总统及其下设部门的行政权力之属性是否一致,以及是否均应受行政控权规则的控制和制约。我们在前文提到过,美国宪法在规定三权分立制度时,尚没有出现大量的行政机构。当时,行政权力仅指总统行使的权力。1887年以后至新政时期,大量出现的行政机构被视为"第四分支"。后来,由于在功能上仍然是行使行政权力,因此这些行政机构与总统等行政部门划为一类。同时,随着国会立法的不断授权,总统领导下的行政部门也逐渐有了行政立法权和行政裁决权。因此,行政权力的范围在无形中不断扩大。如果我们从"行政决策"这一概念出发,或许对这个问题能有更好的理解。行政机构行使行政权力所进行的全部行政活动均可被称为行政决策(Decisionmaking),而《行政程序法》将全部的行政决策分为规章制定和裁决。这两类活动分别对应立法权和司法权,因此行政权力的范围便包含了行政立法权和行政司法权。

那么,行政立法权如何与三权分立制度相协调就决定了行政权力的性质,而这也是美国行政法研究之初的一个重要问题。

"法的普遍原则是,被授予的权力不能授出。"国会、总统和法院所拥有的立法权、行政权与司法权是人们通过宪法授予的。立法机构(国会)本身也只是一个权力委任者。作为一个被委任者,立法机关不能把它的任何立法权或司法权再授权给其他人。根据这一原则,立法机关不能再委任。但是,在现实生活中,国会所制定的法律需要专门机构来执行,同时填补法律条文与实际操作之间因条文的抽象性而引发的隔阂。这样的行政机构在现实操作中就必然需要进行规章制定或作出裁决。因此,在实际操作上,刻板地禁止再委任已不符合现实需要,这一理论便从禁止授出立法权演化为反对无限制授权①,从而也创设了一个重要的控权原则,即"行政机构的立法权与司法权受到法律的制约"。原因在于,行政机构的立法权来源于国会立法的授权,这使行政机构的立法权仅是从属于法律之下的一种权力,并受法律的控制,从而便形成了"未经法律授权,行政机构没有任何立法裁决权可以行使"的规定。

在上述理论的发展过程中,三权分立原则不断演化,从禁止授权发展为禁止法律无限制的授权。从根本上讲,美国控权规则体系的支撑性原则有以下两个:(1)行政机构只能行使由法律授权的权力;未经授权,行政机

---

① 〔美〕伯纳德·施瓦茨:《行政法》,徐炳译,群众出版社1986年版,第31页。

构没有任何权力可以行使。（2）国会的立法授权应当规定一定的标准,所授之权必须有适当的法定标准来制约。

这两个原则既适用于行政立法权,也适用于行政裁决权。究竟立法中规定什么样的标准才是"适当的",对这一问题的解释最终落脚于法院的司法审查之中。在新政时期,为了考虑行政效率,只要行政权的行使符合公共利益,法院便认为其具有适当性。[①] 1963 年,哈伦大法官指出,一部没有授权标准的法律所产生的后果是:一方面,政治压力由行政机构长官来承担;另一方面,法院无法有效地审查行政机构所做的一切,因为法院不知道国会想用什么标准来指导该机构的活动。因此,以下两项支撑性原则成为判断行政权正当与否的重要标准:

第一个支撑性原则是从权力性质及来源出发,根据三权分立原则的推导而产生的,并且这一原则是根本性的,即正当程序规则。

第二个支撑性原则,即立法中明确授权范围及标准,这一点对控权本身的意义也非常重大。以行政裁量权为例,当立法机关较为具体地规定行政机关裁决标准时,受它裁决的当事人对该法的贯彻执行便会非常有信心。如果标准没得到遵循,司法审查可以有效地进行矫正。在没有真正标准的情况下,行政机构不受法律的有效控制。当事人如果知道行政机构的决定不受法律控制,他们便会施加法外影响,那么所谓的政治压力(如贿赂或威胁)便会随之而来,法院的司法审查也会因标准的模糊而变得无力。[②]那么,究竟什么样的标准是"适当"的呢? 根据 1972 年华盛顿州的一个判例所总结的,现代政府必须得到有具体指导标准的委任行政立法权,主要包括以下几个方面:(1)立法机关用一般术语规定什么需要做,以及完成此任务的行政手段是什么。(2)有程序保障来制约武断的行政行为[③],即存在司法审查规则。

行政机构的司法权同样是由国会授权而来,其同样需要遵循前文提到的两项支撑性原则。但是,行政裁量权不同于法院的司法权。法院作为仲裁者,只审理法院外当事人提起的诉讼案件,而行政机关的裁决涉及两类案件:一是与己无关的双方当事人的纠纷;二是一方当事人为其本身的案件。有时,行政机构的司法权被称为"准司法权",这大概也是由于第二类案件的存在。英美国家没有专门的行政法院,因此行政机构的行政裁量权

---

① ［美］伯纳德·施瓦茨:《行政法》,徐炳译,群众出版社 1986 年版,第 39—49 页。

② 同上,第 50 页。

③ 同上,第 52 页。

相当大。行政机构长官不仅是执行者,也是由其引起的纠纷的处理者。行政机构既是一方当事人,又是裁决者。这样的裁决不是由独立的法官作出,而是由行政机构的有关部门作出,这一点是与法院的根本性区别。也正是由于这一点,行政机构的裁决效力低于法院判决,并且其裁决应受到司法审查的监督。受法院司法审查监督也是行政机构裁决与法院判决的最大不同。[①]

正是由于行政机构的行政裁决权不同于法院审判,1946 年的《行政程序法》详细规定了对行政裁决权的限制。根据自然正义原则,"任何人不能做自己的法官"。因此,为了防止行政机构在裁决中有失公允,并规范行政立法权和行政裁决权,1946 年的《行政程序法》规定了一套完整的决策及审判程序,通过正当程序来规范行政立法权和行政裁决权,以保障实质正义的实现。同时,在行政裁决过程中,《行政程序法》规定在每个行政机构内部设立一支独立的审理官队伍,称为联邦主审官。[②]

### 三、控权之内容:行政控权规则体系

美国控权规则体系的两个根本性规则是正当程序规则及司法审查规则。至此,我们可以总结出美国控权规则体系的两个支撑性原则及两个根本性规则。两个支撑性原则,即行政机构只能行使由法律授权的权力,以及国会的授权应当规定一定的标准。两个根本性规则,即正当程序规则及司法审查规则。所谓根本性规则,是指支撑控权规则体系的主要规则。除了这两项规则,还包括信息公开、公众参与等其他补充性规则。由此可以认为,美国的控权规则体系应当包含立法授权规则、正当程序规则、信息公开规则及司法审查规则。

#### (一) 立法授权规则

行政机构是基于法律而产生的,其权力必须有法律的授权。行政机构的作用是制定能够执行国会立法的行政细则,以填补法律与实践之间的缝隙。行政机构不得越权行使权力。[③]

立法授权规则可以视为对越权原则及限制自由裁量权原则的延伸。越权原则是由英国行政法最早提出的,这一原则同样适用于美国控权规则体系。如果行政机构的行政行为在法定授权的权限之内,则该行政行为是

---

① 〔美〕伯纳德·施瓦茨:《行政法》,徐炳译,群众出版社 1986 年版,第 10 页。
② 同上,第 275 页。
③ 同上,第 141 页。

有效的,否则无效。这一原则本身是普遍性公理,从而无须由法律进行专门规定。

这一原则对行政立法权的行使具有更为实际的作用。美国行政法判例曾显示,法院通过司法审查来判明受到起诉的规章是否在授权范围之内。[1] 例如,在一个关于内务部长制定购买氦的规章的判例中,法律规定联邦政府的行政机构应通过内务部长购买氦,并授权内务部长制定相关规章。内务部长在其颁布的规章中指出,禁止政府机构和它们的合同缔约人通过内务部长以外的任何渠道来购买它们所需的氦。联邦最高法院认定此规章无效,因为法律规定的限制对象是政府机构,内务部长不能将权力延伸至政府的合同缔约人,这是越权行为。[2]

与英国控权规则一样,越权原则不是控权的最高标准,而是底线。因为只要不超过法定权限便有效,所以这一原则无法防止规章中明显不合理且专横的规定。这便要求行政机构也要遵守限制自由裁量权原则,即其所制定的规章应当具有合理性,不能是不合理的、恣意的和专横的。"有效的规章不但要与法律保持一致,而且要合理。"规章要与授权法的目的合理地联系在一起才是有效的。[3] 这一点是司法审查的一个重点内容。法院是判断规章是否合理的裁判机构。越权原则及限制自由裁量权原则适用于行政权,既包括行政立法权,也包括行政裁决权。

**(二) 正当程序规则**

英国控权规则体系中的自然正义原则是控权原则之一,它包括公正审讯与正当程序两个方面。从广义上讲,正当程序包含了公正审讯的内容。特别是在美国《行政程序法》颁布后,正当程序规则被视为控权最重要的保障。正当程序是指非经审讯,并通过审判为自己进行权利辩护,任何人不得被剥夺生命、自由、财产。[4] 程序的正当性主要是指程序上的正当手续,即通告和审讯[5],这是正当程序的根本。如果行政机构所需要采取的行动对特定权利与义务会产生不利影响,那么在它采取行动之前,应告知受影响者,并给予其在正式、公正的审讯中陈述意见的机会。[6] 根据这一要求,行政机构的正当程序规则所规定的程序性权利包括[7]:(1)得到通知(系统

---

① 〔美〕伯纳德·施瓦茨:《行政法》,徐炳译,群众出版社1986年版,第141页。

② 同上。

③ 同上,第142页。

④ 同上,第174页。

⑤ 同上。

⑥ 同上。

⑦ 同上。

地阐述该案所涉及的主题和问题)的权利。(2)提出证据(含证言、书证)的权利。(3)通过反询问和其他正当手段来驳斥对其不利证据的权利。(4)请律师陪同出庭(行政审讯)的权利。(5)要求只根据审讯档案中记载的证据判决的权利。(6)取得全部档案的权利。上述权利均为程序性权利。

正当程序规则要求公正审讯,除了保障程序性权利的实现,还需要有公正的审讯官。《行政程序法》建立了联邦主审官队伍,并授予他们相应的审判权力。"由公正的、超党派的事实审判官主持的公正审判是裁决程序的精髓。"①如果审判官或行政机构受到以下几种法律偏见的影响,那么行政裁决是无效的,具体包括利害关系和个人偏见。只要有一种偏见存在,裁判官便应当回避。②所谓利害关系,主要是指金钱利害关系。所谓个人偏见,是指个人情感受其所属党派或阶级的好恶支配。③这一规定符合"任何人不得做自己的法官"这一古老的法律信条。这便是正当程序规则。

**(三)信息公开规则**

1966年的《情报自由法》规定的信息公开规则对控制行政权力起到了很大的推动作用。信息公开规则可以被视为美国控权规则体系中除正当程序、司法审查等主要规则之外的重要补充规则。

根据《情报自由法》,信息公开规则体现为以下基本原则④:(1)公开情报(信息)是普遍原则,而不是例外。(2)每个人都有得到信息的平等权利。(3)对不公开文件,应当由政府而不是由要求得到信息的个人负责说明不公开的理由。(4)个人得到信息的权利如被不当否决,其有权请求法院给予法定补偿。(5)可以改变政府的政策和态度。

在之前传统的行政诉讼中,行政机构的行为被假定为合法,由质疑者承担证明行政机构的行为不合法之责任。对于质疑者而言,取证无疑是一项挑战。此外,复查受质疑的行政行为的范围是非常有限的。⑤《情报自由法》则给出了相反的规定:(1)法院应当制定异议中的问题审查范围。(2)由行政机构负责说明其封锁消息的理由。⑥举证责任倒置的规定是《情报自由法》在行政法上的重要突破,并且该规定有效保障了信息公开规则的实施。

---

① [美]伯纳德·施瓦茨:《行政法》,徐炳译,群众出版社1986年版,第281页。
② 同上。
③ 同上,第281—283页。
④ 同上,第120页。
⑤ 同上。
⑥ 同上,第121页。

#### （四）司法审查规则

司法审查是美国控权规则体系中的司法救济制度,其在审查行政机构越权行为及滥用自由裁量权行为方面起到关键性作用,对保障正当程序规则和信息公开规则的实施也是非常重要的。

在行政行为的司法审查案件中,法院需要考虑两个问题:(1)法院是否可以审查? (2)法院审查的范围有多大?[①] 同时,法院还必须回答以下问题[②]:(1)立法机关是否准许审查? (2)有无适当的原告提起诉讼? (3)在提起诉讼时有无适当的被告? (4)要求审查的诉讼是否适时? (5)被告的行为是否达到可审查的程度? (6)审查诉讼的形式运用是否适当? 如果法院对上述任何一个问题作出否定性回答,那么该案件将不能进行司法审查。

司法审查的范围直接关系到行政程序的效用,以及司法制止行政机构滥用权力与救济个体权利免受行政权力滥用之侵害的实效性。如果范围过大,将会损害行政机关的功能,导致司法因过多干预行政决策而使行政机构失去其决策功能[③];如果范围过窄,则无法起到司法监督的作用。

司法审查的范围往往是法院在实践操作中不断研究确定的,其并不像司法审查的启动一样,有许多具体、明确的标准。有许多特定的因素会影响法官对司法审查范围的确定,其中最重要的两个因素是对专家意见的采纳程度和案件审理时间的限制。

对行政专家意见的采纳,会导致缺乏专门知识的法官在实质审查上的被动。行政机构的官员,特别是具有独立地位的行政机构的官员,本身就是具有专门知识的专家,这就导致法院对这种行政机构的司法审查仅限于形式上是否滥用自由裁量权的审查。[④] 法院要从实质上对技术问题方面的行政裁决作出审查,甚至推翻此种行政裁决,是非常困难的。同时,法官在很多情况下也并不想让自己陷入具体烦琐的行政事务中,从而改变其作为法官本身的职能。这也正是主张限制司法审查范围的学者的理论基础。

案件审理是有时间限制的,同时法院审理案件的工作量非常大,这便导致了法院草率地肯定大多数行政裁决。[⑤] 法官判断案件也大多是根据

---

① ［美］伯纳德·施瓦茨:《行政法》,徐炳译,群众出版社 1986 年版,第 396 页。
② 同上,第 397 页。
③ 同上,第 540 页。
④ 同上。
⑤ 同上。

自己的价值观与是非观,并不受某些特定标准的限制①,这就导致有些案件被草率审理,有些案件则得到更全面、细致的审理。尽管如此,进行司法审查的一个基本标准仍然是,行政机构的决定是否是武断的、恣意的及不合理的。

---

① 〔美〕伯纳德·施瓦茨:《行政法》,徐炳译,群众出版社 1986 年版,第 540 页。

# 第三章　环境控权构造类型

根据中国和美国的环境法律体系及运作方式,环境控权构造按照被控权的对象来划分,可以分为单中心主义的环境控权模式和多中心主义的环境控权模式。中国环境控权的构造是以生态环境部门的行政权力作为控制和制约的重点,其控权对象单一,为单中心主义模式。美国环境控权的构造以联邦政府各部门的行政权力作为控制和制约的重点,其控权对象是多元的,为多中心主义模式。从方法上来讲,根据不同的国情、法律体系、法律逻辑,美国和中国的控权方法也不一样。简单来讲,美国是以权利控制权力为主的控权模式,中国则是以权力控制权力为主的控权模式。

## 第一节　多中心环境控权模式

美国多中心主义模式的环境控权构造以《国家环境政策法》为主要载体。多中心主义模式的环境控权以实现国家环境政策为目标,以司法判例为载体。司法判例在功能上发挥了环境控权的作用。

### 一、多中心主义模式下国家环境政策的实现

从立法目的之视角看,国会制定《国家环境政策法》的核心目的是实现国家环境政策。这一点从国会对国家环境政策讨论的两个文件及 H. R. 6750 议案的讨论中可见一斑。但是,我们从中也能看到国会潜在的试图对联邦政府进行环境控权的意图。

#### (一)卡德维尔的报告

杰克逊在 1968 年准备 S. 2805 议案(S. 1075 议案的前身)听证会时,

委托卡德维尔准备了一份关于国家环境的报告作为听证会的背景资料。①
这份报告的影响远远超过作为 S. 2805 议案背景资料的作用,其着重提出
了国家环境政策的问题。

卡德维尔在报告中着力突出环境问题,并提出在制定国家环境政策中
会碰到的相关问题。② 该报告指出:"作为国家目标,环境管理已经被狭隘
的经济目的掩盖淡化。联邦政府总是忽视长远的环境需要,仅对紧急情形
作出反应。现在是时候全面考虑环境价值与环境需要。"③杰克逊指出,宣
布国家环境政策能提供一个新的组织概念,在此概念下,联邦政府可从更
好地理解国家需求与目标的角度出发,对其行政行为进行衡量与评估。④
卡德维尔认为一个简单的环境政策的陈述是不够的,他强调政策陈述要包
含有效的执行机制。有效的国家环境政策的陈述应当是连贯的、合理的目
标与原则之表述,而且要有证据支持,并以适当的语言表达出来,以使执行
者能明确其执行意图。⑤

卡德维尔报告的主要观点是,国家环境政策的制定及其执行具有相当
的必要性。他认为,只有精确的定义与连贯的环境政策设计,才能阻止环
境恶化。这种国家政策应设立环境目标,促进项目的可替代方案选择,并
提供项目环境影响的评估方法。为了使环境政策更有效,政策还需要公
民环境价值意识的提升,以及环境数据的统计。为使环境政策的执行行
动更有效,应建立一个全面的系统和机制来汇总并报告相关的环境信
息。为了使总统、国会、公众对公共决策作出判断,这些信息应包括可替
代方案的提供。⑥ 卡德维尔结合其报告,讨论了国家环境政策制定的相关
问题:

---

① U. S. , Congress Senate, Committee on Interior and Insular Affairs, *A Special Report*: *A National Policy For The Environment*, *Together With A Statement By Senator Henry M. Jackson*, 90th Congress, 2d Session, 1968.

② U. S. , Congress Senate, Committee on Interior and Insular Affairs, *A Special Report*: *A National Policy For The Environment*, *Together With A Statement By Senator Henry M. Jackson*, 90th Congress, 2d Session, 1968.
Reprinted in U. S. , Congress, House, Committee on Science and Astronautics, Senate, Committee on Interior and Insular Affairs, *Hearings*, *Joint House-Senate Colloquium to Discuss a National Policy For the Environment*, 90th Congress, 2d Session, 1968, p. 93.

③ U. S. , Congress Senate, Committee on Interior and Insular Affairs, *A Special Report*: *A National Policy For The Environment*, *Together With A Statement By Senator Henry M. Jackson*, 90th Congress, 2d Session, 1968, p. 90.

④ Id.

⑤ Id, p. 96.

⑥ Senate Committee on Interior and Insular Affairs, *A Special Report*, 1968, p. 104.

　　一是政策陈述的角度问题。卡德维尔认为,环境政策的定义比社会熟悉的公共福利、国家安全等领域的政策定义难度更大。[①] 环境政策的最终范畴不是一个现在能确定的问题,也不需要现在确定。联邦政府执行政策的能力,在国家政策被实施时也不需要确定。重要的是制定政策并提供方法,以使其环境目标能够被总统及联邦行政机构考虑与执行。[②]

　　二是国家环境政策赖以建立的价值观。[③] 卡德维尔指出,国家环境政策的基石在现在与未来都是尊重人类的生命。生命不能仅仅是生存本身,也包括享有充分的个人自由、健康、审美享受等精神层面的价值实现。卡德维尔认为,国家政策是上述多个价值的混合,环境政策是科技、人文、政治等相互妥协的交汇点,没有一个能独占鳌头。环境政策不仅是一套政策指导,而且还是对考虑环境价值需要的机构之认可,并且会在公共政策决策中集中体现出来。[④]

　　三是环境政策怎样能被执行并进行定期审核。卡德维尔认为,重组政府机构很有必要。现有联邦政府机构不是为发展与执行环境政策而设计的,这表现在如下两个根本性问题没有在联邦政府现有机制中得到解决:(1)环境审核与报告机构的缺失;(2)环境信息与数据系统的不健全。这些要求需要通过新机构的设立来满足。该机构应当为国会制定的环境政策的执行而存在。[⑤] 卡德维尔指出,管理环境将成为政府的新职责。

　　在报告中,卡德维尔提出了以下国家环境政策目标:(1)阻止环境恶化。(2)恢复被损害的环境,以使它能再成为高产的经济财富与精神享受。(3)寻找能降低与避免因改变环境技术而带来的损害之替代方案与程序,不论该方法是新创设的还是已经存在的。(4)对优化人与环境的关系提供

---

① Senate Committee on Interior and Insular Affairs, *A Special Report*, 1968, p. 108.

② Id, p. 109.

③ Id.

④ Terrence Finn, "Conflict and Compromise: Congress Makes A Law, The Passage of the National Environmental Policy Act" (Ph. D. dissertation, *Department of Government*, Georgetown University, 1972), Chapter IV, p. 250.

⑤ See Lynton Caldwell, *Environment: A New Focus for Public Policy*, *Public Administration Review*, XXIII, Sep. 1963, 1968, pp. 132 - 139. See also Terrence Finn, "Conflict and Compromise: Congress Makes A Law, The Passage of the National Environmental Policy Act" (Ph. D. dissertation, *Department of Government*, Georgetown University, 1972), Chapter IV, p. 252.

指导,甚至设立新机构,以降低未来环境使用成本。①

参议院与众议院对环境政策如何制定的问题都非常重视,卡德维尔的报告对参议院与众议院的影响也非常深远。在 1968 年举行的联合学术研讨会上,卡德维尔的报告作为会议讨论材料被分发。针对卡德维尔的报告,Jorling 在此次会议上进行了评论。② 他认为,任何环境政策要求的讨论都应从"个人自由是所有美国公共政策价值基石"的立场出发。他建议,环境政策要保护自然的多样化,任何可能改变环境的行政行为都要进行生态分析,要考虑与自然和谐发展的因素。

### (二) 国会白皮书(Congressional White Paper)

对国会在制定国家环境政策方面有影响的另一个文件是国会白皮书。在召开了联合学术研讨会后,卡朋特受委托准备了国会白皮书。国会白皮书全名为《国会国家环境政策白皮书》,它为下一步环境政策的制定进行了必要的铺垫。

文件被广泛传阅,并成为《国家环境政策法》立法记录的主要部分。白皮书的重点在于,强调国会参与制定国家环境政策的责任。它指出,国会是唯一的有权处理人与自然环境关系的机构。③ 国会有义务全面监督行政机构所有涉及环境影响的行动计划,并参与全面的国家政策制定,因此国会是规制未来环境行为的目标与原则的设计者和诠释者。④

白皮书提出了国会可能对国家环境政策制定形成影响的三个方法。⑤ 第一个方法是参议院与众议院同时决议,以宣告国会在环境政策制定中的利益。这种决议可以解释国会关切的环境问题,但又不必实质性地对国家环境政策进行定义。第二个方法是参议院与众议院联合决议,呼吁在环境价值问题上进行修宪。修宪的好处在于使全国达成一致,并且能使法院成为制约未来损害环境价值的行政行为的救济主体。⑥ 第三个更为正式且不言而喻的方式是,通过立法来宣告国家环境政策。

---

① Terrence Finn, "Conflict and Compromise: Congress Makes A Law, The Passage of the National Environmental Policy Act" (Ph. D. dissertation, *Department of Government*, Georgetown University, 1972), Chapter IV, p. 217.

② Id, p. 280.

③ U. S., Congress, Senate, Committee on Interior and Insular Affairs, House, Committee on Science and Astronautics, *Congressional White Paper on a National Policy for the Environment*, 90th Congress, 2d Session, 1968, p. iii.

④ Id, p. 11.

⑤ Id, p. 12.

⑥ Id, p. 12.

无论采取何种方式,白皮书提出了国会希望国家所应具备的环境政策制定的基本要求:(1)环境质量与效率应从世界范围进行考虑,在时间上应考虑从现在到很远的未来。(2)明智而有目的地进行环境管理应当是国家的责任。(3)系统的环境管理所需的信息应该被全面、及时地提供。(4)加强环境教育,使公民都能理解人与环境的关系,并且都能参与到行政机构涉及环境问题的行政决策中。(5)科学和技术应该为利用环境的项目提供多种可选择方案。[①]

通过白皮书提出的上述几项环境政策制定的基本要求,我们可以看出,国会试图通过立法来实现国家环境政策,并且试图通过立法来控制联邦行政机构涉及环境问题的行政决策权,即环境控权。环境控权的意图在立法过程中被执行国家环境政策这一更直接的目的掩盖。例如,"环境管理应当是国家的责任"便有意为行政机构强加一项环境管理任务。又如,"(使公民)都能参与到行政机构涉及环境问题的行政决策中"实质上是意图赋予公民广泛的参与权,同时通过这种参与来监督行政机构的环境管理义务之履行。

**(三)众议院 H. R. 6750 议案关于环境政策的讨论**

上述关于国家环境政策的文件最终在众议院提交的 H. R. 6750 议案及参议院提交的 S. 1075 议案中得到体现。S. 1075 议案关于国家环境政策的规定与最终法案基本相同,在此不再赘述。众议院在对 H. R. 6750 议案进行讨论时,由于阿斯皮诺尔(众议院规则委员会主席)坚持不愿通过该法案为联邦机构增加或减少环境责任,因此众议院讨论环境政策的过程变得颇有意义。通过这些讨论,我们可以看出国会的立法目的,以及国会潜在的控制行政机构涉及环境问题的行政决策权之意图。1969 年,丁格尔提交了 H. R. 6750 议案给众议院的科学研究与发展分委员会。在该议案的听证会上,大部分参会者认为,其对环境政策的陈述比较好。H. R. 6750 议案将环境政策陈述为:"基于人类活动对自然环境的诸多构成要素的影响,基于维护环境质量对人类福利及发展的重要性的认识,国会认为,联邦政府负有永久环境责任,并与州及各地方政府和相关部门进行环境保护合作,运用所有适用的方法,包括经济与技术的手段,创造人与自然和谐相处的条件,从而促进美国人民现在及未来的整体福利,并能够满足社会的、经

---

① U. S., Congress, Senate, Committee on Interior and Insular Affairs, House, Committee on Science and Astronautics, *Congressional White Paper on a National Policy for the Environment*, 90th Congress, 2d Session, 1968, p. 15.

济的及其他各方面的需求。"①

H. R. 6750 议案的政策陈述接近于支持这样的解释,即给所有联邦机构设定一项责任,以建立一个人与自然能和谐共处的条件,确保现在及未来美国人民在社会的、经济的及其他各方面的要求。② 这一表述遭到了阿斯皮诺尔的反对,他认为这是为联邦政府创设新责任,这种为联邦政府创设新责任的条款应通过单独的条例及传统的立法方法进行定义。但是,Aspinall 并不反对联邦政府应当承担的环境责任。阿斯皮诺尔要求法案中增加"最大限度考虑环境影响"的条文,以明确指出该法案将不增加或减少其他法律已设立的任何联邦机构的权力。③ 这项新条文意味着丁格尔的法案没有修改现行法律或为这些机构创造新的环境责任的机会。

该法案最终在众议院获得通过,并进入大会与参议院的 S. 1075 议案汇合。在国家环境政策制定的部分,二者相互妥协,最终以 S. 1075 议案的版本为主。因此,阿斯皮诺尔的修改意见被采纳,但是在之后的司法判例中,"最大限度考虑环境影响"被扩大解释。该条文成为对联邦政府行政行为的真正约束。最终,《国家环境政策法》对国家环境政策的规定如下:

"鉴于人类活动对自然环境一切构成部分的内在联系具有深远影响,尤其在人口增长、高度集中的都市化、工业发展、资源开发及技术日益进步方面所带来的深远影响,并鉴于恢复和保持环境质量对全人类的福利与发展所具有的重要性,国会特宣布:联邦政府将与各州、地方政府及有关公共和私人团体合作采取一切切实可行的手段和措施,包括财政和技术上的援助,发展和增进一般福利,创造和保持人类与自然得以和谐共处生存的各种条件,满足当代国民及其子孙后代对社会、经济及其他方面的要求。"

为执行《国家环境政策法》规定的政策,联邦政府有责任采取一切切实可行并与国家政策的其他基本考虑相一致的措施,改进并协调联邦的计划、职能、方案和资源,以达到如下目的,即国家应当:(1)履行每一代人作为子孙后代的环境保管人的责任。(2)保证为全体国民创造安全、健康、富有生命力并符合美学和文化上的优美之环境。(3)最大限度地合理利用环

---

① U. S., Congress, House, Committee on Merchant Marine and Fisheries, Subcommittee on Fisheries and Wildlife conservation, *Hearings, on H. R. 6750 et al. Environmental Quality*, 91$^{st}$ Congress, 1$^{st}$ Session, 1969, p. 55.

② Terrence Finn, "Conflict and Compromise: Congress Makes A Law, The Passage of the National Environmental Policy Act" (Ph. D. dissertation, *Department of Government*, Georgetown University, 1972), Chapter VII, p. 354.

③ Id, p. 358.

境,不得使其恶化或对健康和安全造成危害,或者引起其他不良的和不应有的后果。(4)保护国家历史、文化、自然等方面的重要遗产,并尽可能保持一种能为每个人提供丰富与多样选择的环境。(5)谋求人口与资源的利用达到平衡,促使国民享受高度的生活水平和广泛舒适的生活。(6)提高可更新资源的质量,使易枯竭资源达到最高程度的再循环。

国会认为,"每个人都有享受健康的环境的权利,同时每个人也有责任参与对环境的改善与保护"。

通过国会发布的两个重要报告及对 H. R. 6750 议案的讨论,可以看出,国家环境政策的宣告是《国家环境政策法》的主要立法目的。通过一个环境监督机构和一个强制执行机制,对国家环境政策进行有效执行,是国会制定《国家环境政策法》最直接的初衷。尽管在整个立法过程中,我们可以看出,国会潜在地试图通过《国家环境政策法》来要求联邦行政机构在决策中考虑环境影响,以实现国家环境政策,但是这种对联邦行政机构的责任要求并没有在法案制定中表现得那么强烈,反而被执行国家环境政策这一目标设计的讨论掩盖。国会甚至忽略了对环评规则的讨论,因为国会议员对《国家环境政策法》的环境政策制定及实现的期许大于对联邦机构监督执行的期许。然而,在《国家环境政策法》颁布之后的十年,出现了国会及联邦政府机构均没有预料到的实施效果,即《国家环境政策法》中的环评规则成为《国家环境政策法》的"牙齿"。联邦最高法院及公众通过这副"牙齿",有效地控制了联邦行政机构涉及环境问题及环境影响的行政决策的滥用,使《国家环境政策法》依托行政控权规则体系,真正成为在实践中起作用的环境控权法。因此,从目的主义的角度看,《国家环境政策法》的立法目的在于国家环境政策的实现;从功能主义的角度看,《国家环境政策法》是环境控权的实现。环境控权功能的实现是从联邦最高法院受理的第一个《国家环境政策法》案例——卡尔佛特·克里夫案开始的。

## 二、功能主义上环境控权的实现

卡尔佛特·克里大协调委员会诉美国原子能委员会(Calvert Cliffs Coordinating Committee v. United States Atomic Energy Commission)[①]一案是《国家环境政策法》颁布以后,对联邦机构如何遵守环境影响评价制

---

① 案例编号 449. 2d 1109(D. C. Cir. 1971)。

度进行的较早并具有广泛影响的司法判决。① 该案的判决涉及的问题是多方面的,但最为重要的是对一些《国家环境政策法》规定相对笼统的用词,按照严格标准解释进行了解释和适用。通过这个案例,可以理解美国环境影响评价制度中最基本和宽泛用语的基本含义。

本案中,卡尔佛特·克里夫协调委员会向哥伦比亚特区美国联邦地区法院起诉美国原子能委员会,声称原子能委员会最近采用的程序规则未能在决策时考虑环境因素,因而违反了《国家环境政策法》的要求。但是,地区法院驳回了协调委员会的诉讼请求,协调委员会遂向联邦上诉法院哥伦比亚特区巡回法院提起上诉。

上诉法院确认,原子能委员会必须修改它的程序规则,其在修改中应设计出考虑环境问题的规则,因为《国家环境政策法》要求政府部门在进行决策时必须行使实质性的自由裁量权,"尽可能地"("最大限度地")保护环境,但委员会的决策规则没有做到这一点。上诉法院认定:(1)委员会的规则所规定的"除非有人明确提出要求,否则听证会委员不需要考虑环境因素"是违法的,因为《国家环境政策法》要求委员会必须考虑环境因素。(2)缺乏一个遵守《国家环境政策法》的时间表并不能成为委员会无限期延迟执行《国家环境政策法》规则的正当理由。(3)如果其他政府部门制定的环境标准低于《国家环境政策法》的标准或没能遵守《国家环境政策法》要求的平衡分析,那么委员会就不能仅仅依赖于这样的标准作出决策。(4)在颁发建设许可证时,不管建设许可证是在被要求遵守《国家环境政策法》之前还是之后颁发的,委员会都必须考虑环境影响的因素。上诉法院撤销了地区法院的判决。

斯凯利·赖特法官撰写了多数意见的判决,他指出,在这个案件中,我们必须首次解释规定最宽泛但最重要的法律,即 1969 年《国家环境政策法》。本案中,上诉人声称一个负有行政责任的行政机构没有遵守国会的立法要求,我们必须对这个主张作出评价。我们的职责就是保证国会大厅中宣布的重要立法目的不至于在联邦行政机构庞大的运作过程中迷失方向或误入歧途。《国家环境政策法》是针对新旧行政机构的各种命令和广泛授权而制定的,它要求所有联邦机构考虑环境保护。原告认为,原子能委员会没有满足《国家环境政策法》的严格要求,而原子能委员会则认为,《国家环境政策法》含糊不清的语言和授权给其行使自由

---

① Robert Percival, *Environmental Regulation Law, Science, and Policy*, Wolters Kluwer Law & Business, 2009, p. 859.

裁量权留下了相当大的空间。法院认为,原子能委员会的理解与国会的立法目的不符。《国家环境政策法》所包含的政策远比委员会的理解更为清晰和严格。

在此案中,联邦上诉法院对《国家环境政策法》第 101 条与第 102 条所涉及的所谓"模糊"的语言作了严格的解释,加强了《国家环境政策法》的适用力度,具体包括:

(1) 运用所有可实践的方法(all practicable means and measures)之解释。《国家环境政策法》第 101 条规定,联邦机构应当运用所有可实践的方法(all practicable means and measures)来保护环境价值。斯凯利·赖特法官认为,该条规定中的"所有可实践的方法"在一般意义上是灵活性比较强的规定,它为行政自由裁量权的实践留下了空间,并且不要求在具体实践中有实质性的履行结果。但是,由于《国家环境政策法》同样包含了这样一个非常重要的程序性条款,即这一条款要求所有的联邦机构在实践中确实考虑环境问题来进行实质性的自由裁量,因此这一条款并不是灵活性非常强,而是建立了严格的遵守标准,也就是要求联邦机构在行动中一定要将环境价值的考虑作为其自由决策的一部分。[1] 同时,斯凯利·赖特法官也强调,这一规定并不是将环境价值作为排他性的考虑因素,而是要求联邦机构在将环境价值与其他的价值一并考虑的前提下,优先考虑环境价值,也就是运用可持续发展的观念进行科学决策。[2]

(2) 与"具体陈述"一并提交(accompany)之解释。《国家环境政策法》第 102 条(c)规定,所有机关的负责官员应当准备一份涵盖了其行动的环境影响、可避免的环境成本及能够改变成本效益平衡的可替代方案的"具体陈述"(detailed statement),并与提案一同提交进行审查。该案重点对"一并提交"(accompany)进行了解释。斯凯利·赖特法官提出,"一并提交"是否只是进行文件夹的传递?是否只是审查文件有无进行物理性接触呢?他认为,"一并提交"一词不能如此狭义地理解,而应当按照国会颁布法案时的基本目的来理解,也就是根据目的解释的方法进行解释。"一并提交"应当理解为,在机构审查和决策的同时,审查和考量环境影响因素。[3]

(3) 尽可能在最大范围内(to the fullest extent possible)之解释。《国

---

① 案例编号 449.2d 1109(D. C. Cir. 1971)。

② 同上。

③ 同上。

家环境政策法》第 102 条规定,机构应当尽可能在最大范围内考虑它们行动的环境影响。这一用语便是在国会讨论时,阿斯皮诺尔提议加入的词,也可翻译为"最大限度地"。这一用语在国会被普遍地作为广泛性授权来理解。该案中,法官认为,"在最大范围和程度上"应当是指机构相关行动决策过程中的每个重要阶段都应当充分考虑环境问题,也就是在每个需要平衡环境因素与非环境因素的阶段都应当考虑环境问题,以及在减小环境成本的可替代方案中也应当充分考虑环境问题。[①]

这一案件是环境控权规则体系真正发挥实效的首个案件,是使《国家环境政策法》从国家环境政策实现的直接目的向环境控权实现的功能性转变。该案有两个典型的特点:第一,就诉讼本身而言,该案的原告根据《行政程序法》关于司法审查的规定提起诉讼,要求联邦法院审查原子能委员会颁布的规则制定的方案。这使得《国家环境政策法》与行政控权规则体系直接形成了必要的联系与融合,并且为后面的案件提供了一个诉讼规则,即《国家环境政策法》的实施可适用《行政程序法》中的司法审查条款,从而为环境控权规则体系框架的形成打下了基础。通过本案,我们可以看出,整个诉讼程序是按照司法审查的诉讼程序进行的,联邦上诉法院也是按照这个程序处理的。因此,联邦上诉法院撤销了地区法院的判决,将被诉的原子能机构所发布的规则发回原子能委员会,要求原子能委员会重新考虑。第二,就法律解释而言,该案对《国家环境政策法》中宽泛性的规定进行了严格解释,要求联邦行政机构必须在最大的范围内实质性地考虑环境影响,并且否认了《国家环境政策法》对行政机构自由裁量权的扩大。相反,通过《国家环境政策法》的规定,联邦行政机构涉及环境问题的行政决策权的自由裁量度实质上是被限缩的。因为根据联邦法院的判决,凡是没有实质性地、认真地、最大范围内地考虑环境影响的行政决策都可能被认为是自由裁量权的滥用,并且这样的行政决策会被审查及发回。

因此,本案不仅从诉讼形式上使《国家环境政策法》成为环境控权法,而且从法条解释上实质性地赋予了《国家环境政策法》以控权功能。

## 第二节　环保部门中心环境控权模式

生态环境部门中心主义是我国的环境控权模式,即以控制和制约生态

---

① 案例编号 449.2d 1109(D. C. Cir. 1971)。

环境部门的行政权力为核心。环保部门中心主义的控权模式将以生态环境部门为中心的环境治理模式作为基础,但是环保部门中心主义的环境控权容易导致政府内部治理目标不一致,从而导致政府环境目标出现异化。

## 一、生态环境部门中心化的环境治理

生态环境部门中心化的环境治理是以生态环境部门作为环境治理的中心部门,围绕对污染企业的监督和管理展开。就环境治理的执法而言,具体包括环境行政审批和环境行政处罚两个方面。这种环境治理模式是我国单中心主义环境控权模式产生的基础。

### (一) 环境行政审批

#### 1. 环评审批

生态环境部门的环境行政审批权包括环评审批和排污许可证审批。

生态环境部门的环评审批权是根据我国《环境保护法》和《环境影响评价法》的授权确立的。我国《环境保护法》第 19 条规定:"编制有关开发利用规划,建设对环境有影响的项目,应当依法进行环境影响评价。未依法进行环境影响评价的开发利用规划,不得组织实施;未依法进行环境影响评价的建设项目,不得开工建设。"2018 年修改的《环境影响评价法》第 22条规定:"建设项目的环境影响评价报告书、报告表,由建设单位按照国务院规定报有审批权的生态环境主管部门审批。海洋工程建设项目的海洋环境影响评价报告书的审批,依照《中华人民共和国海洋环境保护法》的规定办理。"

我国《环境影响评价法》近几年不断修改,并且对生态环境部门的环评审批权修改较多。2016 年,《环境影响评价法》修改了环评审批作为建设项目审批前置条件这一规定。修改后,环评审批不再作为建设项目可行性研究报告审批或项目核准的前置条件。2018 年,《环境影响评价法》再次修改,取消环评机构资质管理。建设单位可以委托技术单位进行环评,也可以自行进行环评。2018 年的《环境影响评价法》第 19 条规定:"建设单位可以委托技术单位对其建设项目开展环境影响评价,编制建设项目环境影响报告书、环境影响报告表;建设单位具备环境影响评价技术能力的,可以自行对其建设项目开展环境影响评价,编制建设项目环境影响报告书、环境影响报告表。"由此,环境影响评价报告书的责任主体从环评机构转变为建设项目单位。《环境影响评价法》第 22 条规定,建设项目的环境影响报告书、报告表,由建设单位按照国务院的规定报有审批权的生态环境主管部门审批。

《环境保护法》和《环境影响评价法》都禁止了"未批先建、补办环评"的行为,并且加大了对"未批先建"项目的处罚力度。《环境保护法》第 61 条规定,建设单位未依法提交建设项目环境影响评价文件或者环境影响评价文件未经批准,擅自开工建设的,由负有保护监督管理职责的部门责令停止建设,处以罚款,并可以责令恢复原状。此外,《环境保护法》还规定:"国家实行重点污染物排放总量控制制度。重点污染物排放总量控制指标由国务院下达,省、自治区、直辖市人民政府分解落实。企业事业单位在执行国家和地方污染物排放标准的同时,应当遵守分解落实到本单位的重点污染物排放总量控制指标。对超过国家重点污染物排放总量控制指标或者未完成国家确定的环境质量目标的地区,省级以上人民政府环境保护主管部门应当暂停审批其新增重点污染物排放总量的建设项目环境影响评价文件。"这些规范的不断修订,是近几年我国环评审批权设计的不断进步。

同时,《环境影响评价法》第 32 条还规定了处罚条款,该条规定:"建设项目环境影响报告书、环境影响报告表存在基础资料明显不实,内容存在重大缺陷、遗漏或者虚假,环境影响评价结论不正确或者不合理等严重质量问题的,由设区的市级以上人民政府生态环境主管部门对建设单位处五十万元以上二百万元以下的罚款,并对建设单位的法定代表人、主要负责人、直接负责的主管人员和其他直接责任人员,处五万元以上二十万元以下的罚款。"并且规定:"接受委托编制建设项目环境影响报告书、环境影响报告表的技术单位违反国家有关环境影响评价标准和技术规范等规定,致使其编制的建设项目环境影响报告书、环境影响报告表存在基础资料明显不实,内容存在重大缺陷、遗漏或者虚假,环境影响评价结论不正确或者不合理等严重质量问题的,由设区的市级以上人民政府生态环境主管部门对技术单位处所收费用三倍以上五倍以下的罚款;情节严重的,禁止从事环境影响报告书、环境影响报告表编制工作;有违法所得的,没收违法所得。"处罚不断加重,是《环境影响评价法》发展的主要方向。

我国《环境保护法》和《环境影响评价法》还规定了规划环评。规划环评是规范政府行政决策中考虑环境影响的主要制度,但是我国规划环评的处罚机制不健全,司法救济机制没有形成。《环境影响评价法》第 7 条规定:"国务院有关部门、设区的市级以上地方人民政府及其有关部门,对其组织编制的土地利用的有关规划、区域、流域、海域的建设、开发利用规划,应当在规划编制过程中组织进行环境影响评价,编写该规划有关环境影响的篇章或者说明。"《环境影响评价法》第 8 条规定了专项规划,该条规定:"国务院有关部门、设区的市级以上地方人民政府及其有关部门,对其组织编制的工业、农业、畜牧业、林业、能源、水利、交通、城市建设、旅游、自然资源开发的有关专项规划,应当在该专项规划草案上报审批前,组织进行环境影响评价,并向审核该专项规划的机关提出环境影响评价报告书。"只是规划环评和专项规划的审批权并不在生态环境部门,而是在规划审批部门。但是,对于规划审批部门,法律并没有规定规划环评审批的追责机制。

2. 排污许可证审批

生态环境部门的排污许可证审批是另一种环境审批权。我国《环境保护法》第 45 条规定:"国家依照法律规定实行排污许可管理制度。实行排污许可管理的企业事业单位和其他生产经营者应当按照排污许可证的要求排放污染物;未取得排污许可证的,不得排放污染物。"2017 年《水污染防治法》第 21 条规定:"直接或者间接向水体排放工业废水和医疗污水以及其他按照规定应当取得排污许可证方可排放的废水、污水的企业事业单位和其他生产经营者,应当取得排污许可证;城镇污水集中处理设施的运营单位,也应当取得排污许可证。排污许可证应当明确排放水污染物的种类、浓度、总量和排放去向等要求。排污许可的具体办法由国务院规定。禁止企业事业单位和其他生产经营者无排污许可证或者违反排污许可证的规定向水体排放前款规定的废水、污水。"《大气污染防治法》第 19 条规定:"排放工业废气或者本法第 78 条规定名录中所列有毒有害大气污染物的企业事业单位、集中供热设施的燃煤热源生产运营单位以及其他依法实行排污许可管理的单位,应当取得排污许可证。排污许可的具体办法和实施步骤由国务院规定。"

排污许可证的审批建立在污染物排放总量控制制度的基础上。2016年,国务院颁发《控制污染物排放许可证实施方案》,规定总体目标是到2020 年,完成覆盖所有固定污染源的排污许可证核发工作,全国排污许可证管理信息平台有效运转。2017 年,生态环境部颁发了《排污许可管理办法(试行)》,要求生态环境部制定并公布固定污染源排污许可分类管理名录。生态环境部负责建设、运行、维护、管理全国排污许可证管理信息平台。同时,该办法规定了排污许可重点管理制度,其第 5 条规定:"对污染物产生量大、排放量大或者环境危害程度高的排污单位实行排污许可重点管理,对其他排污单位试行排污许可简化管理。"

### （二）环境行政处罚

1. 环境行政处罚的类型及情形

我国《环境保护法》明确将环境行政处罚权赋予生态环境部门。我国《环境保护法》《大气污染防治法》《水污染防治法》和 2010 年修订的《环境行政处罚办法》都详细规定了环境行政处罚的内容。根据上述法律法规，我国环境行政处罚的类别主要包括：警告；罚款；责令停产整顿；责令停产、停业、关闭；暂扣、吊销许可证或者其他具有许可性质的证件；没收违法所得、没收非法财物；行政拘留；以及法律、行政法规设定的其他行政处罚种类。除此之外，《环境行政处罚办法》还规定了责令限期改正等行政命令，具体形式包括：责令停止建设；责令停止试生产；责令停止生产或者使用；责令限期建设配套设施；责令重新安装使用；责令限期拆除；责令停止违法行为；责令限期治理；以及法律、法规或者规章设定的责令改正或者限期改正违法行为的行政命令的其他具体形式。

我国《环境保护法》《大气污染防治法》及《水污染防治法》均规定了具体环境行政处罚的情形。以《环境保护法》为例，其规定了以下环境行政处罚的情形：第一，企业事业单位和其他生产经营者超过污染物排放标准或者超过重点污染物排放总量控制指标排放污染物的，县级以上人民政府环境保护主管部门可以责令其采取限制生产、停产整治等措施；情节严重的，报经有批准权的人民政府批准，责令停业、关闭。第二，建设单位未依法提交建设项目环境影响评价文件或者环境影响评价文件未经批准，擅自开工建设的，由负有环境保护监督管理职责的部门责令停止建设，处以罚款，并可以责令恢复原状。第三，重点排污单位不公开或者不如实公开环境信息的，由县级以上地方人民政府环境保护主管部门责令公开，处以罚款，并予以公告。第四，企业事业单位和其他生产经营者有下列行为之一，尚不构成犯罪的，除依照有关法律法规规定予以处罚外，由县级以上人民政府环境保护主管部门或者其他有关部门将案件移送公安机关，对其直接负责的主管人员和其他直接责任人员，处十日以上十五日以下拘留；情节较轻的，处五日以上十日以下拘留：(1)建设项目未依法进行环境影响评价，被责令停止建设，拒不执行的。(2)违反法律规定，未取得排污许可证排放污染物，被责令停止排污，拒不执行的。(3)通过暗管、渗井、渗坑、灌注或者篡改、伪造监测数据，或者不正常运行防治污染设施等逃避监管的方式违法排放污染物的。(4)生产、使用国家明令禁止生产、使用的农药，被责令改正，拒不改正的。

《环境保护法》还规定了"按日计罚"的环境行政处罚办法，即企业事业单位和其他生产经营者违法排放污染物,受到罚款处罚,被责令改正,拒不改正的,依法作出处罚决定的行政机关可以自责令改正之日的次日起,按照原处罚数额按日连续处罚。"按日计罚"被学界认为是《环境保护法》对污染企业最严格的处罚方法。

2. 环境行政处罚的裁量办法

环境行政处罚自由裁量权,是指环保部门在查处环境违法行为时,依据法律、法规和规章制度,酌情决定对违法行为人是否处罚、处罚种类和处罚幅度的权限。

环境行政处罚的裁量原则包括过罚相当、严格程序、重在纠正、综合考量、量罚一致、罚教结合。环境行政处罚的责任主体是县级以上环境保护主管部门。环境行政处罚的管辖实行属地管辖,造成跨行政区域污染的行政处罚案件由污染行为发生地环境保护主管部门管辖。环境行政处罚的一般程序包括立案、调查取证、案件审查、告知和听证、作出决定、执行及结案。

环境行政处罚的裁量方法包括：(1)从重处罚。从重处罚的情形包括主观恶意的、后果严重的、区域敏感的及屡罚屡犯的。(2)从轻处罚。主动改正或及时终止环境违法行为的,主动消除或减轻环境违法行为危害后果的,积极配合环保部门查处环境违法行为的,环境违法行为所致环境污染轻微、生态破坏程度较小或尚未产生危害后果的,一般性超标或超标总量排污的,从轻处罚。(3)单位个人"双罚制"。例如,《水污染防治法》第83条规定,企业事业单位造成水污染事故的,由环保部门对该单位处以罚款;对直接负责的主管人员和其他直接负责人员可以处以上一年度从本单位取得的收入50％的罚款。(4)从一重处罚。同一环境违法行为,同时违反了具有包容关系的多个法条的,应当从一重处罚。(5)多个行为分别处罚。一个单位的多个环境违法行为,虽然彼此存在一定联系,但各自构成独立违法行为的,应当对每个违法行为同时、分别依法给予相应处罚。

我国部分地方生态环境部门根据本地区的情况,制定了环境行政处罚裁量标准,如北京、上海、深圳、广东等。以上海为例,上海市于2017年印发了《上海市环境保护行政处罚裁量基准规定》,以文字和表格的形式详细规定了上海市环境保护行政处罚的裁量标准。以下五个表格分别为：未批先建的罚款幅度裁定;违反"三同时"制度,配套环保设施未建成,投入生产使用的罚款幅度裁定;超总量排放污染物的罚款幅度裁定;未取得排污许可证排放污染物的罚款幅度裁定;未按照排污许可证规定排放污染物的罚款幅度裁定。

（1）未批先建的罚款幅度裁定

| 序号 | 裁量要素 | | | 判定标准 | |
|---|---|---|---|---|---|
| | 要素 | 具体条件 | 构成比例 | 程度 | 百分值 |
| 1 | 对环境影响的程度 | 应当执行环评文件的等级 | 30% | 应当编制"环评报告书"的 | 30% |
| | | | | 应当编制"环评报告表"的 | 15% |
| 2 | | 建设项目持续时间 | 30% | 已建成 | 30% |
| | | | | 已建设6个月及以上（含6个月） | 20% |
| | | | | 已建设6个月以下 | 10% |
| 3 | 整改情况 | 是否及时停止建设 | 20% | 拒不停止建设 | 20% |
| | | | | 停止建设 | 10% |
| 4 | 配合调查取证的情况 | 是否配合执法检查 | 10% | 不配合调查 | 10% |
| | | | | 配合调查 | 0% |
| 5 | 社会影响程度 | 建设期是否对周边居民、单位等造成不良影响 | 10% | 引发集访（5人以上）等重大群体性事件；电视、电台、报刊等主流媒体曝光报道（违法事实确认） | 10% |
| | | | | 一般投诉、举报、信访或其他造成社会影响、扰民事件 | 5% |
| | | | | 无 | 0% |

本表裁量的计算方法为：罚款金额＝建设项目总投资额×1%—5%（由总百分值确定），但罚款金额不能低于建设项目总投资额的1%。

| 总百分值 | 罚款金额 |
|---|---|
| 百分值≤20% | 建设项目总投资额×1% |
| 20%＜百分值≤40% | 建设项目总投资额×2% |
| 40%＜百分值≤60% | 建设项目总投资额×3% |
| 60%＜百分值≤80% | 建设项目总投资额×4% |
| 80%＜百分值≤100% | 建设项目总投资额×5% |

（2）违反"三同时"制度,配套环保设施未建成,投入生产使用的罚款幅度裁定

| 序号 | 裁量要素 | | | 判定标准 | |
|---|---|---|---|---|---|
| | 要素 | 具体条件 | 构成比例 | 程度 | 百分值 |
| 1 | 对环境影响的程度 | 应当执行环评文件的等级 | 20% | 应当编制"环评报告书"的 | 20% |
| | | | | 应当编制"环评报告表"的 | 15% |
| | | | | 应当填写"环评登记表"的 | 5% |
| 2 | | 污染物的性质 | 20% | 有毒污染物 | 20% |
| | | | | 一类污染物 | 10% |
| | | | | 其他污染物 | 5% |
| 3 | | 违法持续时间 | 20% | 1年以上(含1年) | 20% |
| | | | | 6个月至1年(含6个月) | 10% |
| | | | | 6个月以下 | 5% |
| 4 | | 环保设施的配备情况 | 10% | 未配备环保设施 | 10% |
| | | | | 配备少量环保设施 | 5% |
| 5 | 整改情况 | 是否积极采取整改措施 | 10% | 未采取整改措施 | 10% |
| | | | | 主动采取整改措施 | 5% |
| | | | | 停产且采取整改措施 | 0% |
| 6 | 配合调查取证的情况 | 是否配合执法检查 | 10% | 不配合调查 | 10% |
| | | | | 配合调查 | 0% |
| 7 | 对社会影响程度 | 是否对周边居民、单位等造成不良影响 | 10% | 引发集访(5人以上)等重大群体性事件;电视、电台、报刊等主流媒体曝光报道(违法事实确认) | 10% |
| | | | | 一般投诉、举报、信访或其他造成社会影响、扰民事件 | 5% |
| | | | | 无 | 0% |

（3）超总量排放污染物的罚款幅度裁定

| 序号 | 裁量要素 | | | 判定标准 | |
|---|---|---|---|---|---|
| | 要素 | 具体条件 | 构成比例 | 程度 | 百分值 |
| 1 | 对环境影响的程度 | 超总量情况 | 50% | 30%及以上 | 50% |
| | | | | 20%—30%(含20%) | 40% |
| | | | | 10%—20%(含10%) | 30% |
| | | | | 5%—10%(含5%) | 20% |
| | | | | 3%—5%(含3%) | 10% |
| | | | | 3%以下 | 5% |
| 2 | 过错责任 | 主观故意情况 | 15% | 完全没有采取污染防治措施 | 15% |
| | | | | 没有严格遵守环评要求采取污染防治措施 | 10% |
| | | | | 已经按照要求采取必要的污染防治措施,仍然超排 | 0% |
| 3 | 整改情况 | 企业有无采取停产限产措施 | 20% | 未采取停产限产措施 | 20% |
| | | | | 采取了限产等部分整改措施 | 10% |
| | | | | 采取停产整治措施 | 0% |
| 4 | 配合调查取证的情况 | 是否配合执法检查 | 5% | 不配合调查 | 5% |
| | | | | 配合调查 | 0% |
| 5 | 社会影响程度 | 是否对周边居民、单位等造成不良影响 | 10% | 引发集访(5人以上)等重大群体性事件;电视、电台、报刊等主流媒体曝光报道(违法事实确认) | 10% |
| | | | | 一般投诉、举报、信访或其他造成社会影响、扰民事件 | 5% |
| | | | | 无 | 0% |

（4）未取得排污许可证排放污染物的罚款幅度裁定

| 序号 | 裁量要素 | | | 判定标准 | |
| --- | --- | --- | --- | --- | --- |
| | 要素 | 具体条件 | 构成比例 | 程度 | 百分值 |
| 1 | 对环境影响的程度 | 排放污染物的性质 | 30% | 有毒污染物 | 30% |
| | | | | 其他污染物 | 10% |
| 2 | | 违法持续时间 | 30% | 12 个月以上(含 12 个月) | 30% |
| | | | | 6 个月以上,不满 12 个月(含 6 个月) | 20% |
| | | | | 3 个月以上,不满 6 个月(含 3 个月) | 10% |
| | | | | 不满 3 个月 | 5% |
| 3 | 整改情况 | 是否采取整改措施 | 25% | 拒不停止排放污染物 | 25% |
| | | | | 未停止排放污染物,已申请办理排污许可证 | 15% |
| | | | | 停止排放污染物 | 0% |
| 4 | 配合调查取证的情况 | 是否配合执法检查 | 5% | 不配合调查 | 5% |
| | | | | 配合调查 | 0% |
| 5 | 社 会 影 响程度 | 是否对周边居民、单位等造成不良影响 | 10% | 引发集访(5 人以上)等重大群体性事件;电视、电台、报刊等主流媒体曝光报道(违法事实确认) | 10% |
| | | | | 一般投诉、举报、信访或其他造成社会影响、扰民事件 | 5% |
| | | | | 无 | 0% |

（5）未按照排污许可证规定排放污染物的罚款幅度裁定

| 序号 | 裁量要素 | | | 判定标准 | |
| --- | --- | --- | --- | --- | --- |
| | 要素 | 具体条件 | 构成比例 | 程度 | 百分值 |
| 1 | 对环境影响的程度 | 违反排污许可证规定义务的数量 | 20% | 违反 3 项及以上义务 | 20% |
| | | | | 违反 2 项义务 | 10% |
| | | | | 违反 1 项义务 | 5% |

| 序号 | 裁量要素 | | | 判定标准 | |
|---|---|---|---|---|---|
| | 要素 | 具体条件 | 构成比例 | 程度 | 百分值 |
| 2 | | 排放污染物的性质 | 20% | 有毒污染物 | 20% |
| | | | | 其他污染物 | 10% |
| 3 | | 违法持续时间 | 25% | 12个月以上(含12个月) | 25% |
| | | | | 6个月以上,不满12个月(含6个月) | 20% |
| | | | | 3个月以上,不满6个月(含3个月) | 10% |
| | | | | 不满3个月 | 5% |
| 4 | 整改情况 | 是否停止排放并采取整改措施 | 20% | 未采取整改措施,继续不按照排污许可证规定排放 | 20% |
| | | | | 未停产,采取了部分整改措施 | 15% |
| | | | | 停止排放污染物 | 0% |
| 5 | 配合调查取证的情况 | 是否配合执法检查 | 5% | 不配合调查 | 5% |
| | | | | 配合调查 | 0% |
| 6 | 社会影响程度 | 是否对周边居民、单位等造成不良影响 | 10% | 引发集访(5人以上)等重大群体性事件;电视、电台、报刊等主流媒体曝光报道(违法事实确认) | 10% |
| | | | | 一般投诉、举报、信访或其他造成社会影响、扰民事件 | 5% |

总之,以生态环境部门为中心的环境治理主要是生态环境部门行使环境行政审批权和环境行政处罚权,环境控权体系也是以对生态环境部门的监督为主,重点控制环境行政权力。

## 二、单中心主义下政府环境目标异化之范式性解释:以公共选择理论为分析工具

仅以生态环境部门作为控权对象,会导致政府环境目标出现异化。究竟是什么原因导致政府公共治理的环境目标出现异化?应当如何解释与政府环境责任目标相冲突的种种现象的存在?如何解释政府及其官员对

经济增长的片面追求,以及环境公共政策后果与环境责任目标最终出现偏离的情况? 此处试图运用阿罗不可能定理、利益集团理论、囚徒困境等几种公共选择理论常用的分析工具范式来分别解释上述问题,分析出现这些情况的原因。

**(一) 政府个体利益目标与环境目标相偏离的原因:基于阿罗不可能定理的反证范式**

在解释政府或官员的个人(或组织)目标与公共管理目标相偏离的原因时,公共选择学派对"理性政府"及"理性经济人"的假设成为这一解释范式的基础。运用"理性经济人"的假设,我们很容易解释政府官员的个人目标与环境责任目标相偏离的原因。那么,为什么有时政府组织的集体目标仍然会与环境责任目标相偏离呢?

关于这一点,阿罗不可能定理作为一种理论的反证范式,更为清晰地揭示了政府的组织目标与公共目标偏离的原因。阿罗不可能定理是在孔多塞的投票悖论之基础上提出的。孔多塞通过计算比较,发现了"少数服从多数"投票规则的悖论。"如果由三个人对三个选项进行两两投票的话,先就 A 与 B 表决,甲和丙认为 A 好于 B,乙认为 B 好于 A,A 与 B 的表决结果为 2∶1,A 获胜。再就 A 与 C 表决,道理同上,A 与 C 的表决结果为 1∶2,C 获胜。至此,如果集体偏好具有传递性,C 将最终获胜,偏好顺序为 C>A>B('>'表示排序上优先于)。但如果再就 C 与 B 表决,甲和乙认为 B 好于 C,丙认为 C 好于 B,表决结果 B 胜 C,集体偏好顺序为 C>A>B>C。这样,就出现了投票循环现象,投票结果不具有传递性和稳定性。这种在多数票规则下,投票可能不具有稳定一致的均衡结果的现象,被称为'投票悖论'。"[①]

| 投票者 | 对不同选项的偏好次序 |
|--------|----------------------|
| 甲 | A>B>C |
| 乙 | B>C>A |
| 丙 | C>A>B |

在此基础上,阿罗进行了更进一步的分析,阿罗不可能定理指出,如果排除效用人际比较的可能性,那么把个人偏好总和成表达各种各样的个人

---

① 张峰:《投票悖论探析》,载《江西社会科学》,2007 年第 12 期。

偏好次序的社会偏好是不可能的。[①] 也就是说，个人偏好总和不可能成为社会偏好显示。主要是因为，阿罗认为合理的社会选择机制应当同时满足四个条件，即广泛性、一致性、独立性和非独裁性。[②] 广泛性是指个人对备选方案的所有逻辑上可能的偏好排序都是许可的，且人的理性选择具有完全性和传递性。一致性是指若社会所有成员都认为一种备选方案优于另一种，那么社会也应如此认为。独立性是指若原有两名候选人，再添加一名候选人，则人们对原来两个候选人的偏好排序不应受新添候选人的影响。非独裁性是指不应使单个人的偏好总是自动地成为社会偏好，而不管其他人的偏好与他是如何不同。然而，通过阿罗的证明可以得出，这四个看来非常合乎常理的条件，并不可能在一个选择机制中同时被满足。由此，阿罗不可能定理也被表述为："如果一个社会决策机制满足以上条件，那么它必然是独裁的，所以社会偏好顺序就是一个人的偏好顺序。"[③]根据对阿罗不可能定理的正反两方面的表述，我们可以看出，其最终的结论仍然表明，个人偏好的加和不可能被有效地显示为社会偏好。

尽管阿罗不可能定理是以选民的投票作为模型的，但是在官员集体决策过程中，也同样存在孔多塞的"投票悖论"和阿罗的"不可能性"。如果仅限于环境公共管理的语境，那么对于政府而言，发展经济、保护环境、经济与环境并行这三种决策是政府可以作出的发展模式选项。我们假设，发展经济是 A，保护环境是 B，经济与环境并行是 C，同时假设有三个官员参与发展模式的投票，即甲、乙、丙，如果两两比较，也会出现 C>A>B>C 的情况，而这与投票决策的顺序有很大的关系。此外，政府官员集体决策也同样难以同时满足阿罗提出的四个前提条件。广泛性要求个人对备选方案的所有逻辑上可能的偏好排序都是许可的，那么甲、乙、丙三名官员之中也许有人并不认可环境保护优先的选项，或者不认可经济发展优先的选项。以湖南饮用水砷超标为例，临湘市开办两家化工企业能够提供临湘市的财政税收，同时能够促进当地的经济增长。如果在作出决策的官员中，某位官员恰恰面临着政绩考核，很需要通过当地经济增长来带动自己政绩考核的成绩，在这样的情况下，这位官员将排斥 B 选项，不将 B 与 A 和 C 发生比较，甚至还有可能直接排斥 B 和 C 两个选项，直接考虑经济发展优先的

---

① Arrow K. J, *Social Choice and Individual Values*, London：Yale University Press, 1963, p. 59.

② ［美］肯尼思·阿罗：《社会选择与个人价值》，陈志武、崔之元译，四川人民出版社 1987 年版，第 2 页。

③ 郭万超：《阿罗不可能定理》，载《中国科技术语》，2007 年第 2 期。

A选项。因此,第一个条件很难得到满足。个人价值判断与社会选择的一致性同样是难以保持的,作为官员的个人价值判断自然认为应当发展经济优先,而社会则可能更需要环境保护。例如,湖南临湘市化工厂的开办符合个别领导官员的个人价值判断,但是不符合岳阳市和临湘市水体环境的要求,进而难以符合当地居民的需求。因此,一致性在这样的情况下也难以达到。独立性则更加困难,如果起初只有两个选项,即经济发展优先(A)和环境保护优先(B),再增加环境与经济并行发展(C),那么A与B相比较的结果会因为C的存在与不存在而发生变化。因此,很难保证选项比较之间的独立性。可见,阿罗提出的四个条件中的三个条件都不能够得到满足。因此,阿罗所推论出的"不可能性"在政府官员集体决策的情况下同样存在。也就是说,官员个体的意志总和不可能显示出官员集体的决策结果。换言之,官员的集体决策结果也不能反映官员个体选择的加总。在很多情况下,官员集体决策的偏好顺序往往就是某一个人的偏好顺序。也就是说,官员集体决策往往失效,成为一个人的决策。至于究竟是显示了哪个参与决策官员的偏好,关键在于官员集团决策的机制和集团决策中选择的顺序。因此,政府的组织目标与环境责任目标相偏离,归根结底依然是政府官员的个人价值判断或个人目标与环境责任目标相偏离的问题。

| 投票者 | 对不同发展模式的偏好次序 |
|---|---|
| 甲 | A＞B＞C |
| 乙 | B＞C＞A |
| 丙 | C＞A＞B |

个人价值目标之所以会与环境责任目标相偏离,则是由于个人往往具有私利性和追求利益最大化的特点。"根据沃尔夫的界定,公共组织或非市场组织自身的目标是公共组织用以评价全体成员,决定工资、提升和津贴,比较次一级组织以协调分配预算、办公室、停车管理的标准。"[1]根据前文的论证,组织目标实质上会在一定程度上反映个人目标。那么,个人出于对工资、提升、津贴等各方面的考虑,往往会作出有利于个人发展的选择,湖南岳阳饮用水污染事件及阳宗海砷污染事件都反映了这一点。当地政府为了本地的经济发展,保护当地的重点纳税企业,对重点纳税企业的

---

[1]　许霄云:《公共选择理论》,北京大学出版社2006年版,第262页。

环境污染行为没有进行严格的管理。从实质上来讲,基于前文的阿罗不可能定理的理论范式之反证,政府的决策往往是基于个别人的意志作出的。过去几十年,政府官员的工资、业绩、升迁都与当地经济发展的状况紧密联系在一起,而不是与当地的环境保护工作联系在一起的。因此,地方政府重视经济发展并保护重点纳税企业也就不足为奇了,这也就造成了政府及其官员的组织目标和个人目标与环境管理的公共目标相偏离。十八大之后,这种情形开始发生变化。

**(二)压力集团存在的原因:基于利益集团的范式分析**

由于美国社会政治结构和经济结构的独特性,利益集团一直以来都是美国政治学家非常关注的一个问题。不同的政治家和政治学家对利益集团有不同的定义。《布莱克维尔政治学百科全书》对利益集团的定义为,致力于影响国家政策方向的组织,它们自身并不图谋推翻政府。詹姆斯·麦迪逊(1788)被认为是最早研究利益集团问题的学者,他认为,利益集团是为某种共同的利益的冲动所驱使而联合起来的一些公民,不管他们占全部公民的多数或少数,他们的利益可能是损害公民的权利的,也可能是社会利益的总和。① 美国前总统杜鲁门认为,利益集团是一个持有共同态度,向社会其他集团提出要求的集团。如果它向政府的任何机构提出其要求,它就变成了一个政治性的利益集团。② 有学者总结认为,利益集团具有三个特征:一是一个有组织的集团;二是集团成员具有共同的利益或目标,战略明确;三是它为了共同利益向政府机构提出要求或施加压力,使政策符合它的需要。③

诺斯认为,如果说制度是游戏规则,那么利益集团是玩家。诺斯实际上是将利益集团定位在压力集团的范围内。所谓压力集团,是指"在社会中的强势集团,有力量对政府形成压力,以各种手段获得政府的支持——最极端的情况是迫使现任统治者下台,扶持自己的利益代理人上台④;因此,社会中的强势集团就是社会中的压力集团。值得注意的是,压力集团的形成往往是一个社会中利益集团失衡的结果与表现"⑤。奥尔森则指出

---

① [美]诺曼·奥恩斯坦等:《利益集团、院外活动和政策制订》,潘文同译,世界知识出版社 1981 年版,第 13 页。
② 李道揆:《美国政府和美国政治》,中国社会科学出版社 1990 年版,第 271 页。
③ [美]诺曼·奥恩斯坦等:《利益集团、院外活动和政策制订》,潘文同译,世界知识出版社 1981 年版,第 113 页。
④ 在看待利益集团的问题上,应当注意西方国家与我国的差别。
⑤ [美]诺曼·奥恩斯坦等:《利益集团、院外活动和政策制订》,潘文同译,世界知识出版社 1981 年版,第 114 页。

了利益集团的不同种类及集体行动的特点和困境。奥尔森认为,"在总的利益格局中,每一集团都不会为增加总的利益而自愿付出成本与代价……而会千方百计地去分割现有更大的利益份额"。所以,利益集团的行为动机不可能是"做大蛋糕",而是从"既定的蛋糕"中分得更大的份额,因此它们都只具有分利性[①],即分利集团,也称为特殊利益集团。压力集团实质上也是一种特殊利益集团。

笔者赞同麦迪逊及杜鲁门对利益集团的定义,也赞同诺斯及奥尔森对"利益集团"这一概念的深化。根据麦迪逊、杜鲁门等人的定义,利益集团实质上指的是保护非政府组织在内的为共同利益而形成的由公民组成的组织。诺斯所指的压力集团则是利益集团中比较强势的一种,这种集团有时候是以显性的组织组成的,在某些情况下也存在着异化,即以一种隐性的方式存在并影响政府的决策。奥尔森所指出的特殊利益集团也可以认为是一种压力集团。

压力集团影响政府决策无论是西方国家还是我国都存在,但是影响强度和方式略有不同。同时,政府被影响的原因也不尽相同。西方政治学讨论了利益集团和政府的关系,认为政府本身就会带来许多利益集团,因为利益集团会假定有一个值得影响的政府存在。利益集团对政府的影响包括两个方面:一是作为压力集团对政府的立法和执法过程产生影响,直接或间接地参与政府立法与执法[②];二是政府官僚机构本身形成了利益集团,从而将利益集团的影响内化为利益集团对作为公共管理政府的影响。有学者指出:"政府和利益集团的关联还有另外一条非常重要的途径,只不过经常为人们所忽视,即官僚体系成了最大和最有力量的利益集团之一。"[③]这是因为,政府机构及其工作人员并不是被动的法律执行者,他们在制定和执行法规的过程中也有许多自己的意见,也有需要表达的利益需求。

一方面,压力集团对政府立法和执法过程产生影响,在西方国家,政府被影响往往是由于政治家追求选票利益最大化。我国能够影响或参与政府立法和执法过程的压力集团有两种: 一种是为当地政府带来巨大经济效益的企业;另一种是国有企业或央企,其对地方政府造成了无形压力。在过去几十年的环境治理中,我国政府被压力集团影响主要是因为经济发

---

① 李纬、刘茜:《利益集团对国家经济发展的影响》,载《生产力研究》,2009 年第 4 期。
② 黄新华:《论作为政治主体的利益集团》,载《唐山师范学院学报》,2004 年第 11 期。
③ [美]迈克尔·罗金斯:《政治科学》,林震译,华夏出版社 2001 年版,第 198 页。

展作为政绩考核、升迁、连任的主要指标,所以地方政府往往对能够带来巨大经济效益的企业进行庇护,而这些企业则以此成为对地方政府决策施加压力的筹码。我国这两种压力集团具有隐蔽性和潜在性,这便是前文提到的诺斯所指的异化的压力集团。存在于我国的这种压力集团往往会通过其自身的压力目标对政府决策进行影响,而这种压力目标在很多情况下是与政府环境责任目标相悖的。例如,在江苏仪征工业园迁址案中,正是由于扬州化工园中的化工企业为扬州市政府带来了巨大的经济效益,一旦这些化工企业关闭或停产,将直接导致扬州市政府的经济发展损失,因此扬州化工园才能够成为扬州市政府的压力集团,对扬州市政府决策形成有效影响。然而,扬州化工园的保留对环境造成了污染和破坏,导致当地公民健康受到巨大影响,本应保护公民健康,为公民提供良好环境的政府,在选择保留扬州化工园的同时,便放弃了其保护公民健康的公共服务,这便造成了压力集团对政府所形成的压力目标与政府环境责任目标的冲突。

另一方面,政府机构本身由于对自身利益表达的需求,形成了内化的利益集团。当然,从某种角度看,追求经济效益导致政府决策受到影响,这本身也可以看作政府机构表达自身利益的方式。但是,更为典型的方式是,在无压力集团存在的情况下,政府本身作为利益集团,在作出决策时,对其自身利益的表达。例如,在广东翁源癌症村案中,大宝山矿区隶属于韶关市翁源县,在大宝山采矿需要上交一部分钱给翁源县国土局,一部分交给大宝山矿所在的铁龙镇。然而,上游的采矿影响了下游上坝村村民的饮用水质,导致很多上坝村村民患上癌症,上坝村成为癌症村。上坝村和铁龙镇都隶属于翁源县,翁源县政府则由于大宝山矿所带来的经济利益,选择继续保留大宝山矿,这正是政府自身作为利益集团表达其利益诉求。因此,在这样的决策过程中,翁源县政府本身就是利益集团,而这样内化的利益集团所提出的利益诉求,与其保护公众健康、提供公共服务的环境管理目标是相悖的。

**(三)政府环境公共政策结果与环境目标相偏离的原因:基于囚徒困境博弈理论的范式分析**

囚徒困境(Prisoner's Dilemma)是在对策论研究中常被引用的例子,英美伦理学研究者也常用它去解释一些道德问题。这个理论的大致模型为,两个人共同犯罪进了监狱,他们被关在不同的房间。因为证据不够充分,法官分别对他们说,如果你认罪,他不认罪,那么你会作为证人被无罪释放,他将被判15年徒刑;如果你认罪,他也认罪,你们都被判10年;如果你不认罪,他认罪,他被无罪释放,你被判15年;如果你们都不认罪,你和他各被判1年。这两个人都会进行这样一个盘算过程:假如他认罪,我不认罪,得坐15年监狱。两人都认罪才坐10年监狱,所以认罪划算。假如他不认罪,我不认罪,坐1年监狱。如果我认罪,他不认罪,我马上获释。这样也是认罪对自己更有利。综合以上两种情况考虑,两个人还是会选择认罪。最终,两个人都选择认罪,结果都被判10年。[①]

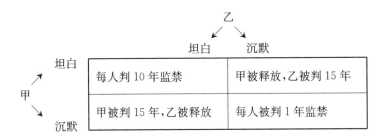

也就是说,在两个人没有沟通的情况下,都会从自己的角度出发,选择最有利于自己的行动,而不是选择对两个人都最有利的行动。因为,选择对两个人都有利的行动,有被对方背叛的风险,而选择对自己有利的行动的风险更低。这就是囚徒困境。如果我们把囚徒困境抽象成一个模型,假设坦白(A)选项是对自己最有利的选择,而沉默(B)选项是对双方最有利的选择,但个体要承担对方背叛的风险,那么囚徒困境模型可以抽象为:

乙

　　　A　　　B

| | A | B |
|---|---|---|
| 甲　A | 对自己最有利 | 对方最有利(A) |
| 甲　B | 对方最有利(B) | 双方(社会效益)最有利 |

在环境管理领域,地方政府与地方政府之间、企业与企业之间、公民与公民之间,以及政府、企业、公民相互之间都存在着囚徒困境。

过去几十年,在我国的环境治理模式中,对于地方政府来说,保护环境及保障公民健康是政府的环保职能,但对地方经济发展的一味追求及这背后所意味着的升迁、政绩等则是地方政府官员的自我利益需求,这种利益

---

① 卢风:《囚徒困境:道德与环境保护》,载《哈尔滨师专学报》,1995年第3期。

需求往往要以牺牲环境保护为代价。因此,对于地方政府而言,追求地方经济发展和经济利益是 A 选项,即对自我最有利的选择,而保护环境及保障公民健康以履行环保职能是 B 选项,即对社会最有利的选择。

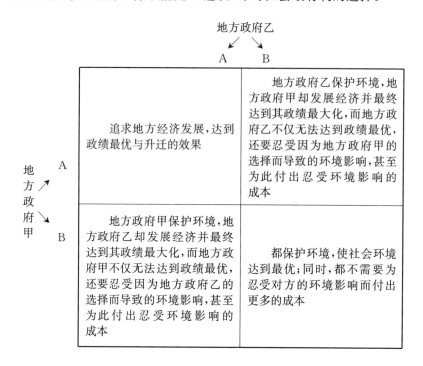

由上表可知,地方政府为了防止出现他人利益最大化而自我利益最小化的局面,一定会选择自我利益最大化,也就是发展地方经济,从而达到地方政绩最优及官员自我升迁的目标。实际上,若地方政府都选择保护环境,则能够保障政府的环保职能得到有效履行,最终便可以实现社会效益的最优。然而,政府选择追求地方的经济发展最优,牺牲环保职能的履行,这正是地方政府行动的囚徒困境。

就企业而言,保护环境是企业的社会责任,但追求利润最大化是其自身的利益需求。因此,对于企业而言,对利润最大化的追求是 A 选项,保护环境的社会责任则是 B 选项。

由下表可知,企业为了防止出现自己选择保护环境而其他企业继续以污染环境为代价换取高额利润的情况,会选择各自追求自己的利润最大化,不会将保护环境的社会责任作为决策的主要考虑,这正是企业与企业之间合作保护环境的囚徒困境。

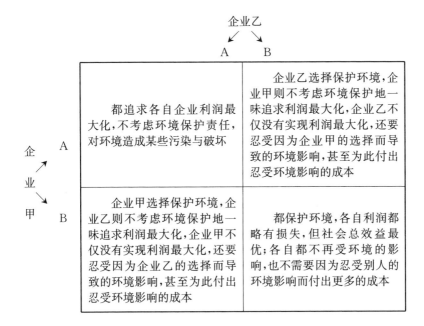

就公民而言,保护环境也是公民的社会责任,但追求舒适的生活是公民自身的利益需求。因此,对于公民而言,对舒适生活的追求是 A 选项,保护环境则是 B 选项。地方政府与地方政府之间、公民与公民之间、企业与企业之间,始终存在着环境保护合作的囚徒困境。

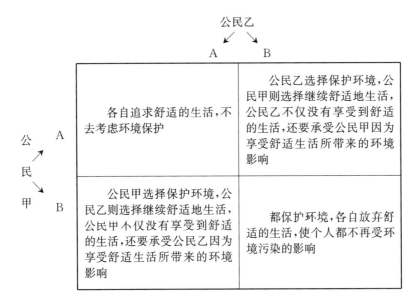

由上表可知,对于公民来说,各自追求舒适的生活将是他们的第一选择,因为如果他们选择放弃舒适的生活来保护环境,并不能保证其他公民

作出跟他们一样的选择,并且还可能因此承担其他公民污染环境所造成的环境影响。

无论是地方政府与地方政府之间合作进行环境保护,还是企业或公民各自之间合作进行环境保护,都存在囚徒困境。首先,由于存在合作困境,地方政府不会选择进行环境保护。尽管环境保护是其重要的职能,但如果缺乏事实上的约束力和有效监督,地方政府会选择更为实际的地方经济的发展利益。与此同时,由于对环保职能的忽略及对经济利益的追求,地方政府会懈怠于管理能够给当地带来经济效益的污染企业。其次,在地方政府环境管理缺失、懈怠,甚至纵容的情况下,原本就存在囚徒困境心理的污染企业更不会关注其本应有的环境保护社会责任。加之,在存在环境违法行为时,地方政府又为之提供了有利的保护,因此环境保护则更不会在污染企业考虑之中。最后,就公民而言,应当从两个角度来理解。公民在环境保护中具有双重身份。一方面,公民是环境管理的受益者,政府进行环境管理的主要目标就是保障公民身体健康,保护公民的生活环境,提供较高质量的环境。从这个意义上讲,公民之间的合作困境在于,无法联合起来对抗损害环境的政府或企业行为,而这是公民在环境保护中最为重要的角色。另一方面,公民也是环境管理的对象。根据前文分析,公民在追求舒适生活的过程中,也不会将环境保护作为首要考虑的因素,从而在环境保护方面存在合作困境。由于法律规定的局限性及政府对其环境保护管理职能的忽略,作为被管理者的公民,其环境保护行为也没有得到有效的规制。可见,在我国的环境管理中,政府、企业、公民都没有进行良性合作来保护环境。同时,由于利益的相似性,政府和企业在环境行为中成为利益共同体,从而使得政府环境公共管理政策后果与公共管理目标出现了巨大的偏差。

# 第四章　环境控权的中国化起源及其方法

## 第一节　"自上而下"的中国化控权模式

控权论在西方法治的语境下是以强调公民个体权利为核心,"自下而上"地通过法律来控制政府行政权力的过程。在东方法治的语境下,控权则是一个"自上而下"的过程。这个过程中,最终的控权载体也是法律,但是法律所体现的中国性与西方法治是全然不同的,这是由中国传统思想和传统文化的可继承性决定的。在这样的前提下,东方法治是一种工具主义法治,其核心是整体主义的公共利益和社会福利,通过国家权力运行来实现社会福利和正向化的社会效应。

### 一、中国传统思想源考

中国传统思想延绵数千年,均以儒家思想为中心,其传统思想和传统文化的内核非常稳固。孟德斯鸠认为,一个国家的政治制度和法律制度与该国的地理状态、自然环境有直接联系。在孟德斯鸠看来,中国历史中的战争、征服和各种社会交往均无法改变这个社会作为帝国的特征[1],即"中国并不因为被征服而丧失它的法律。这种法律的内涵实质上是习惯、风俗等一体构成的"[2]。中国早期传教士杜赫德也曾有过类似观点,他认为四千多年来,中国的政治、法律、语言、服装、道德、风俗和习惯始终保持着同一性,没有实质性变化。这是因为"中国"是以文化主义展开的概念化,而非民族主义。这一点在康有为的《大同书》中也有所论证,他认为"中国"这一概念本身就包含了大同的意义,因为"中国"不是民族—国家,也不是帝国,而是一种文化的象征和载体。[3]中国传统文化的根本便是儒学普遍主

---

[1]　汪晖:《现代中国思想的兴起》,生活·读书·新知三联书店 2015 年版,第 32 页。

[2]　[法]孟德斯鸠:《论法的精神》,张雁深译,商务印书馆 1997 年版,第 278 页。

[3]　汪晖:《现代中国思想的兴起》,生活·读书·新知三联书店 2015 年版,第 783 页。

义,它是中国礼仪和法律的前提,由此延伸出中国古代法律思想最为核心的两个内容,即"自上而下"的社会控制模式和"单中心主义"的权力运行结构。

### (一)"自上而下"的社会控制模式

儒学普遍主义是贯彻中国传统思想和传统文化的主要脉络,无论朝代如何更迭,以文化主义为核心价值的中国有着一以贯之的思想。以儒学为根基,以中国传统思想为基础,中国古代法治形成了以道德伦理法为核心的"自上而下"的社会控制模式。

根据《周礼》的记载,儒的主要任务是"以道为民",这里的"道"可以理解为传统王官之学领域内的主要知识和学术,其核心则是以德为基础的礼乐制度。[①] 礼乐制度和教化相联系,以伦理为约束,从而使民众接受。《礼记·乐记》提到:"乐者,通伦理者。"唐孔颖达疏"乐得则阴阳和"。因此,礼乐制度是以伦理为约束,从而形成中国古代的法律制度,进而通过蕴含中国传统思想和传统文化的法律制度来控制社会。这既可以认为是中国古代伦理法,也可以认为是维系中华古代文明数千年的法律的本质。换言之,维系中华文明数千年的法律的本质便是中国古代伦理法。

中国古代伦理法以儒家伦理思想为主干,以儒家思想中的法律精神和法律规范为基础,从而形成法律制度。这套制度的稳定性便在于"自上而下"的社会控制模式。子曰:"君君,臣臣,父父,子子。"这便以亲属、辈分为特征建立起等级关系,以君臣、父子、兄弟、夫妻和朋友为基础关系构成"五伦",并由此构成了中国社会的自然法。这五种关系本身便严密地构建了"自上而下"的社会控制模式,最终以伦理法、成文法的方式体现出来。《中庸》说:"天下之达道五,所以行之者三:曰君臣也,父子也,夫妇也,昆弟也,朋友之交也。五者,天下之达道也。知、仁、勇三者,天下之达德也,所以行之者一也。"儒学突出的是人道,即体现在人与人关系中的道理和秩序。[②] 通过规范人道,形成稳固的法律规范和社会控制,其中包含了家族主义、义务本位、德治与法治等诸多中国传统思想和传统文化的基因,并基于此而传承下去。

### (二)"单中心主义"的权力运行结构

儒学思想所根植的另一个文化基因便是"单中心主义"的权力运行结构。一方面,义务本位是"单中心主义"的权力运行结构之价值基础。儒学

① 袁行霈:《中华文明史》(第一卷),北京大学出版社 2016 年版,第 362 页。
② 同上,第 368 页。

思想作为中国传统思想和文化的根基,强调义务本位,所谓"克己复礼"。"克己"便是把私的一面克去,莫要让它放肆。① 社会中各个阶层的人都应当以遵循五大人际关系的人伦为行为标准,履行先定义务,克制自我的自由与愿望。社会中的个体都应当服务和服从于围绕其个人而生成的权力中心,如君、父、兄、夫等,这便是"单中心主义"的权力运行结构之基础。

另一方面,树状"差序格局"模式是"单中心主义"的权力运行结构之根本架构。纵观中国思想史,中国文化自古以来就是单中心主义的价值观,在权力运行中呈树状一元结构,没有任何一个历史时期是承认二元或多元权力运行模式的,这一点自殷商时代便成为文化基因传承至今。在殷周时代,对宇宙空间的认识便能够折射出中国传统思想中根深蒂固的深层认识。殷周时代的人认为,宇宙空间是中央为核心,众星拱北辰,四方环中国的"天地差序格局"。这种宇宙结构给他们提供的一个价值本源,就是这种"差序格局"是天然合理的。② 他们认为,一切事物包括社会组织和人类本身都应当与这种格局同构,从而形成了一个整齐不乱的秩序。在这一秩序中,古代中国确立了自己的价值的本原、观念的样式和行为的依据③,由此便形成了中央管辖四方、中央优于四方的秩序价值。在儒学思想的丰富下,"单中心主义"的树状权力运行结构得以形成,并且传承下来。

## 二、现代性与传统性的融合：现代性的中国化解读

### （一）现代性的两大要素：工具理性和个体权利

有学者认为,现代性的两大要素是工具理性和个体权利。④ 所谓工具理性,是几何式思维模式的理性化,它与科学技术的运用紧密相连。所谓个人权利,是市场经济和民主制度正当化的证成路径。

理性包括三个层面的要素,即目的、工具、评价方式。⑤ 马克斯·韦伯认为,现代化是工具理性的扩张。人们通常认为,工具理性是为达到目标的手段的精密计算,它是达到目标的手段和过程的理性化。⑥ 马克斯·韦伯认为,如果完全理性地考虑并权衡目的、手段和附带后果,这样的行动就是工具理性的。⑦ 工具理性的特点包括:(1)精确性和系统化。工具理性

① 钱穆:《中国思想史》,九州出版社 2015 年版,第 18 页。
② 葛兆光:《中国思想史》(第一卷),复旦大学出版社 1997 年版,第 49 页。
③ 同上,第 50 页。
④ 金观涛:《历史的巨镜》,法律出版社 2015 年版,第 9 页。
⑤ 同上。
⑥ 同上。
⑦ [德]马克斯·韦伯:《经济与社会》(第一卷),林荣远译,商务印书馆 2004 年版,第 115 页。

要求人们对外界对象要准确、定量地认识和把握。(2)功利性和追求效益最大化。工具理性强调保障个人正当利益的重要性,注重经济的积累与发展。(3)现实性与实用性。工具理性将理性建筑在客观实际的基础上。(4)独立性与进取性。工具理性提倡竞争,但同时注重对社会与他人的责任。(5)法治化与标准化。工具理性认为,社会运作主要依靠法律制度来规范和调节。

工具理性的形成意味着,理性可以相当稳定地成为政治、经济、文化发展的基础,不会对信仰和道德造成颠覆,从而理性贯彻到所有社会领域成为可能。由此,马克斯·韦伯把现代化归为理性化,即工具理性贯穿一切社会行动,成为社会制度的正当性基础之一。[1]

个体权利被认为是现代性社会制度正当化的第二个要素。有学者认为,个体权利为正当性的最终根据。个体权利意味着个人的自主性是正当的[2],即具有理性的个人[3]有权在法律限定的范围内去做他想做的事情。然而,正当并非一定具有道德合理性,只是具有合法性。个体权利作为现代性的核心,意味着个体权利在凸显现代社会公共价值的同时,成为证成现代性社会制度的基础。从 17 世纪兴起的社会契约论的角度看,工具理性和个体权利相融合便证成了现代性社会制度的正当化,即社会契约论的组织结构——强调社会组织是个人之间形成契约的产物。

然而,现代性社会制度并非仅有工具理性和个体权利两个要素。随着社会制度架构多元化变迁,社会契约论并非现代性社会制度架构的唯一选择。马克斯·韦伯在《经济与社会》一书中认为,社会行动有四个取向:第一,工具理性的,它决定于对客体在环境中的表现和对他人的表现的预期;第二,价值理性的,它决定于对某种包含在特定行为方式中的无条件的内在价值的自觉信仰,无论该价值是伦理的、美学的、宗教的还是其他的范畴,只追求这种行为本身,而不注重结果;第三,情绪的,它决定于行动中的具体情感和情绪;第四,传统的,它决定于根深蒂固的习惯。[4] 在马克斯·韦伯看来,工具理性的合理性是高于价值理性的。他认为,"目的合理性(工具理性)是理性化程度最高的行动"[5]。即使如此,马克斯·韦伯也并

---

[1] 金观涛:《历史的巨镜》,法律出版社 2015 年版,第 13 页。

[2] 同上。

[3] 同上。

[4] [德]马克斯·韦伯:《经济与社会》(第一卷),阎克文译,上海人民出版社 2010 年版,第 114 页。

[5] 张慧敏:《中国文化"工具理性"的再发现》,载《社会科学论坛》,2018 年第 6 期。

非完全否定价值理性的存在。他认为,过分强调工具理性会忽视价值与目的,最终会由于自身的扩张而变得非理性。因此,他主张将价值理性的价值、意义、目的与工具理性的目标和手段相结合。[1]

工具理性恰恰是中国文化基因中的弱项,但是现代性社会制度在继承中国传统文化的基础上,也在中国社会发展了下来。马克斯·韦伯认为,中国文化缺乏工具理性、欠缺自然科学思维、没有理性的技术训练。他认为,中国文化尤其是儒家思想对价值理性极度推崇。[2] 梁漱溟也曾指出,中西方文化的差别在于三个方面:第一,西方化物质生活方面的征服自然,中国是没有的;第二,西方化学术思想方面的科学方法,中国是没有的;第三,西方化社会生活方面的"德谟克拉西",中国是没有的。[3] 这便从一个侧面反映出,现代性社会制度并非只有工具理性和个体权利两个要素。中国化的现代性社会制度架构反映出价值理性与工具理性的融合,以及个体权利与公权力的并行。正如钱穆先生所指出的,"在西方,宗教与科学、个人主义与集体主义、理性主义与经验主义,处处矛盾,处处冲突。但在中国思想史里,则并不见有此种矛盾与冲突的存在"[4]。这恰恰反映了在中国传统文化影响下,中国化的社会制度发展模式是多元融合性的。

**(二) 中国化的现代性社会制度:工具理性与价值理性的融合**

中国化的社会制度发展模式是融合性的,这表现在价值理性与工具理性的融合,以及个体权利与公权力的并行,这是现代性社会制度中国化的证成方式。这种方式既是对 17 世纪西方近现代思潮的借鉴与吸收,又是对中国传统文化和传统思想的深化与发展。

工具理性和价值理性最初源于康德的批判哲学。在康德看来,价值理性关乎人的终极意义和目的,而工具理性则是一种技术理性主义。工具理性和价值理性是两种相对应的认识论与方法论。

根据马克斯·韦伯的研究,工具理性的行动"取决于对客体在环境中的表现和他人表现的预期。行动者会把这些预期用作'条件'或者'手段',以实现自身的理性追求和特定目标"。价值理性的行动则"决定于对某种包含在特定行为方式中的无条件的内在价值的自觉信仰,无论该价值是伦

---

[1]　[德]马克斯·韦伯,《经济与社会(第一卷)》,阎克文译,上海世纪出版社 2010 年版,第 114 页。

[2]　同上。

[3]　梁漱溟:《东西方文化及其哲学》,商务印书馆 2005 年版,第 71 页。

[4]　钱穆:《中国思想史》,九州出版社 2015 年版,第 9 页。

理的或者其他的"①。从工具理性的观点看,价值理性是无理性的。越是把采取行动的价值观念提高到绝对价值的地位,与此相对应的行动越是无理性的。反之,仅仅为了理性地达到目的而与基本的价值观无涉,这样的行动取向实际上也并不多见。② 这意味着工具理性和价值理性并非把对方完全排除在自身之外,二者在社会行动中应当是交织渗透在一起的。学术界和思想界对现代性的发展始终存在着争议,有学者指出,现代性的危机起因于工具理性的弊端;也有学者指出,与其说工具理性的膨胀导致价值理性的缺失,不如说价值理性的迷失导致工具理性的膨胀。③ 这便说明,工具理性与价值理性本身便应当是融合的,在中国化的现代性社会制度发展历程中更是如此。

中国传统文化与传统思想始终是强调价值理性的,这一点在梁漱溟、冯友兰、熊十力、牟宗三等中国思想史学家和中国哲学史学家这里基本上是达成共识的。先秦时期,中国思想强调"以礼代法""以礼为本"。《易传》《中庸》强调"天人合一""阴阳合德"。唐宋时期,佛教盛行,强调人民安分、知足、寡欲、摄生等。儒家思想始终关注政治和社会秩序的构建,其中无不充满着对工具理性和价值理性的权衡与选择。例如,孔子提出两种统治原则,一种是"道之以政,齐之以刑",另一种是"道之以德,齐之以礼"。前者是工具理性,以刑作为治国根本;后者是价值理性,以德作为治国根本。孔子评价道,以工具理性的刑治国,"民免而无耻";以价值理性的德治国,则民"有耻且格"。北宋时期,程朱理学的"理"实质上也是一种价值理性。理学是在吸收佛、道两家精髓之后,深化了传统的儒学。理学的代表人物朱熹认为,理既是天地之性,又是气质之性。天地之性是宇宙根本法则在人性上的体现,内容包括仁义礼智;气质之性则落实于、包裹于气质中的天地之性。④ 同时,他也提出"心统性情",这也是典型的价值理性。

纵观中国思想发展史,体现工具理性的思想集中在先秦法家思想中。法家是战国时期变法运动发展起来的一个学派,其强调"法、势、术"。所谓法,即"编著之图籍,设之于官府,布之于百姓"⑤。所谓术,主要是任官课人的方法,处理君臣关系,即"因任而授官,循名而责实,操杀生之柄,课群

---

① [德]马克斯·韦伯:《经济与社会》(第一卷),阎克文译,上海世纪出版社 2010 年版,第 114 页。
② [德]马克斯·韦伯:《经济与社会》(第一卷),阎克文译,上海世纪出版社 2010 年版,第 116 页。
③ 张再林:《从周易看中国文化的工具理性思想》,载《周易研究》,2018 年第 4 期。
④ 袁行霈:《中华文明史》(第三卷),北京大学出版社 2016 年版。
⑤ 同上。

臣之能"①。所谓势,即任何人不论贤否,有势位就可以号令众人。这便是典型的工具理性的社会组织架构。但是,法家在中国历史上发挥的作用非常有限,其影响力仅在先秦时期。

在中国社会结构的发展过程中,工具理性与价值理性日渐趋于融合。1949 年以后,中国经历了一段以价值理性为导向的社会发展历程。自 1978 年十一届三中全会以来,中共中央便提出了依法治国的政治方略,这是首次在中国社会发展过程中注重工具理性。邓小平同志曾指出:"我们这个国家有几千年封建社会的经历,缺乏社会主义的民主和社会主义的法制。"我国由此提出"有法可依,有法必依,执法必严,违法必究"的依法治国十六字方针,这是对中国社会制度设计及治理体系设计的一次重要反思,也是中国现代史上对现代性社会制度问题的回应。在强调工具理性的同时,我国将"公民基本权利和义务"写入 1982 年《宪法》。2001 年,江泽民同志提出依法治国与以德治国相结合的中国特色社会主义治国之道,这是对工具理性与价值理性的一次有效融合。他指出,对于一个国家的治理来说,法治与德治从来都是相辅相成、相互促进的,二者缺一不可,不可偏废。② 自此,依法治国与以德治国同时被提到国家政策的最高地位。

党的十八大以后,中国社会治理更是将工具理性与价值理性不断融合。习近平总书记指出,坚持依法治国和以德治国相结合,推进国家治理体系和治理能力现代化。习近平总书记曾指出,法律是准绳,任何时候都必须遵循;道德是基石,任何时候都不可忽视。在新的历史条件下,我们要把依法治国基本方略、依法执政基本方式落实好,把法治中国建设好,坚持依法治国和以德治国相结合,使法治和德治在国家治理中互相补充、互相促进、相得益彰,推进国家治理体系和治理能力现代化。③

习近平新时代中国特色社会主义思想有机地将工具理性和价值理性统一起来。新时代中国特色社会主义的基本方略包括坚持党对一切工作的领导、以人民为中心、全面深化改革、新发展理念、人民当家作主、全面依法治国、社会主义核心价值体系、在发展中保障和改善民生、人和自然和谐共生等十四个方面,其中包括了方法论、认识论及具体的路径和工具。以人民为中心、新发展理念、人民当家作主及社会主义核心价值体系便是价值理性的社会制度架构,而坚持党的领导、全面深化改革、全面依法治国、

---

① 袁行霈:《中华文明史》(第一卷),北京大学出版社 2016 年版,第 385 页。
② 朱贻庭:《伦理学大辞典》,上海辞书出版社 2010 年版。
③ 参见习近平总书记在 2016 年中共中央政治局第三十七次集中学习时的讲话。

保障和改善民生及人和自然和谐共生便是工具理性的社会制度架构。因此,新时代中国特色社会主义思想将工具理性和价值理性更为有机地统一起来。

同时,党的十八大以后,中共中央也更加强调对中国传统思想和传统文化的继承与创新。2014年,习近平总书记曾指出,大力弘扬以爱国主义为核心的民族精神和以改革创新为核心的时代精神,深入挖掘和阐发中华优秀传统文化。讲仁爱、重民本、守诚信、崇正义、尚和合、求大同的时代价值,使中华优秀传统文化成为涵养社会主义价值观的重要源泉。[①] 习近平总书记在党的十九大报告中指出:"中国特色社会主义文化,源自于中华民族五千多年文明历史所孕育的中华优秀传统文化,熔铸于党领导人民在革命、建设、改革中创造的革命文化和社会主义先进文化,根植于中国特色社会主义伟大实践。"因此,"要使中华民族最基本的文化基因与当代文化相适应、与现代社会相协调;要加强对中华优秀传统文化的挖掘和阐发,努力实现中华传统美德的创造性转化、创新性发展"[②]。

### (三) 中国化的控权范式: 个体权利与公权力并行

个体权利是现代性的第二个核心要素,也是西方法治主义的逻辑起点。洛克认为,西方法治主义的核心是维护个人自由权利,并且个人权利是基于一种自然状态和自然法则产生的。"这种自然状态有一种为人人所应遵守的自然法对它起着支配作用;而理性,也就是自然法,教导着有意遵从理性的全人类:人们既然都是平等和独立的,任何人就不得侵害他人的生命、健康、自由和财产。"[③]法律是个人权利的根本保障。关于法律与政府的关系,哈林顿认为,良好的政府有赖于良好法律的塑造,而良好的法律又导源于良好的政府。[④] 法律本身是一种官民共守的契约,是同时约束统治者与被统治者的约法,更是公民个人权利的根本性保障。[⑤] 个人权利和公权力是一种此消彼长的关系,并且以公法的制度设计作为西方法治的开端。

对于个人权利的认知,中国化的法治进路上始终有不同于西方法治理念的理解。梁启超曾指出:"权利何自生? 曰:生于强。权利之为物,必有

① 参见习近平总书记在2014年4月主持中共中央政治局第十三次集体学习时的讲话。
② 参见习近平总书记在中国共产党第十九次全国代表大会上的讲话。
③ [英]约翰·洛克:《政府论》(下篇),叶启芳译,商务印书馆1964年版,第6页。
④ [英]詹姆士·哈林顿:《大洋国》,何新译,商务印书馆1963年版,第20页。转引自王人博、程燎原:《法治论》,广西师范大学出版社2015年版,第23页。
⑤ 王人博:《中国特色社会主义法治理论研究》,中国政法大学出版社2016年版,第151页。

甲焉先放弃之,然后有乙焉能侵入之。人人务必自强以自保吾权,此实固其群、善其群之不二法门也。"①由此便可以看出,自中国近现代民权启蒙运动起,对个人权利的理解并非以解决官民关系为主,而是解决个体之间的关系。在当时特定的历史背景下,民权思想也用以体现国民对待外强的应然性态度。因此,在中国,个人权利与公权力并非绝对的对立关系,个人权利也并不是中国化法治进程的必然标识。

在现代性的中国化历程中,个体权利与公权力是一种并行的关系。毋庸置疑,在经历了数千年儒家思想的积淀后,中国社会组织和社会制度架构形成了以义务为本位、以公权力为核心的推行贤人治国之模式。在这样的模式下,公权力的核心地位始终存在。有学者认为,中国化的法治是一种工具主义法治,即法治是由权力主体所选用的政治治理工具。法治的治理模式选择是单方权力意志的展开,是权力主体的政治决断。②工具主义法治的两个目标是确立稳定的权力体系,即以法律形式确立稳定的权力体系,以及塑造规范的权力运行方式。③

在维持公权力为主体的治理模式之基础上,中国也在不断发展个体权利保护。1982年《宪法》将"公民基本权利和义务"写入总纲,并且增加了公民权利的内容,具体包括公民人身权利、政治权利、劳动权利、受教育权利等。2018年《宪法修正案》对公民基本权利没有改动。1987年的《民法通则》便规定了公民的民事权利,2017年通过的《民法总则》第五章明确了公民的人身权、财产权、知识产权、继承权等。除此之外,我国《刑事诉讼法》《行政诉讼法》《民事诉讼法》均规定了相应的程序性权利。这便是一种"自上而下"的个人权利产生模式,从而便形成了个人权利与公权力并行的现代性中国化发展模式。

在这样的模式下,中国化的控权模式有别于西方国家的法治主义,应当讲是一种工具主义法治模式下,融合以权利制约权力和以权力制约权力两种方式的发展模式。以权力制约权力为主,以权利制约权力为辅,这也是中国式的法治化道路,是中国特色社会主义的现代性进程。

有学者指出,中国的法治化是"党国休系"的规范化与法治化。④这一点在新时代中国特色社会主义发展时期是由中国社会法治化的自身特性

① 梁启超:《新民说》,商务印书馆2016年版,第88—89页。
② 王人博:《中国特色社会主义法治理论研究》,中国政法大学出版社2016年版,第149—151页。
③ 同上。
④ 同上,第152页。

所决定的。中国化的过程是具有自身历史特点并且被赋予历史选择的,没有必要以西方法治化及现代性的标准作为标尺来判断和解读中国化的法治进程及控权模式。毋庸置疑,中国共产党的领导地位在任何时期都不可动摇,并且应当始终坚持。在这样的前提下,中国化的法治进程和控权模式应当符合中国特色社会主义的话语体系,同时也应不断吸收西方法律思想中可资借鉴之处。"党国体系"的法治化也可以理解为一种控权体系的发展,只是这一过程始终是"自上而下"的。从 20 世纪 80 年代到 20 世纪 90 年代,我国开始推进全面立法、建章立制,实现"有法可依"的过程。20 世纪 90 年代以后到 21 世纪初期,我国通过立法和司法来不断推进公民权利的确认与保障。一方面是通过私法来确权,另一方面是通过诉讼制度来保障公民权利的实现。但是,基本上是在私法领域逐步成熟。[1] 党的十八大以来,中国共产党不断推进自身组织的规范化与法治化,将依法治国与依规治党提升到同等重要的地位。与此同时,更加强调"将权力关进法律的笼子里",深化了以权力制约权力的控权模式,丰富和强化了公法的功能。同时,以权利制约权力也在公法领域逐步发展。

# 第二节　治理理论的中国化模式

## 一、科层制的中国起源及其理论化

### (一)科层制理论

科层制尽管在中国社会存续时间较长,但是并非中国独有。最早对科层制进行理论化研究的,可以追溯到马克斯·韦伯,他提出了科层制(官僚制)理论。马克斯·韦伯认为,近代科层制所特有的功能模式有以下几个方面:(1)设置权限原则。各部门有依据规则(法律或性质规章)而来的、明确的权限。为了官僚制(科层制)支配团体制目的所必要的、一般性的活动,被清楚分派为官吏职务。为了执行职务所必要的命令权力,也有明确的分配。为了规则性与持续性地履行这些职务,并行使相应的权利,有计划地供应所需物资,只有在一般规则下符合资格的人才能够被任用。上述三个要素构成了科层制(官僚制)的官府。(2)设置官职层级制和审级制。有一套明确制定的、官府间上下关系的制度,下级官府是在上级的监督之

---

[1]　王人博:《中国特色社会主义法治理论研究》,中国政法大学出版社 2016 年版,第 153 页。

下。官职层级采取一元制的支配形式。在权限设置下,上级政府并不能够直接地将下级政府的职责揽到自己手中。(3)设置文书档案制度。官员职务运作的方式以文书档案形式保留下来并传递下去。一级政府的运作由档案文书、幕僚及各种秘书所组成,便构成一个办公室。办公室与私宅分开,官吏的职务活动也与其私人生活领域分隔。(4)职务活动需要经过职业化、专业化的训练。(5)职务活动要求官吏全力投入,办公时间是有明确规定的。(6)业务的执行须遵照一般规则,这些规则必须明确、全面。[①]

马克斯·韦伯认为,实施科层制包括以下几个方面的前提条件:(1)货币经济与财政的前提条件。由于官僚的薪水以货币化形式支付,因此货币经济的发展是近代官僚制的前提。(2)行政事务量的扩展。行政的科层化意味着性质事物在某种程度上的扩张,首先体现在量的扩张。(3)行政事务的质的变化。行政事务逐渐从概括性的集权模式走向专业化、技术化、精细化的职责分工,便产生了质的变化,这就需要更为精密的科层化组织去完成。例如,埃及作为最早的科层制国家,其有全国性公共水利经济的技术性需要,因此"自上而下"设置了相应的秘书与官僚机构。(4)官僚制组织的技术优越性。(5)行政手段的集中。国家治理和行政事务的高效性需要行政手段在一定程度上集中,这在一定程度上有助于国家治理效率的提升。(6)社会差异的齐平化。[②]

马克斯·韦伯认为,科层制(官僚制)一旦确立,就是社会组织中最难摧毁的一种。科层制是将"共同体行动"(Gemeinschaftshandeln)转化为理性且秩序井然的"集合体行动"(Gesellschaftshandeln)的特殊手段,以此形成支配关系中的"理性组织化"机构。[③]

马克斯·韦伯对科层制进行了理论化研究,并认为科层制仍然离不开三个核心机制,即权力配置、官员选任机制、政绩考核。

### (二) 科层制在中国的起源及发展

官僚制或科层制在中国具有数千年的历史,是中国社会权力运行的主要结构。秦朝之后,中国社会便出现了君主专制、中央集权和官僚制度,这是早期中国政治文明的成果。官僚制在中国历史上也有变迁,并非绝对的超稳定结构。东汉以后三国分裂、少数民族入主等时期,官僚制也并非坚固不破。直到唐宋时期,官僚制逐渐成熟稳定发展。秦朝时期的官僚制确

---

① [德]马克斯·韦伯:《支配社会学》,康乐、简惠美译,广西师范大学出版社 2004 年版,第 22—24 页。

② 同上,第 31—64 页。

③ 同上,第 65 页。

立了科层制的基本架构,即以皇权为中心,下设国务总管的相权,中枢行政实行科层化,以郡县体制作为地方控制的主干。自唐宋之后对官僚制进行深入的发展,在官员选拔和考核上不断精细化和科学化。尽管科层制在中国社会发展并非超稳定结构,但是科层制的三大核心要素始终保留在了中国传统政治思想的脉络中,对当今中国的控权模式及方法影响深远,即"自上而下"的树状权力架构、官员选拔机制及政绩考核机制。

秦汉时期奠定了"自上而下"的树状权力架构。皇帝是帝国的最高权力者。国务的总管者称为宰相,拥有较高的议政权和监督百官执行的管理权。秦汉时期的中央行政机构,以丞相、御史大夫居首。其下的中枢行政实行科层化,下设九卿,各有职责,各卿的官署采用科层结构。例如,西汉的丞相府下设曹办事,东汉的太尉、司徒与司空分掌军政、民政及土木工程,其下各有十几个曹。[①] 郡县制是臣民安身立命的基本单位,也是中央控制地方的基本结构。汉代的郡国约有一百多个,直接由中央管辖。郡守掌管一郡的财政、司法、行政、军事等各方面事务。其下设县,汉代的县约有一千多个。一县大概有方圆百里左右,万户以上的县级长官称为令,不足万户的称为长。[②] 律令在科层制中的功能体现在两个方面:一是进行社会管理;二是进行上传下达。

唐宋时期对官员的分级与选拔机制日趋完善,设置官员品级,采用科学化的选拔方式。例如,宋代设官分职的主要特点是官、职、差遣的分离。《宋史·职官志》指出:"官以寓禄秩、叙位著,职以待文学之选,而别为差遣以治内外之事。"[③]宋神宗时期对这一分级进行了改革,全面调整中央官僚设置,更易名称、划分权限,罢黜一切领空名者,台省寺监的职事官实典其职、名实相符,从而形成一套新的官员品级机制。[④] 同时,唐宋时期开始实行文官制度,以制衡其他的权力势力,通过科举取士、学校考选、恩荫补官、吏员出职等多元化的方式进行文官选拔。

官员考核机制在唐宋时期逐渐成熟。宋朝对在任官员的考核,以官员品德操守及才干绩效为主要内容,以"循名责实"为目标。唐朝根据各个职能部门的责任性质不同,概括为二十七类,各有对应的衡量标准,称为"二十七最"。从考核的量化程度看,唐朝主持考核的官员在确定被考人等第方面具有较大的自主权。宋朝则开始了对官员考核的量化机制,要求做到

---

① 袁行霈:《中华文明史》(第二卷),北京大学出版社 2016 年版,第 57 页。
② 同上,第 58 页。
③ 袁行霈:《中华文明史》(第三卷),北京大学出版社 2016 年版,第 167 页。
④ 同上,第 169 页。

"凡职皆有课,凡课皆责实",并且要求在申报课绩时填写"实迹"和"实绩"。

由此,中国社会科层制的三大核心要素,即"自上而下"的树状权力结构、官员选任机制及政绩考核机制,得以传承。作为要素框架,这三个机制始终是中国社会权力控制的核心要素。

## 二、治理理论与科层制的中国化融合:中国国家治理体系现代化

世界银行于1989年提出"治理危机"一词之后,"治理与善治"便在国际学界不断被提及,并且逐渐延伸出与治理相关的理论及学说。这一学说特别是在政治学和社会学领域被广泛提及。

### (一) 治理理论及其在环境管理领域的发展

治理(governance)源于拉丁语和古希腊语,原意是控制、引导和操纵。20世纪90年代以来,西方政治学家和经济学家赋予了"governance"新的含义。[1] 关于治理的含义,罗茨认为,治理意味着"统治的含义发生了变化,意味着一种新的统治过程"[2]。他列举了六种关于治理的不同定义:(1)作为最小国家的管理活动的治理,它指的是国家削减公共开支,以最小的成本取得最大的效益。(2)作为公司管理的治理,它指的是指导、控制和监督企业运行的组织体制。(3)作为新公共管理的治理,它指的是将市场的激励机制和私人部门的管理手段引入政府的公共服务。(4)作为善治的治理,它指的是强调效率、法治、责任的公共服务体系。(5)作为社会—控制体系的治理,它指的是政府与民间、公共部门与私人部门之间的合作与互动。(6)作为自组织网络的治理,它指的是建立在信任与互利基础上的社会协调网络。[3] 在当代国家治理理论体系里,治理的概念与后三者更为贴近,即引入市场激励机制和私人部门的管理手段;强调效率、法治、责任的公共服务体系;强调政府与民间、公共部门与私人部门之间的合作与互动。

格里·斯托克对治理的概念进行梳理后,归纳了关于治理理论的五个主要观点,具体包括:(1)治理意味着一系列来自政府但不限于政府的社会公共机构和行为者,各种公共的和私人的机构只要其行使的权力得到了公众的认可,就都可能成为在各个不同层面上的权力中心。(2)治理意味着在为社会和经济问题寻求解决方案的过程中,存在着界限和责任方面的模糊性。现代社会国家正在把原先由它独自承担的责任转移给公民社

---

[1] 俞可平:《治理与善治》,社会科学文献出版社2000年版,第1页。

[2] 同上,第2页。

[3] 罗茨:《新的治理》,载《政治研究》,1996年第154期。转引自俞可平:《治理与善治》,社会科学文献出版社2000年版,第3页。

会,即各种私人部门和公民自愿性团体。(3)治理明确肯定了在涉及集体行为的各个社会公共机构之间存在着权力依赖。(4)治理意味着参与者最终将形成一个自主的网络。这一自主的网络在某个特定的领域中拥有发号施令的权威,它与政府在特定的领域进行合作,分担政府的行政管理责任。(5)治理意味着在公共事务管理中还存在着其他的管理方法和技术,政府有责任使用这些新的方法和技术,更好地对公共事务进行控制和引导。[1]

在治理理论的基础上,针对环境公共治理问题,美国政治经济学家埃莉诺·奥斯特罗姆在 2012 年出版的《公共事务的治理之道》一书中提出了自主治理理论。基于哈丁的公地悲剧理论及奥斯丁的集体行动困境理论,她在对国家理论和企业理论(市场理论)的局限性进行反思之后,提出自治理论,打破了一直以来经济学在政府与市场之间必然二者选其一的公共治理思路。她提出了影响自主治理的四个因素,即收益、成本、共有规范、机会[2],并指出了自主治理的三个难题,即制度供给、可信承诺和相互监督。[3]埃莉诺·奥斯特罗姆设计了自主治理的八大原则:(1)公共资源使用权的边界必须清晰。(2)使用权的规则符合当地的情形。(3)集体参与、集体决策。(4)监督的规则明确。(5)分级制裁原则。(6)冲突解决机制的完善。(7)组织的自主权得到政府的认可甚至法律的保障。(8)分层治理制度化。[4]

由于治理理论的全球化推广,在治理理论引入我国二十余年的时间里,对中国治理模式产生了较大影响。学术界对治理理论的推崇与风靡,最终使得近几年政府改革对治理理论更加重视。但是,需要注意的是,治理理论是基于西方政治学和经济学所提出的,其逻辑起点是西方政治结构的变革,与我国自身的国情并非完全相符。许多经济学家和政治学家基于西为中用的基本学术范式,以构建治理理论而批判中国政府管理结构作为研究的立足点,这一点使得治理理论并不能够实现本土化借鉴。也有学者对治理理论本身产生误解,认为治理理论所提出的多元治理,实质上是排斥国家和政府的存在。这些观点都是一种误读。在近几年的研究中,也有

---

① [英]格里·斯托克:《作为理论的治理:五个论点》,华夏风译,载《国际社会科学》,1999 年第 2 期。

② [美]埃莉诺·奥斯特罗姆:《公共事务的治理之道——集体行动制度的演进》,俞逊达、陈旭东译,上海译文出版社 2012 年版,第 224—243 页。

③ 同上,第 49—54 页。

④ 同上,第 106—122 页。

学者对这一问题进行纠正。有学者指出:"治理理论属于新自由主义的范畴,但是与新自由主义经济学不同,治理理论并不敌视国家与公共部门。"①显而易见,对治理理论的引入与借鉴是具有必要性的,但是"当代中国对西方理论的适用是普遍意义的,在此过程中需要剥离的是意识形态的因素与成分"②。中国的公共治理最大的特点是政府、市场与社会的交融、契合及互动。③ 也有学者指出:"中央集权的国家形式在中国已经存在数千年,早已不是一个明显的问题。中国应该关注的是如何'更现代',即更加集权和完成内部整合。"④在中国,现代化及治理现代化意味着国家组织结构的升级,而非体系和结构的再造。

**(二) 中国的国家治理体系现代化**

如前文所述,回归到治理理论的本质看,其与科层制的中国国家治理结构并非对立。治理理论并非全盘否定国家、政府及科层化权力模式的存在。从治理理论的概念本源看,治理更为强调的是以下三个方面的升级与改良:(1)引入市场激励机制和私人部门的管理手段。(2)强调效率、法治、责任的公共服务体系。(3)强调政府与民间、公共部门与私人部门之间的合作与互动。这三个方面可以抽象为科层制的法治化、公共治理的多元化及党的建设与政府行政法治化。

**1. 科层制的法治化**

治理理论与科层制在中国国家治理体系不断发展的过程中实现了融合,我们可以认为这是治理理论的中国化。2013 年,党的十八届三中全会提出:"全面深化改革的总目标是完善和发展中国特色社会主义制度,推进国家治理体系和治理能力现代化。"中国国家治理体系和治理能力现代化建设恰恰是治理理论及科层制的有机结合与深化,是对治理理论的中国化升级。有学者认为,国家治理体系现代化的核心是更加科学地进行科层化,其重点是解决上层建筑中的"党政关系"(即"党国同制"的有效组织)及基层社会中的"党群关系"。因此,需要通过科层制的法治化来进一步梳理"党政关系"及建设"党群关系"。

关于科层制的法治化问题,马克斯·韦伯在其《支配的类型》一书中早

① 魏崇辉:《公共治理理论中国适用性:批判的理路与话语的构建》,载《行政论坛》,2018 年第 5 期。
② 同上。
③ 同上。
④ 刘炳辉、熊万胜:《超级郡县国家:中国国家治理体系的现代演变与内在机制》,载《东南学术》,2018 年第 3 期。

有论述。马克斯·韦伯指出,科层制法治化的特征如下:一是任何一个法律规范都可以根据目的理性或价值理性(或二者并立)的基础,经由协议或强制的手段来建立,并且至少可以要求该组织的成员对它服从。二是任何法律体系基本上都是由一些抽象规则依首尾一贯的系统所构成。三是典型的支配者,即上级,自身也得服从于一套无私的法令和程序。四是服从支配的人是以组织的成员的身份而服从的,他所服从的也只是该组织的法律。五是理性类型的组织中,在职者不可能占有该职位为私有。在职者有权力据有某项职位,但是不能以此职位为私有。六是行政措施、决议、命令都以文字形式提出及记录。①

基于中国传统文化基因传承下来的科层制结构,中国的科层制有三个核心要素,即"自上而下"的树状权力结构、官员选任机制及政绩考核机制。科层制法治化实质上便是上述三个核心要素的法治化过程。1982 年,我国重新颁布《宪法》,并且在同一个时期颁布了《全国人民代表大会组织法》《国务院组织法》《人民法院组织法》《人民检察院组织法》等一系列法律,从国家层面对国家机关及其职能进行了法治化。这一时期,我国基本完成了权力体系的法律化,建立了一套层级清晰、职能明确的科层体系。同时,组织法概括性地规定了官员选任的基本条件。具体的官员选任机制和政绩考核机制大多在党中央文件及党规党纪中详细规定。

党的十八大以来,习近平总书记提出"全面从严治党",并指出依法治国必须依规治党,治国必先治党,治党务必从严。党的十九大报告进一步指出,坚持将依法治国与依规治党有机统一,并将其定位为新时代坚持和发展中国特色社会主义的基本方略的重要内容。党的十八大以来,中国共产党开始对成立以来制定的法律法规进行全面梳理与更新,在官员选任机制和政绩考核机制法治化方面不断深化。现行核心的党规党纪包括《关于新形势下党内政治生活的若干准则》《中国共产党党内监督条例》《中国共产党纪律处分条例》《中国共产党问责条例》《中国共产党党组工作条例(试行)》《中国共产党地方委员会工作条例》《中央政治局关于改进工作作风、密切联系群众的八项规定》《党政机关厉行节约反对浪费条例》《关于防止干部"带病提拔"的意见》《推进领导干部能上能下若干规定(试行)》《关于县以下机关建立公务员职务与职级并行制度的意见》《党政领导干部生态环境损害责任追究办法(试行)》等。这是中国推进国家治理体系现代化的重要一步,也是中国特色科层制法治化的一大进步。

---

① 〔德〕马克斯·韦伯:《支配的类型》,康乐译,广西师范大学出版社 2004 年版,第 307—312 页。

2. 公共治理多元化

公共治理多元化是中国国家治理体系现代化的重要方面。国家治理体系现代化的治理方式是注重协同性。各个领域的治理都需要统筹考虑不同领域、不同阶段、不同群体的现实状况，需要统筹谋划、相互配合、有效沟通、协同发力，需要充分调动社会各个方面的积极性、主动性、创造性。[①] 公共治理多元化，也称多元共治，当前在中国社区治理及环境治理中不断探索应用。2017 年，中共中央、国务院出台《关于加强和完善城乡社区治理的意见》，其总体要求为，要坚持以基层党组织建设为关键、政府治理为主导、居民需求为导向、改革创新为动力，健全体系、整合资源、增强能力，完善城乡社区治理体制。[②]《关于加强和完善城乡社区治理的意见》在健全完善城乡社区治理体系方面提出：(1)充分发挥基层党组织领导核心作用。(2)有效发挥基层政府主导作用。(3)注重发挥基层群众性自治组织基础作用。(4)统筹发挥社会力量协同作用。[③] 近年来，各地区也开始探索社区多元共治的具体方法，如江西用"无缝对接"模式实现被安置帮救人员的再社会化、江苏太仓的"政社互动"改革等。[④]

环境治理的多元共治方面，2014 年，国务院发布《关于推行环境污染第三方治理的意见》，提出了环境污染第三方治理的概念。文件指出，环境污染第三方治理是排污者通过缴纳或按合同约定支付费用，委托环境服务公司进行污染治理的新模式。其指导思想是，坚持社会主义市场经济改革方向，按照党中央、国务院的决策部署，以环境公共设施、工业园区等领域为重点，以市场化、专业化、产业化为导向，营造有利的市场和政策环境，改进政府管理和服务，健全统一规范、竞争有序、监管有力的第三方治理市场，吸引和扩大社会资本投入，推动建立排污者付费、第三方治理的治污新机制。[⑤] 2018 年，中共中央、国务院发布的《关于全面加强生态环境保护坚决打好污染防治攻坚战的意见》指出，坚持用最严格制度最严密法治保护生态环境；保护生态环境必须依靠制度、依靠法治；必须构建产权清晰、

---

① 党中央治国理政的政治思想研究课题组：《推进国家治理体系和治理能力现代化思想与实践》，载《前线》，2017 年第 6 期。

② 参见 2017 年中共中央、国务院《关于加强和完善城乡社区治理的意见》。

③ 同上。

④ 俞可平：《中国地方政府创新案例研究报告(2013—2014)》，北京大学出版社 2015 年版。转引自魏崇辉：《公共治理理论中国适用性：批判的理路与话语的构建》，载《行政论坛》，2018 年第 5 期。

⑤ 参见 2014 年国务院《关于推行环境污染第三方治理的意见》。

多元参与、激励约束并重、系统完整的生态文明制度体系。① 该文件也将多元参与作为治理的一个重要方面。

### 3. 党的建设与政府行政法治化

如前文所述,我国是"党国体系"的权力结构,因此政府行政法治化包括两个方面:一是法治政府建设;二是党规党纪法治化建设。

中国法治政府建设经历了三个重要阶段。十一届三中全会之后,我国便开始了法治政府的建设。2004 年,国务院发布的《全面推进依法行政实施纲要》总结了 1990 年到 2000 年的十年里,中国法治政府建设已经实现的目标包括:(1)政企分开、政事分开,政府与市场、政府与社会的关系基本理顺,政府的经济调节、市场监管、社会管理和公共服务职能基本到位。(2)提出法律议案、地方性法规草案,制定行政法规、规章、规范性文件等制度建设符合宪法和法律规定的权限和程序。(3)法律、法规、规章得到全面、正确实施。(4)科学化、民主化、规范化的行政决策机制和制度基本形成,人民群众的要求、意愿得到及时反映。政府提供的信息全面、准确、及时,制定的政策、发布的决定相对稳定,行政管理做到公开、公平、公正、便民、高效、诚信。(5)高效、便捷、成本低廉的防范、化解社会矛盾的机制基本形成,社会矛盾得到有效防范和化解。(6)行政权力与责任紧密挂钩、与行政权力主体利益彻底脱钩。行政监督制度和机制基本完善,政府的层级监督和专门监督明显加强,行政监督效能显著提高。(7)行政机关工作人员特别是各级领导干部依法行政的观念明显提高,尊重法律、崇尚法律、遵守法律的氛围基本形成;依法行政的能力明显增强。②

21 世纪初,随着中国依法治国的不断发展,法治政府建设的内涵得到深化。2000 年,国务院发布的《关于全面推进依法行政的决定》指出:"随着依法治国基本方略的实行,人民群众的法律意识和法制观念不断增强,全社会对依法行政的要求也越来越高。新形势对各级政府和政府各部门依法行政提出了新的更高要求。为了扎扎实实地贯彻依法治国基本方略,全面推进依法行政,从严治政,建设廉洁、勤政、务实、高效政府,根据全国依法行政工作会议精神,特作如下决定:……"。同时,该文件指出:"加强政府法制建设,全面推进依法行政,总的指导思想和要求是:坚持以邓小

---

① 参见 2018 年中共中央、国务院《关于全面加强生态环境保护 坚决打好污染防治攻坚战的意见》。

② 参见 2004 年国务院《全面推进依法行政实施纲要》。

平理论和党的基本路线为指导,坚持党的领导,坚持全心全意为人民服务的宗旨,把维护最大多数人民的最大利益作为出发点和落脚点,紧紧围绕经济建设这个中心,自觉服从并服务于改革、发展、稳定的大局,认真履行宪法和法律赋予的职责,严格按照法定权限和程序,管理国家事务、经济与文化事业和社会事务,做到既不失职,又不越权;既要保护公民的合法权益,又要提高行政效率,维护公共利益和社会秩序,保证政府工作在法制轨道上高效率地运行,推进各项事业的顺利发展。"①2004 年的《全面推进依法行政实施纲要》提出,依法行政的总体要求为:"依法行政必须坚持党的领导、人民当家作主和依法治国三者的有机统一;必须把维护最广大人民的根本利益作为政府工作的出发点;必须维护宪法权威,确保法制统一和政令畅通;必须把发展作为执政兴国的第一要务,坚持以人为本和全面、协调、可持续的发展观,促进经济社会和人的全面发展;必须把依法治国和以德治国有机结合起来,大力推进社会主义政治文明、精神文明建设;必须把推进依法行政与深化行政管理体制改革、转变政府职能有机结合起来。"同时,《全国推进依法行政实施纲要》提出,依法行政的基本原则是合法行政、合理行政、程序正当、高效便民、诚实守信、权责统一。

党的十八大以来,国务院发布的《法治政府建设实施纲要(2015—2020)》再次对法治政府的内涵与外延进行了全面深化和升级,其提出法治政府建设的总体目标是"经过坚持不懈的努力,到 2020 年基本建成职能科学、权责法定、执法严明、公开公正、廉洁高效、守法诚信的法治政府",建设法治政府的基本原则是"必须坚持中国共产党的领导,坚持人民主体地位,坚持法律面前人人平等,坚持依法治国和以德治国相结合,坚持从中国实际出发,坚持依宪施政、依法行政、简政放权,把政府工作全面纳入法治轨道,实行法治政府建设与创新政府、廉洁政府、服务型政府建设相结合。"《法治政府建设实施纲要(2015—2020)》特别强调行政权力的规范化与法治化,一方面强调行政权力规范透明运行,另一方面大力推行"权力清单""责任清单""负面清单"制度并实行动态管理。

党规党纪法治化是自党的十八大以后开始启动的工作。十八届六中全会被认为是中共中央推进和深入党规党纪法治化建设的重要标志。党的十八届六中全会根据当前发展的形势,制定了《关于新形势下党内政治生活的若干准则》,修订了《中国共产党党内监督条例》,从而一方面推进了全面从严治党,另一方面体现了党的建设的总体布局与进程,推进和深化

---

① 参见 2000 年国务院发布《关于全面推进依法行政的决定》。

了党规党纪的法治化建设。十八大以来,除了对党章进行必要的修订外,中央在短短几年内,对党规党纪等党内法规进行了大规模密集的法治化工作,具体包括:一是系统地重新梳理了以前所有的党内法规;二是适应时代的发展变化,修订了许多重要的党内法规;三是制定和颁布了一批新的党内法规与规范性文件。

2013 年 11 月,中央办公厅发布了《中央党内法规制定工作五年规划纲要(2013—2017 年)》,这是中国共产党历史上首个党内法规制定五年规划。此后,新制定的党内法规和规范性文件开始大量密集出台。

2013 年,《中国共产党党内法规制定条例》及其配套的《中国共产党党内法规和规范性文件备案规定》同时发布,对党内法规的制定权限、制定原则、规划计划、起草程序、审批发布、适用解释、审查备案、清理评估等作出了详细规定。这在党的历史上是第一次,说明了党中央对党内法规制定和建设的法治化已经有了系统而明确的目标。

2016 年 6 月 28 日,中共中央政治局审议通过了《中国共产党问责条例》,其第 5 条明确规定了问责应当分清责任,即"党组织领导班子在职责范围内负有全面领导责任,领导班子主要负责人和直接主管的班子成员承担主要领导责任,参与决策和工作的班子其他成员承担重要领导责任"。此外,第 6 条规定了哪些情形下应该问责,第 7 条则详细列举了对党组织和领导干部的问责方式。例如,把对领导干部的问责方式规范为通报、诫勉、组织调整或者组织处理、纪律处分。

由此,通过科层制的法治化、公共治理多元化、党的建设与政府行政法治化三个方面,中国的国家治理体系现代化建设实现了治理理论与科层制的融合。

## 第三节　环境控权方法之专门审批式:中国控权模式之延伸

环境控权的中国化方法是中国控权模式之延伸,主要表现在以下三个方面:一是"自上而下"的权力结构;二是现代性与传统性的融合,即工具理性与价值理性的融合,以及个体权利与公权力并行;三是治理理论下科层制的中国化进程,即科层制法治化、公共治理多元化、党的建设与政府行政的法治化。

就中国化的环境控权模式而言,首先,其延续了"自上而下"的权力结构,并且以生态环境部门为单中心。基于法治政府建设的发展,环境行政权力按照权力法定原则来设置生态环境部门的环保职责,并且根据权责统一原则在环境污染事件中落实追责机制。其次,其体现了现代性与传统性的融合。从环境法律体系建设看,充分体现了工具理性和价值理性的融合;从环境法律的运行看,充分体现了个体权利与公权力并行。最后,其是治理理论下科层制中国化的具体体现。从环境管理到环境治理,从环境污染防治到生态文明建设,都体现了治理理论对环境管理科层制的深入融合,是中国化环境控权不断深入的具体表征。

## 一、环境控权之"权": 以生态环境部门为中心的法定环保职责

就实然性的现象学而言,在中国化环境控权模式中,环境控权之"权"是以生态环境部门为中心的法定环保职权。值得注意的是,这里的生态环境部门是一个概括性的概念,并非仅指生态环境部,而是包括海洋环境管理、港务、渔政等和环境与资源保护相关的部门。在法律条文中出现的环境保护监督管理机构则特指生态环境部及其下级机构。基于"自上而下"的权力结构,环保职权也是"自上而下"划分的,从国家环境机构到地方环保机构逐级分化。基于单中心主义的文化基因,生态环境部门是环境控权的中心。环境法律体系对环保职责的划分,以生态环境部门为主,以地方政府及其他相关环境与资源保护部门为辅。

### (一) 生态环境部门的环保职责

我国《环境保护法》第 10 条规定了环境保护监督管理机构的统一监管职能,以及海洋行政主管部门、港务监管、渔政渔港监督、军队生态环境部门等分级分部门管理。《水污染防治法》第 4 条、《大气污染防治法》第 4 条、《环境噪声污染防治法》第 5 条和第 6 条、《固体废物污染环境防治法》第 10 条等,均对生态环境部门及相关部门的环境质量责任作出了明确的规定。在这样的法规则范式下,我国环境法律体系的责任追究机制也是围绕着生态环境部门的环境治理保持与提升责任展开的。

在政府环境职责划分上,生态环境部门承担统一监管职责,而其他相关的资源与生态环境部门则承担具体职责,但总体来讲,它们都是环境保护与资源保护管理类的政府部门。《环境保护法》第 10 条规定:"国务院环境保护主管部门,对全国环境保护工作实施统一监督管理;县级以上地方人民政府环境保护主管部门,对本行政区域环境保护工作实施统一监督管理。"法律围绕政府环境质量责任构建了相关制度,具体如下:(1)制定环境质量标准的法定职责与义务。《环境保护法》第 15 条规定了中央和地方

环境保护监管部门制定环境质量标准职责与义务的划分。[①] （2）环境质量监测。《环境保护法》第 17 条规定了政府环境保护主管部门制定监测规范、组织监测网络、设置环境质量监测站、共享监测数据、进行环境监测的职责。[②] （3）环境质量状况公布。《环境保护法》第 54 条规定了国家环境保护主管部门统一发布国家环境质量的义务，省级以上人民政府环境保护主管部门定期发布环境状况公报的义务，以及县级以上人民政府环境保护主管部门应当依法公开环境质量、环境监测等信息的义务。[③]

我国《环境影响评价法》于 2003 年颁布，并于 2016 年修改。新《环境影响评价法》取消了环境影响评价的前置审批程序，加大了"未批先建"的惩罚力度，其立法宗旨是实施可持续发展战略，预防规划和建设项目实施后可能对环境造成的不良影响，以及促进经济、社会和环境的协调发展。其中，第 22 条规定："建设项目的环境影响报告书、报告表，由建设单位按照国务院的规定报有审批权的环境保护行政主管部门审批。海洋工程建设项目的海洋环境影响报告书的审批，依照《中华人民共和国海洋环境保护法》的规定办理。"由此，立法赋予了生态环境部门环评审批权，这是生态环境部门的重要环境职责之一。

**（二）地方政府的环保职责**

2014 年，《环境保护法》修改后增加了地方政府概括性的环保职责，这是对政府环保职责的补充。新《环境保护法》第 26 条规定，县级以上人民政府应当将环境保护目标完成情况纳入对本级人民政府负有环境保护监督管理职责的部门及其负责人的考核内容，作为对其考核评价的重要依据。第 28 条规定，地方各级人民政府应当根据环境保护目标和治理任务，采取有效措施，改善环境质量。从上述两条规定可以看出，我国政府环境责任实行环境目标责任制与环境目标考核制。然而，这里的政府是概括化

---

① 《环境保护法》第 15 条规定："国务院环境保护主管部门制定国家环境质量标准。省、自治区、直辖市人民政府对国家环境质量标准中未作规定的项目，可以制定地方环境质量标准；对国家环境质量标准中已作规定的项目，可以制定严于国家环境质量标准的地方环境质量标准。地方环境质量标准应当报国务院环境保护主管部门备案。"

② 《环境保护法》第 17 条规定："国家建立、健全环境监测制度。国务院环境保护主管部门制定监测规范，会同有关部门组织监测网络，统一规划国家环境质量监测站（点）的设置，建立监测数据共享机制，加强对环境监测的管理。"

③ 《环境保护法》第 54 条规定："国务院环境保护主管部门统一发布国家环境质量、重点污染源监测信息及其他重大环境信息。省级以上人民政府环境保护主管部门定期发布环境状况公报。县级以上人民政府环境保护主管部门和其他负有环境保护监督管理职责的部门，应当依法公开环境质量、环境监测、突发环境事件以及环境行政许可、行政处罚、排污费的征收和使用情况等信息。"

的政府,并非具体的行政部门。这里对政府环境责任的规定,主要通过政府部门内部的环境保护督察与地方政府"党政同责"来实现,这是一种概况性的政府环境责任。

除此之外,法律对地方政府环境责任的规定在法规范中多处可见,但大多都是在《环境保护法》中有所规定。就措辞来分析,以"国家"为主语出现的命令性法律规范有 16 条,分别是第 4 条、第 7 条、第 10 条、第 17 条、第 20 条、第 21 条、第 26 条、第 29 条、第 31 条、第 32 条、第 36 条、第 39 条、第 40 条、第 45 条、第 46 条、第 52 条;以"各级人民政府"或"县级以上地方人民政府"为主语出现的命令性法律规范有 22 条,分别是第 6 条、第 8 条、第 9 条、第 13 条、第 14 条、第 17 条、第 18 条、第 24 条、第 26 条、第 27 条、第 28 条、第 29 条、第 33 条、第 34 条、第 37 条、第 40 条、第 47 条、第 49 条、第 50 条、第 51 条、第 53 条、第 68 条。就条文数量和措辞来看,对地方政府责任的规定较多。这些规定涉及面较广,如环境宣传、环境教育、环境研究等,但对政府考量环境影响的责任涉及得较少。

值得注意的是,就应然性而言,环保职责并非生态环境部门的专门职责,生态保护应当是贯彻所有政府部门的责任。如果对环境保护职责进行划分,生态环境部门应当对环境质量负责,而其他非生态环境部门,包括地方政府,应当对环境影响或可能产生的环境影响负责。前者应着重于环境污染防治及环境污染治理,而后者则应着重于环境风险预防。因此,我们应当明确,中国化的环境控权之"权",就应然性而言,也并非仅指生态环境部门的环保职责,而是包括所有政府行政部门在其决策中对环境可能造成环境影响的决策权。

## 二、中国化的环境控权之体系:环境法律体系建设与环境政策发展并行

就内容来看,中国的环境控权体系之形成是以环境法律体系和环境政策发展为基础的,这一方面是由于中国环境保护的发展历程基本上是"自上而下"的发展过程,另一方面是以生态环境部门为中心发展中国的环境保护事业使得环境政策在中国环境控权中也发挥着重要的作用。环境法律体系建设是工具理性在中国环境控权体系中发展的重要体现,环境政策发展则体现了价值理性在环境控权体系中的作用。从环境法律运行的角度看,环境控权体系也充分体现了个体权利与公权力并行的中国化权力控制模式,并且是以权力制约权力为主,以权利制约权力为辅。

### (一) 环境保护法规范与政策体系:工具理性与价值理性

中国环境控权体系充分体现了工具理性和价值理性的结合,也充分体

现了依法治国与以德治国的有机结合。环境保护法规范体系体现了工具理性的特点,而环境保护政策的发展则既体现了工具理性,也体现了价值理性。20世纪70年代以来,中国环境保护立法与环境保护政策的发展是交叉展开的。

中国环境保护的开端是"自上而下"的展开模式。1972年,周恩来同志决定中国派团参加联合国人类环境会议。这是中国恢复联合国合法席位后,参加的第一个大型国际会议。代表团由国家计委牵头,有外交、卫生、工业、农业、水利、能源、城市、科技和地方等部门的负责人或专家参加。[①] 1973年,中国召开了全国环境保护会议,各地方和有关部委负责人、工厂代表、科学界人士300多人参加了会议。会议通过分析环境污染事实及其危害,提高了对环境保护的认识。这次会议解决了几个主要问题:一是对中国环境污染有了一个初步认识,中国不是没有污染,而且有些方面还相当突出;二是通过了中国环境保护方针,即"全面规划、合理布局、综合利用、化害为利、依靠群众、大家动手、保护环境、造福人民";三是通过了《关于保护和改善环境的若干规定》,对十个方面的环境保护工作提出了要求并作出了部署。[②]

会后,国务院成立了环境保护领导小组。办公室成立后,督促各地成立相应的环保机构,对环境污染状况进行调查评价,开展以消烟除尘为中心的环境治理。同时,对污染严重的地区开展了重点治理,包括官厅水库、富春江、白洋淀、武汉鸭儿湖,以及北京、天津、淄博、沈阳、太原、兰州等城市的大气污染。其中,官厅水库和桂林漓江的环境治理决心最大,成效也突出,为今后的江河和城市污染治理摸索出一些经验。[③]

由此,中国环境保护拉开大幕。我们可以从这个历史过程中看出,首先,我国的环境保护历程是"自上而下"展开的,而非从民间到政府。其次,中国环境保护的开端并非以控权为逻辑起点,而是以环境污染治理为目标,对污染地方和企业进行环境行政管理。最后,我国环境保护的开端是以单部门中心主义为基础的,并且充分体现科层化的权力架构。应当讲,在1979年我国《环境保护法(试行)》颁布之前,中国环境保护是以国家政策为导向开展起来的。这种政策的功能是"准法律"的作用,因此也能够充分体现工具理性的价值。反过来讲,这个时期,中国的环境保护政策是发挥

---

① 曲格平:《中国45年环保史:在砥砺中前行》,载《人民日报》,2017年12月20日。

② 同上。

③ 同上。

工具理性功能的。

1979 年,《环境保护法(试行)》正式颁布,意味着中国环境保护开始走上法治化的轨道。一般而言,学界通说将 1979 年到 1992 年划分为环境保护法律发展阶段。1979 年到 1992 年,中国环境保护法律体系得到了趋于成熟的发展。1989 年,第三次全国环境保护会议提出了环境保护三大政策和八项管理制度,即"预防为主,防治结合""谁污染,谁治理""强化环境管理",以及三同时制度、环境影响评价制度、排污收费制度、城市环境综合整治定量考核制度、环境目标责任制度、排污申报登记和排污许可证制度、限期治理制度、污染集中控制制度。1989 年颁布的《环境保护法》对 1979 年到 1989 年的环境政策进行了有效的法律化,将环境保护三大政策和八项管理制度规范化。这一时期,我国陆续制定并颁布了污染防治方面的各单项法律和标准,包括《水污染防治法》《大气污染防治法》《海洋环境保护法》;同时,又相继出台了《森林法》《草原法》《水法》《水土保持法》《野生动物保护法》等资源保护方面的法律,初步构建了环境保护的法律框架。到 1992 年,我国环境保护法律体系建设基本完成。这一时期是通过政策法律化的过程,将工具理性的功能逐渐从环境保护政策转移到环境保护法规范。

1988 年,国家环保局从城乡建设生态环境部分离出来,直属于国务院。1993 年,全国人大设立环境与资源委员会,全国政协设立"环境与人口委员会"。由此,全国各省、市、自治区都相继对生态环境部门的设置进行改制,设立相应的机构和部门[①],再次使得环境保护工作得到"自上而下"的发展。

值得注意的是,这一时期虽然实现了环境保护法治化进程,但是仍然是以环境管理为主要目标,通过法律来管理企业环境污染及污染防治是这一时期环境保护法律体系的价值导向。这一时期,环境法律体系已经初具规模,为中国环境法律体系奠定了基础。因此,在此后很长一段时间,中国的环境保护及环境治理始终坚持环境管理的道路。

1993 年到 2001 年,中国环境保护开启了规模化治理的阶段,这是因为这一时期发生了重大环境污染事件,如蓝藻事件、饮用水源污染事件等。1989 年和 1994 年,淮河流域发生了两次重大环境污染事件。中国规模化治理主要包括工业污染防治、规模流域污染防治、重点城市环境治理。这一时期,我国也开始了大规模的修法活动,由全国人大法工委牵头,陆续修

---

① 曲格平:《中国 45 年环保史:在砥砺中前行》,载《人民日报》,2017 年 12 月 20 日。

订了《水污染防治法》《大气污染防治法》《海洋环境保护法》,出台了《固体废物污染环境防治法》《环境噪声污染防治法》《防沙治沙法》《清洁生产促进法》《环境影响评价法》。这表明,环境法律规范发挥了重要的作用,实现了工具理性的功能。

与1992年之前相比,这一时期出现的最大变化是中国环境治理理念的转变,从"先污染后治理"真正转向"防治结合",中国的环境治理开始出现"预防优先"的新治理理念。但是,这一时期的环境治理仍然是政府主导,以对污染企业进行监管和治理为抓手,通过管理污染企业治污,以及关、转、并、停重大环境污染企业等方式,实现环境治理目标。

2002年到2012年被认为是环境保护综合治理的阶段。随着环境治理理念的转变,以及公民对2002年之前所发生的多起重大环境污染事件的关注和反思,"环境风险预防"的理念逐渐增强。这一时期也逐渐出现了"自下而上"的公民环境行动,如2007年的厦门PX项目事件、2009年的广东番禺垃圾焚烧事件等。这些事件都是在项目建设计划阶段引起了公民的关注和对环境风险的担忧,从而使公民反对可能影响环境的建设项目落地建设。但是,这一时期,中国环境保护法律体系和政策仍然以环境行政管理为主要方式进行环境治理。这一时期,无论是环境保护法律还是环境保护政策,都以实现工具理性为核心,忽略了价值理性的功能。

2013年,党的十八大以后,环境保护法律和政策真正实现了价值理性与工具理性的统一。这一时期出现了两个重要的转变:一是环境保护法律充分发挥工具理性的作用,而环境保护政策则充分发挥价值理性的作用;二是真正开启了中国化的环境控权体系建设。2013年以后,党和国家逐渐认识到环境保护并非仅限于管理污染企业,更重要的是通过法律来控制与环境相关的行政决策权力。2014年,新《环境保护法》颁布实施,其最大的亮点之一便是强化政府环境责任,将地方政府的环境保护职责写入法条,由此开启了中国环境控权机制构建。

承继中国传统思想与传统文化,重拾中国自古以来便重视的价值理性的功能,将工具理性与价值理性有机融合,是党的十八大以来,中国化环境控权体系的主要特点,特别是在环境控权体系中融入价值理性。

2013年,党的十八大以来,党中央协调推进"五位一体"总体布局和"四个全面"战略布局,牢固树立和贯彻落实创新、协调、绿色、开放、共享的发展理念,把生态文明建设摆上更加重要的战略位置。党的十八大报告指出:"建设生态文明,是关系人民福祉、关乎民族未来的长远大计。必须树立尊重自然、顺应自然、保护自然的生态文明理念。"2018年,党的十九大报告进一步指出,人与自然是生命共同体,人类必须尊重自然、顺应自然、保护自然。习近平总书记也多次强调:"绿水青山就是金山银山。"这是价值理性在环境保护领域的重要回归。

2013 年以来,中国环境保护逐渐上升到生态文明建设的高度,并且形成了一套体现价值理性的新时代生态文明思想。党的十八大把生态文明建设纳入中国特色社会主义事业"五位一体"总体布局。十八届三中全会提出,紧紧围绕建设美丽中国深化生态文明体制改革。十八届四中全会要求"用严格的法律制度保护生态环境"。十八届五中全会审议通过"十三五"规划建议,中共中央、国务院出台《关于加快推进生态文明建设的意见》《生态文明体制改革总体方案》,共同形成今后相当一段时期中央关于生态文明建设的长远部署和制度构架。全国两会审议批准"十三五"规划纲要,将生态环境质量改善作为全面建成小康社会目标,提出加强生态文明建设的重大任务举措。

总体上,生态文明建设具体包括以下几个方面的要点:(1)坚持人与自然和谐共生。(2)绿水青山就是金山银山。(3)良好的生态环境是最惠民的民生福祉。(4)山水林田湖是生命共同体。(5)用最严格的制度、最严密的法治保护生态环境。(6)共谋全球生态文明建设。[1] 可见,这一时期的环境治理从狭隘的环境行政管理的角度转变出来,对国家环境治理体系进行了统筹思考。具体表现为,国家开始启动构建生态文明体系、全面推动绿色发展、有效防范生态环境风险、推进生态文明体制改革落地、运用现代化的治理理念提高环境治理水平。[2]

**(二) 中国化环境控权模式:以权力制约权力为主**

中国的环境控权体系建设应当是从 2013 年之后开始的,中央将生态文明建设上升为国家战略的高度,从而使中国环境治理开启了新的治理模式,从自改革开放以来的单一化的以生态环境部门为中心、对污染企业进行监管的环境管理思路,逐渐向政府环境责任普遍化、通过法律来监管行政权力和污染企业的环境控权模式转变。由于我国传统政治文化基因的传承,中国环境控权体系以公权力为主导、以个体权利为补充,形成了以权力制约权力为主,以权利制约权力为辅的模式,这种模式最终需要通过法律的形式得以实现。

2013 年以后,在价值理性回归的同时,国家强化将法治作为工具理性

---

① 参见 2018 年习近平总书记在全国生态环境保护会议上的讲话。

② 同上。

的功能和作用。这一时期,中国化的环境控权体系开始形成。习近平总书记在 2018 年全国生态环境保护大会上指出,用最严格最严密法治保护生态环境。要严格用制度管权治吏、护蓝增绿,有权必有责、有责必担当、失责必追究,保证党中央关于生态文明建设决策部署落地生根见效。同时,要完善科学合理的政绩考核机制。习近平总书记指出:"要建立科学合理的考核评价体系,考核结果作为各级领导班子和领导干部奖惩和提拔使用的重要依据。对那些损害生态环境的领导干部,要真追责、敢追责、严追责,做到终身追责。"

环境法律法规的立法理念也在相应转变,在坚持环境管理体系和治理污染企业的同时,开始形成中国的环境控权体系。2013 年以来,全国人大常委会制定或修订《环境保护法》《大气污染防治法》《水污染防治法》《海洋环境保护法》《环境影响评价法》《野生动物保护法》《环境保护税法》《核安全法》等有关生态文明建设的法律近 20 部,确保党中央的重大改革有法可依、于法有据。其中,2014 年的《环境保护法》加入了政府环境责任的规范条款。2018 年,全国人民代表大会通过《宪法修正案》,其第 89 条将国务院的"领导和管理经济工作和城乡建设工作"修改为"领导和管理经济工作和城乡建设工作、生态文明建设"。通过立法授权,生态文明建设的职权被授予给国务院。国务院先后出台《关于加快推进生态文明建设的意见》《生态文明体制改革总体方案》,制定了 40 多项涉及生态文明建设的改革方案,从总体目标、基本理念、主要原则、重点任务、制度保障等方面对生态文明建设进行了全面系统的部署安排;生态文明建设目标评价考核、自然资源资产离任审计、生态环境损害责任追究等制度出台实施,主体功能区制度逐步健全,省以下环保机构监测监察执法垂直管理、生态环境监测数据质量管理、排污许可、河(湖)长制、禁止洋垃圾入境等环境治理制度加快推进,绿色金融改革、自然资源资产负债表编制、环境保护税开征、生态保护补偿等环境经济政策的制定与实施进展顺利。

在生态文明建设顶层设计的框架下,中国环境控权体系逐渐形成以权力控制权力为主的控权模式。具体表现为,环境控权的工具方法以党规党纪、政绩考核、环保督察及科层体系内部规章为主。这些主要的工具方法也通过全国人大及时立法,从而使得政策性工具转化为法律工具。

个体权利在中国环境控权体系中也起到一定作用,只是与以权力制约权力的力度和影响相比,以权利制约权力是辅助性的,这是由中国传统文化和传统思想中的"自上而下"的权力架构所决定的。个体权利在中国环境控权体系中主要体现在两个方面:一是立法中对公民的程序性权利进行了规定；二是在司法实践中，检察院可以代表公民提起环境行政公益诉讼。关于公民个体权利在环境控权体系中的作用，本书在后面章节将专门进行分析。

# 第五章　多中心环境控权模式的逻辑起点

多中心环境控权模式主要有两个核心内容：一是通过立法授权，规范联邦政府所有的行政机构考虑其行政行为的环境影响，这也正是多中心的内涵，针对各行政机构的环境控权；二是以权利制约权力的控权方式，通过法院的司法审查和法官造法来不断固化权利对权力的制约。

美国环境控权规则体系由通过立法制定的正当程序规则、环评规则及信息公开规则构成。从形式上看，这是为了使行政机构在决策时充分考虑环境因素，并通过规则来限制行政机构通过行政权力的滥用影响环境。从实质上看，这是法律为公民享有良好生存环境而提供的法律保障。一方面，这是法律直接规定行政机构应该做什么及不应该做什么；另一方面，通过上述规定，法律赋予了公民相应的权利。从实现形式上看，这是通过法院的司法审查，起到保障性作用；从实现的实质上看，这是公民被赋予启动法院司法审查的法定权利。归根结底，这是法律对公民法定权利的赋予，从而使公民通过可救济性的法定权利，监督行政机构在环境领域行使的行政权力。环境控权起源于为主张环境权利而引发的环保主义的兴起，也恰恰证明了这一点。

在西方法治思想中，环境控权规则体系乃至整个控权规则体系的背后有一个既定的价值判断的假设，即行政权力具有的恶性可能对公民权利造成既定性的伤害。这是一种基于宪政的价值判断。环境控权的另一个逻辑是，行政机构滥用行政权力会影响环境保护，进而影响人类生存的健康及环境福利。正因为如此，对相应公民法定权利的赋予才显得尤为重要，而控权的实质性核心也正在于此——通过法定权利来限制行政权力。那么，在西方多中心主义的法治价值下，法律是否是在权利与权力之间进行分配的最佳方式呢？权利与权力究竟在控权体系中是何关系，以及在环境控权规则体系中，究竟何为法定权利？这些问题便是本章研究的重点。

## 第一节　恶性与理性

控权理论及环境控权规则的一个价值判断的假设是,行政权力是具有恶性的,它会伤害公民的权利,因此应当对其进行限制。那么,权力为何具有恶性呢? 实际上,仅从行政权力本身看,它应当是中性的,只是掌握权力的人或为善,或为恶,从而使得行政权力具有善恶属性。受西方经济学的一个基本逻辑起点——理性经济人假设的影响,西方法学家特别是推动宪政的法学家也相信掌握权力的人与普通人一样,是理性经济人,他们会利用权力、滥用权力直到"有边界的地方"。他们不会以无私的品格充当公益的代表,他们会利用权力进行交易和寻租,最终导致行政管理体系的公共管理职能的失灵。

### 一、恶性的行政权力之判断

对于权力属性的认识,自古存在着两种不同的看法。有人将权力视为一种必要的力量,而有人则认为权力是非正义的和恶性的。权力本身实属中性,其善恶取决于掌握权力的人。正如柏拉图所期待的理想之国,在贤人的国家里,开明的理性之声会充分教育人们尊敬法律。[①] 在一个充分尊敬法律的国家,特别是在有一个柏拉图所期待的贤人国王的前提下,行政权力为贤人国王掌握,又统治着充满理性、开明思想的国民,那么行政权力责任是强大国家保护国民所必须的充满善性的力量。众多思想家、法学家、哲学家认为,贤人治国固然美好,但在现实之中是很难存在的。直到如今发达的 21 世纪,也没有任何一个国家能够达到 20 个世纪前柏拉图的期待。无独有偶,但丁在《君主鉴》中则为国家和权力辩护,认为国家和权力是对正义的监护、安全和福利的保障。他认为,一个公正的人拥有的权力越大,正义的威力就越能充分发挥。[②] 霍布斯则把国家及其权力称为利维坦,即"人间的上帝",并信奉"没有刀剑的契约,只是一纸空文"。[③] 然而,近代民主宪政的思想家则将作为利维坦的行政权力视为怪兽,认为这样的怪兽如果"不关进笼子里",随时都有伤人的可能。基于这样一种心态,他

---

① ［美］汉密尔顿、［美］杰伊、［美］麦迪逊:《联邦党人文集》,程逢如等译,商务印书馆 1980 年版,第 258 页。
② 程燎原、王人博:《赢得神圣:权利及其救济通论》,山东人民出版社 1993 年版,第 188 页。
③ 同上。

们把政府权力与公民权利相对立。以分权学说著称的孟德斯鸠认为,在一个人握有绝对权力的国家,公民的自由是不受关怀的。① 密尔在其《论自由》中指出,对国家权力进行一定限制,是个人自由的基本含义。博登海默则指出,以古典自然法学说为代表的近代自由主义是试图确立预防政府违反自然法的有效措施为标志的。② 现代法学家庞德、德沃金、罗尔斯也出于对权利和自由的偏爱与尊重,主张限制政府的权力。③ 这种从权利和自由的价值方面来论证限制权力的必要性之学说,体现了政府权力与公民权利相对立是西方民主宪政的理论基础。④ 即便是柏拉图也不得不承认这样一个政治现实,即绝对权力对行使权力和服从这种权力的人,对他们自己及其子孙,都是不好的。⑤

同样地,马克思和恩格斯的权利观也同样认为,社会决定国家,对权力进行合理限制是为了保障权利。"在今天只有政治上的迷信才会以为国家应当巩固市民生活,而事实上却相反,正是市民社会巩固了国家。""现代国家的责任基础是市民社会以及市民社会中的人。"国家的"自然基础"的政治法律形态,正是通过道德或法律所表现出的人权和公民权。⑥

尽管如此,并没有一位思想家能够否认权力存在的必要性及合理性,他们无法否认权力在权利和自由实现的过程中所具有的价值。⑦ 洛克便承认以权力为标志的政治社会比自然状态更有助于保障人的自然权利。格林则认为,国家凭借其权力对调整权利具有一定的最后决定权。行政权力自然亦如此。⑧ 只有具有权力的国家,才有能力去行使一些由个人难以完成的职能;只有具有行政权力的行政部门,才有能力防止个人的暴力行为,保护人身自由、生命和财产安全,控制自由和权利的滥用,以及当法律自由在法律之外为所欲为时,采取适当的矫正措施。⑨ 由此,政府各机构的权力之赋予必不可少。因此,即使是在民主宪政的国家,我们也不能期待与柏拉图的贤人国完全相反的只有权利、自由而没有权力强制的国家,那将不能被称为国。正是因为如此,在民主国家的设计中,只能考虑

---

① 程燎原、王人博:《赢得神圣:权利及其救济通论》,山东人民出版社 1993 年版,第 190 页。
② 同上,第 191 页。
③ 同上。
④ 同上。
⑤ 同上,第 194 页。
⑥ 同上,第 192 页。
⑦ 同上,第 189 页。
⑧ 同上。
⑨ 同上,第 190 页。

以洛克、戴雪、孟德斯鸠及美国的杰斐逊、汉密尔顿为代表的分权制衡的内部权力设计,以及通过法律对权利的分配来限制权力滥用的这种外部制衡。

## 二、理性经济人之假设

理性经济人假设最早由亚当·斯密的《国富论》提出。一言以蔽之,理性经济人是指,在经济活动中,每个人都只是理性地追求着自己的利益;通过自由交易,双方和社会都受益。亚当·斯密在其《国富论》中指出,任何一个想同他人做交易的人,都是这样提议的,请给我那个我想要的东西,你就是能得到这个你想要的东西。正是用这种方式,我们彼此得到了自己所需要的绝大多数东西。亚当·斯密并没有完整地提出经济人假设的命题,但却指出了经济人假设的三个要点,即个人自利心、个人理性、市场自由。之后,随着经济学家对亚当·斯密理论的不断发展,该假设包含了三个基本命题。法经济学家波斯纳则利用这三个经济人假设的命题,分析了人类的法律行为。这三个基本命题是,需求规律、消费者效用最大化及市场交换规律。托克维尔在《论美国的民主》中指出,真正对美国民主制度起决定作用的因素是美国的民情,即美国民众的价值观。他指出,美国人都在用同样的方法指导他们的思维,根据同样的准则运用他们的头脑,即人民主权学说。所谓人民主权学说,是宣称个人是自身利益最好的和唯一的裁判者。除非社会想到自己的被个人的行为所侵害或必须要求个人协助,社会无权干涉个人的行动。[①] 该学说认为,"每个人,不管他是什么人,上帝都赋予它以能够自行处理与己最有密切关系的事务所必要的一大理性"。这一学说自然不完全是受理性经济人假设的影响,但在价值理念上,二者具有相通之处。这被认为是一种个体主义方法论。

正是基于这种价值观,美国民主宪政的建国者自然地认为,掌握行政权力的人同样具有这种理性,同样会以追逐其个体的利益最大化为行为准则,从而使得其所握有的权力成为其谋求个人利益的工具,进而形成权力寻租、政府失灵,即政府履行公共职能的失灵。因为政府公共职能的履行仍取决于政府的官员,所以政府也是理性经济人。换言之,尽管在亚当·斯密看来,个体主义理性的价值观对国家财富的增长有益,以及尽管对于最初乘坐"五月花号"进入美国土地的清教徒而言,这种通过个体理性来实现个人财富增长的价值观是正确的,但是这种理性用

---

① ［法]托克维尔:《论美国的民主》,董果良译,商务印书馆 1988 年版,第 463 页。

于社会公共管理领域必然会使权力产生恶性,并对公民权利造成侵害。

在此,我们也可以套用理性经济人假设的三大命题来进一步分析,同时也可以看出通过法律来控制行政权力的必要性。在经济学中,基于个体主义方法论的理性经济人假设是基于三大命题,即需求规律、消费者效用最大化及市场交换规律。这一理论在经济分析法学中被广泛运用。

### (一)基于需求规律的命题

需求规律是需求量随价格的升高而减少,随价格的降低而增加。如下图所示,当价格为 P1 时,需求量为 q1;当价格为 P2 时,需求量为 q2。其中,P1>P2, q1<q2。[①] 价格则由供给量的变换决定,当供给量增加至大于需求量时,即供大于求,价格会降低;当供给量减少至小于需求量时,即供小于求,价格会升高。这一规律表明,人们行为的根本动机在于,对自身利益大小的不断衡量。所谓利益大小,我们也可视为对成本收益的不断衡量(人类行为的经济分析)。

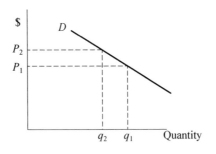

因此,在法律的供求关系中,人们的法律供求关系表现为法律价格,即守法的成本。如果法律供给能够满足公民的法律需求,供求关系在一定范围内(公民可接受的守法成本内)波动,但不失衡。这时,各守法主体会以守法的方式表现;否则,反之。在没有法律规范的情形下,违法成本为零,守法主体包括行政机构的官员自然会选择最利己的方式来行使权力。

### (二)消费者效用(幸福、快乐、满足)最大化的假设

消费者效用最大化是指,使成本和销售收入之差最大化。对于经济学家而言,成本是机会成本(opportunity cost),即由于将资源使用于某一方

---

① [美]波斯纳:《法律的经济分析》,蒋兆康译,中国大百科全书出版社 1997 年版,第 2 页。如果每磅牛肉价格上涨 10 美分而其他价格不变,那么消费者在每磅牛肉上的花费会更多。基于理性和自利的考虑,他会对此作出以下反应,即了解用那些在牛肉是原有价格时他不太喜欢而在牛肉提价后它们因更为便宜而更有吸引力的物品作为替代品的可能性。

面而不能用于其他方面时所放弃的收益。① 根据经济学对消费者总是追求效益最大化的假设,机会成本(S)的不断增加会导致其对产生机会成本的需求计划(D)不断下降。

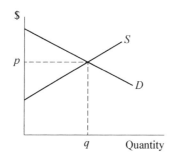

D代表对相关物品的需求计划。

S代表在不同产量水平上供应的单位产出的机会成本。

D和S的交点代表了在竞争条件下的均衡价格与产量。

在法律供求关系中,当守法成本(机会成本S)最低时,人们对守法需求(D),即守法愿望,是最高的,对法律供给的渴望也是最高的。这里的守法成本(机会成本S)是指人们因守法而放弃的违法利益,亦指因他人违法获利而导致自己守法所产生的损失。人们守法愿望的增加,会导致法律供给的增加。当法律供给大于法律需求时,守法成本不断减小。但是,法律供给不可能无限扩大。当法律供给超过了法律需求饱和点时,有两种情况出现:一是法律供给为无效供给,造成社会资源的浪费;二是法律供给超过饱和点后,法规范会不断扩张,导致守法成本(即机会成本)不断提高,最终超过了守法收益。以上两种情况会使法律需求开始下降。

当法律需求下降时,在虚拟的法律经济关系中,同样会有两种情况出现:一是国家权力机关的法律供给因守法成本的不断增加及法律需求的不断减小而开始减少。这种情况是一种较为理想的情况,在现实生活中不太可能出现。另一种情况则是,在法律需求因守法成本的不断增加而下降时,国家权力机关的法律供给并没有减少,这就使守法行为减少,违法行为增加,从而最终会影响法的执行力及法秩序的效用。换言之,法规范无法

---

① 这里举两个机会成本的例子:(1)一个学生享受较高教育的主要成本是他放弃的如果工作而非升学的所得,这一成本将超过学费。(2)假设每桶油的劳动力、资本和原材料成本总和仅为2美元,但由于低价油会被很快地消耗完,在10年后生产每桶油的成本可能是20美元。这样,那些能将油保存这么长时间的生产者就能以20美元每桶的价格出售这些油。20美元就是现在卖油的机会成本。

及时纠正失序行为,最终导致大量失序行为的存在,而法规范也继续有效存在。① 这种状态可以视为对法秩序的打破与违反。因此,在有法律规范但不充分的情况下,对于行政机构官员而言,守法成本过高,违法成本过低,官员便会选择较利己的违法方式来行使权力。

**(三)自愿的市场交换总会使资源得到最有效率的作用**

波斯纳指出:"如果允许自愿交换(voluntary exchange),即市场交换,那么资源总会趋于其最有价值的使用。"②换言之,如果允许人们自愿交换,那么人们总是倾向于成本最低而利润最高的(即最有价值的)商品。如前文所述,如果我们将法律视为一种商品,那么只有在守法的机会成本低(因守法而放弃的利益低)时,人们才会倾向于对法律存在需求。换言之,如果违法成本低,那么人们不会选择守法,而是选择更具吸引力的商品。背离法律需求的商品往往是法律所不允许的行为或事项。当人们纷纷放弃法律需求而选择其他商品时,失序行为便不断产生。造纸厂会放弃环保设施而进行偷排;需要更好环境质量的公民会放弃法规范所预设的法秩序路径,转而选择群体性信访。从根本上讲,这一方面反映了公民必然是处于高守法成本阶段,因此不断地背离法规范;另一方面也反映了法律供给与需求的不均衡,即双方目标不一致。法律供给方所供给的法律产品,并不是法律需求方所需要的。这一点也进一步反映了法律规范不充分或供给不均衡时,行政机构的官员可能会背离法律来行使权力。由此可见,通过法律来控制行政权力具有必要性。

## 第二节 以权利制约权力

鉴于权力的恶性,法律的一项功能便是限制权力的滥用,这是环境控权论的核心。环境控权的限制方法及规则应当包括立法授权、正当程序、环评、信息公开及司法审查,但从根本上讲,这些规则和方法都是对权利的分配。博登海默指出:"在法律统治的地方,权力的自由行使受到了规则的阻碍,这些规则使掌权者受到一定的行为方式的约束。"他还指出:"一个发达的法律制度经常试图阻碍压制性权力结构的出现,其依赖的一个重要手

① 〔德〕卡尔·施密特:《论法律思维的三种模式》,苏慧婕译,中国法制出版社 2012 年版,第 3 页。

② 〔美〕波斯纳:《法律的经济分析》,蒋兆康译,中国大百科全书出版社 1997 年版,第 2 页。

段便是通过在个人和群体中广泛分配权利以达到权力的分散与平衡。当这样一种权利结构建立起来时,法律将努力保护它,使其免受严重的干扰和破坏。"①因此,控制行政权力的核心在于法律对权利的分配。从另一个角度来讲,限制权力的目的则是实现权利和自由。② 因此,分配权利来限制权力的原理,便主要涉及权利与权力的关系。同时,我们也可以从法经济学的供求关系原理及宪政经济学的理论中找到答案。

**一、权利与权力的关系**

近现代行政法所涉及的问题有三个:一是法律如何配置权力与权利;二是行政法如何保证权力的正当性;三是行政法如何保障权利的实现。这三个问题可以归结为一个问题,即权利与权力的关系问题。③ 近现代行政法所涉的三大问题,也就是我们所讲的控权法所涉及的主要问题。

在探讨如何通过分配权利来限制权力这一命题时,我们以权利与权力的关系为核心。这便涉及两个问题:第一个问题是权利与权力何者为本源;第二个问题是权利何以制约权力。

关于权利与权力何者为本源这一问题,学界有两种观点:一是权利本源说;二是权力本源说。④ 不言而喻,控权论源自法治原则,而法治原则的理论基础之一是自然法学说。以自然法学说为代表的近代自由主义就是将试图确立预防政府违反自然法的有效措施作为标志的。⑤ 密尔在《论自由》中指出:"对国家权力进行一定限制,是个人自由的基本含义。"⑥这些理论都体现了权利本源说的观点。这种观点在《社会契约论》中表现得更为突出。《社会契约论》认为,权利是"天赋的",与"天赋"相对的是"人为"。在自然状态下,人们享有自然权利,而当人们通过契约转让自己的权利组成社会时,就产生了国家,权利来自人民权利的让与。⑦

环境控权论的基本观点主张权力应当被控制。这一观点与权利本源说相契合。基于这种基本观点,法律的作用是保证权利的分配与实现,从而限制由权利产生的权力。

---

① 程燎原、王人博:《赢得神圣:权利及其救济通论》,山东人民出版社1993年版,第191页。
② 同上。
③ 孙笑侠:《法律对行政的控制——现代行政法的法律解释》,山东人民出版社1999年版,第49页。
④ 周永坤:《法理学——全球视野》(第三版),法律出版社2010年版,第56页。
⑤ 程燎原、王人博:《赢得神圣:权利及其救济通论》,山东人民出版社1993年版,第191页。
⑥ 同上。
⑦ 周永坤:《法理学——全球视野》(第三版),法律出版社2010年版,第56页。

从这一点出发,权利分配之后,行使权利的界限便是权力行使的界限。这个界限以权利制约权力的方式进行划分。首先,它说明权利主体行使权利和自由行动的空间范围。在这一范围内,其行为是合乎法律的,否则就是滥用权利和自由。①　其次,它意味着一个权利主体在限定范围内进行活动,不受其他权利主体的非法干涉。②　最后,它是权力活动的边界。如果权力活动超越了这个边界,便是权力的滥用。③　这个边界往往以法律的形式固定下来,因此超越这一边界也是一种越权行为。

单纯试图通过法律来明确地界定权利的界限,在技术上是有一定的难度的。特别是实体权利的范围,无论在哪个部门法领域都是很难划定的。比如,我们在环境控权中,实际上是要保证公民环境权利的行使,但如何界定公民环境权利,至今都是一个有争议的问题。究竟是采光权、通风权谓之环境权利,还是包括优美环境观赏权?究竟如何界定优美环境及环境福利?这些看似实体性的权利,恰恰是难以界定的。由此,在法律规定上,处理办法有三种:一是设定行政机构的管理权力(立法授权)以保证环境质量,从而间接保障公民宽泛的环境权利;二是设定行政机构的义务(或也称为立法授权,只是授予了一种考虑环境因素的权力),从而保障公民环境权利;三是基于前两种规定,设定公民的程序性权利,以程序上的正义来实现实体正义。具体而言,在以美国环境法为代表的多中心主义模式下,体现为:

第一种情况是通过立法授权,设立环境保护署(EPA),将环境管理职能以立法授权的形式全部授予环境保护署。作为联邦机构的环境保护署通过对其行政权力的行使,保障公民的实体性环境权利。这里有可能出现两种情况:如果联邦机构的管理行为目标与公民权利的实现目标是一致的,在这种情况下,公民权利可以通过这种方式得到保护和实现。但是,基于我们前文所述权力的恶性及侵犯性,环境保护署的环境管理权力不仅很难确保与公民权利相一致,甚至还可能会伤害公民或企业的其他权利,如环境行政处罚或环境行政强制,即联邦机构的权力行使目标与公民权利目标不一致。这是一种常见的状态,为了确保公民实体性的环境权利得到保障,并防止一种新的权力授予对其他权利主体可能造成的伤害,便需结合上面提到的第三种方法,通过法律来分配公民的程序性权利,如联邦机构

---

① 程燎原、王人博:《赢得神圣:权利及其救济通论》,山东人民出版社 1993 年版,第 193 页。
② 同上。
③ 同上,第 191 页。

在行使权力时应遵守正当程序规则以保证公民的参与权及公平审讯权等，以及对信息公开规则的遵守来保证公民获取信息权等。

第二种情况是通过为行政机构（除环境保护署之外的其他所有联邦机构）设定义务来保证公民权利的实现。这一种情况主要是指《国家环境政策法》通过规定行政机构在决策中考虑环境因素这样的义务来保证公民权利的实现。为了使这项义务的规定更具有执行力和实效性，法律便通过规定公民的程序性权利加以规范，如《国家环境政策法》规定的环评规则是保证公民的参与权、获取信息权等程序性权利的重要载体。除此之外，公民的程序性权利还包括诉讼的权利。因此，上述两种法律处理的具体情况的本质，是法律对公民程序性权利的分配及保证。

## 二、法定权利形态的选择

在厘清了权利与权力的关系之后，此处要讨论一个与之相关的问题。现代民主宪政的先驱们不信任权力的行使，即便是在通过规则进行立法授权的过程中，也要通过法定程序性权利的设定来保证。那么，公民何以情愿地将这种权利分配交给法律呢？除了法治原则基于自然法学说给我们提供的基本观点，即法律是高于一切权力的，还有什么理由让我们相信法律本身的正义性功能呢？由此便需要讨论一个问题，即在环境规则体系中，法律为什么要选择法定权利作为基本形态来限定权力的界限？

从根本上讲，通过法律对公民的程序性权利进行分配，公民的分配所得便是法定程序性权利。这是因为，如前文所述，环境控权体系难以对何为公民实体性权利作出明确的界定。

这里所讲的法定权利便是指法律规范所规定的，法律关系主体所享有的作出某种行为的可能性。这一概念之所以在此处提出，是为了与权利来源的法定权利说相区别。法定权利说是一种观念和学说，其认为法律产生了权利。[①] 我们此处所讲的法定权利是一个概念，并不是一种观点。

此外，这里提出法定权利概念的第二个原因是，权利有三种形态，即应有权利、法定权利、现实权利。应有权利是一种价值定向的概念，其是指没有被现实法律确认，而实际上法律"应当"在目前或将来确认的权利。同时，尽管应有权利尚未被法律确认为法定权利，但实际上，它又构成法定权利的价值原则。[②] 这种权利形态在环境控权的语境中，适用于公民实体性

---

① 周永坤：《法理学——全球视野》（第三版），法律出版社 2010 年版，第 57 页。

② 程燎原、王人博：《赢得神圣：权利及其救济通论》，山东人民出版社 1993 年版，第 316 页。

的环境权利,或者指公民享有享受环境质量的福利。这种权利是从公民当然性的价值权利派生出来的。由于这种权利虽在价值上当然,但非常模糊,难以用具体的法律语言进行明确的界定,因此《国家环境政策法》便转而规定行政机构保护环境的义务,环境控权则演变为对公民程序性权利的规定。我们也应当注意,对行政机构保护环境的义务性规定与公民实体性权利之间仍是具有差别的,并不能当然地认为这是对公民实体性环境权利的间接规定。

现实权利是法定权利实现的结果或形式的一种实有状态,指现实社会中已实现了的权利。现实权利不是法律规定的一种行为可能性,而是权利主体的实际行为。①

那么,我们为什么选择法定权利作为控制权力滥用的核心方法,而不是选择其他的权利形态呢? 这是因为法定权利具有可救济性。只有具有可救济性的法定权利,才有可能通过规则,在具有强制力的法律下制约权力。所谓救济,从另一方面看便是一种权利的实现方式,即当法定权利受到侵害时,从法律上获得自行解决或请求司法机构及其他机关给予解决的权利。②

这种受救济权,便是对法律规定的权利的一种实现。救济包含三层含义:(1)救济意味着权利冲突或纠纷的解决。(2)救济意味着解决冲突或纠纷的目的之一是实现合法权利并保证法定义务的履行。(3)救济意味着通过冲突或纠纷的解决,保障合法权利的实现及法定义务的履行,从而使法定义务转化为现实权利。③

## 第三节 环境控权规则体系中的法定权利

### 一、《国家环境政策法》立法授权的公民实质性环境权利

《国家环境政策法》通过规定国家及行政机构的职责,体现出对公民实质性环境权利的认可。这种间接性的认可只体现了公民应有权利的价值认同,与实质性法定权利仍存在差距。并且,环境权利在实体法中具有模

---

① 程燎原、王人博:《赢得神圣:权利及其救济通论》,山东人民出版社 1993 年版,第 336 页。
② 同上,第 358 页。
③ 同上,第 360 页。

糊性,我们很难用这种模糊的概念来解决实际问题。这种立法上的价值认同为立法上所规定的程序性法定权利提供了价值性基础。

《国家环境政策法》第501条宣告了国家政策,并提出国家的环境目标。该规定的立法目的体现了对人类环境质量的关切,并把这种关切与国民应当享有的环境质量相关联。从人类中心主义的起点出发,该规定对公民享有环境质量的价值性予以肯定。该法规定的立法目的如下:"鉴于人类活动对自然环境一切构成部分的内在联系具有深远影响,尤其在人口增长、高度集中的都市化、工业发展、资源开发及技术日益进步方面所带来的深远影响,并鉴于恢复和保持环境质量对全人类的福利与发展所具有的重要性⋯⋯"

上述规定的表述,特别是"鉴于恢复和保持环境质量对全人类的福利与发展所具有的重要性",充分体现了《国家环境政策法》是将"恢复和保持环境质量"视为"全人类的福利",这便肯定了享有环境质量是人类的福利,即人类(公民)应当享有良好环境质量。这就是一种环境价值下的公民实质性环境权利的体现。

此外,《国家环境政策法》第501条对国家及政府所应履行的环境职责之规定,可以视为其对公民这种价值性权利的认可。该条规定:"联邦政府有责任采取一切切实可行并与国家政策的其他基本考虑相一致的措施,改进并协调联邦的计划、职能、方案和资源,以达到如下目的,即国家应当:(1)履行每一代人作为子孙环境保管人的责任。(2)保证为全体国民创造安全、健康、富有生命力并符合美学和文化上的优美之环境。(3)最大限度地合理利用环境,不得使其恶化或对健康和安全造成危害,或者引起其他不良的和不应有的后果。(4)保护国家历史、文化、自然等方面的重要遗产,并尽可能保持一种能为每个人提供丰富与多样选择的环境。(5)谋求人口与资源的利用达到平衡,促使国民享受高度的生活水平和广泛舒适的生活。(6)提高可更新资源的质量,使易枯竭资源达到最高程度的再循环。"国会认为,每个人都有享受健康环境的权利,同时每个人也有责任参与对环境的改善与保护。

上述规定中,(2)(4)(5)(6)均表现出国家要行政机构考虑环境因素是将为公民提供良好环境作为目的。"国会认为,每个人都有享受健康环境的权利",这是从价值理念上认可了公民享有优美环境的应有权利。这种价值性权利的认同,是控制机构与环境相关决策权力的逻辑起点。因此,通过法律对权利进行分配以限制权力,是环境控权的实质性核心。

## 二、公民程序性法定权利

尽管公民的实质性环境权利是一切的基础与起点,但真正在法律层面及实践层面起作用,并且由法律规定的保障性法定权利,是公民的程序性法定权利。公民提起诉讼、适用法律、寻求救济,全部依赖于这种法定权利。

与环境控权规则体系由行政法、《国家环境政策法》所规范一样,公民程序性法定权利相应地在正当程序规则、环评规则、信息公开规则及司法审查规则中加以规定,形成了知情权、参与权、获取信息权、诉权等程序性法定权利。

### (一) 知情权

所谓知情权,是指在进行决策的过程中(包括规章制定、行政裁决),行政机构应当通知利害关系人相关情况,该通知应系统地阐述相关事项所涉及的主题和问题。这种行政机构的通知义务体现了公民应获得通知的权利。涉及知情权的主要是《行政程序法》关于正当程序规则的规定,以及《国家环境政策法》关于环评规则的规定。

《国家环境政策法》规定,行政机构应当制定环境影响报告书,"在制作详细说明之前,联邦负责经办的官员应当与……联邦机构进行磋商……该评价……依照《美国法典》第 5 章第 552 条(《信息自由法》公开会议的规定)向公众公开"。这一规定既体现了公众的知情权,也体现了公众的获取信息权。

该规定体现了公众的知情权,主要是因为联邦机构需进行环评的事项,往往是联邦政府批准、参与或资助的行动计划。联邦政府批准的行动计划,本质上是行政机构的行政裁决。由联邦政府参与或资助的行动计划,行政机构往往以制定规章(Rulemaking)的形式进行。因此,环境影响评价所牵涉的联邦行动,也应当受《行政程序法》的制约。根据该法第 553 条与第 554 条,公众具有知情权。《国家环境政策法》规定,向公众公开环评报告草案是公众知情权的一种补充性实现方法。

《行政程序法》第 553 条关于制定规章的条款规定:"应将拟定之规章以通告形式在《联邦公报》上公布,除非拟定之规章注明了将受此规章管辖的人的姓名并将通知送达本人,或者他们事实上已依法得到了通知。此类通告应包括:(1)说明制定公共规章的会议的时间、地点和性质。(2)指出拟制定规章的法律依据。(3)说明主要内容及其所涉及的主题和问题。"《行政程序法》第 554 条关于裁决程序的规定为:"应当就下列事项及时通知有权得到机关审讯通知的人：（1）审讯的时间、地点和性质。（2）举行审讯的法律根据和管辖权。（3）审讯所要涉及的事实和法律问题。"这便是对公众知情权的规定，或者准确地讲，应当是公众获得通知的权利。

（二）参与权

公众参与权包括公众的建议权与评论权，主要是指公众获得通知后，对所涉问题进行评论、提出证据、进行询问，并最终获得相关机构反馈的权利。

《行政程序法》第 553 条规定："机关在按本条要求发布通告以后，应为有利害关系的当事人提供机会，以提交书面资料或书面意见、进行口头辩论、提交书面辩词等方式，使他们参与规章的制定。"《行政程序法》第 554 条规定："机关应为所有利害关系当事人提供机会，使他们能：（1）提出和研究各种事实、证据、解决办法。（2）在当事人之间不能以协商办法解决争端的情况下，依本编第 556 条和第 557 条得到审讯与裁判书。"

根据上述两条规定，公众应当具有参与行政决策的权利。《国家环境政策法》的环境影响评价制度也规定了公民参与评论的权利。在环境影响评价报告书（EIS）草案公布之后，公众有一定期限对其进行评论。在环境评价（EA）程序中，公众对结果有 60 天的评论期。行政机构应当在得到公众意见后，提供反馈。同时，在公众主导的程序中，公众也有权参与到可替代方案的提议中。

公众参与权的另一种法定形式是协商型规章制定法案（Negotiated Rulemaking Act）。环境控权规则体系不仅包括联邦其他机构对环境因素的考虑，而且包括对环境保护署的管理职能履行之监督。从某种意义上讲，环境控权规则体系本身就是从某种方面为行政机构与公众提供了一个协商合作的机会。所以，参与权也可以被视为一种合作型的沟通。因此，协商型规章制定法案规定了一种非正式的协商型规章制定方式，这种方式在环境保护署制定环境标准时经常采用。这种协商式规章制定标准也是对公众参与权的保证。这种协商型规章制定程序主要强调利益各方针对自己所关注的问题展开讨论，特别是代表公众的一方尤为重要。在各方达成共识的情况下，最终形成决策结果。①

（三）获得信息权

获得信息权是指，公众可以依法向行政机构获取其希望获取的行政记

---

① Peter L. Strauss, Todd D. Rakoff, Cynthia R. Farina, *Gellhorn and Byse's Anministrative Law cases and comments* (*revised tenth edition*), New York: Foundation Press, 2003, p. 629.

录。行政机构有义务向公众公布法定信息，这里的信息涉及法律规定的公布方式、内容等。

《国家环境政策法》规定，行政机构应按照《信息自由法》规定的方式，向公众公布环境信息。《信息自由法》第 552 条规定了行政机构公布信息的方式。从立法目的看，公开信息是普遍原则，而非例外。如果公民获取信息的权利遭到不正当否决，那么其有权请求法院给予法定补偿。

《信息自由法》所规定的公民获取信息的方式有两种：一是行政机构主动公布信息；二是公众主动获取信息。《信息自由法》第 552 条第 1 款规定了行政机构主动发布信息的方式，即"每个机构应当在《联邦公报》中及时公布……(2)分布和决定机构功能的一般过程与方法，包括所有正式的和非正式的程序之性质与要求。(3)程序规则，介绍所得到的书面文书或书面材料签发地，以及所有文件、报告或检查的范围和内容的说明……"由此，环境影响评价报告书应当是行政机构主动公布的内容，应按照《信息自由法》的相关规定来进行。

《信息自由法》第 552 条第 1 款规定了行政机构按照公众要求，向公众提供信息的义务。该款规定："除非材料立即发布及复印件出售，每一个机构应接受公众检查，并使公众能够复制以下几种文件：(1)最终意见，包括相同和不同意见，以及在案例裁判中下达的指令。(2)机构已经采用却没有在《联邦公报》中发布的政策和释义说明……。(3)所有档案的复印件……""如果需要防止个人隐私权的非法侵入，机构在公布信息时，可删除识别性内容。但是，在任何一种情况下，删除的合法性应以书面形式充分解释……"同时，第 552 条第 1 款规定了行政机构收到档案需求后的反馈要求。该款规定："每一个机构收到档案需求后，针对所需档案应：(1)阐述档案内容。(2)迅速向个人发布档案。(3)应按个人要求的形式和格式提供档案。(4)应在 20 日内决定是否受理这种需求，并立即通知要求方所作出的决定……"《信息自由法》较为全面地规定了公众的获得信息权，以及其权利未实现时的可获救济权。

# 第六章　多中心环境控权模式的基本构造及其产生过程

多中心主义模式的环境控权基本构造包括三个方面:一是在立法中设立一个执行机构;二是通过立法授权来赋予行政机构考虑环境影响和环境因素的权力;三是设计体现正当程序的程序性规则。

## 第一节　环境质量委员会(《国家环境政策法》执行机构)的产生过程

在任何一部法律的制定过程中,国会均会设立一个执行机构来确保其所立之法的实施。具体的法律实施细则及执行委托给立法所设立的机构进行,这样的机构是行政机关最重要的组成部分。就《国家环境政策法》而言,国会通过设立环境质量委员会来确保国家环境政策的执行。在这一机构的设立上,立法时出现了激烈的争论,机构应当如何设立是争论最激烈的部分。

### 一、国会的初步设想

1967 年,参议员埃德蒙·马斯基(Edmund S. Muskie,参议院水和空气污染委员会主席)提出了一个建立环境保护监管机构的方案,即寻找国会中在科学技术与人类环境方面有所研究的精英,成立特别委员会(The Select committee)。他认为,参议院的参议员都很繁忙且工作分散,因而没有办法以一个超脱及全面的角度来考虑环境问题,并且他们缺乏足够的知识来履行此项职责。"每天我们在做立法决定,这些立法会对未来数年产生深刻影响,但我们明确地意识到我们对明天的了解不足,对变化的技术改变环境认识不足。"[1]因此,他认为,应在国会中找出精通科技与环境

---

① U. S. , congressional Record, 89<sup>th</sup> Congress, 2d Session, 1966, CXII, Part 15,20543.

的专家型参议员及众议院众议员,组成一个专门的委员会来监督联邦政府在环境保护方面的履职情况。

为了防止参议院现有委员会中既得利益及掌握权力的参议员的反对,埃德蒙·马斯基及其领导的水和空气污染委员会提议成立一个特别委员会,该委员会不能审核与报告立法的委员会。他还提议,该特别委员会的成员均来自现有的国会委员会。该特别委员会应由 15 名参议员组成,分别从内政部、商务部、公共项目、银行、劳工与公共福利委员会等现有的国会委员会中挑选产生。①

在该特别委员会中,科学家可以就一系列影响技术及人类发展的问题与政治家进行交流和辩论。议题的范围将大大超出环境事务范围,埃德蒙·马斯基所关心的人类的活动包括经济、生态、运输、自然资源、城市规划与人口。② 特别委员会的议事权限会超出环境管理范围。③

该提案被提交到参议院政府运作委员会,后被转到政府部门关系分委员会。埃德蒙·马斯基是分委员会主席,他在 1966 年和 1967 年就此问题主持了介绍性听证会。一些委员包括杰克逊与参议员哈里斯对此都兴趣不大,他们认为,参议院中的委员会数量过多,再设立一个新的委员会只会削弱现有的委员会的权力。尽管埃德蒙·马斯基为了得到参议院更广泛的支持,委托分委员会的职员写了一份关于特别委员会的报告,并在 1969年第 91 次议会上再次提出此决议④,但该提议最终由于支持者过少而夭折。获得支持较少的一个重要原因是,议员们都认为在国会中再设立类似的委员会并不明智。

与之相反,大多数议员支持将这种监管机构直接设立于联邦政府机构之下。部分参议员在议案初期提出过这种设想。纳尔逊法案(S. 3031)提出,在联邦政府下建立 5 人咨询委员会,授权内政部长进行生态研究与调查,并指导健康、卫生与福利部门秘书处组织废物管理研究项目。废物管理研究项目是一个较新的领域,但它能协调与加快联邦政府控制污染的研究活动。因为研究项目着重于水、空气与固体废物,基本属于公共工程委

① Terrence Finn, "Conflict and Compromise: Congress Makes A Law, The Passage of the National Environmental Policy Act" (Ph. D. dissertation, *Department of Government*, Georgetown University, 1972), Chapter IV, p. 219.
② Id, p. 220.
③ Id.
④ See U. S. , congressional Record, 91ˢᵗ Congress, 1 st Session, 1969, CXV, Part2, pp. 2153 – 2158.

员会的管辖范围,所以该提案涉及的议案被提交至公共工程委员会。[①]

1968 年,公共工程委员会举行了废物管理与环境质量听证会。[②] 在此次听证会上,关于环境质量咨询委员会的提议未获得支持,纳尔逊法案(S.3031)的提案也失败了。然而,环境质量的相关概念却被进一步引进到议会中,此次听证会进一步使议会了解了国家政策、审核程序、环境监管等概念。在几个月后举行的环境质量听证会上,这些概念在科学与技术讨论中均被进一步论证。[③] 作为发言人的特雷恩(Russell Train,保护基金会主席)在会上提出,"我们需要相互协调的国家环境政策及必要的机构创新加以贯彻"。他认为,对于联邦政府来讲,环境价值不是绝对的,还有更重要的经济价值与社会价值需要实现。因此,以现有的管理体系,试图将环境价值融合到政府决策过程中,是有一定困难的。各级政府难以较好地组织和应对环境分析与评估。[④]

作为初步设想,上述讨论对国会最终设立环境质量委员会具有一定的参考价值。特别是从理念上,对推动国会逐步设立一个监督联邦政府考虑环境价值的行政机构是非常必要的。

## 二、初现雏形

关于如何在联邦政府下设立环境监督机构,众议院也有所讨论。丁格尔是众议院中坚定的环境保护主义者,他非常支持关于环境监管的提案。他认为,联邦政府在管理国家资源方面组织得不好。他提议建立一个没有项目责任及部门偏见的环境行政机构来制定环境保护政策,并持续地审查环境问题。[⑤] 1966 年末,他让助手格兰特根据 1960 年参议员马瑞的提案,

[①] Terrence Finn, "Conflict and Compromise: Congress Makes A Law, The Passage of the National Environmental Policy Act" (Ph. D. dissertation, *Department of Government*, Georgetown University, 1972), Chapter IV, p. 224.

[②] U. S., Congress, Senate, committee on Public Works, Subcommittee on Air and Water Pollution, Hearings, *Waste Management Research and Environmental Quality Management*, 90th Congress, 2d Session, 1968.

[③] Terrence Finn, "Conflict and Compromise: Congress Makes A Law, The Passage of the National Environmental Policy Act" (Ph. D. dissertation, *Department of Government*, Georgetown University, 1972), Chapter IV, p. 226.

[④] Senate Committee on Public works, Hearings, Waste Management Research, 1968, p. 164.

[⑤] Terrence Finn, "Conflict and Compromise: Congress Makes A Law, The Passage of the National Environmental Policy Act" (Ph. D. dissertation, *Department of Government*, Georgetown University, 1972), Chapter IV, p. 206.

起草一份环境保护法案。[①]

　　该议案提出,建立由 3 名委员组成的环境质量委员会,并且该委员会每年提交一次环境质量报告。与 1960 年马瑞议案的不同之处在于,该议案没有要求在国会中设立环境保护联合委员会。丁格尔认为,联合委员会只会使事情复杂化,并阻碍相关议案的通过。他支持在联邦政府之下设立环境质量委员会,以帮助总统准备年度报告,并收集关于环境质量发展趋势的及时且权威的信息。同时,该委员会还应负责评估联邦政府的资源项目,报告环境政策的执行情况。[②]

　　1967 年,该议案(H. R. 7796)由丁格尔提交至科学与航空委员会(米勒担任该委员会主席,达达里奥担任该委员会下属科学研究与发展分委员会主席)。1968 年 3 月,该委员会召开了关于该议案的听证会。丁格尔进行了发言,并解释了提出此议案的原因。他指出:"联邦政府环境事务的组织一片混乱。"[③]同时,他提出:"我希望这类机构尽早成立,因为我们正在拿我们的未来与环境作为赌注,除非采取非常措施,这个国家的空气、水、土壤及大气的污染可能意味着人类灭绝的开始。"[④]该议案最终夭折了,但其是最终形成《国家环境政策法》的议案(H. R. 6750)之雏形。

## 三、环境质量委员会最终成型

　　联邦政府之下设立的环境质量委员会之成型基于两个文件:一个来自国会颁布的《国家环境政策法》;另一个则来自尼克松政府发布的 11472 号行政命令。尼克松政府比国会更加迅速,在国会讨论《国家环境政策法》的过程中,尼克松政府已经颁发了这项行政命令,在其内阁中成立了环境质量委员会。这主要是由于尼克松总统在 1968 年竞选时,以环境质量问

---

① Terrence Finn, "Conflict and Compromise: Congress Makes A Law, The Passage of the National Environmental Policy Act" (Ph. D. dissertation, *Department of Government*, Georgetown University, 1972), Chapter IV, p. 207.

② Section 4 (a) (2), H. R. 7796, 90th congress, 1st Session, 1967. As Dingell later said in 1969, "It occurred to me that the time had arisen where something of this kind was needed, for someone in government to do the job of educating the President and the Congress, to establish a long-range philosophy to seek problems before they arise, to solve problems while they were small, to try and coordinate our use of the environment". See U. S. , Congers, House, committee on Merchant Marine and Fisheries, Subcommittee on Fisheries and Wildlife Conservation, Hearings, on H. R. 6750 et al. *Environmental Quality*, 91st Congress, 1st Session, 1969, p. 135.

③ House committee on Science and Astronautics, Hearings, on H. R. 7796, 1968, p. 424.

④ Id, p. 426.

题作为其竞选的重点之一。1969 年 5 月,尼克松签发的 11472 号行政命令不仅设立了环境质量委员会,而且还设立了公民环境质量咨询委员会。[①]尼克松授权新委员会审查影响环境的所有问题。环境质量委员会的设立,反映了尼克松政府在环境审核评估和国家政策所需要的应对措施方面的态度。值得注意的是,通过行政命令来建立内阁级别的委员会,意味着政府机构排斥了国会试图通过立法来建立相对独立的环境监督机构的设想。由国会设立的机构为法定机构,不受联邦政府的控制。[②]

尽管尼克松的这一做法使环境质量委员会在实践中成型,但是通过行政命令建立的环境质量委员会遭到了国会议员的反对。参议员杰克逊认为,以他在国家安全事务部的经验,在政府内部设立跨机构委员会有极大的局限性。[③] 众议院议员丁格尔也反对内阁委员会的设立模式。他指出,设立一个机构,作为争斗管辖权的地方是不合适的。[④] 国家科学院与国家工程院也认为,内阁委员会的设立模式不能提供有效的环境管理机制。[⑤]因此,国会通过立法来建立一个具有环境监督功能的环境质量委员会的努力仍在继续。

1969 年 2 月,杰克逊提交了 S. 1075 议案(最终成为《国家环境政策法》的提案)。该提案呼吁建立环境质量委员会,并授权内政部长开展生态研究。[⑥] S. 1075 议案所设立的环境质量委员会的主要职责是,进行环境趋势的研究与分析,并对国家是否在为当代及下一代保持了一个有效的优质环境提供报告。杰克逊也提出,要建立更有效的政策审查措施。他认为,在设立机构的同时,也有必要建立一个能预测环境问题,并允许考虑环境损害行为替代方案的机制。[⑦] 这便是环境影响评价制度的早期雏形。

同时,杰克逊请卡德维尔作了关于提升联邦政府环境管理能力的机构

---

[①]　House committee on Science and Astronautics, Hearings, on H. R. 7796,1968, p. 384.

[②]　Id, p. 385.

[③]　Senate committee on Interior and Insular Affairs, Hearings, on s. 1075,1969, p. 58.

[④]　House Subcommittee on fisheries and Wildlife conservation, Hearings, on H. R. 6750,1969, p. 289.

[⑤]　U. S. , National Academy of Sciences-National Academy of Engineering, Institutions for Effective Management of the Environment, Part 1, pp. 51. Terrence Finn, "Conflict and Compromise: Congress Makes A Law, The Passage of the National Environmental Policy Act"(Ph. D. dissertation, *Department of Government*, Georgetown University, 1972), Chapter VII, p. 389.

[⑥]　U. S. , Congress, Senate, Committee on Interior and Insular Affairs, National Environmental Policy Act of 1969,91[st] Congress, 1st Session, 1969, S. Report 91-226 to accompany S. 1075, p. 10.

[⑦]　Id, p. 396.

改革方法报告。<sup>①</sup> 这个报告成为 S. 1075 议案听证的背景材料。<sup>②</sup> 该报告认为,应根据联邦政府环境责任的重要性来制定适当的方法,以提升其环境管理能力。该报告就机构改革提供了三个基本框架:一是将环境责任作为社会责任的一部分;二是在科技范围内考虑环境保护;三是视环境保护为独立责任。卡德维尔认为,如果尼克松政府所设立的内阁委员会较少依赖总统,则它会得到议会与公众的更多信任。同时,他认为,如果总统在联邦政府设立相关机构,那么可能被下一任总统抛弃。因此,卡德维尔认为,通过法律设立的委员会比通过行政命令设立的环境质量委员会更理想。委员会成员应当没有政治倾向,委员会也不应受总统大选的影响。<sup>③</sup> 他认为,只有政治参与而非政治中立,才能保证所有行政决策的独立性与有效性。因此,政治参与对于任何总统办公室下的机构而言,都是不可避免的。他认为,只有找到政治素养较好的人,才能帮助所提议的机构躲避总统选举政治的干扰。<sup>④</sup>

杰克逊法案(S. 1075)在 1969 年召开了听证会,听取了政府与公众代表的发言及评论。<sup>⑤</sup> 杰克逊指出,联邦政府与国会的内政委员会都同意国家需要一个环境政策声明,但就实施政策所需的执行机构类型而言存在差异。所谓的差异,主要在于所认定的负责环境问题的委员会不同。S. 1075 议案建议设立一个环境质量委员会(the Councils on Environmental Quality),而 11472 号行政命令也设立了一个环境质量委员会(the Environmental Quality Council)。

在听证会上,卡德维尔作为发言人指出,他反对通过 11472 号行政命令来创设环境质量委员会。他认为,国家需要一个有独立的环境视角的机构,自由地对涉及环境影响的项目予以评论,并可以就目前和未来的环境问题给出独立的、中立的解决方案。<sup>⑥</sup> 他认为,只有 S. 1075 议案提出的环境质量委员会能够执行这些实质性任务。同时,卡德维尔提出,有必要建立一个强制执行机制。他认为,环境政策的陈述必须具有可操作性,即必

---

① U. S. , Congress, Senate, Committee on Interior and Insular Affairs, National Environmental Policy Act of 1969,91<sup>st</sup> Congress, 1<sup>st</sup> Session, 1969, S. Report 91-226 to accompany S. 1075, p. 397.

② Id, p. 398. U. S. , Congressional Record, 91<sup>st</sup> Congress, 1<sup>st</sup> Session, 1969, CXV, Part 7, pp. 9197 – 9200.

③ U. S. , Congressional Record, 91<sup>st</sup> Congress, 1<sup>st</sup> Session, 1969, CXV, Part 7, p. 9199.

④ Id.

⑤ Id, p. 403.

⑥ Id, p. 410.

须是书面的以便强制执行。<sup>①</sup> 参议员泰丁(Joseph Tyding)表示赞成给予该委员会权力,以延迟对环境有破坏的项目。泰丁提出,环境质量委员会的职能就是针对环境事务给予总统建议、编制年度环境报告,并推迟委员会发现的对环境不利的项目。<sup>②</sup> 由于环境质量委员会也可能成为一个永恒的专制者,因此其只有权推迟项目 90 天。环境质量委员会的目的不是停止每个环保主义者不喜欢的项目,而是确保联邦行动充分考虑环境影响。<sup>③</sup> S. 1075 议案的听证会仍是《国家环境政策法》发展的关键一步。<sup>④</sup> S. 1075 议案是参议院《国家环境政策法》在国会讨论阶段的前身,其中关于环境质量委员会的规定也基本被接受,最终成为《国家环境政策法》的规定。

在众议院,《国家环境政策法》讨论阶段的议案是丁格尔法案(H. R. 6750),其也提出了设立环境质量委员会。<sup>⑤</sup> 该议案的讨论过程从理念和目的上更进一步地解释了为什么要设立环境质量委员会。

丁格尔认为,设立委员会能提供系统的方法来解决人与自然和谐相处的问题。委员会能够进行环境数据统计,对高层及独立机构制定环境政策起到至关重要的监督作用。<sup>⑥</sup> 在众议院召开的关于 H. R. 6750 议案的听证会上,丁格尔指出:"这个法案是一个告诉美国人民如何与自然和谐生存的道理的良好机会,并使总统、国会及委员会在这个问题上进行互动,最终使我们有机会能与自然和谐共处。"<sup>⑦</sup>托厄尔(William E. Towell,森林协会副主席)在参众两院联席会议上也论述了丁格尔法案能够实现的两个环境任务:一是每个改变自然环境的项目在得到批准及赞助前,都应进行环

---

① 　U. S. , Congressional Record, 91<sup>st</sup> Congress, 1<sup>st</sup> Session, 1969, CXV, Part 7, p. 411.

② 　Id.

③ 　Id, p. 414.

④ 　Id, p. 422.

⑤ 　U. S. , Congress, House, Committee on Merchant Marine and Fisheries, Subcommittee on Fisheries and Wildlife conservation, Hearings, on H. R. 6750 et al. *Environmental Quality*, 91<sup>st</sup> Congress, 1<sup>st</sup> Session, 1969, p. 42.

⑥ 　U. S. , Congress, House, Committee on Merchant Marine and Fisheries, Subcommittee on Fisheries and Wildlife conservation, Hearings, on H. R. 6750 et al. Environmental Quality, 91<sup>st</sup> Congress, 1<sup>st</sup> Session, 1969, p. 137. See also Terrence Finn, "Conflict and Compromise: Congress Makes A Law, The Passage of the National Environmental Policy Act"(Ph. D. dissertation, *Department of Government*, Georgetown University, 1972), Chapter VII, p. 314.

⑦ 　U. S. , Congress, House, Committee on Merchant Marine and Fisheries, Subcommittee on Fisheries and Wildlife conservation, Hearings, on H. R. 6750 et al. *Environmental Quality*, 91<sup>st</sup> Congress, 1<sup>st</sup> Session, 1969, p. 18.

境评估,而不是在损害发生后再进行补救;二是每个项目及行政活动的评估不能脱离对整体自然环境的考虑。他认为,还没有一个机构负有具体职责来协调或观察所有环境影响问题。为解决这个问题,必须通过新的立法来实现国家环境质量政策。① 同时,此次联席会上,环境质量委员会的规模与构成也是另一个被讨论的问题。

来自众议院的 H. R. 6750 议案(丁格尔法案)与来自参议院的 S. 1075 议案(杰克逊法案),在参众两院联席会议上进行了汇合及协商,最终形成了国会所颁布的《国家环境政策法》。1970 年,国会颁布了《国家环境政策法》,该法专章规定了环境质量委员会的职责、组成等,主要内容如下:

**(一) 总统的职责**

总统应当自 1970 年 7 月 1 日起,每年度向国会提交环境质量报告,其中应当说明:(1)国家的自然、人为或改造过的环境的状况与情况,包括但不限于空气、水(包括海域、海湾及淡水)及陆地环境(包括但不限于森林、干地、湿地、山脉、城市、郊区及乡村环境)。(2)前项规定的环境质量、管理与使用,在当前与未来的发展趋势,以及这种趋势对国家的社会、经济与其他方面需求的影响。(3)按照人口压力的预计,说明可利用的自然资源能否满足国民生活与经济需要。(4)对联邦政府、州与地方政府及非政府性质的机关或个人的计划与活动(包括常规活动)的评价,并着重说明其对环境及自然资源的保护、发展与利用的影响。(5)对各种现有计划与活动的缺陷提出补救方案和立法建议。

**(二) 在总统机构下设立环境质量委员会**

该委员会由 3 人组成。人选经总统提名,在征得参议院同意后任命,在总统领导下开展工作。总统应当指定其中一人担任委员会主席。每个委员都应当具有相应的水平、经验,有能力分析和解释各种环境发展趋势与信息;按照第 4331 条规定的政策对联邦政府的计划和活动进行评价;对国家的科学、经济、社会、美学、文化等方面的需要和利益具有清晰的认识与责任感,并能就促进环境质量的改善提出各项国家政策。

**(三) 环境质量委员会的责任与职能**

环境质量委员会具有以下责任和职能:(1)在总统依照本法第 4341 条制作环境质量报告时,提供帮助和建议。(2)适时收集关于当前和未来环境质量的状况及发展趋势的正确资讯,并对该资讯进行分析和解释,以

---

① House Subcommittee on fisheries and Wildlife conservation, Hearings on H. R. 6750, 1969, pp. 55 – 56.

确定这种状况与发展趋势是否妨碍本法第 4341 条所规定政策的贯彻执行。编辑关于此项情况与发展趋势的研究报告,并向总统提出建议。(3)按照本条第一项所规定的政策,对联邦政府的各项计划和活动进行审查与评价,以确定这些计划和活动对环境政策贯彻执行的程度,并就此向总统提出建议。(4)研究促进环境质量的改善问题,并向总统提出各项国家政策的建议,以达到环境保护和国家社会、经济、卫生及其他方面的要求。(5)对生态系统与环境质量进行调查、研究、考察、探讨与分析。(6)记录并确定自然环境的变化(包括植物系统和动物系统的变化),并积累必要的数据资料及其资讯,以便对这些变化与发展趋势进行持续的分析研究,从而对其原因作出解释。(7)就环境的状态和情况,每年至少向总统汇报一次。(8)根据总统的要求,提出有关政策与立法等事项的研究、报告及建议。

**(四) 征求公民环境质量咨询委员会及相关代表的意见**

环境质量委员会在行使其按本法规定的权力、职能和职责时应当:(1)征求依据 1969 年 5 月 29 日颁布的第 11472 号行政命令而设立的公民环境质量咨询委员会和具有提供意见能力的科学、工业、农业、劳工、自然保护组织与州和地方政府及其他团体代表的意见。(2)充分利用公共与私人机构组织及个人提供的服务、设施和资料(包括统计资料),以避免造成措施和开支的重复,保证委员会的活动与有关政府机构依照法律规定进行的同类活动,不发生不必要的重复或冲突。


# 第二节　立法授权机制的产生过程


关于环境控权基本构造中的立法授权机制,《国家环境政策法》第 102 条规定:"国会授权并命令国家行政机构尽一切可能实现:(1)国家各项法律、政策及其相关的解释和执行均应与本法一致。(2)所有联邦机关均应当:a. 在进行可能对人类环境产生影响的规划和决定时,应当采用足以确保综合利用自然科学、社会科学及环境设计工艺的系统性和多学科的方法。b. 与依本法设立的环境质量委员会进行磋商,确定并开发各种方法与程序,确保当前作出决定时,环境价值能与经济及技术问题一并适当进行考虑。"

《国家环境政策法》的这一规定是由参议院 S. 1075 议案和众议院 H. R. 6750 议案合并后形成的。在进入参众两院联席会议之前,两个议案分别在参议院和众议院层层讨论并通过。在参众两院联席会议讨论 S. 1075

议案之前,议案对联邦机构的广泛授权问题尚不明确。然而,在这次会议上,众议院议员阿斯皮诺尔提出一个具有不增加联邦政府义务的目的之建议,但与最终法案的授权效果恰恰相反,反而使得法案最终对联邦机构进行了广泛的授权,即授权联邦机构"尽一切可能"(最大范围)地考虑环境影响,这也成为了对联邦机构非常重要的自由裁量之限制。

　　无论是立法授权还是国家环境政策的制定,阿斯皮诺尔都坚决地认为,该议案不能给联邦机构增加任何责任或减少任何权力。他认为,任何为联邦政府增加责任或减少权力的规定都应当通过单独立法进行,不应当在一部法律中一揽子作出规定。基于这一观点,在参众两院联席会议讨论S. 1075 议案时,他指出 S. 1075 议案第 102 条第 2 款的"联邦机构应采用系统的和多学科的方法进行规划,以制定量化环境价值的方法,准备环境影响评价报告书,描述所建议的替代方案,以及支持国际环境保护的努力"应当进行适当的修正。他认为,应当在第 102 条中加入限制性修饰语"尽一切可能",修改后的该条如下:

　　国会授权并命令国家机关应当尽一切可能实现:(1)国家的各项政策、法律及相关解释和执行均应当与本法的规定相一致。(2)所有联邦政府的机关均应当最大限度地利用系统性和多学科的方法。①

　　阿斯皮诺尔的意图在于,联邦机构只要尽一切可能考虑了环境影响即可,其本意是减轻该议案对联邦机构加诸的环境责任。他认为,这样会使得联邦机构在规划和决策中,对利用系统性和多学科的方法具有一定的权限,而且有责任通过指令去解释与实施政策、法规和法律;有责任用各种手段去量化环境价值;以及在联邦政府认为适当的范围内,准备环境影响报告书。他认为,这并不意味着该机构可以超越法定权限来履行环保责任,该议案应尽可能地将活动权限和责任限制在已有的现行法律授权范围内。他并不希望该议案额外增加联邦政府的环境责任,或者减少已有法律授予联邦政府的其他权力。阿斯皮诺尔将该议案解释为应限制一项肯定性的立法授权②,但他忽略了环境问题与其他经济及社会问题对联邦政府的意义之差异。联邦政府考虑经济或社会的问题都是积极的,但对环境问题的考虑则是缺乏动力的。环境问题恰恰需要最广泛的授权,使联邦政府必须充分、全面地考虑环境问题。

---

① House Subcommittee on fisheries and Wildlife conservation, Hearings on H. R. 6750,1969, p.535.

② Id, p.536.

因此,众议院议员丁格尔与来自众议院内政委员会的塞勒则认为,阿斯皮诺尔的修正并没有限制第 102 条的授权与指令。他们指出,"新措辞的目的是明确各联邦政府机构应当遵守的指令,除非现行法律明确禁止或完全遵守这一指令不可能"①。丁格尔认为,阿斯皮诺尔的修正不能被解释为联邦政府环境责任的减少,因为这将成为联邦机构避免遵守第 102 条的理由。阿斯皮诺尔修正第 102 条的"尽一切可能",旨在说明一个机构的现有法定权力与该议案之间存在明确冲突的情况,即联邦政府不能因为对本议案的遵守而超越其已有的法定权力和责任。② 第 102 条实际上仍然是对联邦政府责任和权力的一个强有力的补充授权。③ 第 102 条授予行政机构尽一切可能(最广泛)的权力以考虑环境质量及影响问题,本质上是对行政机构的自由裁量权起到约束作用。

阿斯皮诺尔极力反对其他议员对其修改的意见,他坚持认为,"尽一切可能"是指最小范围。但是,这一议案在参众两院联席会议上获得了通过,因此阿斯皮诺尔的反对也就被忽略了。④ 最终,阿斯皮诺尔所添加的"尽一切可能"被普遍解释为"最广泛的""用尽一切手段地"考虑环境影响。这一解释在后来联邦最高法院关于《国家环境政策法》的首个判例 Calvert Cliffs 案中也得到了认可。

综上所述,《国家环境政策法》解决了联邦政府在环境履职缺失时所反复强调的借口——没有立法授权,使得联邦政府不得不尽一切可能考虑环境影响问题,否则其将面临司法审查,从而真正确立了环境控权中的核心要素和基本构造。

## 第三节　环境控权正当程序规则的产生过程

环境影响评价制度是环境控权体系中的正当程序规则。《国家环境政策法》第 102 条第 1 款和第 2 款规定了立法授权规则,第 3 款则规定了环境影响评价制度作为实现立法授权规则的一个正当程序规则,其也是一种

① U. S. , Congress, House, Conference Report, National Environmental Policy Act of 1969, 91st Congress, 1st Session, H. Report 91‑765, p. 9.
② Id, p. 10.
③ Terrence Finn, "Conflict and Compromise: Congress Makes A Law, The Passage of the National Environmental Policy Act"(Ph. D. dissertation, *Department of Government*, Georgetown University, 1972), Chapter VIIII, p. 537.
④ Id, p. 539.

强制执行机制。

环境影响评价制度是立法起草者所倡导的强制执行机制,是对联邦政府所要开展的活动进行环境影响分析。在参众两院联席会议上,与会者没有质疑该机制将如何使用,或者需要什么工具及方法来讨论关于拟议行动的替代方案。与会者认为,环境影响报告书的要求在概念上是有益的和理想的。这是对的,但他们却仅仅认为它是简单和不言而喻的概念。① 这也是由于与会者并未意识到,该条规则在日后的适用中成为了环境保护的"牙齿"。

这次会议上,针对环评制度的意见很少。经过与会者的讨论,针对第102条只进行了几处细微的修改:(1)第102条第3款规定,联邦机构在制定环境价值量化的方法时,要得到环境质量委员会的审查和批准。之后将审查和批准改为仅需要与之磋商即可。(2)原本规定要让联邦、州和地方机构,包括负责制定和执行环境标准的机构,都必须作出关于环境影响的评价和意见,后修改为仅限有权制定和执行环境标准的机构。(3)原本规定联邦负责涉及环境影响项目的官员有权得到任何权威联邦官员的评论,后修改为得到任何联邦机构的评论。②

最终,《国家环境政策法》第102条第3款规定,对人类环境质量具有重大影响的各项提案或法律草案、建议报告及其他重大联邦行为,均应当由负责经办的官员提供一份包括下列事项的详细说明:(1)拟议行为对环境的影响。(2)拟议行为付诸实施对环境所产生的不可避免的不良影响。(3)拟议行为的各种替代方案。(4)对人类环境的区域性短期使用与维持和加强长期生命力之间的关系。(5)拟议行为付诸实施时可能产生的无法恢复和无法补救的资源耗损。在制作详细说明之前,联邦负责经办的官员应当与依法享有管辖权或具有特殊专门知识的任何联邦机构进行磋商,并获得它们可能提出的任何就环境影响所作出的评价。该评价应当与负责制定和执行环境标准所相应的联邦、州及地方机构所作出的评价和意见书的副本一并提交总统与环境质量委员会,并依照《美国法典》第5章第552条向公众公开。这些文件应当与拟议项目一并依现行机构审查办法来审查。

根据《国家环境政策法》第102条的立法授权,环境质量委员会颁布了

---

① House Subcommittee on fisheries and Wildlife conservation, Hearings on H. R. 6750,1969, p. 531.

② Id, p. 534.

该法的实施细则,即《环境质量委员会条例》。《环境质量委员会条例》规定了三个层次的环评文件:第一,对于那些被要求制作环境影响评价报告书的拟议行动计划,《环境质量委员会条例》在内容和进程方面规定了具体的环境影响评价报告书程序(Environmental Impact Statement,EIS),由机构间合作进行环境质量分析并用于决策。第二,对于那些可能需要履行环境影响评价报告书程序的行动计划,《环境质量委员会条例》规定,先进行环境评估(Environmental Assessment,EA),即一种简化的环评文件,这种文件用于协助机构决定制作环境影响评价报告书的必要性。如果没有制作履行环境影响评价报告书程序的必要性,则环境评估文件可以成为机构不履行环境影响评价报告书程序的证明。第三种环境文件叫绝对排除(Categorical Exclusion,CE),是一种指定性的文件,指在机构的《国家环境政策法》程序中,不存在个体或累积性重大环境影响的行动,并且这些行动计划既不需要进行环境评估,也不需要制作环境影响评价报告书。这种绝对排除被设计出来,以避免对那些正常并且不涉及重大影响的行动进行重复性分析,但仍然在保证环境评估和履行环境影响评价报告书程序的情况下进行。[①]

绝对排除是国内学者较少提到的一种环境影响评价类型,但是较易理解。环境影响评价报告书程序是最为熟悉的一种环境影响评价的类型,就是当联邦机构的行动可能会对人类环境造成重大影响时,应当制作详细的环境影响评价报告书。环境评估在国内学界则是一个相对模糊的概念。

事实上,机构究竟应当在什么样的情况下履行环境影响评价报告书程序,以及究竟什么样的影响能够被视为重大影响,这些判断是由拟议行动机构作出的。这就带来了一个问题,即拟议行动机构如何对重大影响作出判断。由于是执行者为自身行为作出判断,因此还应当考虑这一判断的公正性和有效性。[②] 因此,环境评估便由此产生。如果行动机构确定其拟采取的行动是否会有重大影响,则可以先进行环境评估,通过环境评估的评价结果来判断。如果评价结果表明是具有重大影响的,则再履行环境影响评价报告书程序;如果评价结果表明是不具有重大影响的,则不需要再履行环境影响评价报告书程序。这时所产生的评价结果叫无重大影响结果

---

① Ted Boling, Making the Connection: NEPA Processes for National Environmental Policy, *Journal of Law & Policy*, Vol 32, pp. 313,318. 同时参见 Robert Percival, *Environmental Regulation Law, Science, and Policy*, Wolters Kluwer Law & Business, 2009, p.893。

② 当然,1978年《CEQ条例》中对"重大"有一定的定义和判断标准,但是否达到这一标准,是由行动机构自行作出的。参见 43 Fed. Reg. 56,005(1978;44 Fed. Reg. 874(1979)。

(the Finding of No Significant Impact，FONSI)。同时,环境评估的评价结果也可以作为不履行环境影响评价报告书程序的证据。如果行动机构确定其行动会产生重大影响,那么就可以直接履行环境影响评价报告书程序,不需要进行环境评估。值得注意的是,如果有关机构之前类似的行动计划得到过无重大影响的结论,或者之前有相似的计划被要求履行环境影响评价报告书程序,则无重大影响的结论应当接受公众审查 30 日。

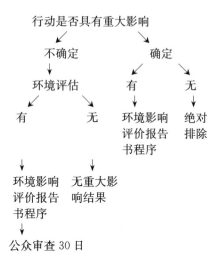

《国家环境政策法》及《环境质量委员会条例》对环境影响评价制度的规定,为《国家环境政策法》成为规范政府环境行为的法律工具提供了可能,而这一制度最初只是为了在形式上保证国家政策的执行。纵观《国家环境政策法》的立法史可以发现,在立法阶段,国会内部议员争议较大的部分在于如何设计国家政策,以及如何设置环境问题的管辖权。在这些最基本的争议中,我们可以隐约看到国会规范政府环境行为的雏形及意愿,并且由此形成了美国多中心环境控权的基本构造。

# 第七章　多中心环境控权模式的规则体系

　　美国是法官造法的国家,多中心环境控权模式的规则体系是由判例法规则组成的。

　　《国家环境政策法》出台后,其为规范政府环境行政行为奠定了法律基础。在联邦法院的法律适用中,又形成了更为成熟和完备的环境控权规则体系。在立法时,尽管国会已经表明行政机构应具有积极进行环境保护的意识,但由于国会更关注环境保护管辖权限的划分问题,整个立法过程都更多地对环境保护机构如何设立、国家环境政策如何制定展开讨论,并没有注意到环境影响评价制度对行政机构的改革性影响。立法者认为,国家环境政策制定的抽象性,必然导致这部法律对改革行政机构的环境保护行为不会产生较大的实质性作用。[①] 有学者指出,《国家环境政策法》的通过只用了几个月,其解释却用了几年。[②] 在1970年之后几十年的适用中,根据《环境质量委员会条例》,联邦最高法院和地方法院都不断地对《国家环境政策法》进行解释与完善。《国家环境政策法》的环境控权功能之形成,归功于成文法所奠定的法律基础。此外,法官造法的过程对激活《国家环境政策法》的控权功能,并使其具有实践性与可操作性,亦具有非常重要的作用。《国家环境政策法》的控权功能是在判例法的不断完善中逐渐形成的。1970年至1980年,法院通过对《国家环境政策法》的立法性解释,最终确立了其规范行政机构环境行为的功能,并且也规范了环境控权的适用范围及标准,形成了较为完备的规则体系。

　　1970年至1980年是法院对《国家环境政策法》创设规则体系的初创期。这一时期,联邦法院通过Calvert Cliffs案,首次实现了《国家环境政策法》在司法中的适用,并且通过其造法功能,对《国家环境政策法》中的原

---

① Anderson, NREA in the Courts: A Legal Analysis of the National Environmental Policy Act of 1969,1973, at Chapter I.

② Id.

则性规定进行了严格意义的解释。这一时期,是行政机构试图规避《国家环境政策法》责任的时期。行政机构并不认为接受《国家环境政策法》的制约来进行环境影响评价是当然的责任。因此,这一时期,法院的造法对《国家环境政策法》的环境控权功能和规则体系的最终形成起到了推动作用。通过之后 20 年的适用及法院的践行,《国家环境政策法》的控权功能最终被固定下来,环境控权规则体系在实践中的作用也就变得无可置疑。

《国家环境政策法》第 102 条规定,联邦机构应当就可能对环境产生重大环境影响的联邦行为进行环境影响评价。联邦法院对审查环境影响评价报告建立了一套在其法律授权范围内,最大限度审查行政机构行政行为的规则体系,包括联邦行动规则、程序正当性审查规则、行政机构的环评范围规则、减缓措施规则、环评报告书的充分性规则。

## 第一节　联邦行动规则

环境控权的对象是联邦机构的行动,而不是州及地方的行政机构的行动。根据《国家环境政策法》及《环境质量委员会条例》,环境影响评价规则的适用范围是联邦进行资助、审批或直接参加的拟议行动。

在《国家环境政策法》施行之后,《环境质量委员会条例》对联邦行动给予了较为宽泛的解释,从而将环境影响评价程序适用于几乎所有的由联邦行政机构作出的行政决定。它将联邦行动分为对人类环境有重大影响的立法建议和对人类环境有重大影响的其他联邦行动两大类。这里的立法建议是指,由联邦行政机构向国会提出的议案或立法建议,包括联邦行政机构申请批准条约的行为。[①] 联邦行政机构对国会提出的议案或立法建议,必须附有关于该议案或立法建议的环境影响报告书,以及联邦行政机构收到的对该环境影响报告书的评论和该机构对这些评论的答复,供国会有关委员会在审议该立法建议时参考。其他重大联邦行动包括"全部或部分由联邦政府资助的、协助的、从事的、管理的或批准的工程或者项目(又被称为'联邦化的行政行为',federalized actions),新制定的或修改的行政决定、条例、计划、政策或程序"[②]。这类行动包括将要进行的和正在进行的行动,以及按照法律规定应当作为但又未作为的行政行为。根据《环境

---

① 《环境质量委员会条例》,第 1508. 17 节。
② 《环境质量委员会条例》,第 1508. 18 节。

质量委员会条例》,应当做环境影响评价的行政行为,既包括立法建议,又包括行政行为;既包括行政作为,又包括行政不作为;既包括纯粹的联邦行为,又包括联邦化的州、地方政府的和私人的行为;既包括具体行政行为(如行政审批和行政许可),又包括抽象行政行为(如制定政策、规章、计划和行动方案)。

这一点在 Friends of the Earth v. Mosbacher 案①中得到了明确,该案涉及联邦资助的拟议行动。该案中,原告地球之友(Friends of Earth)等诉海外私人投资公司(Overseas Private Investment Corporation,OPIC)及美国进出口银行(the Export-Import Bank of the U. S, Ex-Im)。根据《行政程序法》和《国家环境政策法》,被告支持的项目排放温室气体可能造成环境影响。原告认为,被告需要在进行资助之前进行环境影响评价。此外,原告认为,被告必须对这些项目所产生温室气体的环境影响进行严格审查,这些项目包括:(1)乍得—喀麦隆管道项目。(2)库页岛油田项目。(3) West Seno I&II 石油天然气项目。(4) Cantarell 油田项目。(5) Hamaca 重质原油项目。(6)Dezhou 煤电项目。

海外私人投资公司(Overseas Private Investment Corporation,OPIC)及美国进出口银行(the Export-Import Bank of the U. S, Ex-Im)制作了气候变化报告,其结论认为项目对气候变化没有重大影响。原告则认为,这些机构对产生温室气体排放的国际石油开采项目进行资助,并且这些项目所产生的温室气体会产生重大环境影响。

起初,原告认为,由于财政的资助,以及与这些资助相联系的环境指导的要求,根据《国家环境政策法》,这些项目是主要的联邦机构行动。法院认为,重要的联邦资助可以使州或地方项目转变成为联邦机构行动。在判断本案中的项目是否是《国家环境政策法》所规定的重大的联邦机构行动时,联邦政府资金的性质与联邦政府资助的范围是非常重要的因素。

法院评估了被告资助项目的规模、贷款数额,以及在项目总投资中的比例。此外,法院还审查了被告所涉及项目资助是否进行了其他活动。如果被告的资助并不影响整个项目的规模,被告就没有对项目进行充分的控制或负主要责任,从而不能认为这些项目是联邦机构行动。法院认为,根据已经掌握的信息,无法判断被告是否对整个决策过程拥有控制权。原告没有足够的证据证明这些项目中的任何一个是重大的联邦机构行动。然而,被告也没有证明这些项目不是重大的联邦机构行动。因此,法院驳回

---

① 488 F. Supp. 2d 889 (N. D. Cal. 2007).

了双方的诉求。

由于法院认为原告没有足够的证据证明这些项目是重大的联邦行动，因此法院很容易处理原告的相关诉求。原告认为，诉求中的七个具有代表性的行动是累积性的环境影响，被告没有根据《国家环境政策法》准备环境影响评价报告，法院不应该只单独考虑每个项目是否是重大的联邦行动。法院认为，其不能够裁决这些行动是否具有累积性影响的特点。最终，法院认为，对于每个被诉项目，原告均不能获得法院的禁令。

## 第二节　程序正当性审查规则

Calvert Cliffs 案开辟了美国联邦法院适用《国家环境政策法》的先例，并且该案认为，法院应当对行政机构所进行的环评进行实质性审查。但是，自 Vermont Yankee 案开始，联邦法院不再坚持行政机构应当对环评进行实质性审查这一观点，而是认为可以通过程序性审查来审查行政机构涉及环境影响的决策行为。该案认为，《国家环境政策法》要求行政机构考虑环境影响是一种程序性的授权，而非实质性的。法院对行政机构行政行为的审查应当仅仅涉及行政机构所作出的行政行为在程序上是否进行了环评及是否考虑了环境因素。至于行政行为本身所涉及的环境影响究竟有多大，以及行政机构所作出的对环境影响的评价是否正确，并不是法院应当判定的。该案中的主席法官——联邦最高法院的伦奎斯特（Rehnquist）法官认为："时间会证明发展核能源是错误的决定，但是那是国会或州的相关机构应当进行的判断。同时，法院应当执行其应有的功能。《国家环境政策法》没有设置重要的实质目标，它对机构的授权是程序性的。"也就是说，法院所设定的环境控权规则是程序性规则，即法院通过法律对行政权的审查只限于程序的正当性审查，而不涉及对行政内容本身的实质正当性审查。Vermont Yankee 案的具体案情如下：

1967 年 12 月，在规定的裁决性听证和必要的审查后，美国原子能委员会（Atomic Energy Commission，AEC）同意 Vermont Yankee 在佛蒙特州建一个核电厂的许可。原子能委员会制定了行政规则程序，要求处理轻水式的核反应堆在单个项目中用成本—收益分析的方法考虑与铀燃料循环有关的环境影响问题。在制定规则程序过程中，委员会并没有使用完整的正式行政程序便发布了燃料循环规则。同时，原子能委员会批准在听证会上使用该程序。原子能委员会认为，包括环境调查在内的记录足以为所

发布的规则程序提供充分的数据库,并且制定这些规则虽然没有采取正式
裁决程序,但既然已有数据证明铀燃料循环的环境影响相对来说是无关紧
要的,就没有必要把这些规则适用于其生效之前提交的 Vermont Yankee
的环境报告书,也没有必要适用于在它们生效之前提交的用于循环评论的
环境报告书。上诉法院裁定,在缺乏有效的规则制定程序的情况下,原子
能委员会必须重新制定规则来解决核燃料回收的环境影响问题。同时,根
据《行政程序法》,这个规则制定程序是不充分的,因此上诉法院推翻了这
个规则,并发回原子能委员会重新审查其规则程序。原子能委员会向联邦
最高法院申请裁决。联邦最高法院推翻了上诉法院的这个判决,认为规则
制定程序的选择是行政机构的权力,法院的司法审查无权干涉,而该规则
制定程序的正当性问题则应由委员会自己作出裁决。本案最大的争议点
在于原子能委员会在 1973 年 2 月的听证会上使用的非正式程序。原子能
委员会认为,虽然不能利用调查或盘问的方式进行,但在听证会前,公众可
以得到环境影响调查及广泛使用其中的背景文献。

　　《行政程序法》第四节(b)款规定"计划制定规则的公告必须在联邦登
记册上公布",(c)款规定"机构应该给予利害关系人通过提交书面材料、建
议或论据参与规则制定的机会,不论他们是否有口头阐述的机会。在对提
出的相关问题予以考虑后,机构应该在正式通过的规则里包括进一步规定
机构应对其目的作简要的一般解释之规定"。美国诉阿利亨-路德纳姆钢
铁公司(United States v. Allegheny-Ludlum Steel Corp. , 406 U. S. 742,
1972)案和美国诉佛罗里达州东海岸公司(United States v. Florida East
Coast R. Co. ,410 U. S. 224,1973)案都对《行政程序法》的这条规定作出
了解释。法院认为,一般来说,法律的这一节表明了国会希望法院在机构
运用规则制定程序时,根据最高程序要求进行审查。机构在行使自由裁量
权时,可自由地被给予额外的程序性权力,但如果机构没有要求被给予自
由裁量权,审查法院通常不能任意强迫机构。这也并不必然表示,法院不
可以正当地以机构没有采取法律要求之外的程序为由,推翻机构的自由裁
量权。但是,这种情形非常少。

　　联邦最高法院认为,即使不根据《行政程序法》,其已连续 40 年强调程
序设计是机构自由裁量权范围内的权力,国会已将实质判断的责任交给行
政机构。这是因为"行政性机构和行政官员会熟悉其规范的行业,比联邦
法院和国会本身更能设计出适合行业特性与有关行政机构任务的程序性
规则"。法院认为,上诉法院不适当地介入了机构的行政决策程序,因此本
案中的该部分撤销并发回重审。

从对执行的解释看,首先,1978 年佛蒙特扬基核电力公司诉自然资源保护委员会(Vermont Yankee Nuclear Power Corporation v. Natural Resources Defense Council)①案更加明确地指出了应当在程序性上审查环境影响评价,而不应当在实体上对环境影响评价进行更深入的审查。联邦最高法院最终认为,原子能委员会在其成文法的授权下颁发执照,并且在颁发过程中考虑了环境影响。其次,法院认为,尽管自然资源保护委员会认为核电站的开发是不利用生态的,但这不属于在成文法授权范围内,法院司法审查应当考虑的问题。联邦最高法院主审法官伦奎斯特法官认为,法院的职责是保证完整的信息和全面考虑的决策,但没有必要作为行政机构实体的一个决策成员去进行行政决策性的判断。换言之,法院不能够去审查行政机构自由裁量权的部分,只能够从形式上审查该机构的信息提供是否充分,以及是否在环境影响评价中考虑了环境因素。

## 第三节　行政机构的环评范围规则

行政机构究竟应当在多大的范围内对其拟采取行动的环境影响进行评价,是联邦法院对环境控权规则的另一个重要界定。这种环评范围包括评价对象(即拟开展的行政行为)的范围及重大影响的范围。

### 一、被评价的行政行为之范围

在 Kleppe 案中,联邦法院确定了究竟行政行为应当在多大范围内被评价,是仅就单独某个行政行为进行评价,还是与该行政行为有联系的所有行政行为都应当被纳入评价范围。

1976 年的 Kleppe② 诉塞拉俱乐部③案是较早对环境影响评价范围产生争议的案件,其也确定了《国家环境政策法》的评价范围。这一案件起因于塞拉俱乐部反对内阁及相关联邦机构在联邦所有的北大平原土地上进行煤炭资源储藏开发,要求联邦机构就这一行动计划制作整个北大平原的综合环境影响评价报告。联邦机构打算准备一份综合性的环境影响评价报告书,但所涉及的范围不是整个北大平原,而是流域、排水区域等与煤炭

① 案例索引号 435 U. S. 519,1978。
② Kleppe 是当时的内阁大臣及内阁的诉讼代表。
③ 案例索引号 427 U. S 390,96 S. Ct. 2718。

储藏有关的区域。法院最终认为,联邦机构的环境影响评价范围没有问题。联邦最高法院的鲍威尔法官在本案中指出,在一些案件中,要求机构进行综合全面的环境影响评价是必要的。进行综合全面的环境影响评价的前提是拟议行动在这一区域内。许多悬而未决的与煤炭储藏相关的行动计划同时存在,并且这些计划会形成累积性、协作性环境影响的情况。同时,本案引用了 1975 年内阁大臣签署的行政总结与决策文件(Executive Summary and Decision Document)中关于区域环境影响评价的报告。该文件指出,如果一系列的行动计划会有相互影响,那么进行区域性的环境影响评价是必要的,除非先前进行的环境影响评价已经充分地分析了相关影响。但是,本案主要涉及的区域是由流域界限、排水区域、开垦区域问题和行政区划,以及经济上具有相互依赖性的区域等因素决定的,这之间不存在明显的相关性,以至于要求对这些行动计划进行一个综合的区域性环境影响评价是不合理的。

行动计划之间的关联性,以及行动计划能否形成累积性影响和协作性影响,是确定环境影响评价范围的主要因素。如果不是因煤炭储藏问题,而是因煤炭的开发、租赁、运营等问题产生的计划,由于开发、租赁和运营会相互形成累积性影响,因此应当被要求进行综合性的环境影响评价。

综合而言,针对 1976 年的 Kleppe 案,上诉法院认为,机构应当准备区域性的环境影响评价报告书,并认为成文法赋予了法院在正式的意见或报告提交之前,审查行政机构准备环境影响评价的权力。联邦最高法院认为,上诉法院的这种理由和行为在《国家环境政策法》的法条本身及立法史中都找不到根据。《国家环境政策法》第 102 条只规定了在行政机构形成正式的意见或报告时,应当进行环境影响评价。联邦最高法院认为,法院没有权力及授权偏离成文法的法条本身,仅仅根据法院自己设计的平衡因素①来决定在酝酿之中的行动计划是否应当进行环境影响评价。联邦最高法院同时指出,这种司法授权的干预会导致《国家环境政策法》程序性责任的偏离,并使司法权干预日复一日的行政机构决策过程。②

Kleppe 案以后,环境质量委员会便颁布了相关的条例来认定在何种情况下应当将多种行动计划覆盖在一个综合性的环境影响评价中。联邦机构第 11991 号行政命令(Executive Order No. 11991)与 1984 年的《环境

---

① 当时的上诉法院设计了平衡四要素(four-part"balancing"test),但后来没有被沿用下来,并且被最高法院否定。

② 427 U. S 390,96 S. Ct. 2718.

质量委员会条例》①最终认定了环境影响评价的空间界限。一方面是关联性行动,即一个行动被另外一个行动自动激发;除非另一个行动先进行或同时进行,否则该行动不能进行;在一个大行动中相互依赖的行动部分,需要根据这一大行动来进行判断。另一方面是可产生累积性影响的行动,即其他行动计划可以与该行动共同产生累积性环境影响。② 在 1985 年的 Thomas v. Peterson 案中,这一规定得到了适用。通过该案的适用,环境影响评价界限的认定再次在司法实践中得到了确认。

## 二、重大影响的范围

根据《国家环境政策法》,只有重大的环境影响才需要进行环境影响评价。在《国家环境政策法》中,并没有对重大作出明确的定义。然而,在决定环境影响是否重大,从而考虑是否进行环境影响评价时,《国家环境政策法》授权行政机构考虑所有"过去、现在和未来的合理的可预见的影响及累积性的重大影响"③。

### (一) 确定环境影响的重大性

1972 年的 Hanly v. Kleindienst 案④是典型的对联邦行动是否需要准备环境影响评价进行争论的案件。这个案件更为重要的意义在于,通过这个案件的判决,联邦机构认识到《国家环境政策法》确实是有实效的,并不是"纸老虎"。这是一个上诉案件,起因是美国总务管理局(General Services Administration, GSA)想要建设监狱及相关附属设施,原告认为美国总务管理局应当根据《国家环境政策法》,提交一份详细的正式环境影响评价报告书。在联邦法院纽约南部地区法院的一审中,坦尼法官拒绝颁布临时禁令(preliminary injunction),他认为由于对环境没有重大影响,被告没有必要准备环境影响评价。原告上诉至联邦第二巡回法院。上诉法院推翻了地区法院的判决,颁发了临时禁令直到环境影响评价准备充分为止。

该案件中,法院要求机构"肯定地发展一个可评论的环境记录"来判断其行动是否将会对人类环境质量造成重大影响。同时,法院还要求,在是

---

① 40 C. F. R. § 1508. 25(a)(1)(1984).

② Id.

③ 40 C. F. R. § 1508. 7 § 1508. 27 (b) (1) (7) (2007);William E. Odum, Environmental Degradation and the Tyranny of Small Decisions, 32 Bioscience 728, 1982;See also 16 N. Y. U. Envtl. L. J. 628,5.

④ 案例索引号 471 F. 2d 823(2d Cir. 1972)。

否重大这一定性问题作出决定之前,责任机构应当通知与拟议行动计划有关的公众,并且为可能受该计划影响的公众提供相关的事实阐述。这个"可评论的环境记录"(reviewable environmental record)演变成了《环境质量委员会条例》中的环境评估。1978 年,《环境质量委员会条例》最终根据包括这一案件在内的其他早期案件,确定了环境影响评价的程序。根据《环境质量委员会条例》,当行政机构无法确定其行动是否具有重大环境影响时,应当进行环境评估。环境评估后,认为没有重大环境影响,则可发布无重大影响结果。

即使联邦机构经过环境评估得出无重大影响结果,公众仍然可以针对联邦机构所作环境评估的无重大影响结果进行起诉。2004 年的交通部诉公众(Department of Transportation v. Public Citizen)案[①]就体现了这一点。2002 年,联邦机动车运输安全部(FMCSA)[②]发布关于"申请和安全监测规则"制定提案的环境评估[③],该环境评估的结论是:"墨西哥货运车辆进入美国不会影响条例的遵守,其进入不需要考虑因墨西哥货运车辆增多而导致美国境内环境受到影响的问题。"因此,联邦机动车运输安全部发布了无重大影响结果。该案的被告[④]申请对"申请和安全监测规则"进行司法审查,认为这个规则违反了《国家环境政策法》和《清洁空气法》。联邦最高法院最终认为,"联邦机动车运输安全部作为一个交通部下属的机构,没有能力考虑环境因素影响的问题,不需要在决定是否是重大联邦行动的环境评估中考虑这种影响因素。联邦机动车运输安全部不能授权跨界运营问题"[⑤]。该案确定了联邦机构在环境评估中作出无重大影响结果是具有可诉性的。在联邦机构无法确定其行为是否有重大环境影响时,可以通过进行环境评估来确定其是否需要进行环境影响评价。如果行政机构认为不需要,那么可以发布无重大影响结果,但这个无重大影响结果的发布是

---

① 案例索引号 541 U. S. 752(2004)。

② 联邦机动车运输安全部是隶属于交通部的一个部门,因此诉讼主体是交通部。

③ 关于墨西哥货运车辆进入美国境内的问题,从 1982 年开始,经历了几个不同阶段的发展。1982 年,国会针对这一问题,要求 2 年内禁止墨西哥货运车辆进入美国境内,并且授权总统进行延期或实施。1992 年,美国加入北美自由贸易区协议,同意从 2000 年 1 月开始,允许墨西哥货运车辆进入美国,获得运营权利。2001 年,布什宣布废除禁令,但紧随其后,2002 年,国会颁布交通及相关部门财政法案,其中第 350 条规定,禁止申请运营过程直到联邦机动车运输安全部补充了特别的针对墨西哥货运的"申请和安全监测规则"为止。由此,2002 年,联邦机动车运输安全部才准备出台针对墨西哥货运的"申请和安全监测规则"。

④ 该案的被告是公民。这一判决已经进入了联邦最高法院的特别审理(Certiorari)。在地区法院时,公民是原告。由于是交通部上诉的,因此,公民变成了被告。

⑤ 案例索引号 541 U. S. 752(2004)。

可以被评论的,且在评论结束后产生的结论是可以被起诉的。

### (二)累积性影响作为重大影响的考量因素

在重大影响的认定上,最大的一个困难是对累积性影响与间接性影响的界定。累积性影响是指,在累加了过去、现在及合理的可预见的未来的相关行动之后,目前拟议的行动具有重大影响。2007年,环境质量委员会发布的指导草案①指出,机构应当适当地设置累积性影响评价的界限。这种累积性影响使得环境影响评价延伸到了更多的联邦行政行为。究竟怎样才算累积性影响,这一点是需要联邦法院来认定的,而法院也在长期的判决中形成了自身的规则。

结合《国家环境政策法》的立法目的,法院必须考虑由其他项目所引起的可能的累积性影响。在环境评估中,涉及其他项目的任何有争议的累积性影响都应当作为警惕性信息,充分提供给受影响公众。在 Kleppe 案中,行政机构应当结合其他待审批项目的影响进行综合考虑。同样地,在Peterson 案中,法院推翻了关于石油和天然气在国家森林进行土地租赁审批中的无重大影响结果。同时,法院认为,行政机构没有充分评估行动可能产生的所有环境影响。

在 Grand Canyon Trust 案中,联邦法院确定了累积性影响作为重大影响的标准。原告 Grand Canyon Trust 申请法院对联邦航空局同意犹他州 George 市在 Zion 国家公园旁边建设机场的决定进行审查。联邦航空局的环评报告结论是没有重大环境影响。原告对联邦航空局制作的环境影响评价报告书提出异议。原告认为,联邦航空局没有充分考虑国家公园受到的累积性噪声影响,仅仅对机场的非累积性影响进行了考虑。法院支持了原告的请求。

原被告双方的争议焦点在于,联邦航空局是否应该作出累积性影响的环境影响评价。根据《国家环境政策法》,联邦机构应当对具有重大环境影响的每个联邦行动进行环境影响评价。环境评估用于决定是否需要进行环境影响评价。针对拟议机构行为可能引起的任何重大环境影响,行政机构都应该进行环境影响评价。原告对联邦航空局适当地考虑噪声环境影响并没有异议,但原告认为,联邦航空局仅仅考虑非累积性影响,没有考虑

---

① CEQ, DRAFT NEPA GUIDANCE ON CONSIDERATION OF THE EFFECTS OF CLIMATE CHANGE AND GREENHOUSE GAS EMISSIONS (Feb. 18,2010) [hereinafter CEQ Draft Guidance], available at http://ceq. hss. doe. gov/nepa/regs/Consideration_of_Effects_of_GHG_Draft_NEPA_Guidance_FINAL_02182010. pdf, See also Environmental Law Reporter, 2011, p. 4.

累积性影响,没有尽到严格审查的责任。

原告认为,环境评估没有考虑飞机飞过公园造成的累积性噪声影响,公园附近的导航、合理且可预见的飞行器活动及机场扩建都会对公园造成累积性噪声影响。尽管在环境评价报告中,联邦航空局指出,机场建设所引起的累积性环境影响是未知的,但是其对噪声的补充性分析忽略了累积性影响。

《环境质量委员会条例》定义了《国家环境政策法》要求的"对环境有重大影响的各个联邦行动"的语义。重大环境影响包括单个项目产生的不重大影响,但累积起来具有重大影响的环境影响。如果是合理且可预期的累积性环境影响,那么应该包含在重大环境影响之内。

在环境评估中,联邦航空局对噪音分析,包括补充性噪音分析,都进行了很好的非累积性分析,但这一分析不是本项目环境评估的关键。联邦航空局必须以最小化的成本来分析决定是否进行环境影响评价。根据《国家环境政策法》和《环境质量委员会条例》的要求,行政机构应当考虑累积性环境影响,联邦航空局的环境评估并没有考虑机场建设的全部噪声影响。在环境评估草案中,联邦航空局应注意到,在审查噪音分析结果时要考虑减缓措施。环境评估没有提供相应的分析。然而,联邦航空局意识到,Zion 国家公园在九大国家公园中,是应当最优先考虑噪声污染的国家公园。评论也对公园及公园旅游者的全部累积性噪声影响表示了担忧。法院要求联邦航空局重新裁量,因为行政裁量没有充分地评估并决定是否应当进行环境影响评价。根据公园附近的空中交通与机场、公园附近的导航,以及 1995 年到 1998 年声学资料的统计,机场建设所引起的噪声污染的累积性影响必须由联邦航空局重新进行评估和考虑。

针对温室气体引起气候变化的累积性影响,联邦法院裁判中的解释各不相同。在 City of Los Angeles v. National Highway Traffic Safety Administration 案中,法院认为,温室气体排放具有扩散性特征。[①] 在该案中,纽约、洛杉矶、加利福尼亚、公民代表、科学家联盟、汽车安全中心、自然资源保护委员会(Natural Resources Defense Council,NRDC)共同起诉国家高速公路安全管理局(National Highway Transportation Safety Administration,NHSTA),认为国家高速公路安全管理局在没有准备环境影响评价报告的情况下,就在 1975 年《能源政策与节约法案》(Energy Policy and Conservation Act,EPCA)中制定了企业平均燃料节约标准

---

① 案例索引号 912.2d at 475,1990。

(Corporate Average Fuel Economy，CAFE)。

国家高速公路安全管理局在制定这一标准之前,已经进行了环境评估。该评估认为,这一标准规则不会对环境造成重大影响,因此没有必要根据《国家环境政策法》准备环境影响评价报告书。法院认为,尽管原告具有诉讼资格,但是他们的诉讼请求不能获得支持。

尽管这一案件的诉讼请求没有得到支持,但是这一案件在《国家环境政策法》诉讼史上具有很高的地位,因为法院认可了汽车排放所引起的全球变暖是一个"新的潜在的灾难性环境现象",这一现象是符合《国家环境政策法》立法框架的,应当被《国家环境政策法》规制。

在法庭的大多数意见中,金斯伯格法官认为,国家高速公路安全管理局之所以没有准备环境影响评价报告,是因为其相信企业平均燃料节约标准对环境没有重大影响,其已经充分考虑了环境影响的各种因素。因此,法院支持国家高速公路安全管理局不准备环境影响评价报告书的决定。

温室气体排放及气候变化涉及累积性影响的问题,但就这一问题的讨论增强了对累积性影响分析的理解和认识。有学者认为,气候变化是"小把手"(small handle)问题,即就单个项目而言,其对整个累积性的重大影响只起到非常小的作用,不是重大影响。法院对这一问题的认识有助于推动所有环境因素累积性影响的立法发展。

在完成环境影响评价报告时,划分项目的累积性影响范围是行政机构的最初责任。累积性影响的分析应该在项目的相同地理位置范围内进行。基于因果关系,大部分法院再次确认了对合理的可预见累积性影响进行分析。然而,对项目所造成的国际影响及因国际行动而造成的美国境内的影响是否应当进行累积性分析,并没有清楚的答案。①

《国家环境政策法》应当只解决区域性的环境问题,不涉及全球性的环境问题。典型的联邦机构行动分析是地区化或区域化的影响,如对周边土地质量的影响、对濒危生物栖居地的破坏等。即使是累积性影响,也应当限制在区域范围之内。从另一个方面来讲,温室气体的排放是没有地理边界的影响。《国家环境政策法》在设计之初,并没有考虑这一问题。由于在气候变化之下,地理边界无法成为逻辑上的限制原则,因此即使是很小量的温室气体排放的联邦机构项目,经过累积性影响分析之后,也会成为具有重大环境影响的项目。这将对行政机构造成严重的工作负担,而由此产

---

① 16 N. Y. U. Envtl. L. J. 628，pp. 4 - 5.

生有意义的分析又是非常困难的。[①]

在 Friends of the Earth v. Watson 案中，法院认为，海外私人投资公司和美国进出口银行所产生的二氧化碳对全球的气候变化造成了影响，这种影响与损害之间存在因果关系。然而，该案的不寻常处在于，联邦机构行动被评估的结果是，其行动影响 8% 的全球温室气体排放。显然，在全球气候变化的背景下，证明联邦行动的重大影响是具有一定困难的。

Mid States Coalition for Progress v. Surface Transportation Board 案通过改变证明方式来证明重大影响，从而使原告的举证更为简单。在该案中，被告完成了环境评估。原告认为，被告在环境评估中并没有评估二氧化碳排放的影响。这一运输线路的增加使得东部煤价下降，并且更容易获取煤炭资源。第八巡回法院认为，这是一个简单的空气污染案件，应当直接证明气体排放的影响，不用去评估温室气体排放所导致的全球变暖的间接影响。法院没有采纳项目应当分析其所产生的温室气体的影响这一观点。在发回重新裁量时，委员会运用经济模型分析了消耗高硫煤所产生的潜在影响及空气质量的变化，包括美国的二氧化碳排放量的改变。该案中，法院以美国空气质量作为参考模型，并没有采纳全球气候变化的分析模型，这就使得证明重大影响变得更加简单。[②]

在 City of Los Angeles 案中，法院简单地认为，讨论其他排放时，考虑对全球产生环境影响的重大问题是不可思议的。在 Watson 案中，法院认可全球层面上气候变化的重大性，但这是由于被诉项目相对影响较大。在 Mid States 案中，法院则从空气污染的角度来发现温室气体的污染影响。然而，值得注意的是，在 Mid States 案中，法院所建立的分析模型是没有立法授权的。可见，在气候变化的背景下，根据《国家环境政策法》来证明环境影响的重大性，仍然是一个比较困难的问题。

## 第四节　减缓措施规则

根据《国家环境政策法》和《环境质量委员会条例》，联邦机构应当在环评报告里有相应的减缓措施。然而，是否每个环评均以减缓措施作为充分考虑环境影响的必要条件？在 Roberson Case 案中，法院就两个核心问题

---

① 16 N. Y. U. Envtl. L. J. 628，pp. 5 - 6.
② 案例索引号 345.3d at 520，See also 16 N. Y. U. Envtl. L. J. 628，p. 5。

颁布了复审令:(1)《国家环境政策法》是否要求联邦行政机构在每个环境影响报告中都包含减缓措施,以及如果关于重大环境影响的相关信息和数据无法获得,或者获取信息成本过高,潜在环境损害的最坏条件是什么?(2)联邦林业局是否应在国家森林用于娱乐使用时进行具体的森林利用的行政许可?

联邦林业局由法律授权管理用于户外休闲、伐木等娱乐目的及含有流域及野生鱼类的国家森林。根据授权,联邦林业局颁布了在联邦所有的国家森林进行具体利用的许可证。Methow 计划在 Sandy Butte 上开发和运营 Early Winters Ski Resort 滑雪项目,位置是约 6000 英尺高的国家公园的山脉上。Sandy Butte 是一片未损害的原始的土地。联邦林业局与州、县政府合作准备环境影响报告,即 Early Winters Alpine 冬季运动研究分析。在讨论野生动物区域的不利影响时,该报告认为,没有濒危物种受到这一开发项目的影响,唯一可能受到影响的物种是斑点猫头鹰及其后代。该报告考虑了其他 75 种不同土著物种所可能受到的影响,并且预测在 10 年后,植被的改变和人类行动的增加将导致 31 种物种数量的减少,以及其他 24 种物种数量的增加,其中松貂和筑巢苍鹰两种物种会消失。雪山滑雪的运营会直接影响少数兽类,任何可替代方案都会导致场区外鹿的数量的大量减少。

对于空气质量的影响,环境影响评价报告提出了场内及场外的减缓措施。在可能的场内减缓措施中,分析报告提出定位起跑、滑雪缆车和道路,并且在繁殖期限制一些道路的通行,从而减少对野生动物的影响。最终,该报告建议联邦林业局颁发许可证。1984 年 7 月 5 日,联邦林业局颁发了许可证。

本案中,法院认为,研究分析报告不仅反映了联邦林业局本身的观点,也反映了华盛顿、Methow Valley 公众委员会和地球之友及其他方面的意见,并征求了其他部门的意见。本案中,如果联邦林业局遵守了法律的程序性要求,颁布了许可证,那么其就没有违反《国家环境政策法》。

本案明确了减缓措施分析是环境影响评价的重要构成要素,并且其将减缓措施的分析视为联邦机构考虑环境影响的程序性要求。


# 第五节　环评报告书的充分性规则

环境影响评价报告书应该包括哪些内容,以保证环境影响评价报告内容的完整性,从而达到法律规定的充分性呢? 对于这一问题,联邦法院通过 Sierra Club v. Marita 案进行了确认。

在 Sierra Club v. Marita 案中,有两个争议焦点:一是《国家环境政策法》是否要求行政机构在法院判决环境影响评价报告书之前必须达到充分性;二是法院是否相信环境影响评价的分析满足了法律规定的充分性。

该案中,原告塞拉俱乐部提起诉讼,反对联邦林业局进行伐木、道路建设或再建设,以及开放在北威斯康辛的两个国家森林。塞拉俱乐部声称,联邦林业局违反了法律关于两个国家森林发展林业管理计划的规定,其没有考虑生物多样性的生态原则。地区法院认为,原告的要求是可以在法庭进行判决的,并且支持了原告的诉讼请求。联邦最高法院确认了这一判决。

《国家林业管理法案》要求负责林业管理的农业部长制定土地与资源管理计划,以指导国家森林的维持和资源利用。在制定这些计划时,农业部负责这些计划的环境影响评价,以及讨论《国家环境政策法》要求的可替代方案。同时,根据《多元用途及持续产量法案》,在环评时,还需考虑森林"产品和收获的多元用途与可持续产量"。

塞拉俱乐部声称,联邦林业局违反了《国家环境政策法》,在制定计划的过程中,其没有运用系统的科学论证的技术来考虑和分析森林的多元化用途,并且武断地忽略了生物多样性保护原则。塞拉俱乐部认为,联邦林业局没有尽到严格审查(Hard Look)行政决策的环境责任。

根据《国家环境政策法》和《环境质量委员会条例》,首先,《环境质量委员会条例》要求拟议计划可替代方案的严格分析,包括通过与拟议计划的比较,对这些可替代方案进行实质性处理。其次,《环境质量委员会条例》要求行政机构承担环境影响评价,以确保专业性,包括环境影响评价报告书讨论与分析的完整性和科学性。《国家环境政策法》也要求拟议行动应当在进行环境影响评价时考虑生态影响,生态影响包括对生态系统的组成、结构、功能等各方面的影响。最后,《国家环境政策法》的目的是保证在政府决策前,环境信息对公共服务人员和公民都公开,信息必须保证高质量、精确的科学分析,专家机构评论和公众审查都要得到充分保障。

联邦最高法院认为,塞拉俱乐部在起诉联邦林业局的计划决策上面有一个更高的标准。塞拉俱乐部认为,联邦林业局没有准备环境影响评价和生物多样性评估,没有遵守《国家环境政策法》要求的高质量科学性的要求。塞拉俱乐部认为,在两个国家森林的生物多样性评估中,保护生物是科学适当性的一个实质性因素。法院认为,联邦林业局在分析生物多样性方面所制定的方法具有一定的适当性,其适当地考虑了保护生态,并且最终在适用上作出相应决定。由于科学不确定性,联邦林业局假设,人类主要以禁止砍伐的方式介入生物多样性的救助。联邦林业局认为,在过去五十年中,这种介入是正确的。法院认为,其无法从这些记录和例子中得出联邦林业局行为不当的结论。

联邦最高法院认为,塞拉俱乐部声称"联邦林业局拒绝高质量科学性"是过分的请求。法院认为,行政机构决策不能仅仅因为科学或理论的不确定性而逃避审查。同样地,无论科学或理论是如何有效,也都不能被转化成管理工具,除非可以适用于非常具体的情形。联邦林业局承认生态保护的发展,并将这种理念适用于本案中两个国家森林的保护,这意味着不能以牺牲其他森林为代价,对该森林进行生态保护的相关分析。但是,考虑到科学不确定性,联邦最高法院尊重行政机构所采取的分析和维持生物多样性的方法。

塞拉俱乐部认为,即使保护生态的适用问题是不确定的,地区法院也忽略了关于科学不确定性的《国家环境政策法》规则。这一规则要求,联邦林业局应当阐述对人类环境合理的、可预见的不利影响评估的全部信息,并且总结现有的可靠科学证据。联邦最高法院认为,无论地区法院是否错误地忽略了该规定,记录已经明确地显示联邦林业局充分地进行了相关的分析。联邦林业局审查并且公开了拟议的可替代方案的可预见的环境影响,并进行了长篇幅的讨论。事实上,是否采纳这个规定,本身已经无关紧要了。《国家环境政策法》并不要求法院针对行政机构是否根据可行的最佳科学方法进行行政决策予以判断,也不要求法院解决各种科学方法之间的不一致。最终,联邦最高法院确认了地方法院的判决。

因此,环境影响评价报告的充分性表现在,联邦机构运用较为适当的方法来分析和论证环境影响及生态影响,有一定的科学和理论依据,并且对相关论证及信息进行全面公开。

# 第八章　多中心环境控权模式的核心运行机制:联邦法院司法审查

多中心环境控权模式的运行机制主要是通过司法权对行政权的监督实现的,而司法权的监督由公民通过权利制约权力被激活。司法审查之诉是主要的诉讼方式,公民诉讼是相应的补充与辅助的诉讼方式。

## 第一节　一个问题的两个方面：司法审查与公民诉讼

环境控权规则体系的实现,实质上是通过法律来分配公民权利以控制行政权力作出对环境产生重大影响的行为。这种控制方式的真正实现,以诉讼的启动为前提。从法院的角度来讲,是司法权对行政权的司法审查;从公民的角度来讲,是通过公民诉讼来限制或控制行政权。这便是一个问题的两个方面。

在环境控权规则体系中,由公民或环保团体提起的诉讼有两大类型:一是根据宪法、行政法、民事诉讼法,申请提起司法审查的诉讼;二是根据《清洁空气法》《清洁水法》等环境法关于公民诉讼的规定,提起公民诉讼。根据环境控权规则体系,以宪法、行政法及环境法为根据,由公民或团体提起的诉讼属于民事诉讼,在普通法院受理。

这两种类型的诉讼在环境控权规则体系中的适用是有一定区别的。一般情况下,以《国家环境政策法》规则的实现为目的之诉,如对行政机构执行的环境评估或环境影响评价程序及发布的环评文件有异议的公民或社会团体提起的诉讼,大多适用并援引宪法、行政法、民事诉讼法的规定,提起申请司法审查的诉讼。针对企业违法排放、环保署或其他行政机构在法定期限内未履行法定职责之情形,则公民根据《清洁空气法》《清洁水法》或其他相关的环境法规定提起公民诉讼。公民诉讼的起诉对象包括企业与行政机构,因此并不是所有的公民诉讼都有控权功能,只有当公民要求环境行政部门履行法定职责(非自由裁量的义务)时,才会起到一定的控权效果,具有控权功能。但是,这种诉讼的情形在公民诉讼案件中相对较少,大多起到控权功能的诉讼仍集中于申请司法审查的诉讼。

## 一、司法审查之诉的法律基础

一般申请司法审查的诉讼会援引美国宪法第 3 条关于法院司法权的规定,以及《行政程序法》关于提起司法审查的规定。

美国宪法第 3 条第 2 款的规定被称为"case-controversies limit"条款。美国宪法第 3 条是宪法基于三权分立原则授予联邦法院司法权之规定,其中第 2 款规定了司法权的适用范围。该条规定:"司法权适用的范围,应包括在本宪法、合众国法律和合众国已订的及将订的条约之下发生的一切涉及普通法及衡平法的案件;……合众国为当事一方的诉讼争议,州与州之间的诉讼争议,州与另一州公民之间的诉讼,同州公民之间为不同州所让与之土地而发生的诉讼争议,以及一州或其公民与外国政府、公民或其属民之间的诉讼。"该条既可以看作对联邦法院司法权适用范围之授予,也可以看作对公民在联邦法院进行诉讼的诉讼范围之确定。

普通法从另一个方面对该条进行了发展,即联邦法院只能管辖具有司法性(可诉性)的案件,非可诉性的案件被排除在联邦法院管辖之外。普通法所规定的非可诉性包含咨询意见(Advisory opinions)、起诉资格(Standing)、成熟度(Ripeness)、非相关性(Mootness)、政治问题(Political Question)等要素。联邦法院对机构咨询意见、无起诉资格、不成熟的、非相关性的及政治问题不具有审判管辖权。根据美国宪法第 3 条第 2 款,公民具有提起诉讼的权利,包括与他州公民之间的争议,以及公民与政府之间的争议。其中,公民因与政府之间的争议提起诉讼,主要是根据"合众国为当事一方的诉讼争议"或"在合众国法律之下发生的一切涉及普通法及衡平法的案件"这两点。因此,该条是申请司法审查诉讼的根本性规定。《行政程序法》及其判例法关于司法审查的规定主要是由该条发展而来的。

《行政程序法》第 702 条规定了公民可提起司法审查的诉讼权利。该条规定:"因行政机关行为致使其法定权利受到侵害的人,或者受到在有关法律规定内的行政机关行为的不利影响或损害的人,均有权进行司法审查之诉。如向美国联邦法院提起的诉讼要求获得非金钱补偿的救济,并且说明它控告的是行政机关或者其某个官员或职员以官方身份或者打着有法律根据的旗号的作为或不作为,法院不得以此诉讼是以美利坚合众国为被告为理由,也不得以美利坚合众国是不可替代的当事人为理由,不予受理或拒绝给予救济。美利坚合众国在此类诉讼中可列为被告,法院可以作出反对美利坚合众国的判决或命令,但任何强制性的、禁止性的判决必须指定联邦官员及其工作的继任者负责执行。"

同时,第706条规定了司法审查的范围:(1)应依法履行职责却非法拒绝履行的或不当延误的行政机关行为。(2)如认定行政行为、行政裁决具有下列性质,法院可宣布其为非法,予以撤销:独断专横、反复无常、滥用自由裁量权或其他不合法的行为;同宪法规定的权利、权力、特权及豁免权相抵触;超越法律规定的管辖范围、权力和限度;缺少法定权力;没有遵循法律规定的程序等。《行政程序法》是公民提起司法审查之诉的重要依据。

司法审查之诉是多中心环境控权较为主要的运行机制之一。环境控权规则体系主要以控制各行政机构所作出的与环境影响有关的决策之权力为目标。这种控权主要是基于《国家环境政策法》的相关规定,以控制各类行政机构。司法审查之诉的法律基础是美国宪法和《行政程序法》。在环境控权的司法审查之诉中,《国家环境政策法》也是法律基础之一。在对起诉资格无异议,或者对司法审查基本条件无异议的情况下,可直接根据《国家环境政策法》起诉,法院也直接根据《国家环境政策法》进行判决。例如,在Strycker's Bay Neighborhood Council v. Secretary of Housing and Urban Development案中,原告试图阻止城市住房建设部门在城市内建设低收入保障性住房。该案并不涉及司法审查基本立案标准的争议,因此当事人及法院均没有援引美国宪法第3条或《行政程序法》关于司法审查的规定。该案直接援引《国家环境政策法》和《环境质量委员会条例》关于环评的规定。该案主要解决的争议是行政机构是否按照《国家环境政策法》规定的程序作出决策。又如前文所提的Kleppe案,环保机构试图要求在北部大高原地区开采煤矿的内务部及其他行政机构进行区域综合环评。该案的焦点在于环评准备的评价范围,尽管同样是司法审查之诉,但不涉及司法审查的立案标准问题,因此也直接适用《国家环境政策法》。除此之外,Hanly案、Department of Transportation v. Public Citizen案等都是如此。

当然,在环境控权的诉讼中,也可以同时援引美国宪法、《行政程序法》和《国家环境政策法》。这样的案件大多同时涉及司法审查的立案标准、审查范围及环评的争议。一般涉及司法审查立案标准争议的,如对起诉资格发生争议的,多援引美国宪法第3条下发展起来的立案标准判例法规则,或者结合《行政程序法》一并援引。例如,Sierra Club v. Morton案是典型的因司法审查立案标准中的原告起诉资格而发生争议的案件。该案便援引了美国宪法第 3 条关于司法权适用范围的规定,提出法院受理该案是否具有可诉性问题;同时,援引了《行政程序法》关于司法审查的规定,提出原告是否具有事实上损害的问题。该案的起诉对象是内政部。针对司法审查范围具有争议的案件,大多援引《行政程序法》第 706 条关于司法审查范围的规定。例如,Center for Biological Diversity v. National Highway Traffic Safety Administration 案是针对国家高速公路交通安全部所制定的一项行政规章,该案的争议点在于司法审查的范围标准,即申请法院撤销《行政程序法》所规定的独断专横、反复无常、滥用自由裁量权的行政行为。该案主要讨论了国家高速公路交通安全部所制作的环评文件未考虑温室气体问题是否是独断专横、反复无常、滥用自由裁量权的行政决定。在 Vermont Yankee 案中,原告主要针对原子能委员会颁发的核使用许可证,申请法院审查行政机关规则制定程序的充分性问题,特别是其作出许可程序所进行的环评是否充分的问题。该案因涉及司法审查的范围,所以也援引了《行政程序法》关于司法审查的规定,联邦法院对此进行了扩展性解释。

总体上,由于环境控权的司法审查主要以宪法、行政法和《国家环境政策法》三者的结合为特点,《国家环境政策法》的环评报告书往往是行政机构进行涉及环境因素的行政规则制定和裁决时常用的载体,因此环境控权的运行以诉讼为主,以各种行政机构为诉讼对象,并且多适用宪法与行政法关于司法审查的规定,提起司法审查之诉。

除此之外,美国环境法还规定了公民诉讼。这种诉讼形式与申请司法审查的诉讼在性质及适用范围上有一定的不同。但是,在功能上,公民诉讼也有一部分与申请司法审查的诉讼形式相同,即控制行政机构的涉及环境因素的行政行为,但它并不是环境控权诉讼的核心,因为公民诉讼所针对的行政机构涉及环境问题的权力,多是具体环境因素控制上的职责,如空气污染防治、水污染防治等。一方面,这种污染防治或生物保护的职责多为环境保护署的履职范围,其他行政机构较少涉及;另一方面,这种职责与我们所讲的环境控权不在同一个层面上。我们所讲的环境控权是在更广泛层面上,对行政机构进行各种决策的可能涉及环境影响的考虑,并不是仅仅在环境管理执行上的具体化考虑。应当讲,环境控权所针对的层面更为广泛和宏观。尽管如此,公民诉讼作为具有环境特色的诉讼形式,且鉴于其一部分与申请司法审查的诉讼之功能重合,我们在此也进行介绍,以便更清晰地分析两种诉讼形式的异同。

## 二、公民诉讼的法律基础

美国环境法律体系中的多部法律规定了公民诉讼条款。在此，我们以最早规定公民诉讼条款的《清洁空气法》为例。《清洁空气法》第 7604 条规定，除符合第 2 款（60 天诉前通知）的规定情形之外，任何人都可以以自己的名义提起民事诉讼。本诉讼的被告可为：（1）任何人或团体（包括行政机构），如果违反或参与违反本法中提到的排放标准或限制规定，或者违反或参与违反环保署或州政府所规定的上述标准，均可以对其提起诉讼。（2）如果环保署长对其没有决定权力方面的行为或责任采取了行动，也可以对其提起诉讼。（3）任何人如果在没有得到本法规定的许可的情况下，建设或提议建设一些新的或修改的大型排放设备，则可以对其提起诉讼；或者任何违反或参与违反上述情况的任何团体，均可对其提起诉讼。由此可以看出，公民诉讼主要是针对排放企业或越权行为的环保局长。

根据该条及《清洁水法》《资源保护和恢复法》对公民诉讼的规定，公民诉讼有三种具体类型：一是公民作为私人检察官性质的公民诉讼。在这种类型的公民诉讼中，公民作为联邦或州环保部门执行环境法律规定标准及许可等条款的补充执行者。根据《清洁空气法》，对企业，任何人可以采取诉讼行动来反对任何人的违法行为。该条规定了诉前通知程序。诉前通知程序要求起诉人给予环保署长、侵害发生的州，以及标准、限制或指令的嫌疑违反者通知，以 60 天为限，要求环保署长及有关涉嫌违法者在 60 天内进行行动。否则，起诉人便可在 60 天期限到期之后，提起诉讼。该种类型是公民诉讼的典型类型，之所以被称为私人检察官，是因为这种诉讼的形成是国会希望通过这种形式，使公民作为环保署执行具体环保部门法的补充执行力量，或者说是督促力量。由于公民也具有可诉的权利，因此被称为私人检察官的诉讼。这种类型的诉讼在进入诉讼阶段后，一般是以企业作为被告。这种诉讼的主要作用和重点仍然在于 60 天诉前通知时相关方的整改。例如，在 Gwalthey of Smithfield v. Chesapeeke Bay Foundation 案中，环保团体起诉排污许可证持有者违规排放。该案直接适用《清洁水法》关于公民诉讼的规定，在 60 天通知期满后提起诉讼。在公民诉讼中特别著名的关于起诉资格讨论的判例——Friends of the Earth v. Laidlaw Environmental Service 案中，环保团体同样是试图阻止持排污许可证企业的违法排污行为，该案也是典型地直接适用《清洁水法》规定的公民诉讼条款，在 60 天期满后提起诉讼。在公民诉讼的典型案例中，直接适用《清洁水法》《清洁空气法》等规定的，主要以起诉企业为主。

第二种不太典型的公民诉讼被规定在《清洁水法》中,被称为期限诉讼(deadline suit)。《清洁水法》为环境署及州政府规定了制定水污染控制的详细计划、详细执行时间表等具有期限性的行动任务,这种任务往往是非自由裁量的行政行为。如果有关部门超过这些行动期限没有完成或没有行动,公民便可提起公民诉讼。同样地,公民可以在60天期限内要求有关部门采取行动。这种诉讼直接适用《清洁水法》,一般以环境保护署作为起诉对象。

第三种便是与提起申请司法审查诉讼有一定重合的类型,也被称为申请司法审查的公民诉讼。这类诉讼的诉讼对象往往涉及各种行政机构,其主要援引《行政程序法》关于司法审查的规定,与提起申请司法审查诉讼之情形基本相同。这种类型的特点在于,结合《行政程序法》关于司法审查的规定,《清洁空气法》要求环境保护署制定的规章必须符合司法审查程序及行政规章制定程序。例如,规定"对署长在下述规则制定中的执行行为和最终决定行为的审查申请仅在哥伦比亚特区联邦上诉法庭保有审查权,以及"任何要求审查的申请要在署长颁布规章、许可,或者其他行为在《联邦公报》公示后的60天之内注册存档"。如果署长在制定规定后60天内没有及时公布,公民可以提起诉讼,要求其公布。例如,在1972年由联邦哥伦比亚特区地方法院判决的塞拉俱乐部诉洛克修斯(Sierra Club v. Rucklshous)案中,塞拉俱乐部依据《清洁空气法》的公民诉讼条款对联邦环保局长洛克修斯提起诉讼。原告指控被告没有履行《清洁空气法》规定其应当履行的、不属于他的行政自由裁量权范围的义务。被告环保署长申辩,他无权在关于审批州的《清洁空气法》实施计划的规章中,要求州的实施计划对防止清洁空气地区的空气质量下降作出规定。原告根据《清洁空气法》第101条(b)款认为,保护和提高国家空气资源的质量是《清洁空气法》对联邦环保署长规定的一项不属于其行政自由裁量权范围的义务,即他必须采取行动来保护和提高空气质量,不仅仅是以保证空气质量不违反国家空气质量标准为职责。法院在研究了《清洁空气法》的有关条款和立法史后,赞同原告的观点,并对被告发布强制令,要求其不得批准含有允许空气质量下降内容的州实施计划。由于针对行政机关提起的公民诉讼所针对的是行政机关的不作为,因此行政机关的作为义务便成为重要的诉讼要件。当"环保署长或州政府已开始着手,并且正在积极向联邦或州法院提交民事措施,以要求污染者遵循排污标准或限制时",原告便不得再提起公民诉讼。该诉讼的制定目的在于弥补政府执法之不足,而非另立一平行的执法方式。因此,《清洁水法》第505条(b)(1)(A)规定了60天的通告期，如果没有在起诉前 60 天将起诉通告通知联邦环保署、违法行为所在的州和违法者本人，那么禁止公民根据《清洁水法》提起诉讼。此外，针对行政机关的公民诉讼只能是对行政机关的非自由裁量行为的诉讼。① 除联邦环保署外，商业部、内政部、劳工部、运输部、陆军部等拥有环境执行权的政府机关，都有可能成为公民诉讼的被告。根据规定，以污染源为被告的公民诉讼，必须以其违反法定污染防治义务为起诉事由。法院认为，污染源只要违反法律规定的义务，不论已经违反、正在违反还是即将违反，均可以起诉。

在涉及环境问题的诉讼中，司法审查之诉有时也从广泛意义上被认为是一种公民诉讼。这种语境下的公民诉讼，与前文所讲的严格意义上的公民诉讼略有区别。但是，从控制行政机构影响环境的决策之角度，公民作为重要的诉讼力量而言，其所提之诉讼均可被称为广义的公民诉讼。

在讨论公民起诉资格的问题时，有些美国环境法教科书没有将上述公民诉讼案件列入，而是将基于《行政程序法》申请司法审查的案件列于此类。例如，in Norton v. Southern Utah Wilderness Alliance 案中，诉讼对象是内政部、土地管理局、犹他州政府，原告提出上述部门没有管理好在野生动物研究区域使用的越野车。该案没有 60 天诉前通知，也没有援引《清洁水法》等规定。在证明司法审查标准时，与前一类诉讼一样，直接援引了《行政程序法》。在实质性问题上，则直接援引《土地政策和管理法》对土地管理局管理土地的要求。本案在美国环境法教科书中用于说明原告起诉资格问题，但其也是在《行政程序法》的层面上展开讨论的。这是典型的司法审查之诉，并不是严格意义上的公民诉讼。再如，讨论公民起诉资格较有名的 Lujan v. Defenders of Wildlife 案也是直接援引美国宪法第 3 条的规定来讨论起诉资格问题。在实质性问题上，则直接援引《濒危物种法》的规定。同样，该案也没有诉前通知程序。Summers v. Earth Island Institute 案也是同样的情况，只是该案也援引了普通法关于起诉资格认定的标准之讨论。

因此，我们可以看出，凡是针对各种行政机构的自由裁量权之诉讼，公民或社会团体多根据宪法、行政法关于司法审查的规定获得起诉资格，且适用的法律较为广泛，包括《濒危物种法》《土地政策与管理法》等具体环境因素管理法。这些法律往往不像《清洁水法》《清洁空气法》等有明确的公民诉讼条款，也没有规定特定的机构非自由裁量权。

---

① 行政机关自由裁量的行政行为适用《行政程序法》，一般提起司法审查之诉。

公民诉讼大多适用特定法律规定的单行法,如《清洁水法》对水污染控制的执行、《清洁空气法》对大气污染防治的执行等,其以针对污染企业为主,对环保署有督促执行的作用。公民诉讼所针对的往往是《清洁水法》《清洁空气法》等具体法所规定的生态环境部门的非自由裁量权的执行。《清洁空气法》有涉及环境署长制定规则、标准的自由裁量权的规定,也有单独与公民诉讼条款并列的规定,并且名称为行政程序与司法审查。由此而言,针对行政机构,包括环境署在内的自由裁量权的诉讼,属于司法审查之诉,而非严格意义上的公民诉讼。

在普通法中,普遍探讨的原告起诉资格问题,既有可能在司法审查之诉的案件涉及,也有可能在公民诉讼的案件涉及。原告起诉资格作为一个已经类型化的问题,在探讨时,两类诉讼的相关部分自然可以相互援引。因此,我们在探讨司法审查的起诉资格时,特别是在环境控权规则体系下的司法审查之诉类型案件中探讨起诉资格问题时,仍然会援引公民诉讼的案件。鉴于此,本章对此类环境控权运行机制的核心诉讼,统一使用司法审查之诉的表述。

## 第二节　环境控权案件中的司法审查规则之立案标准

多中心模式环境控权的核心运行机制是司法审查之诉。司法审查在环境控权中的规则体系主要包括两个方面,即立案标准和审查范围。

美国宪法第 3 条第 2 款的"case-controversy limit"(可审查性/司法性)已规定较宽泛的司法审查立案标准,包括咨询意见、起诉资格、成熟度、非相关性、政治问题等几个方面。联邦法院在判例法层面上不断发展,对司法审查的立案标准进一步细化。法院在进行司法审查时,首先考虑是否可以对被诉行政行为进行审查,其标准包括:(1)被告是否适当。(2)原告资格是否适当。(3)被诉的被告是否适当。(4)诉讼案件的成熟度。(5)审查形式的选择。其中,最为重要的标准是原告起诉资格和案件成熟度。原告起诉资格无论在司法审查之诉中还是在公民诉讼中,都是非常具有争议的问题。在这一问题上,法院的判决总是对原告资格的标准有所反复,但总体是对原告起诉资格不断放宽。

根据联邦法院对美国宪法第 3 条第 2 款所要求的可审查性之起诉资格的解释,原告起诉需具备以下三个基本条件:(1)有事实上损害。(2)损害与原告之间有直接的因果关系。(3)这种损害必须具有可救济性。在对行政行为提起司法审查的诉讼中,这三个标准同样重要。"原告必须提出其受到某种特殊的损害,以便使他与普通人相区别。"①如果原告提出他受到他所要求审查的行政行为的不利影响,那么这个行政行为必须在经济上或其他方面对他造成损害。由此,原告才可具备起诉资格。② 请求司法审查的原告与其所请求受审的行政行为之间,必须具有直接的个人利害关系,即因果关系,否则也不属于美国宪法第3条规定的案件或争议。③ 大法官霍姆斯认为,"只有当裁判真正地、严肃地、重要地关乎个人的纠纷,需要把联邦司法权作为最终手段时,行使这种权利才是合法的"④。这是最初严格的原告资格标准。这些标准自环境法案件出现后不断松动,尽管时紧时松,但总体来讲,是不断松动的。特别是随着法律制度中对公共利益要求的不断增加,使得原告资格在环境控权案件中不断得到扩大。法官不断扩大"反对行政行为者的阶层",把当事人扩大到了竞争者、消费者,再从经济利益上的消费者扩大到了受非经济利益影响的消费者,又从消费者扩大到了环境消费者。

这种扩大意味着事实上损害这一标准在不断变化。这种损害的标准从最初经济上的损害逐步发展至非经济的,再发展至环境的、审美的损害。"审美和优美的环境如同优裕的经济生活一样,是我们生活质量的重要组成部分。许多人而非少数人享受特定环境利益的事实,并不降低通过司法程序实施法律保护的必要性。"⑤

## 一、起诉资格之事实上损害标准

在环境控权案件中,原告起诉资格问题的发展具有非常显著的特点。20世纪60年代至20世纪70年代,联邦法院曾承认过保护自然资源、风景、历史文物的公民团体具有原告资格;承认环保组织具有原告资格来请求司法审查高速公路的修建;承认公共福利社团具有原告资格提起集团诉讼,代表一切具有生命、健康、享受自然资源等权利的当事人反对核爆炸建议;承认一个致力于保护环境的组织有原告资格,请求审查在国有森林采矿和伐木的行为。⑥ 这些案件的典型特点是事实上损害标准降至只要能

---

① ［美］伯纳德·施瓦茨:《行政法》,徐炳译,群众出版社1986年版,第420页。
② 同上,第322页。
③ 同上,第420页。
④ 同上,第420页。
⑤ 同上,第437页。
⑥ 同上,第437—438页。

表明在环保问题上的集团利益受损就可以取得原告资格,并不追究个体当事人自身的利益是否受到了损害①,但联邦法院并非始终遵循这种较宽泛的标准。

与之不可分割的另一个问题,是直接利害关系的松动。受损害利益的标准不断放宽,甚至公众可能享受的环境损害也被认为符合起诉标准,这就使直接性在一些案件中不是非常明显。这两个问题往往相关联。在Sierra Club v. Morton 案中,事实上损害标准的限制并没有提高,但却因为受损害者的间接性,使联邦法院推翻了先前较宽泛的立案标准,这也被认为是对事实损害总体标准的再次提高。

**(一)塞拉俱乐部诉莫顿案**

塞拉俱乐部(Sierra Club)以"一个对自然公园、猎物避难所和乡村森林的保护与正确维护有特殊兴趣的"公益团体的名义,对林业部批准华特迪斯尼在加利福尼亚州国有森林的矿王谷(Mineral King Valley)建立滑冰场和娱乐场的决定提起诉讼,主张该娱乐场的兴建将破坏或影响国家公园的美景、自然与历史景观及野生动物栖息地,从而损及后代享受该国家公园游憩的利益。塞拉俱乐部根据美国《行政程序法》第 10 条,请求法院作出一个宣告性判决(declaratory judgment),并发布禁止令(injunction),禁止联邦官员批准在矿王谷兴建综合娱乐场。塞拉俱乐部并没有主张被诉行为影响了俱乐部本身或其成员的活动,或者其对该矿区的使用,而是主张被诉行为有可能对该地区的美景和生态造成不利影响。地方法院支持原告的主张,下达了初步禁令(preliminary injunction)。被告不服,上诉至上诉法院。上诉法院以"俱乐部缺乏原告资格,没有证明自己遭受了无法挽回的损害"为由,推翻了地方法院的判决。该案遂上诉至联邦最高法院,联邦最高法院维持了上诉法院的判决。

该案中,联邦最高法院处理的主要争议点是塞拉俱乐部的原告资格问题。联邦最高法院指出,对自然物和美景的损害就等于事实损害,根据《行政程序法》第 10 条,足以成为取得原告资格的依据。与此同时,"与经济利益一样,美学和环境上的利益也是人们社会生活质量的重要组成部分,特定环境利益被少数人享用的事实,并不会使他们不值得通过司法程序加以保护"。但是,联邦最高法院认为,"事实损害标准不仅仅要求受司法认可的利益遭到侵害,而且还要求寻求司法审查的当事人自己也是受害人中的一员"。联邦最高法院认为,只有那些使用矿王谷和国家公园的人,才会受

---

① [美]伯纳德·施瓦茨:《行政法》,徐炳译,群众出版社 1986 年版,第 437—438 页。

到该开发计划的直接影响。仅对于那些人而言,该地区的美学和娱乐价值才会因高速公路与娱乐场所的兴建而减少;塞拉俱乐部既没有证明迪斯尼的开发计划影响了自己或者其成员的活动或休闲,也没有在诉状中声明其成员使用了矿王谷,更不必说其使用会受到被告行为的影响。因此,联邦最高法院否认了塞拉俱乐部的原告资格。

该案明确了环境和美学利益也可以作为授予原告资格的依据,从而将原告资格适用规则的救济范围扩展到非经济利益损害,但却没有完全放开,最终原告因缺乏直接因果关系而被否决了起诉资格。因此,该案中,如果原告试图获取起诉资格,就必须证明俱乐部成员是矿王谷的享用者;为了使其理由更充分,原告必须找几名居住于该地或享用该地的俱乐部成员参加诉讼。[①] 尽管如此,联邦法院明确了对事实损害标准适用的宽松态度。导致这一案件获得否定性结果的原因是原告所提出的损害及被诉行政行为具有地域性,原告应具有地域性,并且证明其所受损害的地域性。

### (二) 美国诉学生环保协会案

本案中,由法科学生组成的学生环保协会提起诉讼,请求法院复审州际贸易委员会的一项命令,此命令批准铁路公司在采用选择性运价之前,将货运价提高 2.5%。学生环保协会断言,高运价会促使人们不用可再生的材料,导致森林和其他自然资源的耗费增多,结果将会产生更多的废料和无法处理的材料,造成环境污染。联邦最高法院认为,学生环保协会具有原告资格。其理由是,协会的学生在华盛顿特区娱乐时,享用森林、河溪、山地及其他自然资源;运费上涨将会导致人们过度利用不可再生物资,对环境产生不利之影响,妨碍学生们对环境的享用。

与上一案件相比,本案所要求审查的行为具有全国性,没有任何地域性限制。联邦最高法院接受了学生环保协会的诉讼请求。联邦最高法院认为,学生环保协会提出了特定的损害,即他们所享用的森林等自然资源耗费增多,这是一种特定的损害,具有特殊性。

相对而言,塞拉俱乐部诉莫顿案所提出的损害比学生环保协会更具有直接因果关系。学生环保协会案的判决表明了起诉资格上诉因的减弱。但是,联邦最高法院认为,学生环保协会所声称的损害是具体可见的,足以取得原告资格。这一案件不仅是对事实上损害认定的放宽,同时也承认了因果关系的间接性。本案实质上鼓励公民对其认为有问题的任何行政提起诉讼,以起到监督作用。

---

① [美]伯纳德·施瓦茨:《行政法》,徐炳译,群众出版社 1986 年版,第 439 页。

然而,联邦法院这种宽松的态度并没有一直保持。以斯卡利亚大法官为代表的一些联邦最高法院大法官,始终对原告资格的标准保持形式要件上的严格,并未放宽过原告资格的标准。

### (三) 露简案

在露简(Lujan v. Defenders of wildlife)①案中,野生动物保护者协会要求法院对内政部(Department of the Interior,DOI)1986 年颁布的一项规则作出宣告式撤销。该规则对 1973 年《濒危物种法》第 7 节进行了这样一种解释,即它只适用于美国境内和公海发生的行为。该诉讼同时提请法院要求不再颁布一项新规则。1973 年《濒危物种法》规定内政部作为主要的执行机构。该法要求判断鉴别濒临灭绝的危险物种和它们的栖息地,并进一步要求所有联邦机构在采取任何可能对濒临灭绝物种或其栖息地产生不利影响的行动之前,征询部长的意见。1979 年,内政部颁布了一项规则,将征询意见要求扩大适用到联邦机构打算在国外采取的行动。1986年,里根政府颁布了一项在此案中受到质疑的规则,把质询规定限制在国内情势上。原告起诉的关键是国际开发署(the Agency for International Development,AID)贷款给埃及和斯里兰卡进行水利工程建设,这将会对大象、豹和鳄鱼的栖息地产生消极影响。而且,国际开发署这样做的时候,并没有征询内政部长的意见。在 1986 年对规则作出改变之后,这样的质询是没有必要的。

司法意见由斯卡利亚大法官拟写,怀特法官和托马斯法官及伦奎斯特首席大法官表示完全同意。肯尼迪法官和苏特法官及史蒂文森法官各自写了基本同意的意见。布莱克蒙法官和奥康纳法官则持反对意见。

本案涉及内政部长对 1973 年《濒危物种法》第 7 节进行了这样一种解释,即它是否只适用于美国境内和公海发生的行为。首要争议点是,本案中的原告是否有资格要求对这个法规的司法审查。《濒危物种法》授权内务部长以法规的形式公布一个清单,列明依规定标准判断属于濒临灭绝或受威胁的物种,并说明这些物种的重要栖息地。

1978 年,鱼类与野生生物局和全国海洋渔业局分别代表内政部长及商业部长联合颁布了一项规定,宣布第 7 节(a)(2)所施加的义务扩展至别国采取的行动。然而,之后,内政部开始重新审视自己的立场。一个经修改的联合规定在 1986 年提出。原告请求法院判决内政部对第 7 节(a)(2)的地域适用范围的解释是错误的,并要求法院颁布一项命令,要求内政部

---

① 案例索引号 540 U. S. 555,1992。

长制定新规章,恢复原先的解释。地区法院接受了内政部长以原告不具备起诉资格驳回起诉的抗辩。第八巡回法院根据有分歧的投票裁决,推翻了该判决。发回重审时,内政部长提议对起诉资格进行即时审判,而被上诉人则提议对案件的实质问题进行即时判决。地区法院以第八巡回法院已经对本案中的资格问题作出了裁定为由,驳回了内政部长的抗辩。地区法院同意对案件的实质问题进行审理的动议,并责令内政部长发布一个新修改规则。第八巡回法院维持了该判决。联邦最高法院准予了复审令。

　　联邦最高法院认为,起诉资格的最低合宪性构成要件包括三项:第一,原告必须遭受事实损害,即一项受法律保护的利益的侵害。该利益必须是具体的和特定的,而且必须是实际的或马上发生的,而不是推测的或假想的。第二,在损害和被诉行为之间必须存在因果关系,即损害具有直接性,损害应"正当地……归因于被告的受诉行为,而不是其他不到庭的第三方的独立行为的结果"。第三,可救济性,即损害具有通过一个有利的判决得到救济的可能性,而不仅仅是推测性。本案中,原告所声称的损害源于非法的政府规章,这需要更多的证据证明。本案中,因果关系和可救济性通常依受规制的第三方对政府的作为或不作为的反应而定。原告有责任证明因果关系和损害的可救济性。

　　在事实损害的证明方面,上诉法院集中在两个保护者的证词上,即凯利(Joyce Kelly)和斯基布雷德(Amy Skilbred)。凯利女士声称,她1986年到埃及旅游,"观察那儿濒临灭绝的尼罗河鳄鱼的传统栖息地,并希望再次去那儿以便直接地观察鳄鱼"。她指出,"由于在监督尼罗河上的阿斯旺高坝的复建和在开发埃及的主要水利工程计划中美国所承担的角色,她将会遭受到事实上的损害"。斯基布雷德声称,她在1981年到过斯里兰卡并观察了"诸如亚洲象和豹之类的濒临灭绝的物种的栖息地",该地方现在正是由国际开发署资助的马哈威利(Mahaweli)工程所在地,她"没有能够看到任何的濒危物种……这一开发计划将会严重地影响受危害、受威胁及地方特有的物种的未来"。她认为,这种威胁伤害了她,因为她"打算将来重返斯里兰卡并希望更幸运地至少能见到濒临灭绝的大象和豹"。在随后的作证中,当斯基布雷德女士被问到是否和什么时候打算重返斯里兰卡时,她反复强调说"我准备回到斯里兰卡",但承认她目前暂时没有任何计划。她说:"我不知道。现在那里正发生一场内战。肯定不是下一年,而是在将来。"

　　法院认为,这些证词显然不包含任何事实损害,无法表明对这些物种的伤害如何会对凯利和基斯布雷德两位女士产生即将发生的损害。在工程开始之前,两位女士曾经参观过工程的所在地这一事实,并不能证明什么。除这两份证言外,被上诉人还提出一系列新颖的资格理论。生态系统连结的理论是指,任何使用毗邻的生态系统的任何部分的人,只要受到基金资助的活动的不利影响就有起诉资格,即使该活动在很远的地方进行。动物连结方法则是指,任何有兴趣研究或观看地球上任一地方的濒危动物的人都有起诉资格。职业连结是指,任何在这些动物身上有职业兴趣的人都具有起诉的资格。这些理论没有得到法院的认可。

除了不能证明事实损害外,被上诉人也不能证明可救济性。被上诉人选择将制定规则的政府行为作为标的,此规则的无效将会影响所有的海外计划。这种诉讼方法在因果关系和可救济性方面均有证明困难。由于援助这些计划的机构并不是本案当事人,因此很难证明可救济性。地区法院只能针对内政部长作出救济,要求内政部长修改其所颁布的规定,扩大为园外项目也必须征求意见。法院认为,这并不是法律要求的可救济性,除非提供资助的机构受内政部长的规章之约束。本案中,被上诉人所请求的事实损害补偿是由资助机构采取的行为,而地区法院在这个案件中所能提供的任何针对内政部长的救济,都不可能产生此种救济结果,因为机构通常只为外国工程提供全部资金中的一小部分。

法院认为,如果原告提出的只是一般意义上常见的对政府的不满,所请求的只是他自己和每一个公民在正确适用宪法或法律方面利益受到之侵害,并且所寻求的救济对他的好处并不比对普通大众的更直接或更实在,他就不能提出第三方的诉讼或争议。因此,被上诉人没有提起该诉讼的资格。通过此案,我们不仅对事实损害有了深入理解,而且也明确了因果关系(受损害的直接性)及可救济性两项标准。这两项标准的论证在公民诉讼的判例中更加清晰。

上述三个案件是对司法审查之诉的起诉资格适用规则——特别是对事实上损害这一标准——的适用与解释。

## 二、起诉资格之可救济性及因果关系标准

一般情况下,因果关系标准往往与事实损害标准相关联,而可救济性往往是一个相对独立的问题。所谓可救济性,是指原告向法院提起纠正行政行为的要求,以补偿被告对原告造成的损害。若没有需要纠正的违法行为,则案件不具有可救济性。

### (一) 芝加哥钢铁公司案

在芝加哥钢铁和酸洗公司下属钢铁公司(AKA)诉争取更优环境的公

民(CBE)案中①,1986 年的《紧急计划和社区知情权法》(the Emergency Planning and Community Right-to-Know Act,EPCPA)建立了一个制度框架,即设立国家、区域和地方机构告知公众危险与有毒化学制品存在的三级信息公开制度。该法案还规定了发生危害健康的有毒化学制品泄露时可采取的紧急措施。《紧急计划和社区知情权法》要求使用危险与有毒化学制品的公司每年都要向环境保护署和州及地方机构提交一份报告,从而达到通知公众的目的。由此,公众就会了解其居住区周围的公司的危险物质存货清单,并且可对这些有毒化学制品的性质、数量和处理方法进行评估。《紧急计划和社区知情权法》的报告要求在 1998 年开始生效。该法可通过很多方式加以强制执行,如环境保护署可寻求对违反报告的行为采取刑事的、民事的或行政上的惩罚措施;州政府可寻求民事处罚措施或禁令形式的衡平救助;以及像其他法律一样,准许公民诉讼作为执行的一种方式。"任何人都可以代表自己提起民事诉讼对抗……设备的拥有人或操作者,因为他们没有提交适当的报告。"作为提起公民诉讼的先决条件,可能的原告必须在开始诉讼前 60 天通知环境保护署、州和地方机构及被告违法者。假如环境保护署、州或地方政府计划对该被告违法者提起诉讼,则公民诉讼不被允许。

芝加哥钢铁公司的存货清单里有危险物质,以及经过处理的有毒化学制品。该公司被归入依《紧急计划和社区知情权法》应提交报告的单位之列。争取更优环境的公民是一个环保组织。芝加哥钢铁公司向所有相关的机构提交了所有的被要求的报告文件。环境保护署决定不提起任何法律的或行政的诉讼。伊利诺伊州也决定不起诉。该民间组织在 60 天的等候期满后,向法院提起了公民诉讼。芝加哥钢铁公司请求法院驳回诉讼。

联邦最高法院最后作出了判决,但判决只形成了多数意见。斯卡利亚法官撰写了法庭意见,但只有伦奎斯特首席大法官和托马斯法官完全同意他。奥康纳法官和布莱尔法官只同意了斯卡利亚大法官一部分意见,对其余的则是基本同意。肯尼迪法官部分地赞同。史蒂文森法官撰写了基本同意意见,苏特法官和金斯伯格法官部分地同意他的看法。该案有两个关键的争议点:(1)《紧急计划和社区知情权法》是否准许对纯粹过去的违反报告要求的行为起诉?因为提起诉讼时,芝加哥钢铁公司是完全遵守报告要求的,这一被指称的违法行为纯粹是属于过去的。(2)争取更优环境的

---

① Steel Company,AKA Chicago Steel and Picking Co. v. Citizens for a Better Environment,523 U.S. 88,1998. 本案为上诉案件,因此一审案件中的原被告互换。

公民是否具有起诉资格？

任何诉讼中的原告都必须负举证责任,证明双方当事人存在现实的而非假想的冲突、诉讼适时、法院具有管辖权及原告是有权提起诉讼的适格当事人。本案中,法院根据法律诉讼的类型,设计了资格验证的三个要素,即损害事实、可归因性和可补救性。损害事实指原告是否遭受了可加以证明的损害。可归因性指因果关系,即原告所遭受的损害是否可公正地归因于被告的行为。可补救性指法律诉讼必须向法院提出纠正请求,以补偿被告对原告造成的损害,即原告所受到的损害是否可通过有利的法院判决加以赔偿或纠正。假如一个有利的法院判决没有任何用处,那就失去了起诉的意义。

联邦最高法院认为,在诉讼中,争取更优环境的公民要求法院宣告芝加哥钢铁公司违反了《紧急计划和社区知情权法》。由于芝加哥钢铁公司已经承认了它的违法行为,因此这一问题不存在任何争议,而且法院的宣告对争取更优环境的公民也没有任何帮助。争取更优环境的公民要求对该公司在违法期间的两个违法行为予以每天 2.5 万美元的罚款。然而,根据法律,这笔罚款必须上缴国库,并非归入争取更优环境的公民的账下。争取更优环境的公民要求法院授权其检查该公司的记录和设施,但由于争取更优环境的公民没有指证该公司在未来会违反《紧急计划和社区知情权法》,这种检查将构成对过去已被承认的已发生的违法行为进行重复检查。同时,争取更优环境的公民要求法院判定补偿其用于调查的费用。争取更优环境的公民还要求偿付合理的律师费用。争取更优环境的公民的所有诉讼请求,只有诉讼费和调查费请求与其真正具有关联性。但是,斯卡利亚大法官认为,原告不得以起诉费用为由得到就实体问题产生的起诉资格。除了属于诉讼本身的副产品的费用补偿外,诉讼还必须能够给予原告一些其他的利益。因此,该案不具有可补救性。假如一个有利的判决对争取更优环境的公民没有任何实质性帮助,那么它就不应该起诉。

概言之,该案无可纠正的违法行为和可救济的实体性权利。芝加哥钢铁公司已经承认了其违法行为,罚款必须上缴至国库,并不能归入争取更优环境的公民的账下。原告唯一有关联性的补偿是律师费用,但法院否决了单纯以律师费作为诉求。就此,原告因没有可救济性而没有获得起诉资格。

### (二) 莱德洛公司案

莱德洛公司(Laidlaw)案对原告起诉资格的三要素只宽泛地考虑了事实损害一项。联邦最高法院认为,只要具有损害,便可提起诉讼。这大大放宽了起诉资格。本案中,因果关系的间接性被认可,并且没有追究上诉法院所提出的没有可救济性的问题。因此,该案也被视为放宽原告起诉资格的经典案例。

1986 年,在 Friends of the Earth v. Laidlaw Environmental Services[①]案中,莱德洛公司从北卡罗来纳州购买了一套有毒废物焚烧装置,并在此后不久获得了该州颁发的国家污染减排项目(NPDES)许可证。该许可证允许莱德洛公司向北泰戈尔河排放污染物,但其特定污染物必须遵守许可证规定的排放限制。然而,1987 年至 1995 年,莱德洛公司违反许可证的规定,超标排放达 500 次之多。1992 年,环保组织地球之友(FOE)根据《清洁水法》,向法院提起了公民诉讼,要求法院进行宣告性救济和禁令救济,并对莱德洛公司处以民事处罚。初审法院最终认定该公司在 1987 年到 1995 年违反许可证规定达 489 次,因此对该公司处以 405800 美元的民事罚款。原告认为罚款数额太少而提出上诉,上诉法院尽管承认本案原告初审具有起诉资格,但是被告在诉讼过程中已经遵守许可证条款,因而该案的诉讼事由已经消失。而且,地球之友仅就民事罚款提出上诉,没有对初审法院拒绝提供禁令救济的判决提出上诉,上诉法院根据钢铁公司的判决,以民事罚款是支付给美国国库而不是支付给地球之友为由,认为该案不符合可救济性要件的要求,从而予以驳回上诉。原告上诉到联邦最高法院,联邦最高法院承认了原告的诉讼资格。

斯卡利亚大法官在该案中作为少数意见,一直试图说服他的同事,他认为美国宪法禁止私人当事人实施公法,莱德洛案的主要判决意见则从许多方面反对斯卡利亚大法官的观点。联邦最高法院推翻了上诉法院对地球之友原告资格的认定。联邦最高法院根据原告起诉资格需具备的三要素进行判决。联邦最高法院认为,原告成员在书面证词中提出,他们在河中垂钓和游泳受到阻碍符合原告资格的前两个条件,对莱德洛公司的民事罚款可以阻止与威慑该公司、其他组织及个人将来的可能产生的污染行为,地球之友从诉讼中间接获益,但这不影响其原告资格的获得。也就是说,原告所受的损害具有救济可能性。地球之友诉莱德洛公司案承认了对环境污染后果的合理担心可构成事实损害,大大拓宽了美国环境公民诉讼原告起诉资格的范围,对可救济性及因果关系标准进行了扩张解释。

综上,我们也可以看出公民诉讼在法院判决中的不稳定性。在遇到倾向环境保护的法官时,公民诉讼比较容易获得支持;在遇到坚持法律形式

---

① 案例索引号 528 U. S. 167,2000。

主义的法官时,如斯卡利亚大法官,公民诉讼则会因起诉资格问题而被否决。

### (三)沃森案[1]

在地球之友诉沃森(Watson)案中,原告诉海外私人投资公司(OPIC)总裁沃森及美国进出口银行副总裁梅里尔(Merrill)。原告认为,两个机构在投资可能影响气候变化的项目时,没有遵守《行政程序法》和《国家环境政策法》。

被告认为原告缺乏诉讼资格,因为原告在事实上的损害并不充分。被告认为,原告不能出示事实损害、因果关系或可救济性的证据。然而,法院不同意被告的看法,认为原告仅仅需要证明被诉行动威胁其具体利益的合理的可能性即可。

在回应没有事实损害时,原告认为,被告项目所造成的环境影响是不可否认的。尽管被告质疑原告证据的可靠性,但法院认为,原告的证据充分证明被告项目所排放的气体具有威胁原告具体利益的合理的可能性。法院认为原告具有充分的因果关系,并指出了与被告能源项目具有关联性的证据。如果没有被告的资助,这两个项目都将不能继续开展。因此,被告符合重大联邦机构行动的条件。原告同样满足可救济性要求。法院认为,因为原告证明了被告决策会影响环境,所以原告可救济性证明成立。如果被告根据《国家环境政策法》进行了环境影响评估,那么可以充分救济原告所辩称的损害。

最后,法院认为,在海外私人投资公司之下进行的环境程序并不能替代《国家环境政策法》的环评要求。尽管被告提供第九巡回法院阻止《国家环境政策法》审查的案例,但法院认为国会没有阻止《国家环境政策法》审查的意愿。最终,法院拒绝了被告的请求。

为了证明存在事实上的损害,地球之友证明被诉的行政机关行为很大可能威胁了其利益,而行政机构并没有按照程序规则对这一利益进行保护。地球之友提出的最为重要的观点是,其提出证据证明联邦机构的行动引起了温室气体排放,这种排放破坏了环境,而地球之友的利益因环境恶化而受到了损害。

## 三、起诉资格之代表公共利益的私人检察官

联邦最高法院大法官道格拉斯曾在斯克里普斯霍华德广播公司诉联

---

[1] 案例索引号 528 U. S. 167,800(2000),Friends of the Earth v. watson。

邦电讯委员会案的不同意见的判词中写道:"除非请求审查政府行为的人能够证明他的个人利益受到了不法侵犯,否则他只是受到无损害损失,没有法律依据提起诉讼。"①这种个人利益受不法侵犯往往是基于个体的法定权利,在没有法定权利的基础上,这种损害或不法侵犯也没有请求司法审查的根据,这便是在法院放宽起诉标准之前所坚持的法定资格标准。

　　然而,该案的多数派则认为,1934 年《通信法》所授予的请求审查政府行为的原告资格,虽未创设新的私法权利,但此举是为了保护电信事业上的公共利益。根据该法可以提起司法审查申请的当事人可以具有公共利益代表人的资格。② 也就是说,申请司法审查的诉讼可以保护公共权利,而非个人的法定权利。因此,国会便可以把其保护公共利益的立法目的之实现委托给别人。如果受委托的是私人或团体,那么私方当事人便自然有了代表公共利益的资格。③ 因此,美国宪法所规定的三项起诉资格的标准有所松动,这便是法院能够放宽标准的逻辑起点,即公共利益的代表。

　　国会是否会将这种公共利益保护的权利委托给私方当事人呢? 答案是肯定的。首先,根据分权原则,国会不能授予政府官员这种代表资格以请求法院审查其自身的行政行为。杰罗姆·弗兰克法官曾指出:"在没有真实的应由法官审理的争议时,根据美国宪法,国会不能授权任何人提起诉讼,请求司法裁决法律的合宪性问题或法律授予的政府官员的权力范围。根据美国宪法,国会可以授权它自己的官员,如司法部长,提起诉讼,以防其他官员违反其法定权力。这样就有了真实的争议。国会可以适当地授权司法部长,在这种争议中保护公共利益或政府利益。国会也可以不委托司法部长,而是根据美国宪法制定法律来授权某个或某些非政府人员提起诉讼,以防政府官员违反其法定权力。美国宪法允许国会授权任何人提起这种诉讼,即便这种诉讼的唯一目的是保护公共利益。可以说,被授权的人是私人司法部长。"④这里提到的通过立法来委托任何人提起申请司法审查的诉讼,既包括《行政程序法》授权任何受行政行为损害的人申请提起司法审查,也包括《清洁空气法》《清洁水法》等关于公民诉讼的授权。这种授权都可将私方当事人视为私人司法部长或私人检察官。所谓的私人司法部长或私人检察官一旦提起这种诉讼,目的就是保护公共利益,他可以成为法律授权的公共利益的代表。

---

① [美]伯纳德·施瓦茨:《行政法》,徐炳译,群众出版社 1986 年版,第 421 页。
② 同上,第 422 页。
③ 同上。
④ 同上。

关于这一逻辑起点,代表自然或生物提起诉讼的案件则更为典型,主要有以下两个:

(1)在田纳西流域管理局诉赫尔(TVA v. Hill)案中,法院发布了一个禁止令,禁止修建一个耗资数百万美元的大坝,因为大坝修建完成后,将会威胁一种濒临灭绝的蜗牛鱼。法院发现大坝修建后将违背《濒危物种法》,最后得出结论认为,除了颁发修建大坝的禁止令外,别无选择。虽然修建大坝已经耗去巨额资金,所剩工程已经不多,但是法院裁定,这些因素都是无关紧要的。美国国会在通过法令时,已把拯救濒临灭绝物种看得比其他政府政策更为重要,并且判定拯救濒临物种高于一切。(2)在温伯格诉罗梅罗-巴赛洛(Weinberger v. Romero-Barcelo)案中,法院认为对该违法行为并不需要颁发禁止令。该案的违法问题是海军在训练演习之前没有得到许可。军需品浸入水中,从环境技术上讲,必须经过许可,但是下级法院发现沿海水域事实上并未受到损害。在这种情形下,法院认为,命令海军申请一份许可证作为补救就已足够了。法院认为,法律补救办法的选择既不是机械式的,也不是由法官任意决定的。相反,法官必须作为美国国会的代理人去执行国家政策。这两个案例都是典型的原告代表公共利益起诉的案件。

## 四、司法审查立案的其他标准

司法审查的立案标准除了最为重要的起诉资格外,还有一些其他标准,如被告是否适当、审查诉讼提起的时间是否合适,以及司法审查的时机是否成熟。由于这些标准在环境控权规则体系中的诉讼争议不大,本书只进行简要介绍。

### (一)被告适格

在许多情况下,法律会明确规定某个特定的行政机关为被告,并规定受理此类诉讼的法院。在这种情况下,被告适格问题是不存在争议的。比如,《清洁空气法》明确规定了公民诉讼的被告是执行其要求的行政机构,以环境保护署为主。同时,《清洁空气法》也规定了华盛顿特区地方法院为初审法院。

但是,在法律没有明确规定时,究竟被告怎样适格,以及相应地选择哪个法院进行起诉,便成为一个问题。例如,《行政程序法》《国家环境政策法》对这一问题便规定不详。在这种情况下,有两个类型化的区分:一是被告为政府官员个人;二是被告为行政机构的首长。如果被诉的违法行为是行政机构官员或其下属的个人行为,那么被告为政府官员个人。但是,也有些地方法院认为,如果无权诉下属官员,那么只能以行政机构的首长为被告。第二种类型便是被告为行政机构的首长。过去,此类诉讼只能由华盛顿特区法院受理,这是最为常见的情况。现在的通行规定是,控告联邦官员即行政首长或行政机关的诉讼,可以由下列地区法院受理:(1)被告所在地法院。(2)诉因产生地法院。(3)原告所在地法院。[1]

### (二) 审查诉讼提起的时间问题

判例法规定了两个主要的原则来解决诉讼时间问题:一是初审管辖权原则;二是行政救济终审原则。初审管辖权原则与行政救济终审原则密切相关,它们是诉讼时间问题的两个侧面,共同决定是应向法院起诉,还是应向行政机关申诉或向高一级行政机关申诉的问题。二者的基本区别是:初审管辖权原则解决是法院还是行政机关具有初审权的问题;行政救济终审原则解决对某行政行为是否可以进行司法审查的问题。行政救济终审原则适用于只可由行政机关受理的初审诉讼请求,只有在行政程序结束后,才能允许司法干预。初审管辖权原则适用于法院和行政机构都有管辖权的案件。在规定初审管辖权原则的法律适用时,案件必须由具有初审管辖权的法院或行政机构裁决后,方可向更高一级的联邦法院申请司法审查。[2]

### (三) 司法审查的成熟时机

上一个问题是从当事人起诉时间来判断的,本问题则是从法院审查的时机的角度来进行判断的。

联邦最高法院认为,“成熟原则的基本原理是避免法院过早进行裁决,以免法院自身卷入有关行政政策的理论争议之中,同时也是为了在行政机关正式作出行政裁决之前,在原告当事人事实上感受到这种裁决的效力之前,保护行政机关免受司法干扰”[3]。法院在有必要对行政法上的问题作出裁决之前,不能把此问题抢先揽过来。受指控的行政行为的效力不应是模糊不清的、不确定的,相反,这种效力应当成熟到具有最终性。利害冲突在变成可由法院审理的争议之前,都没有“成熟到可由司法裁决的地步”。只有在受指控的行政行为发生了事实上的而不是假定的影响时,时机才算成熟了。

联邦最高法院认为:“要判断行政行为是否是最终的行为,就要看行政

---

① 　[美]伯纳德·施瓦茨:《行政法》,徐炳译,群众出版社 1986 年版,第 444 页。

② 　同上,第 445 页。

③ 　案例索引号 387 U. S. 136. 148。

裁决的程度是否达到了司法复审不会打断行政裁决的正常程序的阶段,也就是说,不仅要看行政救济是否已经终结了,还要看权利与义务是否确定,或者说从行政行为中是否会产生法律效果。"①成熟的标准是不利之影响、实际性和紧急性。裁决行政行为是否成熟到可以复审的阶段,主要取决于行政行为的效力。如果行政行为确实对私方当事人的人身或财产造成了不利影响,则应当予以复审;如果行政行为仅是最初的或程序上的措施,对私方当事人还没有发生什么影响,则不能予以复审。

## 第三节　环境控权案件中的司法审查规则之审查范围认定

司法审查的范围标准,主要是探讨法院审查被诉行政行为的范围。审查的范围有两个维度:一个是横向的审查范围,即只审查行政行为相关的法律问题,还是既审查法律问题也审查事实问题;另一个是纵向的审查范围,即审查行政行为使用自由裁量权的合理性问题,并由法律及判例法制定相应的标准。

### 一、审查范围的横向维度

#### (一)法律问题与事实问题

关于司法审查究竟只审查法律问题还是审查法律问题和事实问题,在法院审判中争论了很长时间。在最初的法院审查中,法官均倾向于只审查法律问题,即行政机构适用法律正确与否,以及解释法律是否有偏颇,这样法院便会把法律与事实问题相区分。行政机构认定事实,而法院只审查行政机构的法律适用与解释。只有在这种情况下,法院才能够撤销行政行为。在1882年的法院判决里,法院认为:"如果授权法院监督行政机构官员的行为,裁决事实问题,那将会导致无休止的诉讼,只能产生坏的结果。"②这种观点的原因是人们在早期往往认为行政机构中行政专家的判断更为专业,对行政专家的意见便更加尊重和信服。在诸多的独立委员会(如州际贸易委员会等)中执行法律的都是具有专业知识的专家。加之,州际贸易委员会等独立委员会在新政时期及之前也都是较为强势的。

按照上述审查标准,就会导致一个结果,即行政机构是裁定事实的专

---

① 案例索引号 400 U.S. 62.71。
② 案例索引号 104 U.S. 420,426。

家,法院无法替代,因而行政机构在事实方面的裁决成为了终审性裁决,法院无法推翻。从这个角度看,司法审查将变得毫无意义,因为大多数案件都涉及事实的争议。① 由此,法院开始转向审查法律问题和事实问题。首席大法官休斯曾指出:"一个不谨慎的行政官也许会说,让我替我们的国民裁判事实吧,我不管由谁制定普遍准则。"②然而,正确裁定事实也许比对所认定的事实正确适用法律原则更为重要。③ 尽管如前文所述,法院早期并不审查州际贸易委员会裁定的事实问题,但在回应州际贸易委员会所辩称的其裁定为终审裁定时,联邦最高法院指出:"州际贸易委员会的这种说法意味着,就依赖于事实的权力而言,它可以摈弃一切证据规则,根据行政命令随意作裁定。这种权力……与公正司法是不一致的,它是宪法所谴责的那种专断弄权。"④

《行政程序法》将这一问题最终确定,即如果有争议的是法律问题,那么法院必须根据自己的独立见解来判断行政机关对此问题的裁量是否正确;如果有争议的是事实问题,那么法院只需判明行政裁定是否合理。

毫无疑问,司法审查的根本目的是限制行政机关在授权范围内行使权力,这必然需要法院对法律问题和事实问题同时进行审查。那么,审查的原则应当是什么呢? 联邦最高法院在其长期审查中发展了可受案证据原则,特别是审查事实问题是否合理时,只有在"没有证据佐证时,审查才能推翻行政机构事实部分的裁定"⑤。《行政程序法》也对可受案证据原则作出了规定,即司法审查的审查法院在确定是否有可定案证据佐证时,应研究全部案卷。从全部案卷中的证据看不合理的裁定就是不公正的。如果从用以佐证事实裁定的证据中能合理地推导出事实的存在,那么这种证据就是可定案的证据。⑥ 首席大法官休斯在 1938 年的判词中对可受案证据下了定义:"可受案证据是那种理智的人认为足以佐证裁定的有关证据。"可受案证据的标准是行政机关的事实裁定的合理性,而不是其裁定的合理性。

### (二) 实质性审查与程序性审查

在《国家环境政策法》对环境影响评价的司法审查中,究竟应该是进行

---

① ［美］伯纳德·施瓦茨:《行政法》,徐炳译,群众出版社 1986 年版,第 551 页。
② 同上。
③ 同上。
④ 同上。
⑤ 同上。
⑥ 同上,第 556 页。

实体性的审查还是程序性的审查,是自《国家环境政策法》颁布以来讨论较多的问题。从实体性审查来讲,如果对环境影响评价的实体性内容进行审查,那么可能导致对行政的自由裁量权的破坏;从程序性审查来讲,如果环境影响评价的内容审查过于程序化,那么可能导致最终的审查不能起到实际性的作用。根据《国家环境政策法》近四十年的发展,目前《国家环境政策法》所规定的环境影响评价的司法审查已经成为程序性审查。在这一发展演变过程中,我们能够看到环境影响评价的司法审查成为程序性审查的根本意义所在。

在1976年的Kleppe案中,上诉法院认为行政机构应当准备区域性的环境影响评价报告书,并认为成文法赋予了法院在正式的意见或报告提交之前,要求准备环境影响评价报告书的权力。联邦最高法院认为,上诉法院的这种理由和行为在《国家环境政策法》的法条本身及立法史中都找不到根据。《国家环境政策法》第102条只规定了在形成正式的意见或报告时,环境影响评价应当开始进行。由此,联邦最高法院认为,法院没有权力及被授权偏离成文法的法条本身,仅仅根据上诉法院自己设计的平衡因素[1]来决定在酝酿之中的行动计划是否应当进行环境影响评价。联邦最高法院同时指出,这种司法授权的干预会导致《国家环境政策法》程序性责任的偏离,并使司法权干预到日复一日的行政机构决策过程中。[2] 从这一案例可以解读出两点环境影响评价的内容界限:第一,法院审查环境影响评价的内容与审查介入时间界限是明确的。根据《国家环境政策法》及本案的适用规则的结论,法院司法审查环境影响评价应当在一个正式的意见或报告提交之后,而不能在此时机之前,即仅仅在该意见或报告的酝酿阶段。第二,法院对环境影响评价的审查内容也仅限于在正式的意见与报告提交后,不能在此之前干涉决策行动计划阶段的实质性内容。

1978年的佛蒙特扬基核电力公司诉自然资源保护委员会(Vermont Yankee Nuclear Power Corporation v. Natural Resources Defense Council)[3]案更加明确地指出了应当在程序性上审查环境影响评价,不应当在实体上对环境影响评价进行更深入的审查。该案起因于1967年有关机构有意向建造和运营核电站,佛蒙特扬基核电力公司试图向原子能委员会申请运用核电站的经营执照。原子能委员会发布了环境影响评价报告

---

① 当时的上诉法院设计了平衡四要素(four-part"balancing"test)。但后来没有被沿用,并且被最高法院否定。
② 案例索引号 427 U.S 390,96 S. Ct. 2718。
③ 案例索引号 435 U.S. 519,1978。

的草案,颁发了经营执照给佛蒙特扬基核电力公司。联邦最高法院认为,原子能委员会在其成文法的授权下颁发执照,并且在颁发过程中考虑了环境影响。尽管自然资源保护委员会认为核电站的开发不利于生态,但这不属于在成文法授权内,法院司法审查应当考虑的问题。这便确立了联邦最高法院对环境影响评价只进行程序性审查的适用规则。

自从环境影响评价的程序性审查在司法判例中得到广泛确认后,以自由裁量权作为抗辩理由的案例也相应出现。2008年,生物多样性中心诉国家高速公路交通安全部(National Highway Traffic Safety Administration, NHTSA)①案是较为典型的案例。2006年,国家高速公路交通安全部通过了2008—2011年度轻型汽车平均燃油经济标准,这一标准中的轻型汽车最终包括了多功能车(SUV)、厢式货车和载人卡车。2005年,国家高速公路交通安全部提出这一规则,并且起草了环境评估报告,结论认为这个标准会减少二氧化碳的排放,并且2005—2007年和2008—2011年的轻型卡车规则对环境的累积性影响非常小。生物多样性中心提起诉讼,认为这一标准违法。国家高速公路交通安全部抗辩认为其在设置燃油经济标准上具有自由裁量权,并且认为其在环境评估中已经进行了考虑环境因素的可替代方案。同时,国家高速公路交通安全部援引交通部诉公众的案例,认为其没有义务考虑环境影响的因素。上诉法院第九巡回法院没有支持国家高速公路交通安全部的这一抗辩。该法院的弗莱彻法官认为,国家高速公路交通安全部根据立法授权,有责任加强和强制燃油经济标准,其确实存在自由裁量权,但这个自由裁量权应当是提高标准。尽管《国家环境政策法》没有赋予实体性权力,但国家高速公路交通安全部有义务在环境影响评价中涵盖最为全面的信息。该法院指出,《国家环境政策法》的立法史反映了国会对那些试图通过狭义解释来避免遵守《国家环境政策法》的机构之担心。因此,国会在《国家环境政策法》第102条规定了"尽一切可能"。最终,法院认为国家高速公路交通安全部应当准备一份修改后的环境评估报告,并且如果有必要的话,应当进行环境影响评价。

这一案例充分反映出,自由裁量权会成为联邦机构规避《国家环境政策法》的环境影响评价责任之抗辩理由。但是,上诉法院通过对该案的判决也彰显出,在具体情况下,程序性与实体性是存在具体区分的,并不是所有的问题都可以使用自由裁量权来抗辩。2008年的国家高速公路交通安

① 案例索引号538.3d 1172。

全部案与 1978 年的佛蒙特扬基核电力公司案在环境影响评价的司法审查之程序性和实体性上有些相似,但也有不同。事实上,在佛蒙特扬基核电力公司案中,法院对原子能委员会颁发营业执照所进行的环境影响评价是持肯定态度的,因为就颁发营业执照这一事项本身,确实与核电站是否建设是没有密切关联的。法院只能够针对经营执照颁发的环境影响评价事项进行司法审查,其中并不涉及核电站开发与否的提议。因此,如果法院根据核电站是否应当开发这一事项进行判决,那么法院就变成了行政机关的内部成员,并没有针对佛蒙特扬基核电力公司案本身所涉及的环境影响评价进行审查。然而,在 2008 年的国家高速公路交通安全部案中,环境评估本身针对的对象就是轻型汽车的平均燃油经济标准的制定。如果执行平均燃油经济标准,扩大轻型汽车的范围,会直接导致二氧化碳排放的问题,从而影响环境。因此,针对这一环境评估的司法审查,是直接涉及标准制定问题的。2008 年的国家高速公路交通安全部案与 1978 年的佛蒙特扬基核电力公司案之所以在司法审查的程序性问题上的判决不同,主要是因为二者所针对的环境影响评价或环境评估的具体内容不同。因此,司法审查的程序性应当理解为法院仅限于对案件中的环境影响评价或环境评估的具体内容进行审查,同时对内容上的审查只考虑信息覆盖情况及机构是否考虑了可能直接产生环境影响的环境因素这两个问题。

## 二、审查范围的纵向维度:控制自由裁量权的滥用

### (一)控制自由裁量权的重申

司法审查的核心目的依然是控制自由裁量权。审查自由裁量权也是法治的基本特征。大法官道格拉斯说:"当法律使人们免受某些统治者……某些官员、某些官僚无限制的自由裁量权统治之时,法律就达到了最佳状态。……无限自由裁量权是残酷的统治。它比其他人为的统治手段对自由更具破坏性。"[1]

关于审查自由裁量权的滥用问题,无论是大陆法系的法国行政法院,还是英美法系的英国法院及美国法院,都是司法审查的核心。[2] 所谓自由裁量权,是指行政官员或行政机关拥有从可能的作为和不作为中作出选择的自由权。但是,审查法院有权保障行政机构所作出的选择并非完全以行

---

① [美]伯纳德·施瓦茨:《行政法》,徐炳译,群众出版社 1986 年版,第 567 页。
② 同上。

政官个人意愿为转移。①

一般认为,自由裁量权的滥用有以下几种类型:(1)不正当目的。(2)错误的和不相干原则。(3)错误的法律或事实根据。(4)遗忘了其他有关事项。(5)迟延或不作为。② 那么,根据上述类型,自英国法院的审查起,法官便认为"自由裁量权不应是专断的、含糊不清的、捉摸不定的权力,而应是法定的、有一定之规的权力"③。由此,传统的英美法认为,滥用自由裁量权便是专断的、含糊不清的、捉摸不定地行使自由裁量权。环境控权体系对此有进一步发展。

**(二)自由裁量权行使的合理性标准**

《行政程序法》对审查自由裁量权规定了两项内容:一是规定了审查标准,即审查法院应认定专断的、反复无常的、滥用自由裁量权的行政行为、行政裁定和结论违法,并予以撤销;二是保障行政机构依法合理行使自由裁量权的行政行为不受司法干预。④ 美国联邦法院据此也通过判例予以明确。

1. 奥弗顿公园案

《行政程序法》第 706 节授权审查机构行为的法院采取两种行动:第一,假如某机构不合法地拒绝作为或不合理地延迟行为,法院可以迫使机构作为。第二,法院能够使以下机构行为无效:违宪的机构行为;与联邦法律相抵触的或超越机构权限的机构行为;违反程序的机构行为;独断的、反复无常的或滥用自由裁量权的机构行为;不为案卷中的实质证据所支持的机构决定,即实质证据审查;以及法院被授权使一个经过审查法院重新审理后发现没有事实根据的机构行为无效。

1968 年,交通部长沃尔普宣布他同意孟菲斯提出的一条六车道联保高速公路可以穿过奥弗顿公园的意见。1969 年,部长批准向穿过奥弗顿公园的联邦高速公路提供联邦公路资金。该决定没有附理由说明、事实的调查研究结果或解释。

保护奥弗顿公园公民组织(Citizen to Preserve Overton Park)根据1966 年《交通部法》(the Department of Transportation Act of 1966)第 4节(49 U. S. C. 1653)和 1968 年《联邦援助公路法》第 138 节(23 U. S. C. 138)起诉了该部长,要求其停止发放联邦资金。如果存在一个可行的和节

---

① ［美]伯纳德·施瓦茨:《行政法》,徐炳译,群众出版社 1986 年版,第 568 页。
② 同上,第 571 页。
③ 同上,第 568 页。
④ 同上,第 567 页。

俭的替代路线,那么这些法律将禁止为穿过公共公园的公路提供联邦资金。如果交通部长发现不存在任何可行的和节俭的替代路线,那么他在采取"所有可能的使对公园的损害最小化的计划后",可以发放资金。

地区法院和巡回法院在技术性问题上驳回了对交通部长的起诉。联邦最高法院指出两个下级法院不受理该案是错误的,并发回地区法院重审。布莱克法官和布伦南法官认为,整个事件应该发回给交通部长举行听证并作出新的决定。

一个基本问题在于,请求人是否具有资格提起司法审查。《行政程序法》第 701 节规定,美国政府的每一个机构行为,包括交通部的行为,都受司法审查的制约,除非成文法禁止司法审查,或者机构行为由法律授权给机构自由裁量。本案中,没有任何迹象表明国会试图禁止司法审查,而且没有任何清晰的和由说服力的证据表明立法试图限制运用司法审查。此处,该决定不属于授权机构自由裁量的例外行为。《交通部法》第 4 节和《联邦援助公路法》第 138 节是清楚的和具体的指令。两部法律都明确规定,部长不应该同意任何要求使用公共公园用地的项目和工程,除非没有可行的和节俭的用地替代方案,或者这种项目包括所有的将对这个公园的危害减至最小程度的可能计划。该规定清楚明白地禁止将联邦资金用于穿过公园的公共建设。

尽管如此,被告辩称,部长享有广泛的自由裁量权,而没有可行的替代方案这一要求几乎不容许行政自由裁量权。为了适用这个例外,部长必须断定,根据正确的工程学,沿着其他任何的路线建设公路都不可行。然而,被告辩称,证明不存在其他节俭的可替代路线这一要求,迫使部长忙于范围广泛的相互冲突的利益的权衡。部长要把由公园用地的破坏引起的损害与选择其他路线的成本、安全考虑和相关因素放在一起进行权衡,并依据他给予这些因素的重要性,决定可替代的可行路线总体上是否是节俭的。但是,这种范围广泛的努力并非在行政权责之列。显然,在大多数情况下,出于对成本、笔直路线和社会破坏的考虑,公园用地在任何时候都应该被用于建设公路。虽然可能有必要把资金从一个辖区转移到另一个辖区,但是当使用公园用地时,向公众索取的支出是较低的,因为公众已经拥有了这片土地,所以就不用再为路权支付费用。由于公众不在公园内居住或工作,如果在公园用地上建筑公路,没有人必须离开他的家园或放弃他的生意,这些因素对于所有的公路建设来说是共同的。法院认为,国会明显并没有打算让部长忽视成本和对社区的破坏。但是,成文法的存在本身表明了公园用地的保护被赋予了至高无上的重要性,公园用地的部分不应该被丢失。如果说要让成文法有实施意义的话,部长就不得准许破坏公园用地,除非他发现可替代路线存在独特的问题。因此,授权机构自由裁量行为的例外是不适用的。

然而,事实的详细审查没有以认定交通部长在他的法定权力范围内行事而结束。《行政程序法》第706节(2)(A)要求认定行政机构的决定不是专断的、反复无常的、滥用自由裁量权的,或者是与法律不一致的。为了作出这样的认定,法院必须考虑该决定是否建立在考虑了相关因素的基础上,以及是否存在明显的判断错误。虽然事实调查是彻底的和详细的,但最终的审查标准却是狭窄的。法院无权以自己的判断来取代机构的判断。因此,有必要把案件发回地区法院,对部长的决定进行充分审查,审查必须以部长在作出决定时所掌握的全部行政证据记录为基础。由于仅凭记录可能无法揭示被考虑进去的因素或部长对证据的解释,因此有必要由地区法院要求某些解释,以便判断部长是否在他的权力范围内行事及部长作出决定所依据的标准是否正当。法院可要求参与作出决定的行政官员作证来解释他们的行为。

该案的判决为法院对行政机构遵守《国家环境政策法》规则的司法审查提供了判例法依据。在适用环境控权规则体系时,美国联邦法院也确立了审查环境行政行为的司法审查标准。

2. 雪佛龙案

美国雪佛龙公司诉自然资源保护委员会(Chevron U. S. A. Inc. v. National Resource Defense Council, NRDC, 467 U. S. 837)案为政府环境行政行为的司法审查标准提供了更进一步的先例。该案对美国环境法领域的影响非常广泛,并被许多法院判决引用。

美国联邦环境保护署根据《清洁空气法》确立了国家空气质量标准。1977年的《清洁空气法修正案》为能达到国家空气质量标准的州强加了某些特定的义务,要求未达标的州建立一个许可证制度,以管制"新建或改建的大型固定空气污染源"。除非这些固定污染源符合更加苛刻的条件,否则就不能给它们颁发许可证。1981年,环境保护署发布了实施这种许可证制度的规章,允许州以整个工厂为单位定义固定污染源。如果一个现有的工厂拥有好几个排污设施,只要新建或改建不会增加工厂的排放总量,它就可以新建或改建其中的某一个排放设施,无须遵守更为严厉的条件。自然资源保护委员会认为,这一解释违反了《清洁空气法》的规定。上诉法院认为,考虑到该制度的立法目的是提高空气质量,以整个工厂为单位来定义固定污染源是不合适的。联邦最高法院则认为环境保护署的解释方式是可以被解释的,并因此确立了重要的行政机构解释法律的司法审查标准。

当法院审查发现了机构对其执行的成文法的解释时,如果能查明国会的意图,法院则不需要进行解释。对于法院和机构来说,它们都必须执行国会明确表达的意图。如果法院发现国会并没有对争议的问题作出直接的说明,在这种情况下,除非缺乏行政解释,否则法院不能径直按照自己的意图对成文法作出解释。确切地说,如果成文法在特定问题上保持沉默或含糊不清,那么法院就应当审查行政机构的解释是否是一个可接受的解释,而不能直接进行解释。

法院认为,"行政机构执行国会创造的项目的权力,必然要求它明确表达国会的政策,并且制定规则以填补国会政策的空白。毫无疑问,这是国会明确规定或默示允许的"。如果国会明确地留下一个空白让部门去填补,这就要求授权机构通过规章来阐明成文法的特定条款。这种经过授权的规章具有决定性的效力,除非其是恣意专断的,或者明显违反了成文法。有时,国会对机构的授权是默示的而非明示的。在这种情况下,法院不能越俎代庖地用自己对成文法条款的解释来取代部门的行政长官作出的合理解释。

法院认为,行政机构对其执行的成文法的解释应当获得充分尊重。尊重行政解释原则"一直以来都被法院奉为圭臬。当法院对成文法的含义或范围的判决涉及调和相互冲突的政策,或者在特定情境下,对成文法政策的效力的理解不能仅仅依赖于常识时,法院一般会根据部门规章来解决这些问题"。"如果被成文法授权的机构对某些互相冲突的政策进行了合理的调和并作出了选择,那么我们必须尊重机构的选择,除非成文法或它的立法历史显示了这种调和并不被国会认可。"

根据这些确立良好的原则,在审查这些争议中的规章时,上诉法院误解了自身的角色的性质。在上诉法院审查了法律和立法历史,发现国会事实上并没有就"泡泡政策"是否适用于许可证制度表达明确的意图之后,它面临的下一个问题并不是在它自己看来,在一个用于提高空气质量的制度背景下,"泡泡政策"的解释是否不适当,而应当是行政机关在这种背景下作出的解释是否合理。通过审查整部法律的措辞及它的立法史,我们发现,确实如上诉法院所言,国会并没有关于在这些案件中适用"泡泡政策"的明确意图。但是,我们认为,环境保护署在这里解释"泡泡政策"的方法是一个合理的政策选择。

## 第四节　司法审查的救济形式

一般情况下，法律会明确规定司法审查的救济形式。在法律没有明确规定司法审查的救济形式时，各种救济形式均可。例如，《行政程序法》明确规定了宣告性判决，以及发布禁止令、强制令或人身保护令都可以成为司法审查的救济形式。《清洁空气法》《清洁水法》等没有明确救济形式的，则可以适用上述各种形式的救济方式。

这些救济方式源自英国普通法的救济体系。英国普通法的救济方式包括普通救济和特殊救济。其中，普通救济包括损害赔偿之诉、禁止令①（Injunction）、宣告令（Declaration）；特殊救济形式最早只能由英国王室根据王权，通过法院来颁布，以保证公共当局履行其职责。到16世纪末，申请人可以不经允许就以王室的名义进行上述诉讼，王室把自己的法律特权借给了臣民使用，以保证有一个良好而合法的政府。在英国司法审查体系中，人身保护令和强制令被认为可以使用，而调卷令被认为是上级法院对下级法院的特权，禁止令则基本不适用。

需要指出的是，这些救济形式并非在每个司法审查的诉讼中都由法院主动颁布。根据全面规定司法审查的《行政程序法》，受法定损害或受到行政行为不利影响的人有权提起司法审查。上文所列的救济形式可由原告申请司法审查时提出，但并非必需。上述救济形式中，有两种是常用的：一种是请求宣告行政行为违法；另一种是请求发出禁止令，禁止有关行政机关为或不为一定的行为。强制令与人身保护令一般仅作为补充性的救济形式。

### 一、侵权赔偿之诉

侵权赔偿之诉是一种救济形式，但在环境控权之诉中基本不涉及。侵权赔偿之诉的目的是请求法院判处政府侵权并赔偿给当事人，并非控制行政机构的决策权。在公民诉讼中，根据《清洁空气法》《清洁水法》等法律，原告可以申请民事罚款，但民事罚款被归入国库，并不归入原告账下，前文

---

① "injunction"在我国的翻译有多个版本，一者在徐炳教授所译的韦德《行政法》中，被翻译为"禁止令"；二者为王曦教授在《美国环境法概论》中所翻译的"强制令"；三者为中国台湾地区学者翻译的"禁令"。本书采纳了徐炳在韦德《行政法》中所译的"禁止令"。

所述的莱德洛案及芝加哥钢铁公司案均是如此。

## 二、宣告性判决

在传统的英国法律体系中,宣告性判决来源于宣告令(Declaration)这种救济形式。宣告性判决在环境控权之诉中主要是申请法院宣告被诉行政行为或行政裁决命令违法。

## 三、禁止令

禁止令是环境控权之诉中使用较多的。法院可以颁布两种形式的禁止令:一种是普通的禁止令,即禁止实施某些违法行为;另一种是强制性禁止令(Mandatory Injunction),即要求做某些行为的积极性命令。在违法行为真正发生以前,法院可以颁发永久性禁止令和临时性禁止令来防止错误或违法行为的发生。在公法领域,禁止令主要针对政府或行政机构未经授权的越权行为。

## 四、强制令与人身保护令

强制令与人身保护令都是特别救济的方式。强制令主要是用于要求各种行政机构履行其公务的,而人身保护令则是在申请人的人身受到行政机构限制或侵犯时,向法院申请人身保护及挑战行政机构作出的相应裁决。人身保护令作为审查联邦行政行为的形式是非常有意义的,特别是针对拘禁人身的行政行为。但是,对于环境控权体系而言,这种情形较为少见,强制令的运用可能相对更多。

强制令的运用在美国联邦法院仍存在许多限制。一方面,在司法管辖权问题上,最早只有哥伦比亚特区的联邦法院有权签发强制令。[①] 直到1962 年以后,《美国法典》规定,联邦地区法院对请求强制美国政府官员、职员或行政机构履行对原告的义务的诉讼具有初审管辖权。这种诉讼逐渐发展成为强制执行之诉。联邦民事诉讼程序规则已取消了强制令的救济方式,其演化成为了强制执行之诉。另一方面,在强制令的适用范围方面,一般而言,其只有在强迫执行法律规定的、明显照章办事的义务时才适用。对于自由裁量权,强制令不适用。[②] 这也是在环境控权之诉中,原告往往申请直接性的司法审查或禁止令的原因。

---

① 〔美〕伯纳德·施瓦茨:《行政法》,徐炳译,群众出版社 1986 年版,第 495 页。
② 同上,第 496 页。

# 第九章　中国式环境控权的逻辑起点：
## 权利抑或法益？

中国式环境控权是中国化的环境控权体系，这一体系不同于多中心主义的环境控权体系，其控权对象较为集中，主要是生态环境部门和地方政府，以及《环境保护法》明确授予特殊环保职责的部门；其控权主体是全国人大、检察机关、法院等；其环境控权的内在机制与多中心主义环境控权体系不完全相同，这是因为二者的逻辑起点不同。

## 第一节　环境权利学说辨析

中国的环境控权体系是以法律法规为基础的，因此环境控权体系的逻辑起点应当到环境保护法律体系中去发掘。我国《宪法》第26条规定："国家保护和改善生活环境和生态环境，防治污染和其他公害。国家组织和鼓励植树造林，保护森林。"第9条规定："矿藏、水流、森林、山岭、草原、荒地、滩涂等自然资源，都属于国家所有，即全民所有；由法律规定属于集体所有的森林和山岭、草原、荒地、滩涂除外。国家保障自然资源的合理利用，保护珍贵的动物和植物。禁止任何组织或者个人用任何手段侵占或者破坏自然资源。"从立法价值看，《宪法》规定了国家环境保护的职责，并且将公共环境资源所有权归于全民所有，我国环境保护的逻辑起点指向环境利益，而非公民个体权利。我国2014年《环境保护法》第4条规定："保护环境是国家的基本国策。"第1条规定："为保护和改善环境，防治污染和其他公害，保障公众健康，推进生态文明建设，促进经济社会可持续发展，制定本法。"从《环境保护法》的立法目的看，我国环境保护的起点也是指向环境利益的。然而，学术界对环境权利的探讨一直非常热烈，环境法学者多年来一直尝试能够从权利路径上找到我国环境保护的逻辑起点。

## 一、环境权学说争议的两大问题

在环境法学界近几十年的研究中,似乎有一种心照不宣的观点,即环境法作为一门独立的法律学科,应当阐释和研究清楚以环境法律关系为基础的环境权利的属性与范畴的问题。学界的一种普遍观点认为,环境权利的研究与厘清是环境法成为一门真正独立的法律学科的主要证据。有学者统计,自 1982 年蔡守秋教授发表《环境权初探》以来,1997 年之前以环境权为主体公开发表的学术论文共 32 篇。[①] 1998 年至 2013 年,CSSCI 上发表的以环境权为主题的有效论文共 144 篇。[②] 从环境权的认识论看,近三十年的环境权研究中,有 20 世纪 80 年代的法律权利论、20 世纪 90 年代的应然权利论、21 世纪的公民权利论等各种观点。[③] 但是,学界始终面临环境权的两大争议。

### (一)环境权的概念范畴之争议

环境权一直是学界争议的问题,这直接导致环境权利范畴不清晰,影响环境权的可诉性。毋庸置疑,人类享受环境质量的终极目标是保障其生命、健康、财产免受环境污染和生态损害的影响。从可持续发展的角度看,即使是对生态的保护,也是为了追求自身未来甚至下一代的生命(或生存)、健康及财产安全。就法律本身而言,生命权、健康权等人身权包含人类享受环境质量的权利。在环境权利范畴方面,始终有两个问题存在:一是环境权利究竟是一种原则性的宪法权利,还是实体化的民事权利呢?这是学界争论至今仍然存疑的问题。无论如何争议,笔者认为,学界有一点事实上已经在无形中达成共识,即人类应当享受环境质量和良好的生态。作为一种应然性的人的权利,这一点是毋庸置疑的,这就如同人类拥有生命权、健康权等。但是,这并不意味着一定以环境权三个汉字作为必要的法律呈现方式。由此,环境权利的范畴始终是不清晰的。二是仅就民事权利而言,环境权利究竟包含哪些内容?这也是不确定的。学者们对环境权的内容范畴之争议集中在人身权、财产权、清洁权、日照权、通风权、采光权,以及参与权、知情权、请求权等权利上。有的定义涵盖全部内容,有的只涵盖其中一部分,这就进一步使得环境救济的请求权本身之范畴不确定。

---

[①] 吴卫星:《我国环境权理论研究三十年之回顾、反思与前瞻》,载《法学评论》,2014 年第 5 期。

[②] 同上。

[③] 王小钢:《近 25 年来的中国公民环境权理论述评》,载《中国地质大学学报(社会科学版)》,2007 年第 4 期。

关于环境权是否应当作为一种法律权利存在，学界历来有争论，有肯定说和否定说。就环境权是什么这一问题，肯定说也没有一个统一的观点。有学者认为，环境权包括公民环境权、集体环境权、国家环境权。[1] 也有学者认为，环境权主要指公民环境权。[2] 这种公民环境权的环境权主体包括当代人和后代人，作为一项概括性权利，也可以具体化。[3] 除此之外，也有环境权是一种人权[4]、环境权是一种人格权[5]、环境权是一种财产权[6]等说法。就其内涵而言，学界也未有统一的定论。有学者认为，环境权的内容包括环境使用权、环境知情权、环境参与权和环境请求权。[7] 有学者认为，环境权的内容包括日照权、通风权、安宁权、清洁空气权、清洁水权、观赏权。[8] 有学者认为，环境权的内容包括实体性环境权和程序性环境权、公权性环境权和私权性环境权。[9] 还有学者认为，环境权仅指环境行政权，即环境权是一种社会权和公权。[10] 否定说则认为，环境权不应当作为一种法律权利提出并存在。有学者认为，环境权的概念不确定，相关学者提出的内容与部门法有重合，无须专门在法律中设置独立的环境权。有学者认为，环境权应当是基于人权的一个整体性概念，个人利益关系和参与权都不是环境权。[11]

### （二）环境权利法定化的争议

关于环境权利法定化这一问题，学界有四个方面的核心争议：一是公民环境权的内涵与民事权利的重叠问题。公民环境权的内涵虽不统一，但根据学者们提出的内涵，大致包括人身权、财产权、清洁权、日照权、通风权、采光权，以及参与权、知情权、请求权等。否定论认为，这些权利都能够

---

[1] 蔡守秋：《论环境权》，载《郑州大学学报（哲学社会科学版）》，2002 年第 2 期。

[2] 吕忠梅：《论公民环境权》，载《法学研究》，1995 年第 6 期。朱谦：《论环境权的法律属性》，载《中国法学》，2001 年第 3 期。黄锡生、黄孟：《我国环境行政权与公民环境权的合理定位》，载《现代法学》，2003 年第 5 期。

[3] 吕忠梅：《再论环境权》，载《法学研究》，2000 年第 6 期。

[4] 杨建学：《对环境权的再审视——以"人类—自然"环境系统为视角》，载《法律科学》，2010 年第 2 期。

[5] 同上。

[6] 杨建学：《对环境权的再审视——以"人类—自然"环境系统为视角》，载《法律科学》，2010 年第 2 期。

[7] 吕忠梅：《再论环境权》，载《法学研究》，2000 年第 6 期。

[8] 陈泉生：《论环境权的救济》，载《法学评论》，1999 年第 2 期。

[9] 王明远：《论我国环境公益诉讼的发展方向：基于行政权与司法权关系理论的分析》，载《中国法学》，2016 年第 2 期。

[10] 朱谦：《论环境权的法律属性》，载《中国法学》，2001 年第 3 期。

[11] 徐祥民：《对"公民环境权论"的几点疑问》，载《中国法学》，2004 年第 2 期。

在调整民事法律关系的民事法律规范、调整行政法律关系的行政法律规范及调整刑事法律关系的刑事法律规范中得到保护。用环境权来囊括上述权利或部分权利，似乎有所不妥。二是国家环境权的内在矛盾问题。有学者提出"国家环境权"这一概念。就这一概念而言，有两个层面：从国际法层面来讲，各国享有使用环境和享受环境质量的权利[①]；从国内法层面来讲，也有学者提出国家环境权，认为国家在保护国民生活的自然环境方面具有基本职责[②]。三是环境公共利益的模糊性问题。对环境公共利益的保护是法律保护环境的目标之一，这是毋庸置疑的。但是，环境公共利益的范畴及边界究竟在哪里？从对环境权的概念界定和内容界定之争议便可看出，环境公共利益既可以将环境要素全部纳入，也可以依据法律规范之范畴来界定。四是从比较法研究看，学者对环境权法定的标准评价不一。有学者运用文义解释，将环境权字样的呈现作为环境权法定的标准；有学者则运用立法解释和目的解释，认为法律条文只要表达了"公民享有享受良好环境质量的权利"就是环境权法定[③]。

应当讲，"环境权"这一概念本身的道德性大于法定性。从人权价值和自然伦理的角度看，环境权的道德性较强。[④] 但是，出于法规范的逻辑性和内在一致性要求，并非所有具有道德性的权利概念都应当放入法规范之中。如果环境权作为法律体系中的权利体系之一种类别，那么其应具有所有权利均具备的私益性和个体性。但是，环境权具有公益性和整体性。如果环境权不作为法律体系中的权利体系之新增加的一个类别，那么其在权利体系中就无法定位，这将打破整个法律体系的逻辑。

## 二、环境权利学说产生的理论基础之辨析

学界对环境权学说的研究，从根本上来讲是权利本位说、法律关系理论在环境法学研究中的延续。基于权利本位说，环境法学界认为，权利的存在是环境法存在的根本；基于法律关系理论，环境法学界认为，环境权利是环境法律关系基本构成要素所不可或缺的部分。然而，对于这两个理论基础与环境权利学说的逻辑关系，需要进一步辨析。

---

① 张梓太：《论国家环境权》，载《政治与法律》，1998 年第 1 期。
② 蔡守秋：《论环境权》，载《郑州大学学报（哲学社会科学版）》，2002 年第 2 期。
③ 谷德近：《论基本环境权》，载《法律科学》，2004 年第 5 期。
④ 王方玉：《权利的内在伦理解析——基于新兴权利引发权利泛化现象的反思》，载《法商研究》，2018 年第 4 期。刘作翔：《权利相对性理论及其争论——以法国若斯兰的"权利滥用"理论为引据》，载《清华法学》，2013 年第 6 期。

### （一）环境权学说与权利本位说之辨析

权利本位说是 20 世纪八九十年代，以老一辈法学家张文显先生、郑成良先生为代表提出的学说。这一学说的提出是与义务本位说相对应的，在当时改革开放的背景下，具有划时代的重大理论意义。权利本位说是运用权利—义务相对论来解释法现实，在这一语境下探讨权利或义务何者为起点，归根结底是讨论法的本位问题。张文显教授曾指出："法的本位是关于在法这一定型化的权利和义务体系中，权利和义务何者为起点、轴心和重心的问题。权利本位，即是法以（应当以）权利为起点、轴心或重心。"①张文显教授还归纳了权利本位的特征：(1)社会成员皆为权利主体。(2)在权利和义务的关系上，权利是目的，义务是手段。权利是第一性要素，义务是第二性要素。(3)权利主体在行使其权利时，只受法律所规定的限制。(4)在法律没有明确禁止或强制的情况下，可以作出权利推定，即推定为公民有权利（自由）去作为或不作为。② 郑成良教授指出："权利本位是这样一种信念：只有使每一个人都平等享有神圣不可侵犯的基本权利（人权），才有可能建立一个公正的社会；为了而且仅仅是为了保障和实现这些平等的权利，义务的约束才成为必要。"③

这一时期的权利本位说有两个明显的特征：一是它具有很强的时代特点，即使从世界范围看，这种学说的时代烙印也非常强。权利本位主义价值观兴起于 20 世纪初自由资本主义发展时期，其充分体现在法国大革命后制定的一系列法律及法律性文件中。1789 年的《人权和公民权宣言》以自然权利学说为指导，庄严宣布公民具有自然的、不可剥夺的和神圣的权利。随后，权利本位主义价值观在欧美各国都形成了广泛的影响和传播。④ 从权利本位说在中国的发展看，亦是如此。20 世纪 80 年代，中国正式开始走改革开放的道路。权利本位观使法律观念从先前以政治发展为主导的义务本位观念中解放出来，具有时代性。改革开放背景下，同样需要法治的发展，需要强调公民权利的保障，并且需要通过法律的方法确定下来。二是权利本位说的产生是与义务本位说相对应的，是基于权利—义务相对论的理论框架出现的。郑成良教授曾基于权利本位说指出权利与义务的关系，即"义务应当来源于权利并从属于权利"。他指出，作为现代

---

① 张文显：《从义务本位到权利本位是法的发展规律》，载《社会科学战线》，1990 年第 3 期。
② 同上。
③ 郑成良：《权利本位说》，载《政治与法律》，1989 年第 4 期。
④ 陈云生：《权利相对论——权利和义务价值模式的历史建构和现代选择》，载《比较法研究》，1994 年第 3 期。

法律两种历史类型的资本主义法和社会主义法,在分配权利和义务方面有一个形式上的共同之处,即都把公民视为一种具有普遍意义的法律角色,一方面使之与所有的主体保持普遍联系,另一方面又使之包含了所有的普遍权利和普遍义务。①

20世纪90年代末,张文显教授对权利本位说的内涵进行了新的扩展,他指出权利本位说包含三个要旨:(1)法律调整的价值目标是权利和义务、权利和权力的理性、动态平衡。(2)为了实现权力和义务、权利和权力的理性、动态平衡,在现代市场经济和民主政治的条件下,应当强调在权利和义务的关系中,以权利为本位。权利是目的,义务是手段。(3)在权利和权力关系领域,权力是权利的次生形态和幻化样式,权利是权力的基础和源泉。② 权利本位说的内涵不仅指权利—义务相对论中,权利为本位,还包括权利与权力的关系中,权利为本位。权利本位说的这一次内涵扩展是为了解决在市场经济中,公民权利与行政权力之间的关系,摆脱过去计划经济中所存在的权力主导市场的权力本位问题。③ 因此,权利本位说本身便具有强烈的时代特征。

环境权利学说并非权利本位说的继承与发展,其仅有权利之名,未有权利之实,这是因为:

首先,环境权利学说的学术争议并非在权利本位说的基础上发展而来。权利本位说是在权利—义务相对论、权利—权力相对论两个理论基础上产生的,但环境权利学说的讨论并没有针对这二者来谈,而是凭空架构环境权利的概念,并且其概念本身便争议颇多,难以明确。

其次,环境权利是基于环境法的产生而得到讨论,形成一个简化的逻辑线条是,法的本位是权利,环境法自然也应当以权利为本位。但是,法的本位是权利是有相对前提的。并且,环境法产生于20世纪90年代,晚于权利本位说近十年,时过境迁,环境法产生的历史背景与权利本位说产生的时代背景已经不同。从环境法本身的发展历程看,环境法是对策型法律,是为了解决社会发展到一定阶段所出现的环境问题而产生的,其价值定位指向环境公共利益的保护,但是并不指向权利。权利和利益不能够等

---

① 郑成良:《权利本位论——兼与封日贤同志商榷》,载《中国法学》,1991年第1期。

② 张文显:《二十世纪西方法哲学研究》,法律出版社1996年版,第506—507页。

③ 这一点从张文显教授的著作中可见一斑。他指出,在权利和权力的关系中,主张权利本位,反对权力本位,意在把权利从权力中解放出来,以实现政治与经济、政府与企业、国家与市民社会相对分离,彻底抛弃官本位、国家本位的封建遗留,促进经济市场化、政治民主化、文化理性化和社会现代化。参见张文显:《二十世纪西方法哲学研究》,法律出版社1996年版,第506—507页。

同,这一辨析,笔者在下文中会具体阐述。

最后,权利本位说本身也随着时代的发展而被不断地赋予新的内涵。一方面,从西方法哲学思想的发展看,权利本位说是自然法哲学的早期价值选择,是以推翻封建专制、建立新秩序为目标而产生的理论思想。但是,随着资本主义的发展,社会危机不断出现,西方法律思想家也逐渐发现权利本位并不能够解决所有问题,社会法学派便在这样的背景下诞生。社会法学派对权利和义务及它们价值的观念重新进行反思,到 20 世纪初发展为社会连带主义法学,其代表人物是法国的狄骥。狄骥指出:"我曾说过,大革命为我们从罗马时代和盛行烦琐哲学的中世纪带来的个人主义的、主观主义的和形而上学的法律结构,已经不合时宜,今天在个人和集体之间所产生的如此复杂和多种多样的关系,已不可能受旧时范围的约束,必须从法学中排除法的实质、权利主体的形而上学的观念……法律必须以社会本身为基础,并为同一集团的人规定某种积极或消极的义务,但这些义务并不涉及人们意志的实质,只是在义务被违反的时候才以它在集团中所发生的反应作为制裁。"①先不论以狄骥为代表的法社会学家对权利本位本身的批判是否正确,仅对于环境法而言,其就是以社会问题的发生为诱因而产生的一门学科,环境法学应当适用于法社会学的理论,即环境法学必须以社会本身为基础。以社会本身为基础,强调的是整体性而非个体性,这便很难适用权利本位说。

另一方面,从学界对权利本位论的理论更新看,逐渐形成两个趋势,从而导致权利本位说的解体:一是从马克思主义观点来理解,权利与义务并非对立的,马克思主义强调权利义务一致性或权利义务不可分性。②马克思在 1871 年《国际工人协会共同章程》中指出:"没有无义务的权利,也没有无权利的义务。"毛泽东同志在《关于正确处理人民内部矛盾的问题》一文中指出:"我们的这个社会主义民主是任何国家所不可能有的最广大的民主。所谓公民权,在政治方面,就是有自由和民主的权利。但是这个自由是有领导的自由,这个民主是集中指导下的民主,不是无政府状态的。"③由此,马克思主义法学强调权利义务一致性,并且强调二者的并重

---

① [法]莱昂・狄骥:《宪法论》,王文利译,商务印书馆 1959 年版,第 7—8 页。转引自陈云生:《权利相对论——权利和义务价值模式的历史建构和现代选择》,载《比较法研究》,1994 年第 3 期。
② 陈云生:《权利相对论——权利和义务价值模式的历史建构和现代选择》,载《比较法研究》,1994 年第 3 期。
③ 同上。

关系,而非对立关系。二是就权利—权力的关系看,有学者对新时代的权利本位赋予新的理解,即权利—权力相对论有一定的时代背景,在新时代的发展中,权利和权力并非对立关系,而是日渐统合。"在当代,个人权利与国家权力已不再是完全对立的,而是相辅相成的、对立统一的。为了社会公共利益,为了保障社会权利,虽然不能对个人的人身自由权予以侵犯,但可以对个人的经济权利予以必要的限制。"[①]罗尔斯在《正义论》中也指出,如果在社会基本结构中有一种不平等可以使每个人的状况都比最初的平等状况更好,为什么不允许这种不平等呢?[②] 显然,环境法的产生便是如此,环境法以保护环境利益为目的,是增益每个社会成员的福祉,它并不指向个人权利的保护。因此,以权利本位说作为环境权利学说的理论根基并不合理。

**(二) 环境权利学说与法律关系理论之辨析**

环境权利学说的另一个逻辑来源是法律关系理论,这是因为我国法理学的教材提出法律关系三要素说,即主体、客体和内容(权利与义务),这就使得任何一个学科套用"法律关系"这一概念,必然套用法律关系三要素,环境法律关系也不例外。环境法律关系三要素,即环境法律关系主体、环境法律关系客体和环境法律关系内容(权利与义务)。在三要素的模式下,环境法学界便不得不对环境法律关系内容,即环境权利和环境义务,作出回答。在学界主流环境法学教材中,对环境法律关系内容这一问题,尚难以形成统一的答案。有学者将环境法律关系的内容定义为环境利用行为中的权利义务关系,具体包括环境利用权、环境享受权、开发利用权、开发利用者的保护义务、本能利用者的忍受义务。[③] 也有学者将环境法律关系中的权利划分为环境管理主体的权利和环境受控主体的权利。环境管理主体的权利有环境管理规范制定权、行政处理权、处罚强制权、物权、环境司法权;环境受控主体的权利则包括环境管理权、使用权、保障权、收益权、申诉和控诉权。[④] 也有学者在谈及环境法律关系的内容时较为简略,简单归纳其他学者的观点。[⑤] 我们不难发现一个问题,即学者在教材中概括的环境法律关系内容与角度各异,并且所提及的环境法律关系的权利问题与学界讨论的环境权利的内涵和外延并不一致。在韩德培先生的《环境保护

---

① 何进平、江游:《权利本位新论》,载《社会科学战线》,2015 年第 2 期。
② [美]约翰·罗尔斯:《正义论》,何怀宏译,中国社会科学出版社 1988 年版,第 144—145 页。
③ 汪劲:《环境法学》(第三版),北京大学出版社 2014 年版,第 59 页。
④ 吕忠梅:《环境法学》(第二版),法律出版社 2008 年版,第 68—69 页。
⑤ 张璐:《环境与资源保护法学》(第三版),北京大学出版社 2018 年版,第 25 页。

法教程》中，没有涉及环境法律关系的内容。① 事实上，法律关系这一理论本身对私法的适用性大于对公法的适用性。环境法并非私法领域之法，因此对这一理论的适用有一定的难度。

就概念而言，法律关系有广义和狭义之分。广义上的法律关系是一切与法律有关（产生法律后果），即受法律规制的现实（社会）生活状况或关系。② 狭义的法律关系仅指法通过赋予一个（法律意义上的）人一项权利，以及相应地向另一个人施加一项义务或屈从，从而进行规管的社会生活关系。③ 狭义的法律关系强调个体性、私益性。然而，法律关系的构成要素并非直接包含权利与义务，权利与义务是用以描述法律关系所指向的两端。"我们可以用一条线来代表法律关系。这条线的两个端点是两个人。法律关系就是在他们之间建立的。他们是法律关系的主体。这项法律关系指向特定的客体。该项法律关系源自于特定原因，这个原因必定是一项获法律赋予这样一种效果的事实或事件，被称为法律事实。最后，为了不让向权利拥有人赋予的法律权力，以及相应的义务或屈从沦为一纸具文，则需要一些强制手段，这就是保障。"④可见，就广义而言，法律关系的构成要素应当包括主体、客体、法律事实和保障手段。如果将法律关系分解为两端，那么一边是权利，一边是义务。因此，权利与义务并非广义上的法律关系之构成要素，而是法律关系的两端。

从狭义上看，将权利作为法律关系的要素是萨维尼基于私法法律关系提出的。就属性而言，法律关系具有私法属性。萨维尼将法区分为两大领域，即国家法（公法）和私法。他认为："前者以国家为对象，国家是民族的有机表现形式；后者以全部法律关系作为对象，这些法律关系环绕于个人周围，由此在这些法律关系中，个人具有了其内在生命，构成了一个确定的形式。"⑤并且，他认为，公法和私法之间存在严格确定的对立之处。在公法中，整体是目的，个人是从属。在私法中，个人本身就是目的，所有的法律关系都只是此个人的存在或此个人的特别情势的手段。⑥ 萨维尼认为，法律关系的本质是个人意志独立支配的领域。⑦

因此，无论从广义上的法律关系的构成要素来看，还是从法律关系的

① 韩德培：《环境保护法教程》（第五版），法律出版社 2007 年版，第 27—71 页。
② ［葡］曼努埃尔·德·安德拉德：《法律关系总论》，吴奇琦译，法律出版社 2015 年版，第 2 页。
③ 同上，第 3 页。
④ 同上，第 7 页。
⑤ ［德］萨维尼：《当代罗马法体系 I》，朱虎译，中国法制出版社 2010 年版，第 23 页。
⑥ 同上，第 24 页。
⑦ 同上，第 260 页。

本质属性看,以法律关系理论作为环境权利证成的理论基础都有失妥当。

## 三、环境权利与环境利益之辨析

### (一)权利与利益的逻辑关系

"权利"一词的内涵和外延在学界是存在争议的。"权利"一词的早期理解是"正当的(right)行为"。① 古罗马法学家所说的权利,多指"做得对的事"(the right thing to do)。在现代欧陆国家,这种应然性的权利被称为客观权利。英美国家则将法律上或道德上的权利称为主观权利。德国法学家温德沙伊德提出实体请求权理论,奠定了权利理论的基础。霍菲尔德则将权利解释为最狭隘的意义,即权利等同于请求。② 针对系统权利的理论研究,有两个典型的派别,即意志理论和利益理论。意志理论认为,权利的本质在于选择,即权利的本质在于授予权利持有者权力和选择。利益理论则认为,权利的本质在于通过相对方的义务履行来实现利益保护,即权利的本质在于法律保护的利益。

意志理论起源于康德的权利理论。康德认为,在相关领域内,个人意志的至高无上本身包含了权利人特定行为的容许性、不可侵犯性,以及权利人享有放弃其权利的权力。③ 萨维尼从法律关系的角度,将法律关系界定为个人意志独立支配的领域,而该个人意志支配的领域就是权力,这种权力为该人的权利。以意志理论为代表的权利理论强调权利的个体性和私益性。

利益理论是由边沁提出的,他将权利分为三类,即自由权(权利人自由为或不为某种行为的权利)、对应义务的权利(相对于他人之行为的权利)、权力(支配构成了权力的运用与行使)。边沁基于利益理论,将权利分为可指定个体的权利和不可指定个体的权利。前者的利益或损害是直接的,后者的利益或损害是间接的。由此,基于利益理论,便产生了权利内涵,即权利的内涵既包括个体性的私权利,也包括公共性的公权力。耶林作为功利主义法学派的创始人,在边沁的基础上,进一步阐释利益理论基础上的权利。耶林认为,权利的实质要素就是利益。④ 耶林在《法律的目的》中指出,无论私法还是公法都要保护个人利益,这一点没错,但人类不能仅限于个体的存在,还要为了永久的目的结成共同体进行社会生活,作为强制性

---

① 彭诚信:《现代权利理论研究》,法律出版社 2017 年版,第 9 页。
② 同上,第 10—12 页。
③ [美]莱斯利·阿瑟·马尔霍兰:《康德的权利体系》,赵明译,商务印书馆 2011 年版。
④ 彭诚信:《现代权利理论研究》,法律出版社 2017 年版,第 67 页。

社会规范的法律必须确保和维持社会生活条件。[1] 此处的法律目的是维护社会生活条件。[2] 因此，耶林认为，法律所体现的利益正是社会利益，在法律目的之终极意义上，社会利益比个人利益更重要。利益理论学派认为，权利的核心就是利益。

然而，利益理论的权利理论存在两个问题：一是利益理论阐释了权利的本质，而非权利本身。意志理论的权利概念是从权利的形式和内涵出发，对其进行界定，并非针对权利的实质。利益理论则表明了法律所保护或承认的实质因素是什么，权利只是形式而非内容，是保护本身而不是其所保护的东西。[3] 二是利益理论的权利包括私权利和公权力，再用"权利"一词去涵盖会使得用词混淆且语意不清。

关于权利和利益的逻辑关系，拉兹认为，应当把利益作为权利的理由或基础。"既然权利意在令权利人受益，或是为了权利人的利益，或是对权利人有价值，那么假定利益是权利的基础就是合理的。"[4]拉兹指出，利益是证成权利的部分，而权利是证成义务的部分。权利的宣示是论证从终极价值到义务的典型中间结论。[5] 也有学者指出，利益是权利的基础，它是权利背后的原因，是先于权利的。利益是法律秩序赋予某项权利所为达致的目的。[6]

毋庸置疑，耶林所提出的"法律保护的利益不仅是个人利益，还包括社会利益"这一论断本身是客观的，但是法律所保护的利益不能够再用"权利"一词去涵盖。对"权利"一词的语意，应当限定在狭义的概念里，即个体权利。一切权利的背后都对应着利益，但是并非一切利益都对应权利。有些利益是通过公共实体依职权介入而进行保护的。[7] 这种非个人权利范畴，但又被法律保护的利益，便可称为法益。环境利益便属于非私益性的受法律保护的利益，因此是有别于环境权利之描述的。

---

[1] Rudolf von Jhering, *Law as a Means to an End*, trans. By Isaac Husic etc, The Boston Book Company, 1913, pp. 330,345. 转引自彭诚信：《现代权利理论研究》，法律出版社 2017 年版，第 70 页。

[2] 吴从周：《概念法学、利益法学与价值法学：探索一部民法方法论的演变史》，中国法制出版社 2011 年版，第 126 页。

[3] Hans Kelsen, *Hauptprobleme der Staatsrechtslehre*, 2 Aufl. Verlag von J. C. B. Mohr, 1923, pp. 618,619. 转引自彭诚信：《现代权利理论研究》，法律出版社 2017 年版，第 73 页。

[4] Joseph Raz, Rights and Individual Well-Being, *Ratio Juris*, Vol. 5 No. 2,1992. p. 128.

[5] Joseph Raz, *The Morality of Freedom*, Oxford: Clarendon Press, 1986, p. 180. 转引自彭诚信：《现代权利理论研究》，法律出版社 2017 年版，第 86 页。

[6] ［葡］曼努埃尔·德·安德拉德：《法律关系总论》，吴奇琦译，法律出版社 2015 年版，第 9 页。

[7] 同上，第 10 页。

### （二）法律所保护的利益

庞德将法律所保护的利益分为个人利益、社会利益和公共利益。庞德指出，法律的目的在于保护利益。"一项法律制度要达到维护法律秩序的目的，需实现：（1）承认特定的利益，该利益可能是个人的、公共的或者社会的。（2）确定一个范围，那些利益应当在这个范围内通过法律规范予以承认和实现，该法律规范由司法过程按照公认的程序运作和实施。（3）尽力保护在确定的范围内得到认可的利益。"①

庞德认为，法律所保护的个人利益可以称为权利。"那些被认为法律应该予以保护的个人利益，通常应当被称为自然权利。"②个人利益可以分类为：（1）人格利益，指有关物质与精神存在的请求和需求。（2）家庭利益，指有关所谓扩展的个人生活的请求和需求。（3）物质利益，指有关个人经济生活的请求和需求。③

法律体系所保护的第二重要的利益是公共利益，即以有组织的政治社会的名义提出的主张。公共利益包括：（1）作为法人的国家利益，如国家主权、财产权等。（2）作为社会利益监护者的国家的利益，即国家监护权，如维护公共安全、防止侵占或滥用整个社会的自然资源、令公职人员遵循法律职责、对团体进行考察、保护受供养者和残疾人等。④

社会利益的概念则是在"公共政策"这一概念下提出的。庞德认为，法律应该保护或法律事实上在界定个人利益和赋予法定权利时予以保护的社会利益。⑤普通法习惯在公共政策的名义下谈及社会利益，公共政策是保护社会利益的。公共政策是这样一个法律原则，它认为没有哪个臣民合法地做那些侵害公共利益或违反公共道德的行为。⑥根据公共政策，任何会给公共利益造成伤害的行为都是无效的。⑦公共政策的内容主要包括：（1）关于社会制度安全的政策，如对公共官员执行的公共服务予以有害影响的行为、对立法者和立法程序进行诽谤等。（2）维护公共道德的政策。（3）关于个人社会生活的政策。公共政策所保护的社会利益具体包括公共安全、社会制度安全、公共道德、保护社会资源、公共发展，以及个人生活中的社会利益（即经济发展的利益、政治发展的利益和文化发展的利益）。其

---

① ［美］罗斯科·庞德：《法理学》（第三卷），廖德宇译，法律出版社 2007 年版，第 13—14 页。
② 同上，第 20 页。
③ 同上，第 21 页。
④ 同上，第 180—202 页。
⑤ 同上，第 204 页。
⑥ Lord Truro in Egertion v. Lord Brownlow, 4 H. L. Cas. 1, p. 196(1853).
⑦ Tindal, C. J. in Hornor v. Graves, 7 Bing. , pp. 735,743(1831).

中,社会资源主要指保护自然资源的利益。

### （三）环境权利与环境利益的本质

环境权利及其逻辑构造与环境利益保护范畴存在一定的内在逻辑冲突。有学者指出,私权不等于公益。公益与学者所阐述的作为私权的环境权之间,无法形成理论基础与制度形式之间的关系。[①] 除此之外,这种直接的内在逻辑冲突主要表现在以下两个方面：

#### 1. 权利的私益性与环境利益的公共性

权利理论有诸多研究视角,从利益论的角度出发,权利构造的本质在于,法律保护或促进某人的利益,以对抗特定人或一般性对世,其手段是赋予后者以义务、无能力或责任。[②] 权利构造的第一要素便是法律保护或促进某人的利益,强调权利的私益性。然而,环境保护法律体系所指向的环境利益,主要包括防治环境污染的生态环境利益和保护自然资源的自然资源利益。[③] 环境法的产生是以克服公地悲剧与环境公共物品的市场失灵为价值导向的,故环境法所救济的环境利益具有公共性。尽管救济公共性环境利益的过程也间接保护了公民的私益（被学界称为环境权）,但是对公民私益的保护并不是环境法及环境权益救济的核心目标。

#### 2. 权利的个体主义与环境利益的整体主义

有学者认为,环境权利符合权利的基本构成要素[④],但是不可否定的是权利的个体主义属性。即便权利的核心要素可以理解为给他人施加义务[⑤],其价值也在于实现或保障某个人的利益。这是权利的相对性,同时也体现了权利理论的个体主义方法论。环境权益即使可以分割到惠及每个人的个体利益,也仅仅是环境法律体系所保护的间接利益,并非直接利益。就直接利益而言,环境利益具有整体性。有学者认为,环境利益维护具有公共性,环境问题所引起的外部不经济性、环境利益不可分割性等特征,使得环境法应当引入整体主义方法论。[⑥] 也有学者指出环境法应当采取整体主义的实践指向,并指出 20 世纪 60 年代以后,整体主义的实践指向便逐渐在环

① 徐祥民、邓小云：《环境公益诉讼对"环境权"说拒绝》,载《浙江工商大学学报》,2009 年第 6 期。

② 于柏华：《权利认定的利益标志》,载《法学家》,2017 年第 6 期。

③ 史玉成：《环境利益、环境权利与环境权力的分层建构——基于法益分析方法的思考》,载《法商研究》,2013 年第 5 期。

④ 胡静：《环境权的规范效力：可诉性和具体化》,载《中国法学》,2017 年第 5 期。

⑤ 于柏华：《权利认定的利益标志》,载《法学家》,2017 年第 6 期。

⑥ 钭晓东：《环境法调整机制运行双重失灵的主要症结》,载《河北学刊》,2010 年第 6 期。

境法中占据主导性地位。[①] 基于生态中心主义、环境外部不经济性的解决方案,环境利益保护应当是整体性的,应当用整体主义方法论。

因此,法律所保护的环境利益应当包括个人利益、公共利益和社会利益。其中,法律所保护的个人利益以权利的形式表现,但是否以"环境权"这一名称概括之,值得商榷。法律所保护的公共利益和社会利益则以法益的形式表现,具体包括两个方面:一是国家所有的自然资源财产利益,即庞德所指的公共利益之一种,如森林、草原、河流等;二是非国家所有的社会资源利益,即庞德所指的社会利益,如空气、水资源等。从广义上理解权利与利益的关系,也可以将法律所保护的个人利益、公共利益和社会利益均称为法益。就中国环境控权体系而言,由于环境法本身是非私法属性之法,而中国环境控权体系直接指向整体性的环境利益,因此笔者认为,中国环境控权体系的逻辑起点是环境法益,而非个人权利。但是,个人权利也以其自身的逻辑规律,在控权体系中发挥作用。

## 四、个人法定权利在环境法中的表达及其功能

个人权利并非在环境法律体系中不存在,只是环境权作为在学界存在已久的学说,在环境法律体系中不能与环境法律体系的立法目的和实践相融合。中国环境控权体系的逻辑起点并非环境权利,而是环境法益。关于某一项新兴权利是否能够放入基本权利体系或法律体系,张翔教授在其《基本权利的体系思维》中运用卢曼的系统论理论进行了较多的论证[②],结合前文的相关辨析,笔者不再赘述。仅就环境控权而言,个人权利在中国环境法律控权体系中所发挥的作用较弱。

按照法教义学的分析方法,个人权利在环境法中的表达主要以法规范为依据。为了与具有道德性但非法定性的权利相区分,我们可以称之为个人法定权利。个人法定权利在法规范中表现为实体性权利和程序性权利。

### (一) 程序性权利

个人权利在环境法律体系中的表达较弱,主要体现为程序性权利,即公众参与权、获取信息权、知情权。我国《环境保护法》第 53 规定:"公民、法人或其他组织依法享有获取环境信息、参与和监督环境保护的权利。各级人民政府环境保护主管部门和其他负有环境保护监督管理职责的部门,

---

① 柯坚:《事实、规范与价值之间:环境法的问题立场、价值导向与实践指向》,载《南京工业大学学报(社会科学版)》,2014 年第 1 期。

② 张翔:《基本权利的体系思维》,载《清华法学》,2012 年第 4 期。

应当依法公开环境信息、完善公众参与程序，为公民、法人和其他组织参与和监督环境保护提供便利。"2015 年，生态环境部颁布《环境保护公众参与办法》，规定了公众参与的范围、公众参与的方法、公众参与的监督等内容。值得注意的是，《环境保护公众参与办法》规定公众可以参与建设项目环境影响评价的论证、对可能严重损害公众环境权益或健康权益的重大环境污染和生态破坏事件的调查处理等事项。2018 年，生态环境部颁布《环境影响评价公众参与办法》，具体规定了公众参与环境影响评价的范围、方法，以及政府环境信息公开等内容。

### （二）实体性权利

与程序性权利相对的实体性权利则分布在《宪法》与《民法典》中，即民事权利中的人身权和财产权。《民法典》第 110 条规定："自然人享有生命权、身体权、健康权、姓名权、肖像权、名誉权、荣誉权、隐私权、婚姻自主权等权利。"其中的生命权、身体权、健康权便包括受环境影响或环境损害而导致的相应权利受到损害的情况。《民法典》第 113 条规定："民事主体的财产权利受法律平等保护。"这便包括因环境损害而导致权利主体财产受到损害的情况。《民法典》第 1229 条规定："因污染环境、破坏生态造成他人损害的，侵权人应当承担侵权责任。"

从权利救济上看，基于《环境保护法》，程序性权利不与司法救济中的请求权相对应，其通过行政救济的方法予以实现。基于《民法典》，因环境损害或环境污染造成的人身权和财产权的损害，与司法救济中基于环境侵权的损害赔偿请求权及恢复原状请求权相对应。

### （三）个体权利的控权功能

个人法定权利的控权功能主要表现在程序性权利上，以公众参与权、获取信息权和知情权为基础，公民可以对政府的行政权利形成制约和监督。《环境保护公众参与办法》第 3 条规定，环境保护公众参与的范围包括：(1)制定或修改环境保护法律法规及规范性文件、政策、规划和标准。(2)编制规划或建设项目环境影响报告书。(3)对可能严重损害公众环境权益或健康权益的重大环境污染和生态破坏事件的调查处理。(4)监督重点排污单位主要污染物排放情况，以及防治污染设施的建设和运行情况。(5)环境保护宣传教育、社会实践、志愿服务及相关公益活动。(6)法律、法规或规章规定的其他事项。

《环境保护公众参与办法》规定了公众监督的具体措施，主要包括：(1)环境保护主管部门应当聘请有关专家、人大代表、政协委员、民主党派和无党派人士、环保社会组织和环保志愿者代表担任环境特约监察员，对本部门和下级环境保护主管部门的工作进行监督。(2)环境保护主管部门应当聘请环保社会组织代表、环保志愿者担任环境保护监督员,监督企业事业单位和其他生产经营者的环境保护行为和建设项目的环境影响。(3)环境保护主管部门支持对环境保护事务的舆论监督和社会监督。

从权利救济的方面看,程序性权利没有相应的司法救济请求权,但是我国环境法运用行政救济来实现。《环境保护法》第 57 条规定:"公民、法人和其他组织发现任何单位和个人有污染环境和破坏生态行为的,有权向环境保护主管部门或者其他负有环境保护监督管理职责的部门举报。公民、法人和其他组织发现地方各级人民政府、县级以上人民政府环境保护主管部门和其他负有环境保护监督管理职责的部门不依法履行职责的,有权向其上级机关或者监察机关举报。接受举报的机关应当对举报人的相关信息予以保密,保护举报人的合法权益。"

## 第二节　环境法益说之证成

### 一、环境法益说之范畴证成

环境法益说,更为准确的表达是环境法益侵害说。环境法益侵害的情形仅指依据《宪法》的基本原则,受法律法规保护的不特定大多数人因环境污染导致利益损害或威胁、无权利主体的生态损害或威胁,以及行政行为导致的生态损害或威胁之情形。

在理论上,就环境法益说而言,应当辨明两个问题:一是环境法益侵害说所指的法律与利益之本源关系。在探讨法益理论时,有学者认为法益是通过法律设计来保护利益[1],有学者则认为法益是对法律已设定的利益之保护[2]。笔者认为,应当坚持法律先定论,即法益是对法律已设定的利益之保护,这一点也符合黑格尔学派的法哲学观。黑格尔认为,个人的意志是一种特殊意志,与作为自在的、普通意志的法并不总是一致。假如个人的特殊意志与法的精神背道而驰,就是不法。[3] 二是环境法益说是对边沁功利主义法学观点的取舍。根据边沁的功利主义观点,法按照看来势必

---

[1] ［英］边沁:《道德与立法原理导论》,时殷弘译,商务印书馆 2000 年版,第 90 页。

[2] ［德］黑格尔:《法哲学原理》,范扬译,商务印书馆 1961 年版,第 100 页。

[3] 同上,第 90 页。作为法益理论的思想基础,黑格尔所认为的法益侵害就是侵害客观上存在的法。

增大或减小利益有关者之幸福的倾向，即促进或妨碍此种幸福的倾向，赞成或非难任何一项行动，包括私人的每项行动和政府的每项措施。[1]　环境法也是如此，环境法应当是赞成促进增大利益有关者之幸福，非难妨碍减小利益有关者之幸福。只是，边沁认为，公共利益（共同体利益）是每个个体利益相加。这一点可以进行两个层面的理解：一方面，法律所规范的共同体利益关系到每个个体的利益，但有些是直接联系，有些是间接联系。具有直接联系的实质性利益损害，可以由民事法律关系予以调整，符合权利的保护范畴。间接法律关系的实质性利益损害或可能的利益损害，则需要一个高于个体权利的整体性利益保护予以实现，即符合环境法益的保护范畴。另一方面，若反证之，个体利益的总和等于公共利益，那么公共利益必然可以分解成每一个小的个体利益。然而，事实并非如此，生态利益是人类共同体的整体利益，不可拆解。如果拆解，也只是人数上的增加与减少，而非利益本身具有可拆解性。因此，对于这种不可拆解的人类共同体的生态环境利益，其保护便可依据法益侵害说的观点予以实现。

## 二、环境法益说之价值证成

### （一）环境保护价值的必然选择

就价值导向而言，环境保护价值体现为"天人合一"的中国化世界观、可持续发展的发展观、生态中心主义的伦理观、风险预防的治理观。

首先，环境法益说能够体现"天人合一"的世界观。自殷商以来的中国古代传统思想，始终秉持着"天人合一"的世界观。从殷商祭祀的传统中可以看出，将天地自然之神与祖宗先妣之灵逐渐融合，始终保持着对天的崇敬和人天归一的思想。[2]　西周时代的"敬天保民"，以及"以礼代法"，将宇宙天地与人间秩序相统一。[3]　中国传统思想始终认为，天地中有万物，万物中有人类，人类中有我。我与人群、物及天是浑然一体，既非相对，也非绝对。[4]　这反映了我国文化思想和法律思想中的"天人合一"的世界观。我国环境利益保护对"天人合一"思想的实现是应然性的。环境法益侵害说可以体现这一点。

其次，环境法益说能够体现可持续发展的发展观。1987年，由布兰特伦夫人领导的世界环境与发展委员会在其出版的《我们共同的未来》中明

---

①　［英］边沁：《道德与立法原理导论》，时殷弘译，商务印书馆2000年版，第59页。
②　葛兆光：《中国思想史》，复旦大学出版社1998年版，第26页。
③　同上，第50页。
④　钱穆：《中国思想史》，九州出版社2015年版，第5页。

确提出了可持续发展的思想。①《我们共同的未来》指出,持续发展是既满足当代人的需要,又不对后代人满足其需要的能力构成危害的发展,包括两个概念,即需求和限制。应当首先将世界上贫困人民的基本需求放在特别有效的地位来考虑。同时,通过技术状况和社会组织,对环境满足眼前和未来需要的能力施加限制。② 可持续发展是考量环境保护与经济发展的综合发展观,其焦点是在经济发展的同时考虑环境保护,从而实现可持续的经济发展模式。

再次,环境法益说能够体现生态中心主义的伦理观。Aldo Leopold 于1949 年在《沙乡年鉴》③中提出了大地伦理理论。大地伦理认为,没有一项人类的福利能脱离其生存的生态系统。④ 生态是众多不同基于生物与生态环境观点的统一纽带。大地伦理强调人与自然互相依赖的关系,强调不同观点的和谐与合作。⑤ 庞德是较早将生态观融入到法律理论中的学者。庞德的生态思想与法律思想的相同之处在于,他认为事物是普遍联系的。⑥ 环境法治的生态伦理观决定了环境损害救济的生态中心主义和整体主义保护的价值。环境法对个体利益、公共利益和国家利益的保护是融合化的,在环境损害救济体系中,不应当割裂看待这三种利益,因为对个体利益的保护之叠加效果便是实现环境公共利益的保护,而环境公共利益的保护虽无法切割为逐一的个体利益,但是其最终的保护效果也实现了对个体利益的保护,国家利益亦然。因此,三者无法割裂与切割,用环境法益可以更好地使三者统合。

最后,环境法益说能够体现风险预防的治理观。20 世纪 80 年代至 20世纪 90 年代,德国著名社会学家乌尔里希·贝克在其出版的《风险社会》中,将风险社会作为后工业社会时代的现代性提出⑦,对风险及风险预防的探讨自此便不断深入。乌尔里希·贝克指出,风险是预测和控制人类活动的未来结果。风险社会制度是一种新秩序功能。风险社会的特征之一

① 陈泉生:《可持续发展与法律变革》,法律出版社 2000 年版,第 49 页。
② 世界环境与发展委员会:《我们共同的未来》,世界知识出版社 1989 年版,第 49 页。
③ Aldo Leopold, *A Sand County Almanac and Sketches Here and There*, 1949.
④ Nash, *The Rights of Nature : A History of Environmental Ethics*, p. 160,1989.
⑤ *Companion to A Sand County Almanac*, J. B. Callicott ed. 1987.
⑥ 庞德生态思想的基本原则及他对有机物的相互依赖的研究,源于对菌类与青苔的长期研究。与早期其他的生态学家类似,庞德对多种生活在同一个生物关系中的动植物之相互依赖度有越来越深的认识。同时,庞德对社会学非常感兴趣,他在社会学中看到了他在法学研究中苦寻未来的科学,发现了他在生态研究中所发现的经验主义研究与互相依赖的科学观点。基于这种生态学的观点,庞德批评法律行业沉溺于陈旧的法律书本而忽视社会变迁的事实。
⑦ [德]乌尔希里·贝克:《风险社会》,何博闻译,译林出版社 2004 年版,第 3 页。

是科学的不确定性。[①] 风险预防原则最早是在 20 世纪 80 年代德国环境法中提出的。从国际层面来讲,1987 年在伦敦召开的国际北海大会通过的《北海宣言》首次提出风险预防原则。[②] 正如《北海宣言》承认危险物质的投放与海洋污染之间存在不确定的因果关系,但是为了防止海洋遭受危险物质可能造成的损害,应当采取必要的预防方法,这种预防行动甚至可以在绝对明确科学证据证实因果关系之前。[③] 国内法所规定的环境公益诉讼所体现的内在机理亦是如此,本着风险预防的原则,环境公益诉讼所指向的环境损害并不一定是在已经出现损害结果或明确损害行为与损害结果之间的因果关系的情形下展开的。在某种意义上,以风险预防为目的,在明确的因果关系和损害结果要件出现之前,针对损害行为所采取的诉讼更能够体现环境公益诉讼的应然性价值。因此,环境法益说的逻辑更能够体现这一点。

### (二) 我国环境治理发展史的必然选择

环境法益说是我国环境治理发展的必然选择。一门法律学科的独立性与特殊性,未必以权利属性和范畴的确认为标准。从环境立法与实践产生的根源可以看出,我国环境治理的发展史便是环境治理从个体主义向整体主义转变的历史,更可以看出环境权益救济由私主体的权利救济向整体性环境利益救济转变的轨迹。首先,环境法产生的社会原因是,20 世纪 80 年代,我国环境污染问题不断加重,在各种环境要素的污染和自然资源破坏较为严重的背景下,必须解决人民日益增加的环境质量需求与经济发展之间的矛盾。[④] 在某种意义上,环境法是社会问题对策法,是为了满足社会需求及解决社会矛盾而产生的。环境立法主要以法律法规为抓手,对当时较为严重的环境污染展开综合治理。其次,环境法产生的国际原因是,20 世纪 70 年代,国际社会对环境问题非常关注。[⑤] 自 1972 年的环境与发展大会提出可持续发展以来,世界各发达国家都纷纷对其趋之若鹜,并积极转化为国内法。这种国际环境法的发展趋势也影响了发展中国家,包括中国。因此,我国在 1972 年环境与发展大会后,便开始重点着手环境管理工作,并逐渐开展立法工作。环境立法以环境管理为主要立法方向,以设

---

① 彭峰:《环境法中"风险预防"原则之再探讨》,载《北京理工大学学报(社会科学版)》,2012 年第 2 期。
② 陈维春:《国际环境法上的风险预防原则》,载《现代法学》,2007 年第 5 期。
③ [法]亚历山大·基斯:《国际环境法》,张若思编译,法律出版社 2000 年版,第 95 页。
④ 韩德培:《环境保护法教程》,法律出版社 2012 年版,第 7 页。
⑤ 汪劲:《环境法学》,北京大学出版社 2014 年版,第 33 页。

立环境治理措施和标准为主要的立法内容。最后,从我国环境司法实践产生的时代原因看,其最初源于公民因环境污染导致人身权、财产权等民事法律权利受到侵害而产生的环境污染纠纷诉讼。这里的环境污染纠纷主要是针对民事法律关系中的环境侵权问题。在环境立法产生之初,可以说环境治理体系是环境行政管理与环境民事权利保护(环境私法)各自并行的。

2002年至今,我国的环境治理理念和治理目标不断完善,已经从污染防控的应对化、局部化的环境治理观转变为重视生态系统保护的预防化、整体化的治理观。2002年的十六大报告提出的发展方向是以经济建设为中心,用发展的眼光解决前进中的问题。环境治理理念是坚持经济发展和人口、资源、环境相协调。当时的环境治理目标是以经济建设为基础,坚持资源消耗低、环境污染少、人力资源优势得到充分发挥的新型工业化道路。2007年,党和国家认识到经济发展所付出的环境资源代价,开始提出生态文明,并对环境保护逐渐重视。党的十七大报告指出,经济增长的资源环境代价过大,必须坚持全面协调可持续发展,建设生态文明。2012年,党的十八大报告所体现的环境治理目标便逐渐从控制污染的局部治理格局转变为生态文明建设的宏观治理格局。十八大报告指出,要把生态文明建设放在突出位置,融入经济建设、政治建设、文化建设、社会建设等各方面和全过程,努力建设美丽中国,实现中华民族永续发展。2018年3月,生态文明建设被写进《宪法》。2017年,党的十九大更是指出,像对待生命一样对待生态环境,要形成绿色发展方式和生活方式,坚定走生产发展、生活富裕、生态良好的文明发展道路。

我国环境保护五年规划的逐渐变迁也说明了这一点。"九五"环境保护规划提出的目标是,到2000年,力争使环境污染和生态破坏加剧的趋势得到基本控制。"十五"环境保护规划提出,到2010年,基本改善环境污染和生态恶化的状况,环境质量有比较明显的改善。2007年的"十一五"环境保护规划提出,要加快实现三个历史性转变,即从重经济增长轻环境保护转变为保护环境与经济增长并重;从环境保护滞后于经济发展转变为环境保护和经济发展同步,做到不欠新账,多还旧账,改变先污染后治理、边污染边治理的状况;从用行政办法保护环境转变为综合运用法律、经济、技术和必要的行政办法解决环境问题。2012年的"十二五"环境保护规划提出的目标是,推进主要污染物减排,切实解决突出环境问题,强化生态保护和监管,强化环境风险过程控制。2016年的"十三五"规划提出,到2020年,生态质量有所提升,生态功能有所增强,国家生态安全得到保障。

### 三、环境法益说之内在逻辑证成

从最广泛的定义看,法益泛指一切受法律保护的利益。杨立新教授曾指出,法益是受法律保护的一切利益。[①] 我们可以从环境法益的词源和其内涵进行逻辑证成。

首先,法益说与环境权益救济的内在逻辑具有一致性。从严格规范修辞学上来讲,学者多使用"环境权益"一词。例如,汪劲教授在《环境法学》中,始终使用"环境权益"一词来表述法律对公民环境利益的保护。江必新教授也曾撰文《环境权益的司法保护》,始终使用"环境权益"一词来表述"人类在美好环境中享有自由、平等、充足生活条件的权利"。[②] 环境权益本身便表示了人类所应当享有的环境利益。因此,就这一点而言,法益说与环境权益救济的内在逻辑相一致。

其次,从法律所保护的利益看,环境利益包含三个层次的利益,即个人环境利益、国家环境利益、环境公共利益。就个人利益而言,涉及的因环境污染和生态损害所导致的个体生命权、健康权、财产权损害,主要通过《民法典》中的特殊侵权予以调整。也有学者认为,物权理论也在一定程度上起到调整的作用。就国家利益和公共利益而言,二者在某种程度上有重合,也有不同。不同于公共利益,国家利益侧重于国家所属自然资源的利益,其也是国家财产权。与公共利益相重叠的,是涉及因环境污染和生态损害所导致的不特定多数或全体公民的生命权、健康权、财产权的损害或者潜在风险。这种损害或潜在风险便是民事法律关系不能调整的。在侵害国家利益和公共利益严重到一定程度时,《刑法》中的环境资源犯罪对其进行保护。《刑法》规定的环境资源犯罪包括危害国家重点保护植物罪;危害珍贵、濒危野生动物罪、非法收购、运输盗伐、滥伐的林木罪;盗伐林木罪;破坏性采矿罪;非法采矿罪;非法占用农用地罪;非法狩猎罪;非法猎捕、杀害国家重点保护的珍贵、濒危野生动物罪;非法捕捞水产品罪;擅自进口固体废物罪;非法处置进口的固体废物罪;污染环境罪。这些罪名便包含对国家利益(侧重于国家财产)和公共利益的保护。其中,对国家利益的保护主要包括国家重点保护植物、濒危野生动物、林木、水产品、矿产资源等国家所有的自然资源。对于公共利益的保护,主要是追究非法处置固体废物和环境污染的行为。根据法益保护论,环境资源犯罪所保护的是环

① 史玉成:《环境利益、环境权利与环境权力的分层建构》,载《法商研究》,2013年第5期。
② 江必新:《环境权益的司法保护》,载《人民司法》,2017年第25期。

境法益,所追究的便是侵害环境与资源法益的行为。

最后,从司法实践看,后文对 2014 年以来的环境公益诉讼案件进行了归纳分析,从中可以看出,环境公益诉讼案件所保护的也并非私主体的权利,而是国家利益或环境公共利益。这是由环境保护作为公共物品本身之特性决定的,并且与《环境保护法》本身的立法目的相一致。

## 第三节　环境控权体系对环境法益的机制表达

### 一、环境法益在环境控权体系中的表达

环境法益由两部分利益组成,一部分是国家的公共利益,另一部分是社会利益。因此,法益在环境控权体系中也可以解构为这两个部分。我国环境法益在环境法规范中的表达包括国家所有的自然资源的公共利益和社会环境利益。

关于国家所有的自然资源的公共利益之表达,以《宪法》为基础。《宪法》第 9 条规定:"矿藏、水流、森林、山岭、草原、荒地、滩涂等自然资源,都属于国家所有,即全民所有;由法律规定属于集体所有的森林和山岭、草原、荒地、滩涂除外。国家保障自然资源的合理利用,保护珍贵的动物和植物。禁止任何组织或者个人用任何手段侵占或者破坏自然资源。"

关于社会环境利益的表达,则以《宪法》和《环境保护法》为基础。《宪法》第 26 条规定:"国家保护和改善生活环境和生态环境,防治污染和其他公害。国家组织和鼓励植树造林,保护森林。"《环境保护法》第 28 条规定:"地方各级人民政府应当根据环境保护目标和治理任务,采取有效措施,改善环境质量。"这两条法规范从功能上看,是对政府环境保护职责的授权;从价值上看,则是对社会环境利益的保护。

从环境法益救济的角度看,我国环境法规范没有将司法救济权赋予公民个人,而是赋予国家及具有一定资质的环保组织,这是因为我国环境法规范将社会环境利益视为整体不可分割的利益。因此,我国环境司法救济实质上就是环境法益救济。

### 二、环境控权体系对环境法益的机制表达

环境法益在《宪法》和《环境保护法》中具有明确的表达,其控权功能主要体现在以下三个方面:

一是通过立法授权，赋予政府保护环境法益的职责。《宪法》第 89 条第 6 款规定，国务院行使领导和管理经济工作、城乡建设、生态文明建设的职权。其中，生态文明建设便是保护环境法益。这是最顶层的立法授权，在这一授权之下，国务院相继出台了《生态文明建设方案》等落实生态文明的细则文件。这一立法授权将党领导生态文明建设与生态文明建设法治化相融合，形成一脉相承的法律体系和环境控权体系。

二是规定地方政府及环保部门的环境保护职责，监督政府保护环境法益的职责。《环境保护法》第 26 条规定了政府环境目标责任制，第 10 条规定了生态环境部门的环境统一监督管理权。这两条规定将地方人民政府和生态环境部门及相关的具有环境保护功能的行政部门的环保职责法定化。政府环境目标责任制与我国政治体制中的政绩考核制度相呼应，推动了政绩考核法治化的进程，并且使得法律体系与政治体系相融合，以保护环境法益为目标。

三是规定政府部门的内部监督机制。《环境保护法》第 67 条和第 68 条规定了政府保护环境法益的内部监督机制。第 67 条规定："上级人民政府及其环境保护主管部门应当加强对下级人民政府及其有关部门环境保护工作的监督。发现有关工作人员有违法行为，依法应当给予处分的，应当向其任免机关或者监察机关提出处分建议。依法应当给予行政处罚，而有关环境保护主管部门不给予行政处罚的，上级人民政府环境保护主管部门可以直接作出行政处罚的决定。"这是上级对下级的内部监督机制。第 68 条规定："地方各级人民政府、县级以上人民政府环境保护主管部门和其他负有环境保护监督管理职责的部门有下列行为之一的，对直接负责的主管人员和其他直接责任人员给予记过、记大过或者降级处分；造成严重后果的，给予撤职或者开除处分，其主要负责人应当引咎辞职：（一）不符合行政许可条件准予行政许可的；（二）对环境违法行为进行包庇的；（三）依法应当作出责令停业、关闭的决定而未作出的；（四）对超标排放污染物、采用逃避监管的方式排放污染物、造成环境事故以及不落实生态保护措施造成生态破坏等行为，发现或者接到举报未及时查处的；（五）违反本法规定，查封、扣押企业事业单位和其他生产经营者的设施、设备的；（六）篡改、伪造或者指使篡改、伪造监测数据的；（七）应当依法公开环境信息而未公开的；（八）将征收的排污费截留、挤占或者挪作他用的；（九）法律法规规定的其他违法行为。"这是控权体系的内部监督，这条规定与党领导的环保督察制度相呼应，实现了环保督察的法治化。以保护环境法益为目标，环保督察制度与环境法律体系形成了良性融合。

四是规定环境公益诉讼制度,以保护环境法益为目标,将环境诉权赋予了国家(人民检察院为代表)和具有一定资质的环保组织。我国《环境保护法》和《民事诉讼法》都规定了具有一定资质的环保组织可以提起环境公益诉讼。《环境保护法》第 58 条规定:"对污染环境、破坏生态,损害社会公共利益的行为,符合下列条件的社会组织可以向人民法院提起诉讼:(一)依法在设区的市级以上人民政府民政部门登记;(二)专门从事环境保护公益活动连续五年以上且无违法记录。符合前款规定的社会组织向人民法院提起诉讼,人民法院应当依法受理。提起诉讼的社会组织不得通过诉讼牟取经济利益。"我国 2023 年修订的《民事诉讼法》第 58 条规定:"对污染环境、侵害众多消费者合法权益等损害社会公共利益的行为,法律规定的机关和有关组织可以向人民法院提起诉讼。人民检察院在履行职责中发现破坏生态环境和资源保护、食品药品安全领域侵害众多消费者合法权益等损害社会公共利益的行为,在没有前款规定的机关和组织或者前款规定的机关和组织不提起诉讼的情况下,可以向人民法院提起诉讼。前款规定的机关或者组织提起诉讼的,人民检察院可以支持起诉。"

《行政诉讼法》规定了人民检察院可以提起行政公益诉讼。2017 年修改的《行政诉讼法》第 25 条规定:"人民检察院在履行职责中发现生态环境和资源保护、食品药品安全、国有财产保护、国有土地使用权出让等领域负有监督管理职责的行政机关违法行使职权或者不作为,致使国家利益或者社会公共利益受到侵害的,应当向行政机关提出检察建议,督促其依法履行职责。行政机关不依法履行职责的,人民检察院依法向人民法院提起诉讼。"2018 年,最高人民法院、最高人民检察院出台的《关于检察院公益诉讼案件适用法律若干问题的解释》明确规定了民事公益诉讼和行政公益诉讼的相关细则。第 13 条规定:"人民检察院在履行职责中发现破坏生态环境和资源保护、食品药品安全领域侵害众多消费者合法权益等损害社会公共利益的行为,拟提起公益诉讼的,应当依法公告,公告期间为三十日。公告期满,法律规定的机关和有关组织不提起诉讼的,人民检察院可以向人民法院提起诉讼。"第 21 条规定:"人民检察院在履行职责中发现生态环境和资源保护、食品药品安全、国有财产保护、国有土地使用权出让等领域负有监督管理职责的行政机关违法行使职权或者不作为,致使国家利益或者社会公共利益受到侵害的,应当向行政机关提出检察建议,督促其依法履行职责。行政机关应当在收到检察建议书之日起两个月内依法履行职责,

并书面回复人民检察院。出现国家利益或者社会公共利益损害继续扩大
等紧急情形的,行政机关应当在十五日内书面回复。行政机关不依法履行
职责的,人民检察院依法向人民法院提起诉讼。"从上述规定可以看到,其
功能是环境控权,其价值则是保护环境法益。

# 第十章 环保部门单中心主义模式环境控权的基本构造及其运行机制

环保部门单中心主义控权的构造及其运行机制主要包括控权主体及控权规则,与第九章提出的问题相类似。经过近两年的立法修改工作,我国环境立法体系基本构建了较为健全的环境控权机制,但是在具体实践和法律实施中,仍然存在诸多不到位之处。

我国环境法律体系的立法授权在 2018 年《宪法》修改之后已经趋于健全。首先,《宪法》授予国务院生态文明建设的职权,这就意味着国务院各部委都有生态文明建设的义务。其次,《环境保护法》授予地方人民政府和生态环境部门环境保护职权。最后,《环境保护法》及相关的单行法将具体的环境行政权力授予生态环境部门。因此,就环境控权体系的控权客体而言,应当包括国务院及其各部委、地方人民政府,以及生态环境部门。由于前文已经分别在不同章节提及控权客体的问题,本章不再赘述。控权主体则是指具有控权功能的部门。

## 第一节 控权主体

中国环境控权体系以权力制约权力为主。以权力制约权力中的法律监督应当包括立法监督、行政监督、司法监督等。从环境法律体系看,控权主体的监督包括人大监督、科层制内部监督、人民检察院的检察监督、环保组织及公众的社会监督。其中,前三者在立法上较为完善,但是实践中存在不足。环保组织及公众的社会监督在立法上较为薄弱,尚有待完善。

### 一、人大监督

人大对行政机关的监督作用,自法治国家和法治社会出现之时,便引起了很多重要的讨论。在西方法律思想的讨论中,针对立法机关究竟应当发挥什么样的作用，不同时期也有着不同的主流观点。具有代表性的有标准理论（literary theory）、执行理论（Executive-force theory）及政党政府理论（Party-government theory），但无论学者对立法机关作用的分歧有多大，每种理论都认可立法机关的监督作用。<sup>①</sup> 在西方学者看来，立法监督是对法律实施的审查，这种审查既为了修改不合适的根本性政策，也为了使法律适用具有公正性。<sup>②</sup> 同时，立法机关的监督也可以防止自由政府因其自身的能力不足而导致行政机关的衰弱<sup>③</sup>，以及在多种利益聚合之下，防止政府受到某种具有垄断性的强有力的利益控制，最终导致行政机关不再能够果断地、合理地处理复杂的公共问题<sup>④</sup>。标准理论的意思是立法权与行政权、司法权相互共生，并且平等分立，强调三个权力的协调一致。执行理论主要强调高强度的行政权，弱化立法权，并且认为行政机关应当具有制定法律的领导性地位。政党政府理论认为应当重构国会的地位，从美国政党体制的角度来分析和看待国会的地位，这是具有典型的西方国家政治体制特色的观点。无论是哪种观点，都强调作为立法机关的国会具有公众代表性和监督性。

在我国，人大监督主要是指人民代表大会及其常务委员会对行政机关、审判机关、检察机关的监督。就环境控权体系而言，人大监督仅指通过权力制约来控制行政机构的行政权力。就立法目的而言，环境控权体系中的人大监督应当是指通过人大行使监督权，以监督各级政府及其部门在行政决策中对环境影响的考量，以及地方政府的环境质量责任。从当前的实施现状看，人大监督主要集中在对政府环境质量的监督上。

环境法律运行良好与否，主要体现在环境法在人大、国家行政机关和法院被贯彻实施的情况如何。在人大的贯彻实施，主要表现在对环境法实施的人大监督权之落实；在国家行政机关的实施，主要表现在政府履行环保职能的状况；在法院的实施，主要表现在法院作出具体判决时，对环境法的适用情况。人大监督权的落实，就其自身来讲，体现了环境法律在人大的运行情况，也体现了人大对行政机关和法院监督权的落实；就其功能来讲，人大监督权又保障着环境法律的执行。由于人大监督权在人大的运行

①　Roger Davidson, David M. Kovenock and Michael Leary, "Theories of Congress", in Ronald Moe ed., *Congress and the President*: *Allies and Adversaries*, California: Goodyear Publishing Company, Inc. 1971, pp. 137-152.

②　Id, 151.

③　Walter Lippman, "Strength to Govern Well", *Washington Post*, 4 July, 1965, p. A 19.

④　Walter Lippman, "The Public Philosophy", *Boston*: *Little*, Brown and Company, 1954, pp. 54-57.

情况是通过人大监督权对行政机关和司法机关的监督情况体现出来的,因此人大监督权的落实,主要反映在人大监督权是否在环境法律运行中得到保障;而人大监督权在环境法律运行中的保障作用,则主要反映在人大对行政机关和司法机关所行使的监督权力是否充分。由于我国没有建立完善的环境公益诉讼制度,尽管有环保法庭和环境诉讼出现,但数量较少,并且很多都尚具有争议,因此人大监督权在环境法律运行中的保障作用,主要反映在人大对行政机关所行使的监督权力是否充分。

**(一) 人大监督的法律解读**

我国法律体系对人大监督权的规定涉及两个层级效力的法律:一方面在《宪法》《全国人民代表大会组织法》《各级人民代表大会常务委员会监督法》中规定;另一方面在 2014 年新修改的《环境保护法》中规定。

《宪法》第 62 条、第 67 条、第 71 条及第 73 条分别对人大及其常委会的监督权作出了规定。《全国人民代表大会组织法》第 21 条、第 37 条对人大及其常委会的具体的询问、质询权等问题进行了规定。《各级人民代表大会常务委员会监督法》则专门规定了各级人大常委会具有监督权及如何行使监督权。人大监督权主要包括五项权力:宪法、法律实施监督权①;询问、质询权②;人事任免权③;专门调查权④;国民经济计划审查权,以及政府工作报告、预算、决算审议权。2014 年新修改的《环境保护法》规定了人大监督权。《环境保护法》第 27 条规定:"县级以上人民政府应当每年向本级人民代表大会或者人民代表大会常务委员会报告环境状况和环境保护目标完成情况,对发生的重大环境事件应当及时向本级人民代表大会常务委员会报告,依法接受监督。"这是部门法对人大监督权的具体规定。

这里需要注意的问题是,《环境保护法》规定的人大监督权主要包括两个方面:一是地方政府环境报告的监督;二是重大环境事件的监督。这一范围小于《宪法》及相关法律对人大监督权的范围之规定。那么,人大监督权的内容及覆盖范围究竟为何? 这一点我们需要运用法律解释方法对《宪法》等相关法律进行解读。

---

① 《宪法》第 62 条(六)(七)(八);《组织法》第 31 条。上述规定对法律实施的监督权,主要包括两个方面的内容:一是法律本身实施的情况;二是下位法有无与法律相冲突的地方,以及平行的法律中是否有不协调的地方。

② 《宪法》第 73 条;《全国人民代表大会组织法》第 21 条,该条主要规定了人大常委会监督全国人大在会议期间对质询权力的行使方法;《各级人民代表大会常务委员会监督法》第 51 条。

③ 《宪法》第 62 条(五)

④ 《宪法》第 71 条;《全国人民代表大会组织法》第 37 条;《各级人民代表大会常务委员会监督法》第七章第 55 条到第 59 条。

首先,从《宪法》的立法目的看,人大监督权的范围应当可以覆盖政府履行《环境保护法》的全部范围。我国 2018 年《宪法》第 26 条①规定了国家应当保护环境,而《宪法》第 62 条规定人民代表大会有监督《宪法》实施的权力,也就是说《宪法》第 26 条规定的"国家具有保护环境"这一职能在人民代表大会监督《宪法》实施的范围之内。《各级人民代表大会常务委员会监督法》专章规定人民代表大会常务委员会可以对法律法规的实施情况进行检查,同时还规定了具体的检查方法和程序。那么,由人大常委会颁布实施的《环境保护法》当然在人大常委会检查的范围之内,而且监督检查的范围应当覆盖政府履行环保职能的全部情况。

其次,从文义解释的方法看,人大监督权的内容应当包括人大执法检查权,并且该执法检查权覆盖的政府生态环境履职的范围应当不仅限于《环境保护法》所规定的范围。我国关于人大监督的规定较为全面,《宪法》《全国人民代表大会组织法》《各级人民代表大会常务委员会监督法》对人大监督权的内容进行了规定。值得注意的是,法律解释无法适用于《宪法》。通说认为,《宪法》与一般法律的功能不同,《宪法》的主要功能包括规范国家权力;保障民主;保障人权;整合、引导、保障和推动法治发展。② 目前,《宪法》司法化还是一个有争议的问题,有待进一步解决。从过往的实践看,我国对法律的适用和法律的解释是不包括对《宪法》的直接适用与解释的。③我们仅从对《全国人民代表大会组织法》和《各级人民代表大会常务委员会监督法》的解释分析入手。文义解释是所有法律解释方法中的首选。所谓文意解释,是指"依照法文用语之文义及通常使用方法而为解释,据以确定法律之意义而言"④。运用文义解释的条件是"用语清晰明白。但有些情况下,这些条件是不具备的,例如,法律使用的特点词语在语法或者含义上含糊不清或者模棱两可"⑤。运用这种方法,对法条表达的语言要求较高。

《各级人民代表大会常务委员会监督法》第 31 条规定了人大的执法检查权。该条规定:"各级人民代表大会常务委员会参照本法第十二条规定的途径,每年选择若干关系改革发展稳定大局和群众切身利益、社会普遍关注的重大问题,有计划地对有关法律、法规或者相关法律制度实施情况组织执法检查。"这里"若干"的选定标准在《各级人民代表大会常务委员会

---

① 该条规定:"国家保护和改善生活环境和生态环境,防治污染和其他公害。"
② 吕宁:《宪法功能刍论》,载《湖北社会科学》,2009 年第 4 期。
③ 此处的适用是指在解决实践案例时,审判过程中没有直接适用《宪法》,是狭义的适用。
④ 杨仁寿:《法学方法论》,中国政法大学出版社 1999 年版,第 102 页。
⑤ 孔祥俊:《法律解释方法与判例研究》,人民法院出版社 2004 年版,第 268 页。

组织法》里没有明确的规定。但是,根据十八大以来生态文明建设的发展趋势看,生态环境保护应当包含在"若干"一词中。此外,所谓"关系改革发展稳定大局和群众切身利益、社会普遍关注的重大问题"中的"关系改革发展稳定大局""群众切身利益""社会普遍关注""重大问题"这几个词语没有更为具体的语意理解,但是根据习近平总书记在党的十九大报告中提出的"建设美丽中国""金山银山不如绿水青山"等生态文明建设目标,以及《宪法》对国务院生态文明建设职责的规定,应当理解为生态环境保护是"社会普遍关注的重大问题"。

最后,人大监督权的内容还应当包括询问、质询权,并且这种询问、质询权的范围应当覆盖政府全部的环境责任,而不仅仅是环境污染防治的责任。《全国人民代表大会组织法》第 21 条规定了人大的询问、质询权。该条规定:"全国人民代表大会会议期间,一个代表团或者三十名以上的代表,可以书面提出对国务院以及国务院各部门、国家监察委员会、最高人民法院、最高人民检察院的质询案。"《各级人民代表大会常务委员会监督法》第 51 条规定:"全国人民代表大会常务委员会组成人员十人以上联名,省、自治区、直辖市、自治州、设区的市人民代表大会常务委员会组成人员五人以上联名,县级人民代表大会常务委员会组成人员三人以上联名,可以向常务委员会书面提出对本级人民政府及其部门和监察委员会、人民法院、人民检察院的质询案。"人大代表提出的询问、质询案是针对本级政府履职情况的,基于《宪法》对国务院赋予的生态文明建设职责、《环境保护法》对地方人民政府及生态环境部门赋予的生态环境保护职责,人大代表的询问、质询权应当覆盖政府环境责任的履职情况。

因此,根据《宪法》《全国人民代表大会组织法》《各级人民代表大会常务委员会监督法》的相关条文及其解释,可以得出两个结论:一是人大监督权的范围应当覆盖政府履行环境保护职责的全部范畴,不仅限于某一个政府部门或环境污染防治的情况;二是人大监督权的内容不仅包括《环境保护法》规定的生态环境保护报告监督权和重大环境污染问题监督权,还应当包括执法检查权和询问、质询权。

我国人大监督权的实施在 2013 年是一个重大拐点。2000 年至 2013年,我国发生了多起重大环境污染事件,但是人大监督权在环境保护领域实施得较少。2013 年至 2018 年,根据党的十八以来的中央生态文明建设的精神,以及 2014 年《环境保护法》关于人大监督权的规定、2018 年《宪法修正案》关于依法治国和生态文明建设的相关规定,人大在执法检查、环境状况报告监督、重大环境问题监督等方面更为积极主动,成效也较为明显。

### （二）人大监督的实施状况

2000 年至 2012 年,在因政府环保职能履行不到位或怠于履行环保职能所造成的环境事件中,都相应地缺乏人大的有效监督。这些环保事件往往由于地方政府环保职能履行的缺乏,最终环境污染的事实并没有得到解决。例如,在 2004 年四川盐边县发生的磷污染事件中,当地各级行政部门都没有控制磷污染的发展。当地的人大也没有出面根据其本身具有的监督权,对行政部门的履行不到位进行有效的监管和督促。又如,2009 年发生在河北廊坊县的癌症村事件中,当地政府同样没有详细调查饮用水源污染的污染源,也没有控制污染源对河水的污染。当地人大也没有出面采取相应的措施。事实上,根据人大监督权的内容,人大可以行使询问、质询权或专门调查权,对有关问题进行干预。但是,无论是全国人大还是地方各级人大,都没有行使这样的权力。这一时期,一方面,人大监督权在环境法律运行中的适用不具有普遍性;另一方面,在缺乏人大监督权的情况下,环境法律很难得到良好的运行。"在建立对政府环境行政行为的监督和制约制度这个关键问题上取得突破,将极大地从内涵上增强我国的资源环境法律,使其更好地保障政府环境保护公共职能的实现和克服资源环境领域里的'市场失灵'。"[1]

党的十八大以来,在新的历史时期,党中央提出大力推进生态文明建设的战略决策,提出尊重自然、顺应自然、保护自然的生态文明建设理念。2014 年《环境保护法》修改后,自 2015 年开始实施。2015 年至 2018 年,全国人大常委会进行了大量的《环境保护法》执法检查工作,并且每年听取国务院所作的环境保护执法报告。

全国人大常委会在 2016 年对《环境保护法》执法情况进行了全面检查。2016 年 6 月,全国人大常委会召开全国人大常委会《环境保护法》执法检查组第一次全体会议,并决定 2016 年在全国范围内开展环境保护执法检查,对新修订的《环境保护法》实施情况进行检查。全国人大常委会执法检查的重点内容包括:政府及相关部门环保责任落实情况;污染物排放总量控制、排污许可、环境监测、环境影响评价、环境信息公开等主要法律制度措施落实情况;加强法律宣传教育,推动公众参与环境保护方面的情况;大气、水、土壤等污染防治情况;以及环保监察执法、违法行为查处等方面采取的措施和存在的主要问题。全国人大常委会《环境保护法》执法检

---

[1] 王曦:《论新时期完善我国环境法制的战略突破口》,载《上海交通大学学报(社会科学版)》,2009 年第 2 期。

查组分赴河北、山西、黑龙江、河南、广西、贵州、云南、宁夏等 8 个省、自治区开展执法检查。另外，全国人大常委会委托其他 23 个省、市、自治区的人大常委会，分别对本行政区域内的《环境保护法》执法情况进行检查。

国务院依法落实环境保护报告制度，2016 年首次向全国人大常委会报告了 2015 年度环境状况和环境保护目标完成情况。此外，各级人大常委会也相继落实环境保护报告制度。2015 年以来，河北省人大常委会依法听取和审议省政府年度环境状况和环境保护目标完成情况报告。2016年以后，国务院每年均按期向全国人大常委会提交环境状况和环境保护目标完成情况报告。

全国人大常委会自 2018 年以来，更加注重环境保护监督工作。2018年 7 月，第十三届全国人大常委会第四次会议通过了《关于全面加强生态环境保护　依法推动打好污染防治攻坚战的决议》。该文件提出，将建立健全最严格、最严密的生态环境保护法律制度，在 2020 年以前加快完善我国环境法律体系。该文件对人大常委会履行人大监督权提出更高要求，其指出："各级人大及其常委会要把生态文明建设作为重点工作领域，通过执法检查、听取审议工作报告、专题询问、质询等监督形式，督促有关方面认真实施生态环境保护法律，抓紧解决突出生态环境问题，进一步加大投入力度，强化科技支撑，加强生态环境保护队伍特别是基层队伍的能力建设，建立健全环境污染治理长效机制。"

我国人大监督在环境保护领域正在发挥越来越重要的作用。但是，就控权体系中的人大监督而言，还存在以下几个方面的问题：首先，人大监督尚没有针对政府所有部门的环境责任之履行。目前阶段，人大监督的重点在于宏观性的执法监督，而《环境保护法》执法情况的汇总多以生态环境部门对污染企业的行政处罚为主，以个别地方政府约谈、挂牌督办为辅。人大监督所聚焦和对接的仍然是生态环境部门。如前文所分析的，这并不能够达到使政府有效履行环境责任之目的。其次，人大监督以污染防治的执法监督为主。尽管就我国生态环境的现状而言，污染防治是生态环境保护工作不可或缺的一部分，但是生态文明建设是一项系统工程，其真正的价值并不在于环境污染防治，而在于具有风险预防意识的生态环境质量保护。这种生态环境质量保护一方面通过自然资源保护法律体系的执行来实现，另一方面则通过政府各部门加强生态环境保护意识并在其决策中考虑环境影响因素来实现。最后，人大监督的执法检查多以听取地方生态环境部门的报告、环境状况和环境目标责任完成情况的报告为主要载体。人大监督权的内容包括询问、质询权，以及重大环境问题监督权等。人大履行人大监督权的方式应当更加多元化，并且对生态环境保护的价值认识予以提升。人大监督应当强化对政府环保职责的监督，包括国务院及其各部委对生态文明建设的实施、地方政府及生态环境部门的各种环境保护职责的实施等。

## 二、科层制内部监督

2021 年起，全国人大更加紧密地开展《环境保护法》执法检查。2021年 3 月 1 日，我国首部流域法——《长江保护法》施行。法律实施仅一年多，全国人大常委会便启动《长江保护法》执法检查，用人大刚性监督来保障党中央重大决策部署落地见效。检查发现，随着《长江保护法》实施，长江水质不断提升，岸线生态持续好转，江河湖泊日益洁净，长江生态保护与修复成效进一步显现。[1]

十三届全国人大常委会连续五年对《大气污染防治法》《水污染防治法》《土壤污染防治法》《固体废物污染环境防治法》《环境保护法》《长江保护法》《海洋环境保护法》《可再生能源法》《野生动物保护法》《关于全面禁止野生动物非法交易和食用的决定》等法律法规进行执法检查。执法检查报告显示，环境质量显著改善，污染防治攻坚战阶段性目标如期完成，生态环境更加优美；绿色发展成效不断显现，绿色日益成为经济社会高质量发展的鲜明底色；生态系统得到持续修复，生态安全屏障越来越稳固；生态环保法律体系基本形成，公众运用法治方式参与环境保护的意识不断提升。[2]

我国环境控权体系中的控权客体，即被控权的部门，包括国务院及其各部委、地方人民政府及生态环境部门。科层制的内部监督主要体现在《环境保护法》第 67 条和第 68 条的规定。《环境保护法》第 67 条规定："上级人民政府及其环境保护主管部门应当加强对下级人民政府及其有关部门环境保护工作的监督。发现有关工作人员有违法行为，依法应当给予处分的，应当向其任免机关或者监察机关提出处分建议。"第 68 条规定："地方各级人民政府、县级以上人民政府环境保护主管部门和其他负有环境保护监督管理职责的部门有下列行为之一的，对直接负责的主管人员和其他直接责任人员给予记过、记大过或者降级处分；造成严重后果的，给予撤职或者开除处分，其主要负责人应当引咎辞职：（1）不符合行政许可条

---

[1]　信息来源：全国人大，美丽中国法治守望——本届全国人大常委会生态环保监督综述，http://www.npc.gov.cn/npc/kgfb/202209/1a288c5f3b1946b8b75a59a0731c176f.shtml，最后访问时间：2022 年 9 月 29 日。

[2]　同上。

件准予行政许可的;(2)对环境违法行为进行包庇的;(3)依法应当作出责令停业、关闭的决定而未作出的;(4)对超标排放污染物、采用逃避监管的方式排放污染物、造成环境事故以及不落实生态保护措施造成生态破坏等行为,发现或者接到举报未及时查处的;(5)违反本法规定,查封、扣押企业事业单位和其他生产经营者的设施、设备的;(6)篡改、伪造或者指使篡改、伪造监测数据的;(7)应当依法公开环境信息而未公开的;(8)将征收的排污费截留、挤占或者挪作他用的;(9)法律法规规定的其他违法行为。"

《环境保护法》第26条规定了国家实行环境保护目标责任制和考核评价制度。该条规定:"县级以上人民政府应当将环境保护目标完成情况纳入对本级人民政府负有环境保护监督管理职责的部门及其负责人和下级人民政府及其负责人的考核内容,作为对其考核评价的重要依据。"

在行政立法方面,国务院先后出台《关于加快推进生态文明建设的意见》《生态文明体制改革总体方案》等40多项生态文明改革方案,研究出台大气、水、土壤污染防治行动计划,推动建立生态文明制度的"四梁八柱",形成系统完整的习近平生态文明思想。各地区、各部门贯彻绿色发展理念的自觉性和主动性显著增强,生态文明建设取得显著成效,美丽中国建设谱写出新篇章。

在行政内部监督方面,2015年以来,国务院有关部门将监督重点从企业为主向政府和企业并重转变。按照《党政领导干部生态环境损害责任追究办法》,不断加大督察问责力度。2015年,生态环境部公开约谈了15个市级政府主要负责同志。生态环境部会同中央有关部门组织开展了中央环保督察,集中查办了一批违法案件,推动地方政府落实环保责任。内蒙古、山西、宁夏等地建立了"党政同责""一岗双责"制度,明确了各级党政机关和有关职能部门的环境保护责任,加强目标考核,层层传导压力、落实责任。

国务院印发《关于加强环境监管执法的通知》,全面加强执法,严惩环境违法行为,使环保执法力度进一步加大。2015年至2016年上半年,全国实施按日连续处罚案件1022件,查封、扣押案件7133件,停产、限产案件4308件。2015年,各级环保部门下达行政处罚决定9.7万余份,罚款超过42.5亿元,分别比2014年增长17%和34%。公安机关聚焦群众反映强烈的污染问题,开展"清水蓝天"专项行动,2015年共破获各类环境污染犯罪案件6035起,抓获犯罪嫌疑人1.2万余人,分别比2014年增长16%

和 42%。①

地方政府也在环境保护内部监督方面开展了大量工作。例如,宁夏连续把 2015 年、2016 年确定为"环境保护执法年",在全自治区范围深入开展环境保护大检查,共排查企业 5678 家,发现环境问题 2654 个,监督整改 1962 个,立案处罚 369 件;其中,按日连续计罚 4 件,查封、扣押 10 件,限产停产 65 件,移送行政拘留 13 件,移送涉嫌环境污染犯罪 13 件,累计罚款 2645 万元。宁夏回族自治区政府还严肃追查问责,对环保工作履职不力的 4 个县级政府、1 个工业园区主要负责人进行约谈,对 3 个县级政府进行挂牌督办;对中卫腾格里沙漠污染事件中负有直接领导责任的中卫市委、市政府,责令作出深刻检查;对监管不力、失职渎职的 19 名公职人员,给予免职、撤职等处分,2 人移交司法机关;对 7 家企业以涉嫌污染环境罪提起公诉,相关企业被依法严惩。2015 年,河北省对 4 个设区的市、19 个县级政府主要负责人及 18 家企业负责人进行约谈,对 8 名企业主要负责人及直接责任人实施经济处罚或行政处分。2015 年以来,河北省检查排污企业 10 万多家,查处环境违法企业 4420 家,立案侦办环境污染刑事案件 3851 起,抓获犯罪嫌疑人 5694 人。②

2020 年至 2022 年,第二轮中央生态环境保护督察全面完成。第二轮中央生态环境保护督察组分六批完成对 31 个省、市、自治区及新疆生产建设兵团和 6 家中央企业的督察反馈。严格责任追究是生态环境保护督察的内在要求,也是推进督察整改工作和生态环境问题解决的有效手段。31 个省、市、自治区和新疆生产建设兵团对督察移交的 135 个责任追究问题共追责问责 3035 人,含厅级干部 371 人,处级干部 1244 人。其中,给予党纪政务处分 1509 人,诫勉 782 人,其他处理 744 人。国务院国资委和 6 家中央企业对督察移交的 23 个责任追究问题共追责问责 336 人。其中,给予党纪政务处分 183 人、诫勉 63 人,其他处理 90 人。督察组共向被督察对象移交 158 个责任追究问题。中央生态环境保护督导组聚焦京津冀协同发展、长江经济带发展、粤港澳大湾区建设、长三角一体化发展、黄河流域生态保护和高质量发展等区域重大战略,紧盯生态环保要求落实情况,关注严格控制高耗能、高排放项目盲目上马和去产能"回头看"落实情况等,使督察成为推动高质量发展的有力抓手。截至 2023 年 5 月,第一轮督

---

① 参见《人大监督让环保法"钢牙"更锋利》,载《中国人大杂志》,2016 年第 20 期,http://www.npc.gov.cn/npc/zgrdzz/2016-11/30/content_2002693.htm,最后访问时间:2019 年 2 月 1 日。

② 同上。

察明确的 3294 项整改任务,总体完成率超过 97％;第二轮督察明确的 2164 项整改任务已完成 61％。2023 年是第三轮中央环保督察的开局之年。

### 三、人民检察院的检察监督

我国环境控权体系中的控权主体还包括人民检察院。2017 年新修改的《行政诉讼法》第 25 条规定了人民检察院提起公益诉讼制度。该条规定:"行政行为的相对人以及其他与行政行为有利害关系的公民、法人或者其他组织,有权提起诉讼。有权提起诉讼的公民死亡,其近亲属可以提起诉讼。有权提起诉讼的法人或者其他组织终止,承受其权利的法人或者其他组织可以提起诉讼。人民检察院在履行职责中发现生态环境和资源保护、食品药品安全、国有财产保护、国有土地使用权出让等领域负有监督管理职责的行政机关违法行使职权或者不作为,致使国家利益或者社会公共利益受到侵害的,应当向行政机关提出检察建议,督促其依法履行职责。行政机关不依法履行职责的,人民检察院依法向人民法院提起诉讼。"其中的诉讼内容包括生态环境和资源保护。这是从立法上正式确立了人民检察院提起行政公益诉讼的法律地位。2018 年,最高人民法院和最高人民检察院联合发布《关于检察公益诉讼案件适用法律若干问题的解释》。2019 年,最高人民检察院联合生态环境部等九部委发布《加强检察公益诉讼协作配合 依法打好污染防治攻坚战》,从线索移送、立案管辖、调查取证、司法鉴定、诉前程序、提起诉讼、日常联络、人员交流等 8 个方面作出了明确规范。该文件第 16 条规定:"检察机关应依法提起公益诉讼。经过诉前程序,行政机关仍未依法全面履行职责,国家利益或者社会公共利益受侵害状态尚未得到实质性遏制的,人民检察院依法提起行政公益诉讼。"就此,人民检察院的检察环境公益诉讼相关规定日趋完善。

人民检察院的检察监督主要包括两个部分,一是诉前监督程序;二是公益诉讼。检察监督的主要内容包括生态环境和资源保护、食品药品安全、国有财产保护、国有土地使用权出让等领域负有监督管理职责的行政机关违法行使职权或者不作为,致使国家利益或者社会公共利益受到侵害的行为。从环境控权的角度看,人民检察院的检察监督主要针对生态环境和资源保护的行政机关,也就是广义上的生态环境部门。对地方人民政府的检察监督,主要以诉前程序为主。

2016 年,最高人民检察院发布环境行政公益诉讼指导案例四个,其中三个案件,即湖北省十堰市郧阳区人民检察院诉郧阳区林业局行政公益诉讼案(检例第 30 号)、福建省清流县人民检察院诉清流县环保局行政公益诉讼案(检例第 31 号)、贵州省锦屏县人民检察院诉锦屏县环保局行政公益诉讼案(检例第 32 号),被告均为环保部门,只有吉林省白山市人民检察院诉白山市江源区卫生和计划生育局及江源区中医院行政附带民事公益诉讼案(检例第 29 号)涉及该单位在建设综合楼时,未建设污染水利设施。

在 2018 年最高人民检察院发布的检察公益诉讼十大典型案例中,涉及环境保护的案件共三个,诉讼程序典型案例是环境刑事附带民事诉讼案件,诉前程序典型案例是对环境行政机关的检察监督案件。这两起诉前程序的检察监督案件,体现了人民检察院监督地方人民政府履行政府环境责任的监督内容。在重庆市石柱县水磨溪湿地自然保护区生态环境保护公益诉讼案中,石柱县人民政府批准《西沱镇总体规划》,其中一部分工业园区规划建设在湿地自然保护区规划范围内,这一规划会带来生态环境影响。该案由最高人民检察院挂牌督办。经过重庆市人民检察院调查核实,检察机关作出监督意见,并送达石柱县人民政府。石柱县人民政府按照检察建议的要求,迅速修改整个工作,在保护区内拆除、推出 38 个项目并覆土完毕。

在湖北省黄石市磁湖风景区生态环境保护公益诉讼案中,杭州东路社区居民张某在未取得规划审批和用地手续的情况下,持续在已被征收的土地上擅自搭建建筑物,并在鱼塘中围栏投肥养殖。该违法行为一直持续到 2018 年都未被有效制止,严重破坏了磁湖风景区的整体规划及磁湖水质。黄石市检察院指定西塞山区检察院管辖。该案涉及黄石市园林局、市规划局、市国土局、市水利水产局、下陆区城管局等多个行政执法部门。西塞山区检察院向上述五家行政单位分别发出检察意见,督促其依法履职,对张某的违法行为进行处理,采取治理措施消除对磁湖风景区的不利影响。该案得以在行政公益诉讼的诉前全面解决。

2018 年,人民检察院的检察监督职能之行使比 2016 年有了更大的发展。根据最高人民检察院 2018 年 12 月发布的通报,2018 年 1 月至 11 月,全国检察机关共立案公益诉讼案件 89523 件,提出检察建议和发布公告 78448 件,提起诉讼 2560 件。其中,共办理生态环境和资源保护领域公益诉讼案件 48847 件,占 54.56%,是试点期间的 7.5 倍。人民检察院提起环境行政公益诉讼的环境控权功能逐渐得到实现,对地方人民政府的环境责任履行起到一定的督促作用,但是仍然存在三个问题:一是覆盖的控权客体和生态环境保护范围均偏窄。从控权客体看,人民检察院的检察监督仍然多聚焦生态环境部门。在典型案例中,黄石风景区案所涉及的五个部门都是具有生态环境保护职能的部门，是广义的生态环境部门。此外，人民检察院的检察监督以污染防治为主，忽视整体性的生态环境影响案件。根据最高人民检察院 2018 年的通报，检察机关持续聚焦大气、水、土壤污染防治等领域重点、难点问题。在 2018 年的典型案例中，黄石风景区案的实质是水污染案件。二是检察监督多通过诉前程序化解，进入诉讼程序的较少。人民检察院对地方人民政府履职监督的案件以磨溪湿地保护区案为典型，该案充分反映了诉前程序的控权功能。根据对 2016 年至 2018 年人民检察院提起的环境行政公益诉讼案件之分析，进入人民检察院环境公益诉讼程序的案件，仍然以生态环境部门为主，并且以污染防治类的具体行政权力行使不当为主。三是人民检察院检察监督案件的线索多以污染企业、污染个体或环境犯罪的线索为基础。磨溪湿地保护区案尽管以黄石市人民政府为主要的督办对象，但是督办的目标是对湿地保护区内的建设项目进行关停和拆除。黄石风景区案的督办目标是拆除违法人的违法建筑，并清理其违法养殖的鱼塘。最高人民检察院在 2018 年的通报中也提到，检察机关通过办案督促挽回被毁损的耕地、林地、湿地、草原 200 余万亩，督促关停违法企业 8900 余家。这便体现了人民检察院的检察监督目标过于微观，即使督办地方政府，最终的目标仍然是污染企业或污染个人。根据生态文明建设的要求，人民检察院的检察监督应当站位更高，将检察监督工作的作用体现在整体性生态环境的保护，以风险预防为原则，对政府及其各部门可能造成生态环境影响的决策、尚未出现环境损害后果的行政决策等开展检察监督。

2018 年，全国检察机关办理公益诉讼案件突破 10 万件，2019 年为 11 万余件，2020 年达到 15 万余件，2021 年为 16.9 万件，2022 年为 19.5 万件。2017 年 7 月至 2022 年 6 月底，全国检察机关通过办理公益诉讼案件，督促恢复被毁损的耕地、林地、湿地、草原 786 万亩，回收和清理各类垃圾、固体废物 4584 万吨，追偿修复生态、治理环境费用 93.5 亿元；督促查处、回收假冒伪劣食品 182 万千克，查处、回收假药和走私药品 6 万千克；督促保护、收回国家所有财产和权益的价值 159.5 亿元，追缴国有土地出让金 337.2 亿元，收回被非法占用的国有土地 5.8 万亩。2021 年，最高人民检察院直接立案办理公益诉讼案件 6 件，各省级检察院直接立案办理公益诉讼案件 104 件。针对公益损害问题往往跨不同区域，从而导致分散治理效果不佳的问题，最高人民检察院建立了跨区划协作机制。最高人民检察院制定出台了《检察公益诉讼跨行政区划管辖指导意见（试行）》，推动建立全国重要江河湖泊跨区划行政公益诉讼管辖协作机制，长江流域 21 个省界断面已全部会签协作机制。[①]

## 四、环保组织及公众的社会监督

我国环境控权体系赋予环保组织及公众的控权功能较弱。环保组织及公众的控权功能体现在检举、举报的权利与环保组织的诉权。

我国《环境保护法》第 58 条赋予了环保组织诉权。该条规定："对污染环境、破坏生态，损害社会公共利益的行为，符合下列条件的社会组织可以向人民法院提起诉讼：（一）依法在设区的市级以上人民政府民政部门登记；（二）专门从事环境保护公益活动连续五年以上且无违法记录。符合前款规定的社会组织向人民法院提起诉讼，人民法院应当依法受理。提起诉讼的社会组织不得通过诉讼牟取经济利益。"从我国近三年的环境公益诉讼案件看，环保组织发挥了重要的作用，但是在环境行政公益诉讼方面的作用较小。环保组织提起的为数不多的环境行政公益诉讼也大多以生态环境部门为被告。

我国 2014 年《环境保护法》第 57 条规定了公民的检举、举报的权利。该条规定："公民、法人和其他组织发现任何单位和个人有污染环境和破坏生态行为的，有权向环境保护主管部门或者其他负有环境保护监督管理职责的部门举报。公民、法人和其他组织发现地方各级人民政府、县级以上人民政府环境保护主管部门和其他负有环境保护监督管理职责的部门不依法履行职责的，有权向其上级机关或者监察机关举报。"

从文义解释看，第 57 条的规定应当是公民针对污染企业的污染行为进行举报，因为公民举报的机关是环境保护主管部门或其他负有环境保护监督管理职责的部门。显然，履行政府环境责任的行政部门并非被举报主体。从诉权看，我国环境法律体系没有赋予公民诉权。2015 年，公民伍权、陈权、黄用对湛江市环境保护局提起环境行政公益诉讼，三原告不服湛江市环境保护局作出的《关于廉江市生活垃圾焚烧发电厂一期工程环境影响报告书的批复》，于 2015 年 1 月 26 日向湛江经济技术开发区人民法院提起行政诉讼。最终，法院以三原告不具有原告的诉讼主体资格为由，裁定驳回起诉。

近年来，环保组织提起环境公益诉讼的发展较为平缓。据民政部门统

---

① 《从筚路蓝缕到满园花开——全国检察机关深入开展公益诉讼司法实践探索纪实》，http://news. jcrb. com/jsxw/2023/202309/t20230921_2560083. html，最后访问时间：2023 年 9 月 21 日。

计,全国目前共有民政注册的生态环境类社会组织约 7000 家。最新的环保公益行业摸底要追溯到 2013 年发布的《2013 环保 NGO 工作报告》,该名录共覆盖 7881 家各类组织形式的环保民间组织。很多环保组织在基层的不同领域开展着工作,却不为公众和资方所知。由于缺少国内活跃的基层环保公益组织的整体数量、领域构成、筹款规模等信息,资助方和潜在资助方难以清晰了解行业现状,推动行业发展也缺乏坚实基础。

## 第二节　公众参与和政府信息公开

中国环境控权体系中,以权利制约权力的控权模式较弱,主要集中在环境法律体系对程序性权利的规定,而程序性权利的规定则主要以公众参与权和获取信息权为主。公众参与权和获取信息权在规则机制中主要体现为环境法律体系所规定的公众参与制度及政府信息公开制度。党的十九大报告提出,要构建政府为导向、企业为主、社会组织和公众共同参与的环境治理体系。这一要求进一步强调了公众参与和政府信息公开的重要性。

### 一、相关法律规定

我国对公众参与和政府信息公开的规定较早,自 2014 年《环境保护法》修改后,相关的法律法规再次进行修改。《环境保护法》第 53 条规定:"公民、法人和其他组织依法享有获取环境信息、参与和监督环境保护的权利。各级人民政府环境保护主管部门和其他负有环境保护监督管理职责的部门,应当依法公开环境信息、完善公众参与程序,为公民、法人和其他组织参与和监督环境保护提供便利。"

在公众参与方面,《环境保护法》第 56 条规定了公众参与环境影响评价的制度。该条规定:"对依法应当编制环境影响报告书的建设项目,建设单位应当在编制时向可能受影响的公众说明情况,充分征求意见。负责审批建设项目环境影响评价文件的部门在收到建设项目环境影响报告书后,除涉及国家秘密和商业秘密的事项外,应当全文公开;发现建设项目未充分征求公众意见的,应当责成建设单位征求公众意见。"2015 年,生态环境部颁布了《环境保护公众参与办法》,详细规定了环境保护工作参与的方式、内容、组织程序等。2018 年,生态环境部颁布了《环境影响评价公众参与办法》,详细规定了环境影响评价中,公众参与的具体要求。《环境影响评价公众参与办法》还规定了建设项目和专项规划的环境影响评价公众参与。其中,第 6 条规定了专项规划的环境影响评价公众参与。该条规定:"专项规划编制机关和建设单位负责组织环境影响报告书编制过程的公众参与,对公众参与的真实性和结果负责。"第 8 条规定了建设项目环境影响评价的公众参与。该条规定:"建设项目环境影响评价公众参与相关信息应当依法公开,涉及国家秘密、商业秘密、个人隐私的,依法不得公开。法律法规另有规定的,从其规定。"

在政府信息公开方面,《环境保护法》第 54 条规定了政府信息公开的内容、方式及应当进行政府信息公开的行政机关。该条规定:"国务院环境保护主管部门统一发布国家环境质量、重点污染源监测信息及其他重大环境信息。省级以上人民政府环境保护主管部门定期发布环境状况公报。县级以上人民政府环境保护主管部门和其他负有环境保护监督管理职责的部门,应当依法公开环境质量、环境监测、突发环境事件以及环境行政许可、行政处罚、排污费的征收和使用情况等信息。县级以上地方人民政府环境保护主管部门和其他负有环境保护监督管理职责的部门,应当将企业事业单位和其他生产经营者的环境违法信息记入社会诚信档案,及时向社会公布违法者名单。"国务院颁布的《政府信息公开条例》规定了政府信息公开的职责、公开的内容、公开的方式及程序,以及政府信息公开的监督和保障。2007 年,生态环境部出台《环境信息公开办法(试行)》,规定了环保部门公开在履行环境保护职责中制作或获取的信息的具体要求。同时,《环境信息公开办法(试行)》规定了生态环境部门信息公开的职责、范围、公开方式、程序等。

## 二、法定公众参与行政环境决策的法规范路径

公众参与环境公共决策体现了现代行政法的立体维度,即行政法为行政机关与相对人提供良性互动的平台。公众参与环境公共决策跳出了行政纠纷末端救济的传统模式,使行政决策的利益相关方在行政决策过程中便可以开始沟通与交流,从而避免在行政决策末端再解决利益矛盾。这种参与的方式以环境影响评价制度、信息公开制度等法律制度为依托,这些法律制度使得公众参与环境公共决策这一行为从行政化参与转变为法律化的法定参与。在法定公众参与的行政决策中,公众参与成为了行政决策合法化的证成路径。在此前提下,考虑到公众参与失序的认知,对公众参与环境公共决策的相关法律之有效适用,自然是消解这种失序的最佳方法及路径。这既是法律对行政机关的要求,也是法律对公众的要求;这既是

231

法律赋予公众的权利,也是公众应当遵守法律预设路径的义务。

**(一) 政府决策之前:法定公众参与介入时机的常规性理解**

环境影响评价共有四次进行公示的阶段,分别为:(1)在准备要进行环境影响评价之时。(2)在环境影响评价报告书制作过程中,报送环境保护行政管理部门审批之前。(3)环境保护行政管理部门在受理环境影响评价报告书后,决定审批之前。(4)环境保护行政主管部门在作出审批或重新审核决定后。① 在上述四个阶段中,直到第三个阶段,即"环境保护行政管理部门在受理环境影响评价报告后,决定审批前",仍然是政府决策之前。这一理解误区恰恰导致了公民对环境影响评价的第一次公示便反应过于强烈,并且误解了环境影响评价第一次公示的含义。换言之,公民并不了解环境影响评价公示的阶段、内容及意义。

**(二) 法定公众参与的程序性规则**

行政决策的救济请求可以分为前端与末端。前端是指在行政决策作出之前及进行过程中,公众所提出的救济请求,其救济请求形式主要包括:(1)对政府信息公开的请求。(2)要求环境影响评价的请求。(3)参与环境影响评价过程的请求。末端主要是指行政决策作出之后所提出的救济请求,这种救济请求形式主要包括行政复议和行政诉讼,其中包括了对最终环境影响评价结果及影响环境的行政决策之救济。纵观我国环境行政群体性纠纷,其特点往往是在环境影响评价开展之前或进行过程中发生,所针对事项往往是涉及环境影响的行政决策,但一般是在行政决策最终作出之前。因此,我国环境行政群体性纠纷往往属于行政决策的前端救济请求。

1. 对政府环境信息公开的请求

政府信息公开是行政程序的基本制度。行政程序制度的设计是为了防止行政自由裁量权无限扩张,通过法律程序对行政权力进行控制。同时,行政程序制度可以保障公民对行政决策的有效参与,通过公民权利来制约行政权力的扩张。政府信息公开制度是行政程序中最为基本的制度之一。在环境行政决策过程中,政府信息公开可以保证公民获取环境信息的权利,因此其在环境行政决策中有着比其他行政程序制度更为重要的地位。

根据国务院颁布的《政府信息公开条例》第 2 条和生态环境部颁布的《环境信息公开办法(试行)》第 2 条,政府信息是指行政机关在履行职责过程中制作或获取的,以一定形式记录、保存的信息。因此,政府信息公开的信息仅限于行政机关在履职过程中制作或获取的信息。

---

① 《环境影响评价公众参与暂行条例》《环境信息公开办法(试行)》规定,环评公示有四个阶段。

　　根据 2007 年生态环境部颁布的《环境信息公开办法（试行）》第 11 条，生态环境部门应当在职责权限范围内向社会主动公开以下政府环境信息："（一）环境保护法律、法规、规章、标准和其他规范性文件；（二）环境保护规划；（三）环境质量状况；（四）环境统计和环境调查信息；（五）突发环境事件的应急预案、预报、发生和处置等情况；（六）主要污染物排放总量指标分配及落实情况，排污许可证发放情况，城市环境综合整治定量考核结果；（七）大、中城市固体废物的种类、产生量、处置状况等信息；（八）建设项目环境影响评价文件受理情况，受理的环境影响评价文件的审批结果和建设项目竣工环境保护验收结果，其他环境保护行政许可的项目、依据、条件、程序和结果；（九）排污费征收的项目、依据、标准和程序，排污者应当缴纳的排污费数额、实际征收数额以及减免缓情况；（十）环保行政事业性收费的项目、依据、标准和程序；（十一）经调查核实的公众对环境问题或者对企业污染环境的信访、投诉案件及其处理结果；（十二）环境行政处罚、行政复议、行政诉讼和实施行政强制措施的情况；（十三）污染物排放超过国家或者地方排放标准，或者污染物排放总量超过地方人民政府核定的排放总量控制指标的污染严重的企业名单；（十四）发生重大、特大环境污染事故或者事件的企业名单，拒不执行已生效的环境行政处罚决定的企业名单；（十五）环境保护创建审批结果；（十六）环保部门的机构设置、工作职责及其联系方式等情况；（十七）法律、法规、规章规定应当公开的其他环境信息。"

　　由此，在环境行政决策的前端，主要运用环境影响评价的执行及相关信息的公开来规范政府环境行政决策行为。环境影响评价分为建设项目的环境影响评价和规划的环境影响评价。显然，对于建设项目的环境影响评价，《政府信息公开条例》和《环境信息公开办法（试行）》都有明确的规定。《环境信息公开办法（试行）》第 11 条进一步细化了相关规定，要求对"建设项目环境影响评价文件受理情况，受理的环境影响评价文件的审批结果和建设项目竣工环境保护验收结果，其他环境保护行政许可的项目、依据、条件、程序和结果"进行信息公开。这一类环境影响评价结果的信息公开与《环境影响评价法》《环境影响评价公众参与办法》中的有关公示、公众参与之规定相吻合。

　　值得注意的是，《政府信息公开条例》和《环境信息公开办法（试行）》只规定环境保护管理部门对环境影响评价的审批结果进行公开，这是因为政府信息公开所针对的主体是政府，建设项目的环境影响评价是由建设项目单位委托具有环评资质的第三方机构完成的，所以在提交生态环境部门审批之前，环境影响评价的过程并不受《政府信息公开条例》和《环境信息公

233

开办法(试行)》的规制。只有在环评文件被提交至环境保护管理部门后，公众才能够请求相应的管理部门公开环评文件的受理情况、审批结果等。在此之前，应当按照《环境影响评价法》和《环境影响评价公众参与办法》中的规定，采取相应的救济请求方式。

如果政府没有按照上述法律法规公开相应的信息，那么公民可以通过申请，要求政府对上述事项进行有效的公开。

然而，对于规划的环境影响评价，《政府信息公开条例》和《环境信息公开办法(试行)》都没有明确规定如何进行信息公开。以规范主义的视角，寻求法律解释的帮助，我们仍然可以找到解决的途径。区域或专项规划涉及公民的切身利益，而相应的环境影响评价是就区域或专项规划对公民切身利益影响程度进行衡量的标准之一。因此，区域或专项规划及其环境影响评价结果自然应属于政府主动进行公开的范围。如果政府没有主动公开，公民仍可根据相关规定，通过申请来要求公开。

如果是未进行环境影响评价的或不涉及环境影响评价的信息，则也可根据相关规定来进行申请。

除此之外，如果公民选择信访、申诉控告等途径，向某部门反映环境问题或企业污染问题，那么根据《环境信息公开办法(试行)》第9条，政府应当公开"经调查核实的公众对环境问题或者对企业污染环境的信访、投诉案件及其处理结果"。如果政府没有主动公开，公民可以申请其公开相关信息。

2. 要求环境影响评价的请求

《环境影响评价法》与《环境影响评价公众参与办法》都赋予了公民参与环境影响评价的权利。如果公民没有获得参与的机会，那么其拥有参与环境影响评价的请求权。《环境影响评价法》及《环境影响评价公众参与办法》共规定了五个公众可以参与的阶段，但每个阶段所针对的内容和参与的程度及方式均有所不同。

一是在准备要进行环境影响评价之时。这一阶段，公众应当被告知的信息如下：(1)建设项目的名称及概要。(2)建设项目的建设单位的名称和联系方式。(3)承担评价工作的环境影响评价机构的名称和联系方式。(4)环境影响评价的工作程序和主要工作内容。(5)征求公众意见的主要事项。(6)公众提出意见的主要方式。公众可就所获知的信息，根据征求意见的事项、征求意见的主要方式等提出自己的意见，从而参与其中。

二是在环境影响评价报告书制作过程中，报送环境保护行政管理部门审批之前。这一阶段，公众应当被告知：(1)建设项目情况简述。(2)建设项目对环境可能造成影响的概述。(3)预防或减轻不良环境影响的对策和措施的要点。(4)环境影响评价报告书提出的环境影响评价结论的要点。(5)公众查阅环境影响评价报告书简本的方式和期限,以及公众认为必要时向建设单位或其委托的环境影响评价机构索取补充信息的方式和期限。(6)征求公众意见的范围和主要事项。(7)征求公众意见的具体形式。(8)公众提出意见的起止时间。这一阶段,公众应当被告知的是更为具体的环境影响评价的初步结论,公众可以就这一结论进行评价。

三是环境保护行政管理部门在受理环境影响评价报告书后,决定审批之前。环境保护行政主管部门应当在受理建设项目环境影响评价报告书后,在其政府网站或采用其他便利公众知悉的方式,公告环境影响评价报告书受理的有关信息。环境保护行政主管部门公告的期限不得少于十日,并确保其公开的有关信息在整个审批期限之内均处于公开状态。这一阶段,公众方可向环境保护行政管理部门提出自己的看法。

四是环境保护行政主管部门在作出审批或重新审核决定后,应当在政府网站公告审批或审核结果。这一阶段,可视为政府决策之后。该公示的性质就是政府的环境信息公开。值得注意的是,此阶段之前的公示应当是环评阶段的公示及公众参与,并非适用《政府信息公开条例》的信息公开。如果政府在第四阶段没有进行公示,那么可适用《政府信息公开条例》来要求其公示相关内容。如果政府部门所公示的结果令公民不满意,那么公民可以作为间接相对人,针对政府的这一具体行政行为提起行政复议或行政诉讼。

# 第三节　政绩考核生态化

## 一、法规范构成

2018年,新修改的《宪法》加入了生态文明建设相关条款。《宪法》序言提到,要推动物质文明、政治文明、精神文明、社会文明和生态文明协调发展。《宪法》第89条在国务院行使的职权中加入"领导和管理经济工作和城乡建设、生态文明建设"。生态文明入宪从根本上来讲是《宪法》对行政部门管理生态文明建设和环境治理的立法授权。在这一授权的条件下,行政部门开展生态化的政绩考核及环保督察便是有法可依地履行法定职责。

我国2014年《环境保护法》增加了环境目标责任制的规定。《环境保护法》第26条规定:"国家实行环境保护目标责任制和考核评价制度。县级以上人民政府应当将环境保护目标完成情况纳入对本级人民政府负有环境保护监督管理职责的部门及其负责人和下级人民政府及其负责人的考核内容，作为对其考核评价的重要依据。考核结果应当向社会公开。"这便在立法上确立了政府的环境目标责任，其也是政绩考核生态化、法治化的第一步。

中共中央、国务院于 2015 年出台《关于加快推进生态文明建设的意见》，提出生态文明建设主要目标是，到 2020 年，资源节约型和环境友好型社会建设取得重大进展，主体功能区布局基本形成，经济发展质量和效益显著提高，生态文明主流价值观在全社会得到推行，生态文明建设水平与全面建成小康社会目标相适应。该文件提出，要健全政绩考核制度，具体内容包括：建立体现生态文明要求的目标体系、考核办法、奖惩机制；把资源消耗、环境损害、生态效益等指标纳入经济社会发展综合评价体系，大幅增加考核权重，强化指标约束，不唯经济增长论英雄；完善政绩考核办法，根据区域主体功能定位，实行差别化的考核制度；对限制开发区域、禁止开发区域和生态脆弱的国家扶贫开发工作重点县，取消地区生产总值考核；对农产品主产区和重点生态功能区，分别实行农业优先和生态保护优先的绩效评价；对禁止开发的重点生态功能区，重点评价其自然文化资源的原真性、完整性；根据考核评价结果，对生态文明建设成绩突出的地区、单位和个人给予表彰奖励；探索编制自然资源资产负债表，对领导干部实行自然资源资产和环境责任离任审计。

## 二、生态文明建设目标评价考核

中共中央、国务院于 2016 年印发《生态文明建设目标评价考核办法》和《绿色发展指标体系》，正式确立了生态文明建设目标指标，并将其纳入党政领导干部的评价考核体系。《生态文明建设目标评价考核办法》第 3 条规定，生态文明建设目标评价考核实行"党政同责"，地方党委和政府领导成员生态文明建设"一岗双责"。《生态文明建设目标评价考核办法》规定，目标考核内容主要包括国民经济和社会发展规划纲要中确定的资源环境约束性指标，以及党中央、国务院部署的生态文明建设重大目标任务完成情况。

《生态文明建设目标评价考核办法》第 11 条规定了考核方式。该条规定："目标考核在五年规划期结束后的次年开展，并于 9 月底前完成。各省、自治区、直辖市党委和政府应当对照考核目标体系开展自查，在五年规划期结束次年的 6 月底前，向党中央、国务院报送生态文明建设目标任务完成情况自查报告,并抄送考核牵头部门。资源环境生态领域有关专项考核的实施部门应当在五年规划期结束次年的 6 月底前,将五年专项考核结果送考核牵头部门。"

　　《绿色发展指标体系》具体规定了环境目标体系,主要包括资源利用指数(如能源消费总量、单位 GDP 能源消耗降低、万元 GDP 用水量下降、耕地保有量、新增建设用地规模等)、环境治理指数(如化学需氧量排放总量、二氧化硫排放总量减少、危险废物处置利用率、污水集中处理率、环境污染治理投资占 GDP 比重等)、环境质量指数(如地表水劣 Ⅴ 类水体比例、受污染耕地安全利用率、地级及以上城市空气质量优良天数比例等)、生态保护指数(如草原综合植被覆盖度、湿地保护率、海洋保护区面积、新增水土流失治理面积等)、增长指数(如人均 GDP 增长率、居民人均可支配收入等)、绿色生活指数(如公共机构人均能耗降低率、新能源汽车保有量增长率、城市建成区绿地率等)、公众对生态环境质量满意程度等。

| 一级指标 | 序号 | 二级指标 | 计量单位 | 指标类型 | 权数(%) | 数据来源 |
|---|---|---|---|---|---|---|
| 一、资源利用（权数＝29.3%） | 1 | 能源消费总量 | 万吨标准煤 | ◆ | 1.83 | 国家统计局、国家发展改革委 |
| | 2 | 单位 GDP 能源消耗降低 | % | ★ | 2.75 | 国家统计局、国家发展改革委 |
| | 3 | 单位 GDP 二氧化碳排放降低 | % | ★ | 2.75 | 国家发展改革委、国家统计局 |
| | 4 | 非化石能源占一次能源消费比重 | % | ★ | 2.75 | 国家统计局、国家能源局 |
| | 5 | 用水总量 | 亿立方米 | ◆ | 1.83 | 水利部 |
| | 6 | 万元 GDP 用水量下降 | % | ★ | 2.75 | 水利部、国家统计局 |
| | 7 | 单位工业增加值用水量降低率 | % | ◆ | 1.83 | 水利部、国家统计局 |
| | 8 | 农田灌溉水有效利用系数 | — | ◆ | 1.83 | 水利部 |
| | 9 | 耕地保有量 | 亿亩 | ★ | 2.75 | 国土资源部 |
| | 10 | 新增建设用地规模 | 万亩 | ★ | 2.75 | 国土资源部 |

| 一级指标 | 序号 | 二级指标 | 计量单位 | 指标类型 | 权数（%） | 数据来源 |
|---|---|---|---|---|---|---|
| | 11 | 单位 GDP 建设用地面积降低率 | % | ◆ | 1.83 | 国土资源部、国家统计局 |
| | 12 | 资源产出率 | 万元/吨 | ◆ | 1.83 | 国家统计局、国家发展改革委 |
| | 13 | 一般工业固体废物综合利用率 | % | △ | 0.92 | 生态环境部、工业和信息化部 |
| | 14 | 农作物秸秆综合利用率 | % | △ | 0.92 | 农业部 |
| | 15 | 化学需氧量排放总量减少 | % | ★ | 2.75 | 生态环境部 |
| | 16 | 氨氮排放总量减少 | % | ★ | 2.75 | 生态环境部 |
| | 17 | 二氧化硫排放总量减少 | % | ★ | 2.75 | 生态环境部 |
| | 18 | 氮氧化物排放总量减少 | % | ★ | 2.75 | 生态环境部 |
| | 19 | 危险废物处置利用率 | % | △ | 0.92 | 生态环境部 |
| | 20 | 生活垃圾无害化处理率 | % | ◆ | 1.83 | 住房城乡建设部 |
| | 21 | 污水集中处理率 | % | ◆ | 1.83 | 住房城乡建设部 |
| | 22 | 环境污染治理投资占 GDP 比重 | % | △ | 0.92 | 住房城乡建设部、生态环境部、国家统计局 |
| | 23 | 地级及以上城市空气质量优良天数比例 | % | ★ | 2.75 | 生态环境部 |
| | 24 | 细颗粒物（PM2.5）未达标地级及以上城市浓度下降 | % | ★ | 2.75 | 生态环境部 |
| | 25 | 地表水达到或好于 III 类水体比例 | % | ★ | 2.75 | 生态环境部、水利部 |
| | 26 | 地表水劣 V 类水体比例 | % | ★ | 2.75 | 生态环境部、水利部 |

| 一级指标 | 序号 | 二级指标 | 计量单位 | 指标类型 | 权数（%） | 数据来源 |
|---|---|---|---|---|---|---|
| | 27 | 重要江河湖泊水功能区水质达标率 | % | ◆ | 1.83 | 水利部 |
| | 28 | 地级及以上城市集中式饮用水水源水质达到或优于Ⅲ类比例 | % | ◆ | 1.83 | 生态环境部、水利部 |
| | 29 | 近岸海域水质优良（Ⅰ类或Ⅱ类）比例 | % | ◆ | 1.83 | 国家海洋局、生态环境部 |
| | 30 | 受污染耕地安全利用率 | % | △ | 0.92 | 农业部 |
| | 31 | 单位耕地面积化肥使用量 | 千克/公顷 | △ | 0.92 | 国家统计局 |
| | 32 | 单位耕地面积农药使用量 | 千克/公顷 | △ | 0.92 | 国家统计局 |
| | 33 | 森林覆盖率 | % | ★ | 2.75 | 国家林业局 |
| | 34 | 森林蓄积量 | 亿立方米 | ★ | 2.75 | 国家林业局 |
| | 35 | 草原综合植被覆盖度 | % | ◆ | 1.83 | 农业部 |
| | 36 | 自然岸线保有率 | % | ◆ | 1.83 | 国家海洋局 |
| | 37 | 湿地保护率 | % | ◆ | 1.83 | 国家林业局、国家海洋局 |
| | 38 | 陆域自然保护区面积 | 万公顷 | △ | 0.92 | 生态环境部、国家林业局 |
| | 39 | 海洋保护区面积 | 万公顷 | △ | 0.92 | 国家海洋局 |
| | 40 | 新增水土流失治理面积 | 万公顷 | △ | 0.92 | 水利部 |
| | 41 | 可治理沙化土地治理率 | % | ◆ | 1.83 | 国家林业局 |
| | 42 | 新增矿山恢复治理面积 | 公顷 | △ | 0.92 | 国土资源部 |

| 一级指标 | 序号 | 二级指标 | 计量单位 | 指标类型 | 权数（%） | 数据来源 |
|---|---|---|---|---|---|---|
| | 43 | 人均 GDP 增长率 | % | ◆ | 1.83 | 国家统计局 |
| | 44 | 居民人均可支配收入 | 元/人 | ◆ | 1.83 | 国家统计局 |
| | 45 | 第三产业增加值占 GDP 比重 | % | ◆ | 1.83 | 国家统计局 |
| | 46 | 战略性新兴产业增加值占 GDP 比重 | % | ◆ | 1.83 | 国家统计局 |
| | 47 | 研究与试验发展经费支出占 GDP 比重 | % | ◆ | 1.83 | 国家统计局 |
| | 48 | 公共机构人均能耗降低率 | % | △ | 0.92 | 国管局 |
| | 49 | 绿色产品市场占有率（高效节能产品市场占有率） | % | △ | 0.92 | 国家发展改革委、工业和信息化部、质检总局 |
| | 50 | 新能源汽车保有量增长率 | % | ◆ | 1.83 | 公安部 |
| | 51 | 绿色出行（城镇每万人口公共交通客运量） | 万人次/万人 | △ | 0.92 | 交通运输部、国家统计局 |
| | 52 | 城镇绿色建筑占新建建筑比重 | % | △ | 0.92 | 住房城乡建设部 |
| | 53 | 城市建成区绿地率 | % | △ | 0.92 | 住房城乡建设部 |
| | 54 | 农村自来水普及率 | % | ◆ | 1.83 | 水利部 |
| | 55 | 农村卫生厕所普及率 | % | △ | 0.92 | 国家卫生计生委 |
| | 56 | 公众对生态环境质量满意程度 | % | — | — | 国家统计局 |

# 第四节 环保督察

## 一、环保督察的制度构成

《环境保护法》规定了政府环境责任追责机制。《环境保护法》第 6 条明确规定:"地方各级人民政府应当对本行政区域的环境质量负责。"《环境保护法》第 67 条规定:"上级人民政府及其环境保护主管部门应当加强对下级人民政府及其有关部门环境保护工作的监督。发现有关工作人员有违法行为,依法应当给予处分的,应当向其任免机关或者监察机关提出处分建议。依法应当给予行政处罚,而有关环境保护主管部门不给予行政处罚的,上级人民政府环境保护主管部门可以直接作出行政处罚的决定。"《环境保护法》第 68 条规定了详细的政府环境责任追责情形及追责形式。政府环境责任的追责情形包括:"(一)不符合行政许可条件准予行政许可的;(二)对环境违法行为进行包庇的;(三)依法应当作出责令停业、关闭的决定而未作出的;(四)对超标排放污染物、采用逃避监管的方式排放污染物、造成环境事故以及不落实生态保护措施造成生态破坏等行为,发现或者接到举报未及时查处的;(五)违反本法规定,查封、扣押企业事业单位和其他生产经营者的设施、设备的;(六)篡改、伪造或者指使篡改、伪造监测数据的;(七)应当依法公开环境信息而未公开的;(八)将征收的排污费截留、挤占或者挪作他用的;(九)法律法规规定的其他违法行为。"

《环境保护法》第 68 条还规定了行政责任承担形式,包括:记过、记大过或者降级处分;造成严重后果的,给予撤职或者开除处分,其主要负责人应当引咎辞职。行政责任承担的主体有地方各级人民政府、县级以上人民政府环境保护主管部门、其他负有环境保护监督管理职责的部门的主管人员和直接责任人。

以上是我国环境法律体系对地方政府及环境保护监管部门主管人员和直接责任人的追责机制。在这一机制下,党中央、国务院以巡视组的形式启动开展环保督察工作。为更好地落实相关规定,党中央、国务院还出台了"1+6"生态文明体制改革方案。2018 年《宪法修正案》修改了国务院的职责,直接规定国务院具有生态文明建设的职责。这一修改为党中央、国务院领导生态文明建设改革提供了更为有利的法律依据。

中共中央、国务院《关于加快推进生态文明建设的意见》明确规定,"各级党委和政府对本地区生态文明建设负总责"。所谓"1＋6"生态文明体制改革,即以《生态文明体制改革总体方案》为核心(即"1"),相继出台6个具体的办法来落实《生态文明体制改革总体方案》,具体包括《环境保护督察方案(试行)》《生态环境监测网络建设方案》《开展领导干部自然资源资产离任审计试点方案》《党政领导干部生态环境损害责任追究办法(试行)》《编制自然资源资产负债表试点方案》《生态环境损害赔偿制度改革试点方案》。其中,《环境保护督察方案(试行)》及《党政领导干部生态环境损害责任追究办法(试行)》形成对政府环境责任追责的具体办法,即环保督察的具体办法,具体追责主体包括地方政府"党政一把手"及环境保护监督管理部门负责人和直接责任人。中央全面深化改革领导小组第十四次会议审议通过的《关于开展领导干部自然资源资产离任审计的试点方案》《党政领导干部生态环境损害责任追究办法(试行)》等文件,强调生态文明建设中党政领导要"权责对等","责任清单"要细化。[1]

《环境保护督察方案(试行)》要求建立环境保护督察工作机制,作为推动生态文明建设的重要抓手,督促地方党委和政府认真履行环境保护主体责任,切实落实环境保护"党政同责"和"一岗双责"。该文件首次明确了环境保护督察巡视的对象、组织、内容和程序。各省、自治区、直辖市党委和政府及其有关部门,以及部分地级市党委和政府及其有关部门将成为督察巡视的对象。

《党政领导干部生态环境损害责任追究办法(试行)》规定,地方各级党委和政府对本地区生态环境和资源保护负总责,党委和政府主要领导成员承担主要责任,其他有关领导成员在职责范围内承担相应责任。中央和国家机关有关工作部门、地方各级党委和政府的有关工作部门及其有关机构领导人员按照职责分别承担相应责任。该文件明确了追究相关地方党委和政府主要领导成员、政府有关领导成员、政府有关工作部门领导成员责任的各类情形。党委及其组织部门在地方党政领导班子成员选拔任用工作中,应当按规定将资源消耗、环境保护、生态效益等情况作为考核评价的重要内容,对在生态环境和资源方面造成严重破坏负有责任的干部不得提拔使用或者转任重要职务。

---

① 周宏春:《生态文明建设的路线图与制度保障》,载《中国科学院院刊》,2013年第2期。

## 二、环保督察的运行机制

### （一）中央环保督察组分批入驻

2015 年 12 月,以国务院批准中央环保督察组进驻河北省委、省政府开展环保督察试点为标志,国家环保督察制度进入到实施层面。此后,中央分别于 2016 年 7 月和 11 月、2017 年 4 月和 8 月分四批开展 31 个省、市、自治区的环境保护督察,实现了中央环保督察全覆盖。

2016 年 7 月,第一批中央环保督察组进驻内蒙古、黑龙江、江苏、江西、河南、广西、云南、宁夏等 8 省(自治区),实施为期一个月的督察,立案侦查 207 件,拘留 310 人,约谈 2176 人,问责 3287 人,立案处罚 2659 件,共计罚款 1.98 亿元。不少人受到党纪政务处分。2016 年 11 月,第二批中央环保督察组对北京、上海、湖北、广东、重庆、陕西、甘肃等 7 省(市)开展环境保护督察,并于 2017 年 4 月完成督察反馈,共问责 1048 人,其中省部级干部 3 人因甘肃祁连山生态环境破坏问题被问责;厅级干部 159 人,其中正厅级干部 56 人;处级干部 464 人,其中正处级干部 246 人。从具体问责情形看,被问责人员中,诫勉 211 人,党纪政务处分 777 人,组织处理 49 人(次),通报问责 22 人,移送司法机关 10 人,组织审查 1 人,其他处理 10 人。另外,从问责人员分布看,被问责人员中,地方党委 36 人,地方政府 209 人,地方党委和政府所属部门 644 人。在党委政府有关部门中,环保部门被问责人数最多,为 135 人,水利、国土、林业、农业、工信等多个部门均有涉及。2017 年 4 月下旬,中央环保督察组分批次对湖南、安徽等 15 个以上的省(市)进行督察。2017 年 8 月,中央环保督察组进驻西藏自治区。至此,第四批 8 个中央环保督察组全部实现督察进驻。2017 年,我国实现对 31 个省份的中央环保督察全覆盖。据统计,截至 2017 年 8 月,已受理群众环境信访举报 3090 件,经梳理并合并重复举报后交办地方 2361 件,各地已办结 146 件;累计责令整改 367 家,立案处罚 81 家,罚款 220.92 万元;立案侦查 2 家,拘留 6 人;对党政领导干部约谈 62 人,问责 62 人。2023 年,中央已启动第三轮环保督察。

### （二）案件类型及处分方式

从环保部门牵头到中央主导,从以查企业为主转变为"查督并举,以督政为主",这是我国环境监管模式的重大变革。处分的方式多样,包括立案处罚、责令整改、罚款、立案侦查、行政拘留、刑事拘留、约谈、追责等形式。在环保督察的实施过程中,约谈已被纳入其中。国家级的环保约谈更为典型的是生态环境部对地方政府的直接约谈,约谈的主要对象为各地级市政府,即地级市"行政一把手"、主抓环保工作副市长及环保局主要负责人。2014 年以来,生态环境部对部分环境污染严重的地区开展了环保约谈。

根据《环境保护督察方案(试行)》及各地制定的环保督察实施方案,目前中央环保督察在责任主体追究方面包括以下三种情况:第一是组织部门对相关领导干部进行考核评价、调整任免。《生态文明建设目标评价考核办法》建立了生态文明建设目标指标,并将其纳入党政领导干部评价考核体系,从而对失职失责的领导干部进行处理,包括调离岗位、引咎辞职、责令辞职、免职、降职、通报等。例如,因湖北省洪湖国家级自然保护区违法违规养殖问题,时任洪湖保护区管理局党委书记、局长冯锦刚被免职。第二是针对重大生态环境问题,对党政干部在生态环保上不作为、乱作为、失职渎职等情况进行相应的党纪政务处分,具体分为党内纪律处分和行政处分;领导干部渎职失职情节严重、涉嫌犯罪的,依法移送有关部门追究刑事责任。在第一批中央环保督察中被问责的厅级干部,受到党纪处分的有40 人。例如,2018 年 5 月,中央纪委通报曝光了天津市津南区政府及相关部门对小站镇阀门生产聚集区严重污染整改不力等六起生态环境损害责任追究典型案例,要求各级纪检监察机关贯彻落实习近平总书记在全国生态环境保护大会上的重要讲话精神,为打好污染防治攻坚战这场大仗、硬仗、苦仗提供坚强纪律保障。通报指出,对损害生态环境的地方和单位的领导干部真追责、敢追责、严追责,做到终身追责;对该问责而不问责的,也要切实追究,杜绝弄虚作假等形式主义、官僚主义。第三是针对排污单位或个人的环境违法行为,由环保部门追究相应的行政法律责任;情节严重的,需要依法移送公安机关追究刑事责任。督察过程遵循"四不两直"原则,即"不发通知、不打招呼、不听汇报、不用陪同接待、直奔基层、直插现场",使督察工作深入问题"骨髓",真实了解各地存在的突出环境问题。

| 第一批中央环保督察各省(自治区)与督察结果反馈情况 | | | | | |
|---|---|---|---|---|---|
| | 结办举报问题数 | 责令整改案件数或关停整改企业数 | 立案处罚案件数 | 拘留人数 | 约谈人数 | 问责人数 |
| 内蒙古 | 1637 | 362 | 206 | 57 | 238 | 280 |
| 黑龙江 | 1224 | 1034 | 220 | 28 | 32 | 560 |
| 江苏 | 2451 | 2712 | 1384 | 108 | 618 | 449 |

|  | 结办举报问题数 | 责令整改案件数或关停整改企业数 | 立案处罚案件数 | 拘留人数 | 约谈人数 | 问责人数 |
|---|---|---|---|---|---|---|
| 江西 | 1050 | 777 | 224 | 57 | 220 | 124 |
| 河南 | 2682 | 1614 | 188 | 31 | 148 | 1231 |
| 广西 | 2341 | 1739 | 176 | 10 | 204 | 351 |
| 云南 | 1234 | 515 | 189 | 11 | 681 | 322 |
| 宁夏 | 476 | 57 | 179 | 8 | 35 | 105 |
| 总计 | 13095 | 8810 | 2766 | 310 | 2176 | 3422 |

从运作实践看,2014年之前,我国环保督察的重点是检查、督促污染企业遵守环保政策法规、改正环境违法行为;2014年之后,重点转为对政府、相关职能部门和排污单位的综合督察;2016年之后,督察重点为省级党委与政府,也可以根据情况,下沉至部分地市级党委政府。将地方党委与政府的环保责任作为重点监督范围,是我国环保督察制度继“督政”转型后的又一次制度变革,其成为新时期我国环境管理转型与制度建设的一个重要核心内容。全面落实经济发展与环境保护综合决策,关键在于对决策源头的党委和政府开展监督。

《环境保护督察实施方案(试行)》列出了党委、政府可被追究责任的16种行为。根据侧重点不同,中央环保督察的内容可以分为三大块:一是党委、政府对国家和省环境保护决策贯彻落实情况。二是突出环境问题及处理情况,主要包括:环境质量变化情况;区域性、流域性突出环境问题及处理情况;群众反映强烈、社会影响恶劣的偷排偷放、治污设施不正常运行等方面的突出环境问题及处理情况;重大环境安全隐患问题及处理情况;以及环境基础设施建设运行情况。三是环境保护责任落实情况,主要包括:党委、政府及其有关部门落实环境保护“党政同责”和“一岗双责”情况;对环境保护工作的研究部署、制度建设、责任落实、督促检查及工作成效、责任追究和长效机制建立等情况。

中央环保督察的方式方法包括准备、进驻、形成报告、反馈、移交移送问题及线索、整改落实等。督察工作在省委、省政府领导下,由省环境保护督察组负责实施,主要采取听取汇报、调阅资料、个别谈话、走访问询、受理举报、现场抽查、下沉督察等方式进行。在受理群众举报和坚持问题导向的基础上,督察组更多地走访基层和民众,实地考察和体验当地的大气与水体环境质量,坚持用环境质量说话,用统计数据说话,用典型案例说话,用影像照片说话。督察方式不流于形式,要抓住问题的核心和实质,对地方党政形成有力的震慑和震动,以期收到良好的督察效果。环保督察案件涉及类型较为广泛,从大气问题、水问题、噪音问题、油烟问题,再到垃圾问题、生态问题、扬尘问题、土壤问题、重金属问题,可以说均有涉猎。大气污染、水污染、噪声、固体废弃物等与群众生活密切相关的环境问题,占督察组交办案件的大多数。以河南为例,中央第五环保督察组向该省交办的群众来电、来信举报环保问题中,大气污染问题占举报件总数的71%;其次是水污染问题,占举报件总数的35%;再次是噪声污染问题,占举报件总数的16%;最后是固体废弃物污染问题,占举报件总数的8%。案件内容不限于《环境保护法》《大气污染防治法》等法律规范。

从操作层面看,中央环保督察在问责程序上缺乏详细和可操作的规定,《生态环境部综合督察工作暂行办法》《环境保护督察方案(试行)》只是简单对问责主体和问责方式进行了明确,问责事实的确立、问责的具体标准、问责的具体流程、问责结果的复核与救济等内容付之阙如,没有形成完整的问责程序链条。特别是在追责事由的判断上,我国在行政问责实践中普遍使用"失误""失职""不力""失当""违反……规定"等含混词语来表述,造成行政问责一直未能形成客观化的判断标准,这不符合法治国家建设的需要。

环保督察采用"督政"和"督企"相结合的方式,以环境质量为目标,短期关停、限产是直接管理手段。以钢铁行业为例,京津冀区域要求石家庄、唐山、邯郸、安阳等重点城市,采暖季钢铁产能限产50%。此外,环保督察要求的企业污水处理厂、管网建设、垃圾处理厂、危废处理等环境基础设施,也必然增加企业的运营压力和相关成本。虽然环保督察给企业带来污染治理的新增空间,但环保企业的生产经营也受到更加严格的监管,设计、工程、运营都要规范化,这一变化直接影响企业正常生产。实践中,针对与群众密切相关的洗车场、餐饮店、洗衣店等污染排放较小的行业企业、设施场所,采取"一刀切"手段关停对群众正常生产生活和经济发展都产生了较大影响。

# 第十一章　生态文明时代下环保部门单中心主义环境控权之发展

环保部门单中心主义模式以生态环境部门为主要的控权客体,以国务院及地方政府为辅助的控权客体。就价值保护而言,环保部门单中心主义模式的环境控权通过立法来实现个人权利和环境法益的控权功能。2013年是生态环境保护发展的分水岭。自2013年党的十八大再次强调生态文明建设以来,我国环境控权法律体系及其实施进入实质性发展期。在制度安排上,环保部门单中心环境控权模式能够实现环境法益保护。以2013年为分界线,可以将环境保护分为前生态文明时代和生态文明时代。在前生态文明时代,执法及司法实践大多以生态环境部门的环境行政权力为控制和制约的重点,并没有全面覆盖对政府环境行政决策权力的全面控制和制约。生态文明时代的十年则实现了转变。

## 第一节　前生态文明时代的环保部门单中心主义困境

我国法律体系逐渐形成对环境法益的保护体系。经过多年持续立法及修改,立法授权环境保护职责以生态环境部门为主,以国务院的生态文明建设职责和地方政府的环境目标责任制为辅。但是,从控权体系的具体实施及追责机制看,主要以生态环境部门为核心,这是因为我国立法体系对生态环境部门的环境行政权力之规定更为具体,实施及追责更为直接。这种现象也会导致以下两种情况的出现:一是生态环境部门单中心主义引起政府环境目标异化;二是政府环境责任追责不全面,不能够实现权责统一。

政府公共治理的环境目标及政府的环境管理职能是法定的。我国1982年《宪法》第26条规定:"国家保护和改善生活环境和生态环境,防治污染和其他公害。"《宪法》的这一条款既是对政府环境管理职能的规定,也是对政府环境目标的规定。2014年《环境保护法》第10条规定:"国务院环境保护行政主管部门,对全国环境保护工作实施统一监督管理。县级以上地方人民政府环境保护行政主管部门,对本辖区的环境保护工作实施统一监督管理。"这一条款则更加明确了政府进行环境管理的职能。同样地,这也说明环境目标是政府公共治理的法定目标。2002年1月8日,国务院第五次全国环境保护会议更为明确地提出,"环境保护是政府的一项重要职能,要按照社会主义市场经济的要求,动员全社会的力量做好这项工作"。上述规定是概括性地对政府公共治理的环境目标提出要求,即保护和改善生活环境与生态环境,防治污染与其他公害。

## 一、政府及其官员的个体利益目标与环境责任目标之间的冲突

2006年,湖南岳阳发生了饮用水砷超标事件。2006年9月8日,湖南省岳阳市环境监测中心站在对岳阳县城饮用水源新墙河水质进行水质例行监测时,发现砷超标10倍左右。经过沿河排查,发现污染源在上游50公里处临湘市桃矿街道办事处辖区内,涉嫌肇事者是紧邻的三家个体租赁企业。此次污染事件发生地原为国有桃林铅锌矿,该矿因资源枯竭,于2003年的年底破产。一年后,来自外地的三位个体老板租赁该矿厂房设备,分别办起了硫酸厂、氧化锌厂、化工厂等三家企业。浩源化工公司和桃林铅锌矿化工厂均未进行环评审批,也没有任何污染治理设施,将超过国家标准1000多倍的高浓度含砷废水直接排入新墙河,每月分别直接排放废水近5万吨和280吨。[①] 此次事件的直接原因是三家化工厂长期违法超标排放高浓度含砷废水,导致2006年湖南岳阳大面积饮用水砷超标。此次事件的根本原因是湖南临湘市委、市政府在2005年4月下发文件,对包括两家肇事企业在内的部分企业实行挂牌重点保护。[②]

一般而言,被当地政府挂牌重点保护的企业是在当地投资、纳税的大户企业,往往对当地政府的经济发展作出了重要的贡献。湖南临湘的浩源化工公司和桃林铅锌矿化工厂被当地政府挂牌保护,说明它们为当地政府的经济发展作出了重要的贡献。两家企业所带来的经济效益是符合当地政府经济发展的组织目标的,当地经济快速发展也会给当地政府带来巨大

---

① 这三家企业并不是最近才开始违规排污,由于过去水量充足,稀释污染物快,才没有导致水质超标的现象。

② 《湖南岳阳饮用水源砷超标事件7名责任人被处理》,载《中国青年报》,2006年11月22日。

的经济利益,因此两家企业所带来的经济效益也符合当地政府的组织利益。从化工厂的角度看,环保设施的建设需要投入比现有生产成本更高的成本,生产成本的提高必然会降低其所获得的利润。化工厂不愿意投入更多来建设环保设施的原因正在于此。追求利润的最大化是化工厂的个体目标,不建设环境保护设施而向新墙河直接排放高含砷废水可以带来的高利润符合了化工厂的个体目标。化工厂的利润最大化可以使其实现湖南临湘市政府经济效益增长的组织目标。化工厂的个体目标恰恰符合了当地政府组织目标的需要。然而,河流水质的保障和公共饮用水的安全是政府应当提供的公共服务,也是政府环境管理的公共目标。尽管临湘市化工厂的水污染导致了下游岳阳饮用水砷污染超标,而临湘市与岳阳市分属两个市级辖区,但是临湘市政府应当管理好其辖区内的企业,使相邻辖区的公众免受环境污染的影响。因此,临湘市的环境目标与其自身为了追求经济增长而保护企业经济效益,维护企业不建设环保设施的组织目标(或组织利益)出现了冲突。

2008 年,云南阳宗海发生了砷污染事件。调查发现,污染源在云南澄江锦业工贸有限责任公司。云南澄江锦业工贸有限责任公司距离阳宗海仅 1500 米,一个有 3 条涉砷生产线的企业就这样建于水环境敏感区域内。该厂已经运行十多年,造成的环境问题诸多,也多次受到处罚,在 2008 年停产前已建成硫磺制酸 5 万吨等生产线多条。[①] 自 2001 年至 2008 年事故发生,玉溪市、澄江县环保部门对云南澄江锦业工贸有限责任公司未批先建、违法排污、环保设施不到位等环境违法行为先后进行了 15 次处罚,累计罚款 71.39 万元,其他如整改通知等形式的监督则次数更多。然而,云南澄江锦业工贸有限责任公司是当地的纳税大户。从 2005 年到 2008 年 6 月,该公司实现销售收入 6.15 亿元,利润总额超过 4000 万元,上交税金 1162.8 万元;曾 6 次受到市、县政府表彰奖励,被玉溪市政府评为 2003—2004 年度玉溪"守信用、重合同"企业,其产品被评为云南省级优秀产品,还被列为澄江县民营企业重点保护单位。与湖南临湘的化工厂相同,不建设环保设施是云南澄江锦业工贸有限责任公司的核心问题,该问题直接导致了阳宗海砷污染事件的发生。不建设环保设施可以降低该公司的生产成本,从而获得更大的利润。作为当地的纳税大户,云南澄江锦业工贸有限责任公司所提供的经济效益符合了玉溪市及澄江县政府对经济增长的

---

① 参见《云南阳宗海污染大户成政府表彰重点企业》,中国水网,http://news.h2o-china.com/information/china/750951222567630_1.shtml,最后访问时间:2009 年 4 月 9 日。

利益需求,符合了其组织目标及组织利益。这一为了维护企业经济效益而保护企业不建设环保设施的组织利益与当地政府进行环境管理的环境保护目标相冲突。

根据上述两个案例,可以清楚地看到政府个体目标与政府环境责任目标的冲突,那么其中是否存在政府官员的个体目标与环境责任目标的冲突呢?根据公共选择学派的分析,"政府不过是一个无意识、无偏好的'稻草人'。因为政府是由政治家和政府官员组成的,政府决策和政府行动是由这些人作出的,因此,政府行为和政府目标在很大程度上受政治家和官员的动机支配"①。因此,政府的组织目标或组织利益,实质上反映的依然是政府官员的个人利益需求。之所以经由政府官员决策出的组织目标或组织利益会与政府环境管理公共目标发生冲突,其中有两个方面的原因:第一是政府官员本身具有私利性。"民主政治中的政治家与经济中追求利润的企业家是类似的。为了实现他们的个人目的,他们制定他们相信能获得最多选票的政策,正像企业家生产能获得最多利润的产品一样……"②此处我们暂且不讨论政治家个人目的是获得最多选票的原因,这段话说明政治家也有追逐个人利益的私利性。也有学者指出:"如果人都是天使,就不需要政府了。如果是天使统治人,就不需要对政府有任何外来的或内在的控制了。在组织一个人统治人的政府时,最大困难在于必须首先使政府能管理被统治者,然后再使政府管理自身。"③这段话也隐晦地说明政府官员自身存在的私利性。第二是我国对政府官员的管理一直实行以 GDP 为主要考核目标的政绩考核制度。政绩考核的结果直接决定政府官员的升迁、福利等一系列问题。因此,政府官员在进行公共管理时,更加倾向于追求政府的经济增长,忽视环境管理的公共目标,从而导致其组织目标与环境责任目标的冲突。

## 二、压力集团对政府的压力目标与政府环境责任目标之间的冲突

仪征市是县级市,隶属于江苏省扬州市。2002 年,扬州市提出创建"国家环保模范城市"目标,将扬州农药集团等化工企业"退城入园",将化

---

① [澳]休·史卓顿:《公共物品、公共企业和公共选择——对政府功能批评与反批评》,费朝晖译,经济科学出版社 2000 年版,第 4 页。

② Downs, A., *An Economic Theory of Democracy*, New York: Harper & Row, 1937, p. 295.

③ [美]汉密尔顿、[美]杰伊、[美]麦迪逊:《联邦党人文集》,程逢如等译,商务印书馆 1980 年版,第 264 页。

工园迁至其下属的仪征市，设立扬州化工园区。在由扬州市环保局提供的化工园区资料中，迁址的论证过程被寥寥几笔带过。在行政上，化工园对扬州市直接负责。仪征市环保局没有化工项目的审批权，只有属地行政执法权，以及项目环评初审权。[①] 2003 年，扬州农药集团下属两家企业优士化学、瑞祥化工进园施工。优士化学、瑞祥化工所属的扬州农药集团是扬州市的明星上市企业，而优士化学 2008 年上缴税收 2 亿元，占化工园当年财政收入近一半。[②] 2005 年以来，仪征市环境监测站监测结果显示，化工园区部分化工企业出厂污水 COD 居高不下，导致污水处理厂尾水排放经常超标。[③]

从上述情况看，优士化学和瑞祥化工两家企业作为扬州市的纳税大户，成为了扬州市的保护企业。扬州市为了评生态城而将两家企业随化工园迁入其下属的仪征市。"退城入园"决策是以两家企业为首的数家污染严重企业凭借其纳税的优势地位，对扬州市的政府决策形成了压力式影响。扬州市在准备评比生态城市之时，将这些企业统一搬迁到其下属的仪征市，说明扬州市政府明知上述企业的污染状况。按照生态城市的要求，这样的企业应当是要关停的，但是为了保证其经济利益不受损害，扬州市政府选择了搬迁这些企业。从企业的角度看，关停是对于企业而言最糟糕的一种状况。因此，搬迁到仪征市并成为扬州市直属单位是它们最佳的选择。在此，笔者无法探究这一决策的提出者究竟是扬州市政府还是被迁址的数家化工企业，但无论是哪一方，这无疑是基于政府和企业对经济利益的一致追求而作出的选择。从某种角度看，这就是化工企业以经济效益为支撑，对政府所形成的压力目标。这是扬州化工园内的企业对扬州市政府形成的第一个压力目标。

第二个压力目标则是这些企业仍然归扬州市管理，仪征市环保部门没有具体的项目审批权。这就导致上述两家位于扬州化工园内的企业污染严重，并且多次不顾省、市、县三级环保部门的禁止，在长江沿岸靠近市区的地点违规建设致畸、致癌、致突变的"三致"化工项目。面对污染企业，环保部门证据确凿却束手无策。扬州化工园比仪征市要高半级，仪征市环保局只能罚罚款，很多未批先建项目就补办手续了。

那么，这种"退城入园"及扬州市直属管辖的做法是否与政府环境责任

---

① 《江苏仪征官员举报污染 3 年感慨"拳头遇上棉花"》，载《新京报》，2009 年 6 月 7 日。

② 《仪征化工污染致癌率涨 64％ 环保局书记举报 4 年未果》，人民网，http://leaders. people. com. cn/GB/9362516. html，最后访问时间：2009 年 5 月 26 日。

③ 《江苏仪征环保博弈：原官员举报企业污染》，载《京华时报》，2009 年 6 月 15 日。

目标相悖呢？仪征市人民医院和仪化公司医院病案室提供的数据显示，如将 2005 年化工园投产前三年和后三年作比较，呼吸系统疾病平均住院人数上升 39.3%，恶性肿瘤平均住院人数上升 64.8%，其中呼吸系统恶性肿瘤平均住院人数上升 73%。[①] 保护环境及保障公众的环境卫生安全，是政府环境公共管理的主要目标。根据上述数据，显然，扬州市政府因压力集团而作出的决策与其环境责任目标相悖。

云南龙开口水电站被叫停，则从另一个侧面反映了压力集团的压力目标与政府环境责任目标的冲突。2009 年 6 月，生态环境部决定在完成科学论证和各项整改措施前，暂停审批金沙江中游水电开发项目、华能集团和华电集团（除新能源及污染防治项目外）建设项目。云南华电鲁地拉水电有限公司建设的鲁地拉水电站和华能龙开口水电有限公司建设的龙开口水电站，未经环评审批于 2009 年 1 月截流，对金沙江中游生态影响较大。生态环境部责令违法项目停止主坝建设，采取有效措施确保上下游围堰安全度汛；对金沙江中游已批和未批的水电开发建设项目环境影响进行补充论证，并根据论证结论进一步完善环境影响评价。在上述工作完成前，暂停审批金沙江中游水电开发建设项目。然而，从实质上讲，这种处罚只具有暂时性，并不能够起到真正保护金沙江生态的作用。一方面，在环保部门叫停水电站建设的时候，基本围堰已经建设成形，建坝已势在必行。另一方面，环保部门选择 2009 年 6 月汛期马上来临的时候叫停，而实际上即使环保部门不叫停，水电站的建设也会因汛期的到来而自然暂停，到 11 月再开工。因此，这种叫停只是形式上的。这种与政府环境责任目标相违背的做法之所以会发生，也是因为压力集团的压力目标对政府起到了一定的作用。

### 三、政府环境公共政策结果与环境责任目标的偏离

环境公共政策结果与环境责任目标的偏离，往往也可以被看作政府环境公共政策失败的表现。这种偏离既是前两种目标冲突的后果，也体现了环境目标的异化。通过前文的分析，政府及官员的组织目标（或利益）或个人目标（或利益）与环境责任目标（或公共利益）存在冲突，而压力集团对政府的压力目标与政府环境责任目标存在冲突，则是我国环境公共政策结果与环境责任目标存在偏离的具体表现。上述分析足以说明，我国环境公共政策结果与环境责任目标存在偏离。在我国，这样的事例并不是偶然。

① 《江苏仪征环保博弈：原官员举报企业污染》，载《京华时报》，2009 年 6 月 15 日。

以广东翁源癌症村案为例。上坝村位于韶关市南部翁源县大宝山矿区水系下游,始于20世纪80年代初的非法采矿和超标排污,使上坝村所在的横石河遭到严重污染,村民健康受到严重威胁。1986年至今,村里已有400余人死于癌症,上坝村也成了远近闻名的贫困村、癌症村。造成污染的原因在于,"从1970年开采以来,大宝山矿区长期使用剥采方式,废土露天堆放,一遇下雨,泥水和洗矿水直流而下,将大量的致癌重金属元素,如镉、铅、砷等以及高浓度的硫酸带入横石河。矿山剥采造成的水土流失非常严重,这是主要的污染源。大宝山海拔超过1000米,因为丰富的矿产资源,这座山已经被人为削去了一半。一些还原性很强的矿石,如硫铁矿,被岩石覆盖是稳定的,但在剥采过程中和空气接触,就会发生化学变化,生成硫酸。一吨矿土最多可以形成100—200公斤浓硫酸,加上大量重金属,如镉、铅的溶解,从大宝山上流下来的'山水'是'既酸又毒'。为阻止水土流失污染下游环境,大宝山矿曾建起一个1公里长的拦泥库。但没用几年,拦泥库就被泥石完全填满。私采矿的洗矿水,几乎没有经过任何处理就直接排放到附近的溪流中"[1]。

针对这一情况,当地政府不断推出各种政策。"大宝山矿建立之初,原上坝大队支部书记何新成等人就曾前往北京,到冶金部反映污染情况。冶金部于1979年1月12日作出批示:'1.引进清水;2.补偿损失;3.与受害单位共同协议解决。'1984年后,陆续兴起的民间采矿更加重了污染。上坝村干部又数次自发到县、市、省政府上访,强烈要求政府解决污染问题。1995年3月,韶关市政府会同该市环保局、曲江县环保局、翁源县环保局及大宝山矿组成联合调查组,进行了深入的调查了解,提出了解决大宝山矿及周边农村的环境保护及污染补偿问题的意见,并以韶关市人民政府发文下发有关单位执行。该文明确认定大宝山矿对上坝等地的污染负主要责任,并要求大宝山矿用三到五年时间解决上坝等村农灌饮用水问题。但有关单位仍没有执行,污水依然继续在上坝、小镇村横流。2005年3月,广东省有关部门对大宝山的私挖乱采进行了一次大规模的整治,很多无证采矿点被取缔。"[2]

然而,整治的效果一直不够理想。20世纪70年代初期,在冶金部进行第一次批示之后,仍然有许多农民未经批准,进入大宝山矿区从事采矿

① 张学伟:《广东著名的"癌症村"调查:250多人因污染死亡》,新华网,http://news.xinhuanet.com/society/2005-11/18/content_3799511_2.htm,最后访问时间:2009年6月27日。
② 《广东"癌症村"14年夺命210条》,东方网,http://www.shjubao.cn/epublish/gb/paper148/20010218/class014800009/hwz314901.htm,最后访问时间:2009年4月16日。

和洗矿(即民采矿)。2005年整治之后,私挖乱采还在较为隐蔽的地方继续存在。在大宝山采矿的,都要交三份钱,一份给翁源县国土局,一份给铁龙镇政府,还有一份要给农机管理区。当地的铁龙镇就是靠个体非法采矿、选矿受益,长期向民采拉矿车辆收取管理费。

从本案可以看出,治理大宝山矿对下游村镇的污染是当地政府环境保护公共政策的目标,然而在实践中,出台的治理公共政策并没有达到政府的环境保护公共目标,其实效与政府环境保护的公共目标相背离。这也说明,我国存在公共政策结果与公共政策目标相偏离的状况。

由此可见,我国政府及其官员的个体目标、压力集团施加于政府的压力目标与环境公共治理的环境目标,以及环境公共政策结果与环境责任目标,均存在一定程度的冲突与偏离。这便使得环境责任目标最终被异化,并且难以得到有效实现。那么,这种环境目标的异化究竟为何会出现呢?通过公共选择理论的几种范式性解释便可知一二。

## 第二节　权责统一下环保部门单中心主义控权体系之更新

### 一、环保部门单中心主义的政府环境责任主体单一之问题

法律授权生态环境部门的环境质量保持与提升职责是必然的立法选择,但是由于政府决策主体并不是生态环境部门而是政府各部门,因此立法也应当考虑政府各部门在决策过程中的环境责任。我国《环境保护法》没有明确立法授权行政决策部门考虑环境影响职责,却通过立法授权生态环境部门的环境影响评价审批职责。从环境立法史及我国环境治理发展过程看,这样的立法授权有其历史原因。一方面,我国是发展中国家,过去几十年是经济飞速发展的时期,行政决策部门在对经济发展与环境保护进行平衡时,往往会对环境保护考虑较少。立法有时会有宽容期,在宽容期以内,这样的规则范式是可以理解的。另一方面,我国行政决策下的项目往往以招投标的形式委托于建设单位来具体承担。项目建设单位作为企业,应当受到生态环境部门的监督与管理。从我国20世纪80年代的立法逻辑与价值倾向看,由生态环境部门统一监管建设单位,建设单位进行环境影响评价并由生态环境部门审批,也是符合当时的现实情况的。

#### (一)非环境保护职能部门不需对其决策的环境影响负责

《环境保护法》规定,政府应当对环境质量负责。这里的政府应当指地

方一级政府及其下属各政府职能部门,包括政府生态环境部门和其他职能部门。就我国目前的实践看,除了政府环保部门外,政府其他职能部门并没有对环境质量负责。例如,未批先建现象大量出现,集中表现为大量建设单位在未报批环境影响评价文件或在环境影响评价文件未经批准的情况下,擅自开工建设;在规划环评领域,也存在大量未完成规划环评就违法批准实施的现象。这些项目或规划很多都是发改委已立项或者国土规划部门审批通过但环保部门环评未通过便开工建设。

我国施行有"史上最严环保法"之称的新修订之《环境保护法》以来,大部分省份仍然存在未批先建现象。究其原因,主要是与我国现行的政府环境保护监管体制有关。尽管我国新修订的《环境影响评价法》取消了环评审批的前置程序,以期通过这种修改来杜绝未批先建的现象,但是这是治标不治本的做法。这一修改仅仅缩小了生态环境部门的环评审批权限,并没有起到督促政府各部门考虑环境因素与环境风险之作用,更没有起到真正实现环境影响评价制度目的之作用。

政府既要主导经济发展,也要主导环境保护,但是这些职能分别被赋予不同部门。经济发展职能隶属发展改革部门,主导项目规划立项权;生态环境部门主导环境影响评价审批权;国土规划部门主导项目规划选址土地使用等。因此,很容易出现各部门决策不统一的情况。由于职能的分散,政府各职能部门为各自职能目标之实现,以及保护自身利益,容易在行使权力时,忽视环境利益,从而造成大量的违法现象。这显然有悖于法理。《地方各级人民代表大会和地方各级人民政府组织法》第 66 条规定:"省、自治区、直辖市的人民政府的各工作部门受人民政府统一领导,并且依照法律或者行政法规的规定受国务院主管部门的业务指导或者领导。自治州、县、自治县、市、市辖区的人民政府的各工作部门受人民政府统一领导,并且依照法律或者行政法规的规定受上级人民政府主管部门的业务指导或者领导。"政府各职能部门作为政府的组成部门,理应承担政府环境责任。事实上,政府各职能部门在环境保护中并未承担相应的环境责任。

**(二) 环保部门决策权与审批权不统一**

理论上,法治原则对政府权责统一的要求如下:(1)行政机关行使法律赋予的权力必须承担相应的责任,渎职行为必须受到追究。(2)行政机关行使法律赋予的权力必须受到相应的法律监督,不允许没有任何监督的专断权力的存在。(3)行政机关违法失职行为造成了相对人的损害,要对受害人予以补偿。有权必有责、用权必受监督、侵权须予赔偿,这是权责统一的三大要件。①

实践中,项目建设往往是建设单位与政府行政决策密切结合的结果,即使有环境影响评价制度,环保部门对建设项目的实质管理和审批权也是相对弱势的。环保部门并不是能够形成建设项目或城市规划的决策部门,也不是建设项目或城市规划的审批部门。环保部门只负责审批环境影响评价是否通过,这就导致真正的建设项目审批部门或城市规划审批部门并不对环境影响负责,而生态环境部门并不能够真正决定建设项目或城市规划的制定与实施。生态环境部门既不是主要的行政决策机构,也不是最终的行政决策机构,从而无法对整体的行政决策及其形成的环境影响负责任。因此,根据权责统一的法治原则,具有项目或规划决策权的行政机关理应承担因其决策而造成环境影响的相应责任,渎职行为应受到追究,行政权力应受到相应监督,造成行政相对人损害的则应承担补偿责任,不能仅追究没有决策权的环保部门的环境责任。

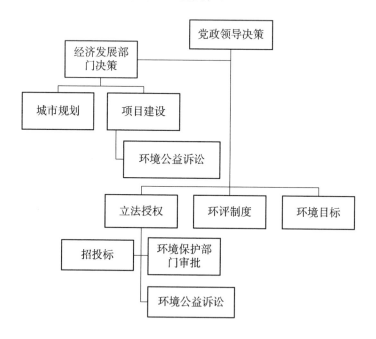

我国环境立法是以环保部门为中心进行环境责任划分。我国环境立法没有明确政府各部门的环境质量责任,只是将环境质量责任笼统地授权给生态环境部门。

---

① 姜明安:《行政法的基本原则》,载《中外法学》,1989 年第 1 期。

### （三）政府环境责任没有下沉化划分，导致决策权滥用

政府环境责任的立法授权有两处：一处是概况性的地方政府；另一处是生态环境部门。概况性的地方政府环境责任，主要将行政责任赋予地方政府的"党政一把手"。这种政府环境责任的属性，实质上是基于科层制的概况性的行政责任，而非下沉化、具体化的政府各部门对其行政决策所对应承担的法律责任。《环境保护法》唯一授予了行政部门法律责任的，就是生态环境部门，这正是导致影响环境的行政决策权力没有真正受到法律约束的根源。

从行政机关的职责分工看，生态环境部门及其他相关的资源监督管理部门应当对环境质量的保持与提升负有主要职责，这是毋庸置疑的。但是，从风险预防和环境问题自身的不可预见性、科学不确定性、广泛性、不可逆性等特性看，仅靠生态环境部门及相关的资源监督管理部门对环境问题全面负责，会使行政决策与行政后果难以完全匹配。生态环境部门既不是主要的行政决策机构，也不是最终的行政决策机构，从而无法对整体的行政决策及其形成的环境影响负责，这是生态环境部门单中心主义的弊端。

我国《环境保护法》没有明确立法授权行政决策部门的环境质量责任和环境影响责任，却通过立法授权生态环境部门的环境影响评价审批职责。从环境立法史及我国环境治理发展过程看，这样的立法授权有其历史原因。一方面，我国是发展中国家，过去几十年是经济飞速发展的时期，行政决策部门在对经济发展与环境保护进行平衡时，往往会对环境保护考虑较少。立法有时会有宽容期，在宽容期以内，这样的规则范式是可以理解的。另一方面，我国行政决策下的项目往往以招投标的形式委托于建设单位来具体承担。项目建设单位作为企业，应当受到生态环境部门的监督与管理。从我国 20 世纪 80 年代的立法逻辑与价值倾向看，由生态环境部门统一监管建设单位，建设单位进行环境影响评价并由生态环境部门审批，也是符合当时的现实情况的。

从形式上看，我国环境立法授权与责任救济是符合权责统一原则的，但是就本质而言，这样的制度设计有一个逻辑起点出现了偏差，即具有管理权和审批权的生态环境部门由于受制于国家科层制度，无法真正履行其管理权和审批权，而能够作出行政决策的部门却又不需要为其可能产生的环境影响与环境风险进行太多的考量并承担额外的责任。这便是政府环境责任没有下沉化和具体划分所导致的弊端，也最终导致了要么地方政府"党政一把手"承担环保责任，要么地方政府中的生态环境部门承担环保责

任的现实状况,从而最为根本性的环境影响与环境风险考量的各部门责任却没有责任追究途径与权益保护救济机制。对此,需要使政府环境责任的设计实现从生态环境部门单中心主义向多中心主义的政府环境责任划分之转型,在政府环境责任一体化的前提下,将政府环境责任的设计从概况性的政府环境责任转向下沉化、具象化的政府环境责任。

## 二、单中心主义环境控权体系更新的理论基础

### (一)环境公共领域中的政府失灵及其克服方法

政府之所以要对环境影响负责,主要是因为政府失灵。一般认为,政府失灵是政府在克服市场失灵或市场缺陷的过程中产生的。[①] 根据公共选择理论,官僚也是追求个人利益或效用最大化的理性经济人,其目标既不是公共利益,也不是机构的效率,而是个人效用。作为政治家或官员个体,他们在政治市场上追求着自己的最大效用,如权力、地位、待遇、名誉等,而把公共利益放在次要地位。[②] 理性经济人的核心特点是,它假设互动主体之间的冲突普遍存在;正是这一假设决定着对掌权者的怀疑,并表达着我们对待制度设计的态度。[③] 一方面,各级政府是管理者,享有以国家公权干预违反环境保护法律的企业和其他主体的生产、经营或其他活动的权力;另一方面,地方政府又是地方经济的规划者和推动者,其有关环境的行为如果不当,往往对地方带来严重的环境污染或生态破坏。[④] 环境领域的政府失灵主要表现在:(1)公共政策失误。公共政策的最终决策者是政府而不是个人,其决策对象是公共物品,并且是通过有一定秩序的政治市场来实现,因此其具有相当程度的不确定性,存在着诸多困难、障碍和制约因素。例如,政府决策者有时为了寻求政绩、发展经济、增加地方政府财政税收、提高就业率等,会不考虑环境影响而引进一些严重污染环境的投资项目。(2)公共物品供给的低效率。由于公共物品本身的复杂性及政府机构的本性,公共物品难以达到应有的高效。例如,有些地区每年增加的环境保护的费用支出也不能抑制环境保护的继续恶化。又如,在云南滇池治理中,政府长期投入大量资金治理污染,成效却不甚理想。(3)政府的寻租活动。作为一种非生产性活动,寻租的特点是利用各种合法或非法的手

① 张建东、高建奕:《西方政府失灵理论综述》,载《云南行政学院学报》,2006 年第 5 期。
② 易志斌、马晓民:《地方政府环境规制为何失灵?》,载《中国社会科学报》,2009 年 8 月 6 日。
③ [澳]布伦南、[美]布坎南:《宪政经济学》,冯克利、秋风等译,中国社会科学出版社 2004 版,第 73 页。
④ 王曦:《论新时期我国环境法制建设亟待解决的三大问题》,载《法学评论》,2008 年第 4 期。

段来获取拥有租金的特权,使资源配置扭曲甚至使资源的配置无效。[1] 例如,生态环境部门中的一些手握大权的人为了自己的利益,收受环境污染企业的贿赂;在环境保护工作上,他们往往是睁一只眼闭一只眼,对污染企业不及时查处、不依法打击,从而导致出现一件件触目惊心的环境污染事件。另外,一些土地规划部门的决策者为了寻租,或者为了追求 GDP 的政绩,在项目立项和土地规划中不考虑环境影响,违法通过项目的立项、规划审批,使造成环境污染的项目上马,引起广大群众不满,影响社会的稳定。因此,政府环境影响责任也是政府各部门应当严格履行的重要环境责任。

政府应当对环境质量承担责任,但是政府对环境质量的责任承担不应当是政府某个部门的职责划分,而应当是融合在政府各部门职责中。环境质量是指在一个具体的环境内,环境的总体或环境的某些要素,对人群的生存和繁衍及经济发展的适宜程度,它是根据环境质量标准对环境进行评价所得出的结果。环境质量的优劣,直接影响到人体健康和生态系统的平衡。[2]

### (二) 环境公共利益与政府各部门目标的不一致性及其克服

政府各部门目标与环境公共利益的不一致性,使得政府环境责任的多中心化成为必要,要使环境责任成为政府各部门的责任目标,而非某个部门或政府一体化的职责。具体而言,理由如下:(1)经济学的解释:克服"市场失灵"。通常情况下,市场对配置资源是有效率的,但对于公共产品,市场的配置往往是失灵的,公地悲剧由此产生。环境是典型的公共产品,政府作为公共物品的管理者,应当对环境质量负责。[3](2)政治学与法学的解释:对环境质量负责是政府对公众的承诺;对环境质量负责是政府环境行政的目标;对环境质量负责是政府环境职能配置的依据。[4] 政府环境质量责任是一种积极的责任。政府环境质量责任要求政府履行一定的给付义务,保证环境符合一定的质量标准,并及时修正环境质量标准。[5](3)环境科学的解释:环境质量的特征。一方面,环境质量是由大气、水、生物土壤等自然要素在一定时期内的综合作用所决定的;另一方面,环境质量又由产业结构、能源结构、人口结构等经济社会因素所决定。影响环境治

---

①　张建东、高建奕:《西方政府失灵理论综述》,载《云南行政学院学报》,2006 年第 5 期。

②　信春鹰:《中华人民共和国环境保护法释义》,法律出版社 2014 年版,第 21 页。

③　同上,第 22 页。

④　李挚萍:《论政府环境法律责任——以政府对环境质量负责为基点》,载《中国地质大学学报(社会科学版)》,2008 年第 3 期。

⑤　邓可祝:《论政府环境质量责任的实现》,载《天津法学》,2012 年第 3 期。

理的因素具有复杂性,能够承担起统筹协调各种资源、综合治理、改善环境质量的责任的,除了政府以外没有其他主体。① 因此,政府环境质量责任是政府环境责任的必要构成之一。

从系统论的观点看,以生态文明为国策,生态文明目标的分解与政府环境职责的划分应当紧密联系。这不仅需要将生态文明目标分解到各级政府,更需要将环境质量责任职责划分到各级政府的各部门,使政府环境责任进一步分解下沉,具体原因如下:(1)系统论下生态文明的需求。(2)政府环境管理公共悖论化解的需要。在公共管理学中,公共悖论通常是指履行公共管理职能和提供公共服务的公共部门的实践及理论与公众对其期望之间的差距。具体而言,就是指"在实践中公共部门表现所不尽人意之处,即自我服务、漠视公共需求;工作效率低下,浪费公共资源;固守成规,缺乏创新;服务意识薄弱,工作懈怠⋯⋯"一般而言,公共悖论包括两个悖论:一是多数选择与公共利益之间的冲突,即多数选择并不符合公共利益;二是政府部门及官员的个人理性与公共利益的冲突。② 奥尔森关于集体行动的困境之论述表明,个人的利益最优化选择总是与集体利益相背离的。因此,由每个人所组成的多数人支持的结果并不是真正符合正义原则的公共利益。③ 从政府环境管理的角度看,也存在这样的环境管理公共悖论。政府环境管理的公共悖论表现在,政府环境管理的公共职能的履行结果与维护公共利益的价值取向相背离,即政府的环境公共管理职能实现与其公共价值性的背离。化解环境管理的公共悖论有三种方法,即自律法、产权变更法和他律法。对于政府环境管理的公共悖论,运用自律法对政府各部门的环境管理职责予以明确界定最为有效。

自律法化解政府公共悖论的优点在于,直接从根本上解决了个人利益与公共利益相冲突的根源,也就是个人利益与公共利益出现冲突和矛盾的情况。根据康德及马克思对道德自律的总结,在自律的状况下,个人利益与公共利益总是协调一致的。因此,从自律法的意义上考量,应将政府环境质量责任赋予政府各部门,从而形成整体观上的政府环境质量责任。

### (三) 行为与结果分离的负外部性之克服

在权责统一的原则下,法律通过立法授权,将概况性的政府环境责任

---

① 信春鹰:《中华人民共和国环境保护法释义》,法律出版社 2014 年版,第 22 页。

② 周志忍:《公共悖论及其理论阐释》,载《政治学研究》,1999 年第 2 期。

③ [美]曼瑟尔·奥尔森:《集体行动的逻辑》,陈郁、郭宇峰、李崇新译,上海人民出版社 1995 年版。

赋予了地方政府,也就是地方政府的"党政一把手",而将具体化的政府环境责任赋予了环境与资源的保护管理部门。在科层体制中,处于中间夹层的地方政府各行政决策部门没有立法授权考量环境因素。无论是在环保督察中,还是在环境执法中,这都将会导致实际作出行政决策的决策部门不承担与其决策相应的环境影响考量之责任。这种政府环境责任通过科层制度,向上、平行或向下进行了转嫁,转嫁的路径便是概况性的政府绩效考核制和生态环境部门被授予的审批权与处罚权。这既不符合权责统一[①]原则,也不符合行为与结果的因果关系[②]原则,从而最终将导致决策行为与环境影响后果的分离,进而产生负外部性。这种负外部性的消解,依赖于地方政府的党政及行政责任与生态环境部门的行政责任。

## 三、单中心主义控权体系之更新方法

### (一)环境行政审批权的分离,实现权、责、利相统一

我国环境行政审批权大多集中在生态环境部门,主要分为两个部分:一是审批责任与影响仅限于行政相对人的行政审批,如排污许可、环境监测、环境标准等常规的环境管理;二是审批责任与影响可能扩大至行政相对人之外的行政审批,如环境影响评价的审批。即使是建设项目的环境影响评价审批,其审批效果也并非只影响建设单位,而是会涉及建设项目审批机关、受影响的公民等。生态环境部门在地方政府行政决策中并不是主要的决策机构,不能够承担起与其环境行政审批相匹配的决策责任。因此,环境影响评价的行政审批应当在现有《环境影响评价法》修改的基础上进一步剥离,甚至将环境影响评价的评价责任与审批责任直接归于能够对建设项目审批承担责任的决策机构。

### (二)科层体制与依法治国的有机结合,将环境责任授予政府各部门

科层体制是我国的行政管理体制模式,这一模式可以使党和国家的行政命令得以有效执行。因此,从某种意义上讲,环保督察、生态文明绩效考核等补充性制度的推出,对于实现我国的环境保护目标是甚为有效与有利的。依法治国是我国全面深化改革的一个重要方面,这就要求党和国家的

① 2004年,国务院发布《全面推进依法行政实施纲要》,明确了依法行政的基本要求,即合法行政、合理行政、程序正当、高效便民、诚实守信、权责统一。权责统一指的是行政机关依法履行经济、社会和文化事务管理职责,要由法律、法规赋予其相应的执法手段。行政机关违法或不当行使职权,应当依法承担法律责任,实现权力和责任的统一,依法做到执法有保障、有权必有责、用权受监督、违法受追究、侵权须赔偿。
② 从法律上看,法律行为与法律结果应当具有一致性。当行为与结果的一致性不明确时,便会产生外部性问题。

行政命令也应当在依法治国的原则下运行。换言之,生态文明绩效考核等制度应当以某种概括性的法律规定和制度设计形式转化为法律文本。

### (三) 实现政府环境治理目标的深度融合

我国环境法律体系应当实现政府环境责任目标与其他行政目标的深度融合。使政府公共治理的环境目标与其他个体目标相融合,根本目的是改变政府决策时对环境保护职能的忽略,帮助政府进行科学决策。具体而言,包括决策方法的改变、参与决策机构的改变,以及在公共部门之间引入有利于环境保护的竞争机制。

#### 1. 决策方法的改变

决策方法的改变,主要是引入规范政府决策的机制,如重大决策事项的环境损害评估、政府环境行为的环境影响评价等。

#### 2. 参与决策机构的改变

参与决策机构的改变,主要是指在政府进行决策过程中,引入新的能够代表环境保护意见的机构,如美国设立的环境质量委员会。这样的机构直接参与到政府决策过程中,防止因为某些官员个体意志起主要作用,导致最终的政府决策出现与其环保职能相背离的现象。

#### 3. 在公共部门之间引入利于环境保护的竞争机制

在我国,公共部门之间的竞争机制一直都是存在的,如干部的政绩考核制度等。然而,我国的干部考核制度与地方政府 GDP 的升高关联度最高,以至于地方政府只重视经济发展,忽视了环境保护。笔者认为,应当在地方政府之间建立有效且有利于环境保护的考核机制或绩效评估机制,将环境保护的相关指标所占比重提高。

此外,问责制度作为公共部门之间竞争的惩罚机制而存在。如果某地方政府的政绩考核或绩效评估结果不理想,则应当有相应的问责机制来对其进行惩罚。

### (四) 构建有效的监督制度

监督机制本身有两层含义:一是运用法律的方法进行化解;二是运用监督的方法进行化解。法律的方法和监督的方法是存在交叉的。广义上的监督的方法,实际上可以与广义上的法律的方法相对等。狭义上的法律的方法应当指的是立法的方法,而狭义上的监督则就是指法学理论中的法律监督。法律监督包括国家体系的监督和社会体系的监督。国家体系的监督包括立法监督、执法监督和司法监督;社会体系的监督包括媒体监督、舆论监督、公众监督等。由此,他律法应当包括立法方法和法律监督方法两个方面的内容。

监督机制在化解政府环境管理公共悖论的过程中,具有其自身的优势。一方面,他律法中的立法方法具有其特殊的作用。法律作为国家具有强制力的规定,具有指引作用、教育作用、预防作用、评价作用和强制作用。通过立法,强制性地要求政府在环境管理中应当保护公共利益,如果违反法律的规定则构成违法,引导政府官员在违法所造成的个人利益损害与不保护公共利益所造成的个人损害之间作出利益权衡,从而使得政府官员在环境管理中能够有效保护公共利益。

另一方面,他律法中的法律监督也有其特殊的价值,具体表现在:(1)统一和整合法律运作体系,即统合价值。(2)调处各司法机关及其各自职权的相互关系,即协调价值。(3)防止和纠正司法机关的越权或滥权行为,即制约价值。(4)对社会行为和国家公职行为进行有国家强制力的监督,即反腐和清政价值。(5)恪守法定职权主义来疏离社会利益纷争,即(社会和政治注意力的)转移价值。(6)检察职权的优化配置和各种职能的一体行使,即功利价值。[①] 法律监督的上述特殊价值可以使政府官员在外部受到制约,从而在政府环境公共管理中,保护公共利益成为其必须的选择。

但是,他律法在融合环境目标时也存在缺陷。第一,法律作为一种权威,限制了自由意志,与自律有相矛盾之处。法律在这些领域也被称为权威。权威要求统治的权力,而自律拒绝被统治。由于无法调和二者之间的冲突,哲学无政府主义在沃尔夫那里就成了唯一合理的政治信念。严格说来,对于自律的人而言,不存在诸如命令这样的事情。[②] 也就是说,权威的特征在于发布排他性命令,一个人服从命令的理由就在于发布了这个命令本身。一个自律的人的行动理由在于他自己的判断,即关于行动之价值的判断,因此一个自律的人不可能屈从于权威。可见,他律与自律之间存在矛盾。这历来就是哲学家和法学家研究的他律的法律及道德的分离与融合之问题。第二,法律的执行依然要依靠个体执行力。个体执行力,也就是个体能够控制自己去遵守法律,按照法律的要求来执行。如果政府官员在法律规定和个人的个体利益之间依然选择个体利益而忽视法律的存在,如果法律存在漏洞或法律的执行没有外部的严格监督,那么政府环境管理的公共悖论依然无法解决。第三,法律监督是他律法的一部分,如果监督者没有强有力的约束和规制,那么可能导致监督权力的无限扩展,从而产生新的悖论。监督者也是由个人组成的,因此监督者依然存在自律不足的问

---

① 陈云生:《法律监督的价值与功能》,载《法学杂志》,2009 年第 10 期。

② Robert Paul Wolff, *In Defense of Anarchism*, Harper & Row, 1970, pp. 15 - 16.

题;监督权力也存在无限扩张的可能,从而产生新的公共悖论。

### (五) 提升政府环境治理站位的道德方法

道德方法其实就是自律方法,也称为道德自律或意志自律,这一概念最早由德国哲学家康德提出。康德指出,道德自律是自由与责任的一个结合,它也是一个人对为其自己所立之法的顺从。自律的人就其是自律的而言并非是对另一个人之意志的屈从。他也许做另一个人指示(tell)他要做的事情,但不是因为他被指示去做这件事情。因此,他是自由的——就自律这个词的政治含义而言。[①] 美国现代政治哲学家沃尔夫则在研究康德哲学的基础上提出,因为负责任的人作出道德决定并用命令(imperatives)的形式表达给他自己,我们可以说他在为他自己制定法律,或者说在自我立法(self-legislating)。简而言之,他是自律的(autonomous)。[②] 无论是康德还是沃尔夫,他们对自律的定义是与自由、理性并存的。康德认为,人之所以能够自律,是由于人可以运用自己的理性,自由地控制和管理自己的思想与意志。

自律法可以直接从根本上解决个人利益与公共利益相冲突的根源,也就是个人利益与公共利益出现冲突和矛盾的情况。根据康德及马克思对道德自律的总结,在自律的状况下,个人利益与公共利益总是协调一致的。其中的个人利益,自然是包括作为公民的政府官员本身的。根据康德对自律的定义和描述,我们可以看出,至少有三个因素是自律的充分条件,即自由、理性和自我决定的普遍适用化。也就是说,一个高度自律的人应当高度自由、高度理性,并且其所作出的任何自我决定都是具有普适性的;而一个公民高度自律的社会,则充满了这种具有高度自由、高度理性和自我决定普适性的人。正如康德所言:"在全体一致的直接民主制下,每一位社会成员自由地决定每一部实际上被通过的法律。因此,作为一个公民,他只是直面他已经同意过的法律。既然一个人只受其自己意志的命令的限制,他就是自律的,于是可知在全体一致的直接民主制的指引下,人们能够协调自律的义务与权威的命令。"[③]也就是说,一个国家通过的法律是符合每个公民自律情况下所作出的道德决定的标准,那么他们所遵守的法律在形式上是政府管理的工具,而实际上就是他们自我内心认知和认可的自我法律,或者叫作道德律。此时,政府作为协调管理国家的工具,所服务的公共

---

① [德]康德:《历史理性批判文集》,何兆武译,商务印书馆 1990 年版,第 14 页。

② 同上。

③ 同上,第 23 页。

利益就与包括政府官员在内的所有公民自我内心意志的个体利益相一致。在这种情形下，政府公共治理的环境目标与政府个体目标便可实现统一。马克思正是在康德道德律理论的影响下，提出了共产主义社会。他认为，在共产主义社会里，国家将消失，政府将不复存在，人人能够通过自我内心的高度认知达到其道德决定的高度普适性，从而人人道德高尚，人人都可以通过高度的理性自我管理。

然而，康德同时也为他的道德律提出了一个条件，即这种道德律的存在是在不被认识涉足的超验领域中进行的，自由在这一领域占有某种核心地位。他指出，"作为人民中所有的个别私人意志的结合而成为一个共同的和公共的意志，（为了纯然合权利的立法的缘故）却决不可认为就是一项事实（这样一项事实是根本就不可能的），……它的确只是纯理性的一项纯观念……"①。他同时也指出，"人民有义务去忍受最高权力的任意滥用，即使觉得这种滥用是不能忍受的"②。也就是说，自律法固然可以从根本上解决公共悖论，但是自律法的完全实现环境过于形而上，在一个形而上的超经验领域具有存在的可能。正如康德曾经指出的，人们在形而上学的层面上是自由的，他能够选择自己的行为，从而负有责任；此外，他还要为自己的行为承担责任，这意味着他要自己决定应当做什么，是自己行为的最终决定者，在进行自我立法，因而是自律的。马克思对康德的道德律进行改造之后，总结出了国家的基本类型，其中最高的理想类型就是共产主义国家，但目前没有任何国家属于此类型。按照马克思主义的观点，中国应当是目前世界各国中，国家类型最为超前的，即社会主义国家，但中国依然也只是社会主义初级阶段的国家。

当然，对于政府公共治理环境责任目标与其他目标的融合而言，自律法能从根本上使作为公民的政府官员的个人理性与公共利益达至完美协调统一的理想化状态，是最根本的解决方法。

---

① 按通常的说法，这在理论上可能是正确的，但在实践上是行不通的。同上，第190页。
② ［德］康德：《法的形而上学原理》，沈叔平译，商务印书馆1991年版，第148页。

# 第十二章　环境控权模式的比较与借鉴：价值、方法、框架、适用

中国和美国的环境控权体系差别较大，但是基本逻辑相通，即通过法律来控制政府环境行政决策。从比较和借鉴的角度看，中国的环境控权体系与美国的环境控权体系在产生逻辑、文化政治背景等方面差异较大。中国不可能复制美国的环境控权体系，但是可以进一步从立法价值、方法、框架和适用方面进行借鉴。就价值而言，美国环境控权体系以相对人类中心主义为导向，以控制污染或影响环境的行政行为为核心。就方法而言，美国环境控权体系不以追究损害赔偿责任为目标，而是以阻却环境影响行为或正在发生的环境污染行为为目标。就框架而言，美国环境控权体系对政府环境责任的追究更为全面和广泛，不以环境损害后果的出现为标准。环境影响评价制度作为重要制度核心，在司法审查制度下，形成有效的司法机制。就法律适用而言，美国环境控权体系以《国家环境政策法》作为直接的法律适用依据。上述四个方面是我国环境控权体系可以进一步从价值理念和方法论上予以借鉴的地方。

## 第一节　环境控权的方法及价值借鉴

### 一、环境控权的价值借鉴

环境控权的基本价值导向应当是以相对人类中心主义为生态观，使政府和污染企业都尽最大可能考虑其行为可能产生的环境影响及可能造成的环境质量问题。这就要求我国环境控权体系应当加强生态文明中观建设，以《环境保护法》规定的立法价值为导向，以风险预防原则作为环境控权的统一价值目标，并且进一步统一环境控权中的依法治国与依规治党之环境保护价值理念。

## （一）生态文明的中观建设：从单中心主义到多中心主义

根据十八大以来我国生态文明建设的总体发展要求，一方面，环境法律法规应当规制企业的环境污染行为，强化环境损害的事后处罚和救济；另一方面，环境法律规范应当控制政府的环境行政行为及环境行政决策权力。环境控权，即通过法律来控制政府的环境行政决策权力，应当成为生态文明建设的核心。这就既要控制和制约生态环境部门的环境行政行为，也要限制和制约所有政府部门作出可能影响环境的行政决策之权力。就价值而言，美国环境控权体系以生态中心主义为导向，以控制污染或影响环境的行政行为为核心。这一贯穿美国法律运行过程的价值理念是值得我国在生态文明建设中构建环境控权体系时借鉴的。

党的十八大以来，我国生态文明建设已初具规模，《生态文明建设总体方案》《生态文明目标考核体系》《绿色发展目标体系》等规范性文件对生态文明建设有较为详细的规定。同时，五年规划中的生态环境目标内容日渐明晰、比重日渐增加、强制性效力不断增强。例如，我国"十三五"规划中的环境目标均具有强制性。

然而，生态文明建设应当从宏观建设、中观建设和微观建设三个层面来分层。从宏观建设看，我国有《生态文明建设总体方案》作为顶层设计。从微观建设看，我国有《生态文明建设考核目标体系》《绿色发展目标体系》及"十三五"规划的环境目标作为细化目标。微观层面的生态文明建设以提高生态环境质量为目标，内容具体细微，其控权对象直接下沉到生态环境部门。例如，"十三五"规划的环境目标有 10 项，具体包括耕地保有量、新增建设用地规模、万元 GDP 用水量下降、单位 GDP 能源消耗降低、森林覆盖率、森林蓄积量、地级及以上城市空气质量优良天数比例、细颗粒物（PM2.5）未达标地级及以上城市浓度下降、地表水达到或好于 III 类水体比例、地表水劣 V 类水体比例、主要污染物（化学需氧量、氨氮、二氧化硫、氮氧化物）排放总量减少。《生态文明建设考核目标体系》的指标包括单位 GDP 能源消耗降低、单位 GDP 二氧化碳排放降低、非化石能源占一次能源消费比重、能源消费总量、万元 GDP 用水量下降、用水总量、耕地保有量、新增建设用地规模、地级及以上城市空气质量优良天数比利、细颗粒物（PM2.5）未达标地级及以上城市浓度下降、地表水达到或好于 III 类水体比例、近岸海域优良质量、地表水劣 V 类水体比例、化学需氧量排放总量减少、氨氮排放总量减少、二氧化硫排放总量减少、氮氧化物排放总量减少、森林覆盖率、森林储积量、草原综合植被覆盖度等。从评价对象上看，"十三五"规划考核目标及《生态文明建设目标评价考核办法》均是针对地方政府的领导责任及生态环境部门的责任。针对地方政府的领导责任是一种宏观层面的责任,没有在考核体系中进一步细化。针对生态环境部门的责任则是一种微观责任。因此,我国生态文明建设评价及控权体系缺乏中观层面的责任追究。

我国生态文明建设体系缺乏中观层面的设计,即未体现理念和价值性的环境目标,其控权对象在具体的各政府部门。美国环境控权体系在中观层面的设计较为完善,这是我国环境控权体系及生态文明建设制度设计应当予以借鉴的。中观设计的目标是以风险预防为理念来提高环境质量,考虑可能的环境影响,控制污染或影响环境的行政行为,其控权对象为任何可能造成环境影响的政府部门。

这种生态文明建设的中观设计也是我国环境控权从单中心主义走向多中心主义的发展过程。所谓环境控权的单中心主义,即环境法律所控制的环境决策权力主要针对概括性的地方政府或生态环境部门。这种控权对象的设计过于宏观或具体,并且不能够真正实现行政决策的权责统一。所谓环境控权的多中心主义,即环境法律所控制的环境决策权力不仅包括生态环境部门,还包括作出可能对环境造成影响的行政决策的政府各部门。环境控权的多中心主义是美国环境控权体系的核心价值和方法。多中心主义的环境控权理念是值得我国生态文明建设借鉴的。

### (二) 风险预防原则的统合

风险预防原则是美国环境控权的另一个重要价值理念。在风险预防原则的宗旨下,美国环境控权关注的重点是可能对环境造成影响及已经对环境造成影响的各种行政行为。本着风险预防原则,环境控权所指向的行政行为并不一定是已经出现损害结果或损害行为与损害结果之间有明确因果关系的行为。以风险预防原则作为贯穿环境控权乃至环境法律运行的价值理念,在明确的因果关系和损害结果要件出现之前,针对损害行为进行救济,更能够体现环境法本身的立法价值。

2014 年《环境保护法》第 5 条规定:"环境保护坚持保护优先、预防为主、综合治理、公众参与、损害担责的原则。"这一原则在一定程度上体现了风险预防原则的价值理念。但是,在环境执法、司法实践及生态文明建设考核中,风险预防原则并没有真正得到实现。如前文提到的,我国环境治理工作开端于 1973 年第一次全国环境保护大会。2002 年之前,我国环境治理以对规模化污染的事后治理为主。2002 年之后,我国环境治理模式逐渐具有风险预防的意识。2013 年之后,我国环境治理理念才真正开始发生转变,但是还没有转变为以环境风险预防为核心治理目标的环境治理模式。2014 年,《环境保护法》将生态破坏和环境污染明确列为环境侵害行为。2015 年,《最高人民法院关于审理环境民事公益诉讼案件适用法律若干问题的解释》也将环境污染和生态损害列为环境侵害行为。但是,无论在立法还是司法实践中,环境侵害行为均包含了"导致河流、海洋、土壤、大气等环境要素受污染"①的损害结果。这就表明,法律所规制的环境侵害行为是产生损害结果的环境侵害行为,而非实施环境侵害行为本身。在环境行政公益诉讼案件中,行政不作为案件占比较大,这些不作为案件大多也是因出现环境损害后果而产生的事后追责案件。② 因此,从环境司法现状看,风险预防原则尚没有成为核心价值目标在环境立法和环境司法中统合起来。

### （三）依法治国在环境控权体系中的进一步统合

法治是环境控权的基础。法治在任何一个国家都是非常重要的,只是法治需要本土化,在不同的国家,其内涵和外延会根据一国的国情产生差异。中国特色社会主义法治是法治在中国本土化的过程。十八大以来,依法治国是"四个全面"中重要的一个方面。党的十六大指出,党的领导是人民当家作主和依法治国的基本保证,人民当家作主是社会主义民主政治的本质要求,依法治国是党领导人民治理国家的基本方略。党的十八大明确指出,依法治国是党领导人民治国理政的基本方略,法治是党治国理政的基本方式。③ 建设法治政府和法治社会是法治在中国的本土化表达。中国特色社会主义法治需要处理好党和法的关系,这也是我国环境控权体系建设的根本性基础。习近平总书记曾在 2015 年指出,党和法治的关系是法治建设的核心问题。党和法的关系是一个根本问题,处理得好,则法治兴、党兴、国家兴;处理得不好,则法治衰、党衰、国家衰。④ 党和法的关系是政治与法治关系的集中反映。习近平总书记指出:"法治当中有政治,没有脱离政治的法治。每一种法治形态背后都有一套政治理论,每一种法治模式当中都有一种政治逻辑,每一条法治道路下都有一种政治立场。"⑤"推进依法行政,建设法治政府"是我国通过法律来控制权力的本土化表达,也就是控权的本土化表达。改革开放以来,经过多年实践发展和制度

---

① 吕忠梅:《中国环境司法发展报告(2015—2017)》,人民法院出版社 2017 年版,第 66 页。
② 同上,第 175 页。
③ 李林、莫纪宏:《全面依法治国建设法治中国》,中国社会科学出版社 2019 年版,第 22 页。
④ 同上,第 72 页。
⑤ 同上,第 75 页。

建设,我国已经形成一套有中国特色且行之有效的行政权力制约和监督体系。[①] 自 2015 年起,中央全面深化改革领导小组颁布了《环境保护督察方案(试行)》,主要聚焦环保督察的工作机制,通过约谈、限期治理等手段,建立"党政同责"和"一岗双责"的督政问责体系。2015 年,国务院印发《党政领导干部生态环境损害责任追究办法(试行)》,其所针对的对象是县级以上地方各级党委和政府及其有关工作部门的领导成员,以及中央和国家机关有关工作部门领导成员。2016 年,国家又出台了《生态文明建设目标评价考核办法》《生态文明建设考核目标体系》和《绿色发展指标体系》,以督促政府进行决策时考虑环境影响。但是,这些政策性规范的法律地位尚不明晰。经过几轮环保督察,我国各级政府对环境保护更为重视,但环保追责仍然应当回归到法治的道路上。应以权责统一为原则,通过立法授权或司法解释,使环境责任的划分进一步明确、授权进一步清晰。中国特色社会主义法治建设是我国环境控权体系建设的基础,但是在环境治理领域,依法治国和建设法治政府的价值还需要与现行的环境立法及环境司法在更深层面上进一步统合。

**二、环境控权的方法比较与借鉴**

美国环境法律规范及美国环境控权体系设计的方法论较为成熟。从方法论看,美国环境控权体系及美国环境法律规范较好地解决了环境法律关系类型化和环境权利类型化这两个核心问题。美国环境法在美国法律体系中定位在行政法律关系的范畴内,依据美国宪法的立法授权条款、正当程序条款及司法审查条款,结合《行政程序法》关于司法审查的规定,将《国家环境政策法》《清洁空气法》《清洁水法》等法律法规置于行政法的法律逻辑之下及行政法律体系之中,这就明确且较好地解决了环境法律关系问题,为环境司法救济提供了清晰的逻辑思路和法律基础。与之相匹配,美国环境法律规范及环境控权体系较好地对环境权利进行解构,仅将涉及环境公共利益和无明确财产主体的利益划归在环境法律规范的保护之下。可以说,美国环境法就是美国环境控权法,其依据美国宪法和《行政程序法》,构成了美国环境控权体系的闭环。恰恰是由于环境法律规范没有明确且较好地回应环境法律关系和环境权利的问题,因此我国环境控权体系薄弱,环境管理体系强大,环境治理效果尚有欠缺。我国的环境法律法规体系及环境权利救济较为关注两个方面:一是对污染企业的环境管理;二

---

① 李林、莫纪宏:《全面依法治国建设法治中国》,中国社会科学出版社 2019 年版,第 273 页。

是对公民环境民事侵权的救济。我国环境法律法规体系和环境权利救济受民法的法律逻辑之影响较深，这种思维也直接影响着我国环境控权体系的立法与实践。

**（一）环境法律关系的三分法与环境控权**

1. 美国环境法律关系类型化

法律关系是罗马法衍生的理论，在英美法中，没有"法律关系"这一法律概念。但是，在美国法律体系中，法律关系又是客观存在的。可以认为，美国环境法律关系是按照三分法进行类型化的，即环境民事法律关系、环境行政法律关系、环境刑事法律关系。环境民事法律关系的主体为明确的私主体，其受美国财产法和侵权法的中妨害条款之调整，具有明确的私法属性。环境民事法律关系是排除于美国环境法律法规体系之外的。美国环境法律法规体系只调整具有公法属性的环境行政法律关系和环境刑事法律关系。这两种法律关系的主体都不涉及明确的私主体，具体而言，其保护的是环境公共利益。其中，环境行政法律关系包括环境保护署对污染企业的环境行政管理，以及法律对联邦行政机关进行的可能影响环境的行政行为的控制和约束。环境刑事法律关系则主要针对环境犯罪。

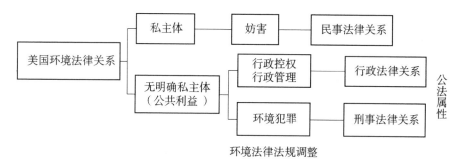

环境法律法规调整

美国环境民事法律关系的保护对象是私主体，其调整内容是妨害行为，适用财产法和侵权法。英美法的财产法和侵权法联系紧密。财产法所规定的财产权主要由侵权法的救济完成。[1] 这一法律关系不在美国环境法的讨论范畴内，但是在我国环境法体系中却是非常重要的一部分。环境民事法律关系的救济适用美国侵权法中非法侵入土地和妨害之相关条款。非法侵入土地和妨害（也被翻译成侵扰）诉讼是侵权法保护土地所有者利益的救济方式。妨害包括公共妨害和妨害私产。非法侵入土地是对土地所有权的物理上的干扰。[2] 公共妨害是对公众所共有的权利的不合理干

①　刘丽：《侵权法上私人妨害制度比较研究》，对外经济贸易大学 2014 年博士论文，第 21 页。
②　［美］文森特·R.约翰逊：《美国侵权法》，赵秀文译，中国人民大学出版社 2017 年版，第 205 页。

扰。妨害私产诉讼是保护所有者土地免受他人不合理的非侵入性干扰。[①]
妨害私产和非法侵入土地在一定程度上可竞合,如烟尘与异味的侵入、不
可见颗粒物侵入、砍伐邻人树木等行为。但是,妨害私产之诉只有在该干
扰持续足够长时间并造成严重损害时才产生。[②] 公共妨害是对公众所共
有的权利的不合理干扰,如堵塞交通、污染河流或空气。[③] 根据美国《侵权
法重述纲要》之阐述,在法律意义上,侵扰(也被翻译成妨害)经常被用于下
列三种情形:(1)它经常被用来指称对他人有害或使他人恼怒的人类行为
或实际情况,如垃圾堆放、工厂烟囱冒烟都可视为侵扰。(2)它经常被用来
指称由上述第一种意义所描述的人类行为或实际状况所造成的损害,如巨
大噪声、令人反感的气味造成的烦扰等。(3)它也被指称某人正在保持一
种侵扰的状态而因此承担法律责任。[④] 我国环境法研究的环境侵权的范
畴,大致与美国公共妨害和妨害私产条款所指称的概念一致。美国《侵权
法重述纲要》认为对公共权利的不合理干扰之情形包括:(1)有关行为包
括对公共健康、公共安全、公共舒适或公共便利的重大干扰。(2)有关行为
被成文法、条例或行政法规禁止。(3)有关行为具有持续的性质或者已造
成永久或长期性的影响。[⑤] 妨害私产和公共妨害所调整的范畴大于环境
民事法律关系,但是环境民事法律关系所涉及的范畴主要是妨害私产和公
共妨害。例如,公共侵扰所指的公共健康的干扰包括豢养有疾病的动物;
对公共安全的干扰包括在市中心存储爆炸物;对公共舒适性的干扰包括大
范围散播恶臭、灰尘、烟雾等情形。公共妨害和妨害私产的损害赔偿之诉
强调实质性损害,但是请求禁止令之诉则不强调实质性损害。[⑥] 二者均强
调故意侵害的不合理性及损害的严重性,以作为救济的要件。

美国侵权法关于妨害的规定源自英国法。妨害条款一般适用于不动
产,这是因为在英美法国家,土地绝大部分是私有的。因此,适用于不动产
的妨害条款基本上覆盖了绝大部分的环境侵权案件。然而,随着环境侵权
案件形式的增多,法院解释不断松动,有时也适用于动产,且所侵害的动产
往往也是附着于或位于不动产之上。例如,在1961年英国哈尔西诉埃索
石油公司案中,埃索石油公司烟囱所排放的酸性烟尘污染了原告哈尔西晾

① [美]文森特·R. 约翰逊:《美国侵权法》,赵秀文译,中国人民大学出版社2017年版,第205页。
② 同上。
③ 同上,第208页。
④ [美]爱伦·M. 芭波里克:《侵权法重述纲要》,许传玺等译,法律出版社2016年版,第404页。
⑤ 同上,第406页。
⑥ 同上,第407页。

晒在外的衣服，也污染了原告停放在街道上的汽车。法官认为，晾晒衣服位于原告土地之上，因此属于私人妨害的范畴，但位于街道上的汽车并没有停放在属于原告不动产的位置上，因此不构成私人妨害。① 公共妨害之诉也强调针对某个个人可能造成的损害或已经造成的损害，类比于我国环境侵权之诉，而非环境公益诉讼。例如，在 1999 年的阿特金斯等诉Harcrus 化学公司案②中，该公司于 1961 年购买经营杀虫剂的化工厂，用于储藏工业化学品、干洗用品和杀虫用品。该工厂所在的格特镇的居民经常受到灰尘和刺激性气味的影响。1989 年，格特镇居民阿特金斯等依据路易斯安那州法律起诉 Harcrus 化学公司及其前身企业构成公共妨害。

　　美国环境法律体系不直接调整环境民事法律关系，而是调整环境行政法律关系和环境刑事法律关系。二者保护的对象是一致的，均是无明确私主体的环境公共利益，并且均以实施行为为要件，不以实质损害为要件。环境行政法律关系以《行政程序法》《国家环境政策法》《清洁空气法》《清洁水法》等法律法规为依据，调整的内容包括行政管理行为和行政控权，其主体包括政府、企业和公民。一方面，美国环境行政法律关系所调整的行政管理行为是指美国环境保护署根据《清洁水法》《清洁空气法》等法律的授权，对污染企业进行行政管理的行政行为。这种环境行政行为以环境保护署的行政执法为主，行政相对人对环境行政机关提起的行政诉讼较少。另一方面，美国环境行政法律关系所调整的行政控权是指《国家环境政策法》《清洁空气法》《清洁水法》等法律所规定的控制行政机关可能造成的环境影响的行政行为，以及针对环境行政机关怠于履行环保职责的行为。环境控权包括两个方面：一是根据《国家环境政策法》，控制所有联邦行政机关作出的可能影响环境的行政行为；二是根据《清洁空气法》《清洁水法》，针对环境行政机关怠于履行环保职责的行为。前者的司法救济为基于《行政程序法》《国家环境政策法》展开司法审查之诉，后者的司法救济为基于《清洁水法》《清洁空气法》等展开公民诉讼。

　　美国环境法律体系还调整环境刑事法律关系。美国刑事法律关系的保护对象是无明确私主体的公共利益，其调整的内容是环境违法行为，追究的犯罪对象一般为污染企业和个人。美国刑事法律关系主要适用《资源保护和恢复法》《联邦水污染控制法》《清洁水法》《清洁空气法》等法律。美

---

① 刘丽：《侵权法上私人妨害制度比较研究》，对外经济贸易大学 2014 年博士论文，第 47 页。
② 杨严炎：《美国环境集团诉讼的分析与借鉴——以阿特金斯等诉 Harcrus 化学公司案为例》，载《东方法学》，2016 年第 4 期。

国《资源保护和恢复法》(Resource Conservation and Recovery Act,简称RCRA)规定了两大类涉及刑事犯罪的行为类型,并且明确规定了刑罚和量刑。一类是没有许可证,故意处理、储存或处置法律确定的或列举的危险废物的,构成犯罪,最高可处每日5万元罚金,或者不超过5年的监禁,或者二者并处;另一类是在证明符合行政当局规定的申请、标签、证明、记录、报告、许可证或其他文件中,故意隐瞒有关物质的信息或者对物质作虚假描绘或陈述的,构成犯罪,最高可处每日5万美元罚金,或者不超过2年的监禁,或者二者并处。①《联邦水污染控制法》(Federal Water Pollution Control Act,简称FWPCA)也规定了两类犯罪行为及其刑罚和量刑。一类是知道或应当知道污染物或者危险物质可能引起人身伤害或财产损失,而不遵守联邦、州或地方的规定或者许可证,过失将污染物或危险物质排入下水道系统或者公有处理设施,导致拥有许可证的设施违反污水排放限制或条件的,处以2500美元以上25000美元以下日罚金,或者不超过一年的监禁,或者二者并处②;另一类是故意违反相关行政法规或者有关行政机关签发的许可证规定的条件或限制而非法排放,导致他人处于紧迫或严重身体伤害的危险,构成犯罪③。《清洁水法》规定了过失违反相关法律法规,或者过失违反行政机关颁布的许可证规定的许可条件或限制性附加条件,或者过失将污染物或危险物排入下水道或污水处理站,并且知道或应当知道可能导致人身伤害或财产损毁,或者致使该污水处理站违反许可证规定的排污限额或条件的行为,应被处以每天2500美元以上25000美元以下的罚金,或者1年以下监禁,或者二者并处。④ 除此之外,《清洁空气法》等环境法律也规定了环境犯罪行为及其处罚。

美国环境刑法以犯罪行为的实施及主观恶性作为关键的认定条件,不以实质性损害结果为要件。《资源保护和恢复法》《超级基金法》《清洁空气法》《清洁水法》等环境法律都加入了重罪条款,即以犯罪的主观恶性作为要件。⑤ 例如,1990年《清洁空气法修正案》规定,所有故意违反该法的任

① 贾学胜:《美国对环境犯罪的刑法规制及其启示》,载《暨南学报(哲学社会科学版)》,2014年第4期。
② 同上。
③ 同上。
④ 王秀梅:《英美法系国家环境刑法与环境犯罪探索》,载《政法论坛(中国政法大学学报)》,2000年第2期。
⑤ 严厚福:《美国环境刑事责任制度及其对中国的启示》,载《南京工业大学学报(社会科学版)》,2017年第2期。

何要求的行为都属于重罪。[①] 美国刑法(《美国法典》第十八编"犯罪与刑事诉讼"第 3063 条)把环境犯罪的侦查权和执法权赋予了环境保护署。该法规定,环境保护署负责调查违反由其执行的法律并涉嫌构成犯罪的案件;执法官员可以携带枪械、持逮捕令逮捕嫌疑人。调查结束后,环境保护署应当将案件移交司法部,由司法部追究刑事责任。[②]

| 法律关系类型 | 保护对象 | 调整内容 | 主体 | 要件 | 法律基础 | 司法救济 |
|---|---|---|---|---|---|---|
| 环境民事法律关系 | 私主体 | 妨害行为 | 污染企业/公民个体 | 实质性损害 | 侵权法/财产法 | 妨害之诉 |
| 环境行政法律关系 | 公共利益/无明确私主体 | 行政管理行为/行政控权 | 政府/企业/公民 | 行为造成或可能造成实质损害 | 《行政程序法》/《国家环境政策法》/《清洁空气法》等 | 司法审查诉讼/公民诉讼 |
| 环境刑事法律关系 | 公共利益/无明确私主体 | 环境违法行为 | 企业/个人 | 以行为为中心,不强调损害结果 | 《资源保护和恢复法》/《清洁水法》/《清洁空气法》等 | 刑事诉讼 |

#### 2. 我国环境法律关系的界定及三分法趋势

根据我国环境法学界多年来的研究成果,我国环境法律关系保护环境民事法律关系、环境行政法律关系及环境刑事法律关系。这三种环境法律关系均是我国环境法学的研究范畴。其中,环境民事法律关系可以分为私主体权益受到侵害的环境侵权法律关系和以公主体为法律关系主体的环境公共利益受到侵害的环境民事公益损害法律关系。环境侵权是侵权人与被侵权人之间的法律关系。环境民事公益损害是环保组织或检察院与污染企业或污染人之间的法律关系,由于被告为自然人、法人或其他组织,因此这种公益诉讼的性质被认定为民事公益诉讼。环境民事法律关系的法律基础不是环境法律法规,而是《民法典》。我国《环境保护法》针对环境民事法律关系的唯一规定是第 55 条,即环保组织可以提起环境公益诉讼。与美国环境法不同,尽管环境民事法律关系的法律基础并非环境法律法规,但是环境民事法律关系的研究在我国环境法研究中占据相当重要的地位。

---

① 严厚福：《美国环境刑事责任制度及其对中国的启示》,载《南京工业大学学报(社会科学版)》2017 年第 2 期。

② 同上。

我国环境行政法律关系也可以分为环境行政管理的法律关系和环境控权的法律关系。其中,环境行政管理的法律关系是指环境法律法规所规定的环境行政机关与环境行政相对人之间的法律关系。大部分情况是行政相对人(多为污染企业)针对环境行政机关所作出的行政审批、行政处罚等提起行政诉讼。环境控权的法律关系是指通过法律来控制行政机关影响环境或破坏环境质量的行政行为。在我国,环境控权的法律关系主体是检察机关与行政机关(多为环境行政机关)。由于被告是行政机关,因此被认定为环境行政公益诉讼。其中,环境行政管理的法律关系以《环境保护法》及相关的环境单行法律为法律基础;环境控权的法律关系的法律基础,如前文所述,一部分是《环境保护法》关于政府环境责任、绿色绩效考核、生态文明建设等的规定,另一部分则是《行政诉讼法》关于行政公益诉讼的规定。

我国环境刑事法律关系是指环境犯罪,即检察院作为环境公共利益的代表来追究环境犯罪行为。

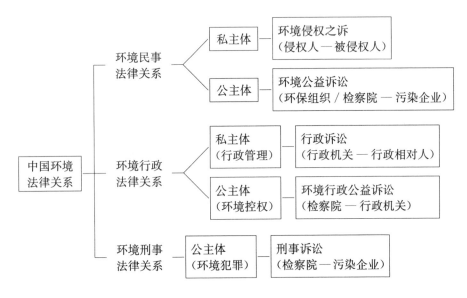

### (二) 环境权的解构与环境控权

如前文所述,在美国环境法律体系和中国环境法律体系中,环境权是一种概念化的存在,并非作为法定权利存在。在美国环境法律关系中,涉及权利的法律关系主要是环境民事法律关系,其核心仍然是私主体的人身权和财产权。美国环境法律法规真正调整的环境法律关系是环境行政法律关系和环境刑事法律关系,这两种关系均以阻止环境污染行为的出现及继续存在为调整对象,不以私主体的权利作为保护核心。美国环境法律法规所调整的环境法律关系以保护环境公共利益为目标。美国环境控权体系亦是如此。

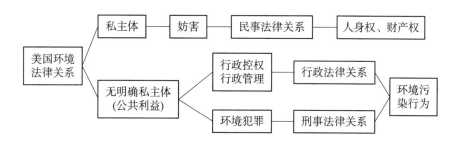

美国环境法学者也对环境权问题进行探讨,美国个别州也将环境权写进宪法。环境权是作为宪法性权利进行讨论的,其逻辑起点是人权的延伸。这种权利的概念既不是个体的程序性权利,也不是个体的实体性权利。

我国环境法律法规中,同样没有明确规定环境权。与美国环境法律关系不同,我国环境法律关系将环境民事法律关系涵盖其中,涉及权利的环境法律关系主要是环境民事法律关系。与美国环境民事法律关系的相似之处是,我国环境侵权之诉是主要的环境民事法律关系的司法救济载体,其保护的是私主体的人身权和财产权。与美国环境民事法律关系的不同之处是,我国环境民事法律关系的司法救济载体还包括环境民事公益诉讼。环境民事公益诉讼同样以《民法典》为实体法基础,以保护环境公共利益为目标,以环境受到实质性损害为要件。

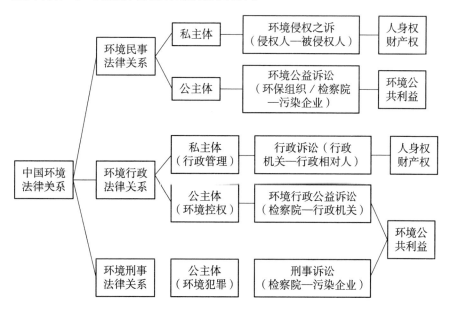

在环境行政法律关系中,以私主体诉讼为核心的环境行政诉讼同样涉及权利保护,其权利内容是人身权和财产权。环境行政公益诉讼是环境控权司法救济的主要载体,以保护环境公共利益为目标。值得注意的是,环境民事公益诉讼和环境行政公益诉讼均以保护环境公共利益为目标,只是根据被告的法律地位不同,将环境公益诉讼用二分法划分。环境刑事法律关系也以保护环境公共利益为目标。

美国环境法律关系的司法救济以阻止污染行为的出现或继续为目标,而我国环境法律关系的司法救济以保护环境公共利益为目标。阻止污染行为的出现或继续存在也是保护环境公共利益,但是这种司法救济以污染行为作为救济标准。我国环境法律关系的司法救济直接保护环境公共利益,以环境公共利益受到实质性损害和污染行为的客观存在作为救济标准。前者的救济形式主要是禁止令,后者的救济形式主要是损害赔偿。我国环境控权的司法救济也多以环境公共利益受到实质性损害作为要件。

因此,环境权除了在少数美国州宪法中作为宪法性权利存在,在美国和中国的环境法律体系中均不直接作为实体性权利存在,这是因为美国或中国的环境法律关系所保护的对象均为环境公共利益。

### (三)我国环境控权体系中的权利与权力——另一种视角

环境权一般被阐释为公民享有的享受优美环境质量的权利。不可否认,美国环境法与中国环境法所保护的价值中,均包含公民享有优美环境质量的价值。但是,这种价值却并没有用环境权加以概念化。美国环境法律法规和我国环境法律均避开使用"权利"一词。例如,《国家环境政策法》第 101 条规定:"宣示国家政策,以促进人类与环境间之丰饶且令人愉悦之和谐;努力提倡防止或减少对环境与天体生命之伤害,并增进人类之健康与福祉。"我国《环境保护法》第 1 条规定:"为保护和改善环境,防治污染和其他公害,保障公众健康,推进生态文明建设,促进经济社会可持续发展,制定本法。"

在我国环境法律法规体系中,环境权不是一种法定权利。我国环境法律法规及环境控权体系以环境公共利益为保护对象。如果从人权的角度进行延伸,公民环境权作为宪法性权利而存在,应当具有公法属性。但是,这种宪法性权利并非实体性权利,也并非程序性权利,具有非诉性,仅作为一种概念化的权利存在。从这种视角看,我们似乎可以把环境法律法规所保护的环境公共利益与宪法属性的公民环境权等同起来。或者说,我们可以认为,环境法律法规所保护的环境公共利益从广义化和概括化的概念上看，就是整体性的公民环境权益。只是此处的权利并非我们通常所讲的与人身权、财产权等实体性权利等同的权利。此处的环境权所指向的权利不具有私权性、可诉性、排他性。

从最初"权利"一词的出现看，与权力相对的权利具有公法属性。1787年，杰斐逊在给麦迪逊的信中指出，他赞成建立一个摆脱州控制的中央政府的想法，但不能接受没有《权利法案》的宪法。[①] 通过《权利法案》，美国公民的权利有了全国意义上的实质性内容，有利于构建一个权利统一的公民群体，消减州主权的负面作用。《权利法案》制定的初衷，是抑制和限制联邦政府的权力。[②] 增加《权利法案》的目的，不是鼓励联邦政府保护公民的自由和权利，而是防止联邦政府侵犯公民的自由和权利。[③] 就这一意义而言，公民权利具有公法属性，在控权体系中发挥相对重要的作用。在环境控权体系中，从保护环境公共利益的受益者角度看，也可以将环境公共利益的受益者视为整体性的优美环境质量的享受者，即可将这种对利益的享受视为公民环境权的内容。因此，换一个视角来看待，也可以认为在环境控权体系中的公民环境权是存在的，其具有公法属性，其内涵与环境公共利益是竞合的。

在公法框架下，控权体系中的权利与权力是一种此消彼长的关系。权利的存在是为了限制和制约权力。在环境控权体系中，权利的设定同样以限制和制约环境行政权力为目的。以权利制约权力的模式是美国环境控权体系的主要内容，这是因为美国环境控权体系以正当程序作为限制和制约行政行为的工具，以司法审查作为救济环境公共利益的主要方式。这种对环境公共利益的救济，如果换一种视角，也可以视为一种概念化的公民环境权利对行政权力的制约。根据美国宪法，政府剥夺个人生命、自由、财产等实体性权利，需要按照程序行使权力。正当程序原则由司法审查进行救济。[④]

我国环境控权体系无法以权利制约权力作为控权的主要方式，这是因为我国宪法性权利不具有可诉性，所以即使将环境公共利益视为一种公民宪法性权利，对我国环境控权体系实质上也并不产生较大影响。此外，司法审查之诉在我国行政法律法规中的法律地位较为特殊。

---

① 王希：《原则与妥协：美国宪法的精神与实践》，北京大学出版社 2014 年版，第 122 页。

② 同上，第 125 页。

③ 同上，第 429 页。

④ ［美］查尔斯·弗瑞德：《何谓法律：美国最高法院中的宪法》，胡敏洁、苏苗菡等译，北京大学出版社 2008 年版，第 235 页。

## 第二节 环境控权的框架借鉴：政府环境责任的范畴明晰

### 一、美国环境控权体系的立法框架

#### （一）理顺立法授权与追责机制

环境控权体系的核心价值是明确政府环境责任并形成有效的追责机制。从美国《国家环境政策法》的精神及制度架构看，该法有效地实现了这一目标。《国家环境政策法》的立法设计主要有三个层次：一是制定一项国家环境政策；二是将执行国家政策的职责与权力赋予联邦政府及《国家环境政策法》设立的国家环境质量委员会；三是制定一项具有执行力的机制，即环境影响评价制度，旨在为联邦政府实施国家政策提供一个具体的路径。

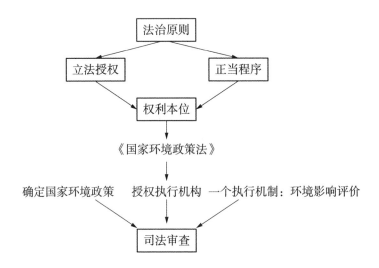

美国政府环境责任的追责机制主要是利用行政立法和司法手段，通过《国家环境政策法》从程序上确立美国联邦政府环境责任。在行政立法方面，为实施《国家环境政策法》，联邦行政机关及其下属机构制定了有关环境影响评价制度的行政规章。这些行政机关有农业部、商业部、能源部、国防部、健康和人类服务部、内政部、司法部、运输部、财政部、民航局、航空航天局、州际贸易委员会、核管理委员会等。[①] 从某种意义上说，行政机关制

---

① 王曦：《美国环境法概论》，武汉大学出版社1992年版，第218页。

定环境影响评价规定，是为了履行自己的环境影响评价义务，承担环境影响责任。在司法方面，第一，司法判例确立了环境影响责任的程序原则。卡尔佛特·克里夫协调委员会诉美国原子能委员会案[①]是第一个解释《国家环境政策法》的重要判例，而且该案使我们窥见《国家环境政策法》通过之时，一些机构决策时对环境因素考量的缺位。该案中，赖特法官明确指出，《国家环境政策法》对环境影响评价报告要求"强制机构继续谨慎和知情的决策过程，这种要求创设了司法的强制执行权，如果一个实质性决定在决策程序中没有单独、充分且诚心实意地考虑环境因素，法院就有责任否决它"。因此，法院认为，原子能委员会的规则是不充分的，必须进行修订。[②] 该案确立了承担环境影响责任的程序原则。第二，确定承担环境影响责任的机构。判断一个机构是否承担环境影响责任有两个要件：（1）是否涉及立法建议或重大联邦行为？大多数法律诉讼都事关重大联邦行为，而不是立法建议。在法院判决中，联邦行为被扩张解释为范围广泛的一系列行为，如具体项目的批准；法官和其他官方政策的批准；通过指导各机构决策的方案或计划，或者对私人项目的许可或拨款；在确定是否重大时，不能仅仅考虑此行为牵涉到的资源，还要考虑造成的影响。（2）是否对环境有显著影响？这主要是要求行政机关同时考虑重大联邦行为的背景和行为的强度。[③] 显然，美国以对环境有显著影响的重大联邦行为为标准来确定承担环境影响责任的机构，因此美国联邦政府将政府环境影响责任落实到了政府的各个相关部门，不只是由美国环境保护署独自承担环境影响责任，政府其他决策部门也可能承担环境影响责任。

从美国环境控权的实现过程看，其通过立法授权，将执行国家政策的权力授予联邦政府，并且环境影响评价制度作为执行力具化的机制，使得联邦政府能够有一个显性的履职方式。司法审查制度是具有普遍性的监督机制，公民可以就联邦政府对国家环境政策的履职提出异议和诉讼。这样一个逻辑顺序遵循了权责统一的原则，将环境质量责任与环境影响责任相分离，有效地实现了国家环境政策的执行。整个过程中，环境保护署并不是被《国家环境政策法》立法授权的机构，也不是主导《国家环境政策法》规定的环境影响评价制度的牵头机关。这是美国在环境治理中长期坚持

---

① Calvert cliffs' Coordinating V. U. S. Atomic Energy Commission，449.2d 1109 D. C. Cir. 1971).

② ［美］詹姆斯·萨尔兹曼、［美］巴顿·汤普森：《美国环境法》（第四版），徐卓然、胡慕云译，北京大学出版社 2016 年版，第 243—244 页。

③ 同上，第 245—246 页。

多中心主义治理的结果,更是由美国法律体系决定的。

美国环境保护署主要负责针对空气污染、水污染、固体废物处理、杀虫剂等各环境部门法规定的事项,制定相应的执行细则,对重点环境问题统筹协调和监管,落实国家污染排放控制等职责。美国环境保护署分别对应《清洁空气法》《清洁水法》《固体废物处置法》《有毒物控制法》等法律的责任授权。

### (二) 政府决策中的环境影响责任

美国环境控权体系设计的政府环境责任不仅仅指政府环境质量责任,还包括政府决策的环境影响责任。并且,以《国家环境政策法》为法律基础,政府决策的环境影响责任之比重高于政府环境质量责任。我国则把政府环境责任的重心放在产生环境质量减退的政府环境质量责任上。

从美国的环境联邦立法和行政立法及司法经验看,政府环境责任的界定主要包括基于《国家环境政策法》授权的政府各部门在决策中考虑环境影响的政府环境责任,以及基于《清洁空气法》《清洁水法》等法律授权的环境保护主管部门的环境责任。

基于《国家环境政策法》的条款,美国联邦政府各部门的环境责任包括以下几个方面:第一,美国联邦政府的环境影响责任的基本原则。《美国法典》第 4331 条规定:"联邦政府有责任采取一切切实可行,并与国家政策的其他基本考虑相一致的措施,改进并协调联邦的计划、职能、方案和资源,以达到如下目的:即国家应当:……(3)最大限度地合理利用环境,不得使其恶化或对健康和安全造成危害,或者引起其他不良的和不应有的后果;……。"第二,环境影响责任的主体。《美国法典》第 4332 条规定,所有联邦政府的机关均负有环境影响责任。第三,环境影响责任的客体。《美国法典》第 4332 条规定,环境影响责任针对的对象是"对人类环境质量具有重大影响的各项提案或法律草案、建议报告及其他重大联邦行为"。第四,环境影响责任的内容。《美国法典》第 4332 条规定,由负责经办的官员提供一份包括下列事项的详细说明:(1)拟议行为对环境的影响。(2)提案行为付诸实施对环境所产生的不可避免的不良影响。(3)提案行为的各种替代方案。(4)对人类环境的区域性短期使用与维持和加强长期生命力之间的关系。(5)提案行为付诸实施时可能产生的无法恢复和无法补救的资源耗损。第五,环境影响责任的时机。《美国法典》第 4332 条规定:"在进行可能对人类环境产生影响的规划和决定时,应当采用足以确保综合利用自然科学、社会科学及环境设计工艺的系统性和多学科的方法。"第六,环境影响责任的目标。《美国法典》第 4332 条规定,确保在作出决定时,使得当前尚不符合要求的环境舒适和环境价值能与经济及技术问题一并得到适当的考虑。第七，联邦政府环境影响责任的统一程序。《美国法典》第4333条规定："所有联邦政府机构均应当对其现有的法定职权、行政法规定及各项现行政策和程序进行一次清理，以确定其是否存在有妨害充分执行本法宗旨和规定的任何缺陷或矛盾，并应当就清理结果在不迟于1971年7月1日以前，向总统报告其职权和各项政策符合本法所规定的意图、宗旨和程序。"参与该法制定的美国议员卡德维尔指出，《国家环境政策法》的目的从来不是制作环境影响评价报告，而是这个强制性行动程序诱导了传统上很大程度地忽视环境后果的联邦行动之生态理性。[①] 因此，上述规定系《国家环境政策法》要求美国联邦政府应承担的环境影响责任。另外，从《国家环境政策法》的内容可以看出，该法关于环境影响责任的规定明显多于关于环境质量责任的规定。

## 二、权责统一原则下我国政府环境责任划分的可能方案

我国《环境保护法》在一定程度上借鉴了美国《国家环境政策法》中的相关规定，特别是环境影响评价制度是从美国环境法借鉴而来。但是，由于中国特色社会主义法治的背景，我国不可能对整个美国法治体系进行照搬复制，因此环境影响评价制度、环境目标的确定等在我国的具体实施必然有所不同。从美国国家环境政策实现的整个过程看，其国家政策实现的模型仍有可资借鉴之处。如果抽象出国家环境政策实现的基本模型，那么最为重要的是确定国家环境政策及授权执行机构，并且设计一个执行机制，从而能够将环境影响责任有效从生态环境部门的环境质量责任中分离出来。同时，有一个司法机制能够起到制衡执行机构实施国家环境政策的作用。

在环境目标的制定和立法授权方面，我国《环境保护法》确立了国家的基本环境目标，并且通过立法授权，形成了特有的环境监督管理体系。这一环境监督管理体系以生态环境部门为主，开展环境管理。环境影响评价制度应当是保障环境立法授权的一个重要执行机制。我国的环境影响评价制度最早是从美国借鉴而来，随着我国环境法治的发展，我国的环境影响评价规则从立法设计到具体实践，均走出了一条与美国环境影响评价完全不同的道路。我国以生态环境部门为中心开展环境治理，环境影响评价

---

① Lynton Keith Caldwell, *The National Environmental Policy Act: an Agenda for the Future*, Indiana University Press 1998，p. 46.

的审批也是由生态环境部门牵头进行的,最终形成单中心主义模式。这种制度设计在立法之初有一定可取之处,符合当时的经济发展需要。然而,当前环境问题日益严重、民众对环境质量需求持续增加、民众对环境影响的敏感度不断增强,我国已经到了应当区分环境影响责任与环境质量责任的时期。在我国的环境影响评价制度中,环境影响评价报告的审批权赋予了生态环境部门。在权利救济方面,我国有环境公益诉讼制度和检察院提起公益诉讼的机制来确保环境治理效果。

## (一)以多中心主义模式细分政府环境责任的责任主体

解决哪些部门应当承担政府环境责任之问题的办法,是借鉴美国的经验,采用多中心主义模式。[①] 多中心主义模式的政府环境责任就是政府各职能部门的责任,无论是政府环境保护职能部门,还是政府经济、建设等其他职能部门,都应当承担政府环境责任。这是符合我国《环境保护法》对政府环境责任的要求的。[②]《环境保护法》第 6 条规定,地方各级人民政府应当对本行政区域的环境质量负责。该条要求地方一级政府应当承担环境质量责任,作为隶属于地方一级政府的各行政职能部门当然也应当承担环境质量责任。这也是我国地方政府组织法的要求。《地方各级人民代表大会和地方各级人民政府组织法》第 66 条规定:"省、自治区、直辖市的人民政府的各工作部门受人民政府统一领导,并且依照法律或者行政法规的规定受国务院主管部门的业务指导或者领导。自治州、县、自治县、市、市辖区的人民政府的各工作部门受人民政府统一领导,并且依照法律或者行政法规的规定受上级人民政府主管部门的业务指导或者领导。"因此,要求政府及其各行政职能部门作为环境责任主体是有法律依据并符合法理要求的。特别是政府环境责任主体不仅仅只限于生态环境部门及"党政一把手",而是应当加强非环境保护职能部门的环境责任。

## (二)按照权责统一原则配置行政部门审批权和环境责任

解决政府环境责任主体承担责任范围之问题的办法,是通过立法来赋予政府各行政职能部门在进行决策时应考虑环境影响的义务。[③] 根据权责统一原则,具有项目或规划决策权力的行政机关理应承担因其决策造成环境影响的相应责任。行政权力与行政责任是对等的,任何行政主体

---

① 〔美〕詹姆斯·萨尔兹曼、〔美〕巴顿·汤普森:《美国环境法(第四版)》,徐卓然、胡慕云译,北京大学出版社 2003 年版,第 32—40 页。

② William H. Rodgers, *Environmental Law*, West Publishing Co. 1977, pp. 34 - 40.

③ Nancy K. Kubasek, Gary S. Silverman, *Environmental Law (Fourth Edition)*,清华大学出版社 2003 年版,第 68—70 页。

都是责任主体，任何行政行为都必须处于责任状态，这是公共行政的基本逻辑。[①] 虽然我国环境行政审批权大多集中在生态环境部门，如生态环境部门有排污许可、环境监测、环境标准等常规的环境管理与环境影响评价的审批权，但是生态环境部门在地方政府行政决策中并不是主要的决策机构，不能够承担起与其地方政府行政决策相匹配的决策责任。实际上，在很多情况下，主要的决策部门是地方政府各行政部门。因此，要落实地方政府环境责任，就必须要求政府行政决策部门对其决策进行环境影响评价。[②] 可以借鉴美国《国家环境政策法》的规定，要求政府各行政部门在决策时，必须考虑决策给环境带来的不利影响。目前，我国的环境影响评价制度还只是停留在对建设项目强制进行环境影响评价的水平，这与发达国家的环境影响评价要求有较大差距，无法通过环境影响评价来有效实现环境保护的预防目的。因此，只有按照权责统一要求，通过政府环境责任来约束政府行政决策权力，才能实现行政决策生态化，达到环境保护的目标。[③] 综上所述，有必要修改《环境影响评价法》，将政府行政决策纳入规制，实现政府的权责统一。

### （三）设计环境影响责任指标及追责机制

我国政府环境责任机制包括生态文明建设考核目标、"十三五"规划的环境考核指标、环保督察的"党政一把手"责任、生态环境部门的履职责任等。在上述环境责任指标设计方面，主要是宏观指标和微观指标，缺少中观指标。宏观指标是指环境保护目标及环境保护政策指标，微观指标是指具体的环境质量保持和减退责任指标。环境质量责任指标是微观指标。我国政府环境责任指标在设计上应当增加中观层面的环境影响责任指标，并且扩大责任主体至所有作出行政决策的政府行政机关。

在追责机制上，以环境行政公益诉讼和环保督察为主要的救济途径。行政公益诉讼是指，检察院及社会组织认为行政主体行使职权的行为违法，侵害了环境公共利益或有侵害之虞时，虽与自己无直接利害关系，但为维护公益，向特定机关提出起诉请求，并由特定机关依法向人民法院提起的行政诉讼。近几年，我国的环境民事公益诉讼制度逐渐普及。[④] 如前文

---

① Lawrence M. Friedman, *A History of American Law（Second Edition）*，Simon&Schuster，1985，pp. 6 - 8.

② 刘湘云：《权责统一——行政的理论逻辑》，载《行政与法》，2003 年第 10 期。

③ Roger E. Merners and Andrew P. Morriss, *The Common Law and the Envrionemnt*，Rowman & Littlefield Publishers，Ine，2000，pp. 53 - 55.

④ 张锋：《环境公益诉讼起诉主体的顺位设计刍议》，载《法学论坛》，2017 年第 2 期。

所述,我国环境行政公益诉讼的站位不高,过于微观。目前,环境行政公益诉讼以出现损害结果的环境行政行为的司法救济为主,而不是以阻却可能产生环境影响的行政行为作为司法救济的标准和目标。我国立法和司法实践应当逐步实现环境行政公益诉讼的控权功能。2017 年,最高人民法院发布了十起环境公益诉讼指导性案例,更加确立了环境民事公益诉讼的地位。目前,我国的环境行政公益诉讼仍有待推进与完善。2017 年《行政诉讼法》修改,其第 25 条增加一款作为第 4 款,即"人民检察院在履行职责中发现生态环境和资源保护、食品药品安全、国有财产保护、国有土地使用权出让等领域负有监督管理职责的行政机关违法行使职权或者不作为,致使国家利益或者社会公共利益受到侵害的,应当向行政机关提出检察建议,督促其依法履行职责。行政机关不依法履行职责的,人民检察院依法向人民法院提起诉讼"。该修改标志着环境行政公益诉讼制度在我国的初步建立。从该规定可以看出,我国环境行政公益诉讼还存在局限。例如,提起环境行政公益诉讼的原告限于人民检察院,针对的行为是违法行使职权的行为。这些规定排除了公民提起环境行政公益诉讼的资格,以及未明确对政府各部门的行政决策行为提起行政诉讼的权利。因此,应当建立和完善我国环境行政公益诉讼制度,加强对政府各部门的行政决策之监督,允许公民提起环境行政公益诉讼,落实对政府各部门的行政决策提起环境行政公益诉讼,只有如此才能有利于实现行政决策的生态化。

**(四)提升环境立法的功能和定位**

从 2014 年新修订的《环境保护法》看,我国环境立法的功能和定位以规制污染企业为主,环境执法和环境司法也是围绕着该定位展开。这就使得我国环境法不能够充分发挥环境控权的功能,也使得我国环境治理始终存在一些不能解决的痼疾。我国环境立法应当提升功能定位和站位,超越环境行政机关管理污染企业这一立法的逻辑思路,实现对行政机关、污染企业、公民的多元互动治理。此外,环境立法应当真正体现《环境保护法》第 1 条所规定的"为保护和改善环境,防治污染和其他公害,保障公众健康,推进生态文明建设,促进经济社会可持续发展"之立法目的,以阻却环境破坏或环境影响行为的发生为救济目标。

**(五)环境影响评价制度的功能与定位**

环境影响评价制度在美国环境法中的功能定位比我国要高。在美国,环境影响评价制度是限制和制约联邦政府所有行政机关作出可能影响环境的行政决策之制度工具。环境影响评价制度与司法审查制度的有机结合,使得环境影响评价制度长出了"牙齿"。在我国,环境影响评价制度的功能是规范污染企业和排污企业可能造成环境影响的行为。规划环评虽对政府规划进行环评作出了规定，但是并不是强制性规范，并且没有相应的追责机制。我国环境立法应当提升环境影响评价制度的功能和定位，使其在环境控权中发挥更大的作用。

## 第三节 环境控权的司法救济：环境公益诉讼的价值转变

### 一、环境公益诉讼的类型化分析

在传统逻辑范式中，我国环境损害救济以权利侵害说作为理论基础，大多数环境诉讼适用《民法典》关于环境侵权的规定，主要涉及环境污染的特定主体之人身权、财产权受侵害的情形。民法所规定的人身权、财产权基本能够涵盖日照权、采光权、清洁水权、清洁空气权等一系列权利。因此，环境司法保护主要是依据《民法典》中的侵权责任构成要件，以权利侵害之保护的形式展开的。然而，从我国近几年的环境司法实践看，随着环境公益诉讼案件类型的变化，权利侵害说所构成的救济逻辑已经不能够涵盖环境损害救济的全部范畴。据笔者不完全统计，自2015年《民事诉讼法》修改以来，环境公益诉讼案件大致可以分为以下几类：

一是完全符合侵权责任构成要件（有特定的被侵权人）的环境侵权案件。此类案件主要依据《民法典》关于环境污染责任的规定。例如，在连云港市赣榆区环境保护协会诉顾绍成环境污染损害赔偿案，江苏省常州市人民检察院诉许建惠、许玉仙环境公益诉讼纠纷案，荆州市沙市区人民检察院诉刘良福水污染责任纠纷案等案件中，法院均适用了环境污染责任的归责原则规定。同时，《民法典》关于共同侵权行为的规定也是解决共同侵权纠纷的法律依据。

| 案件名称 | 纠纷类型 | 诉讼请求 | 权益类型 |
| --- | --- | --- | --- |
| 张云霞、张云红诉淮安实源采卤有限公司水污染责任纠纷案 | 水污染 | 损害赔偿 | 财产权 |
| 郭凤珍诉四平盲童学校财产损害赔偿案 | 水污染 | 损害赔偿 | 财产权 |
| 绵竹金盛源生物化工有限责任公司与陈善福水污染纠纷案 | 水污染 | 损害赔偿 | 财产权 |

| 案件名称 | 纠纷类型 | 诉讼请求 | 权益类型 |
|---|---|---|---|
| 平顶山天安煤业股份有限责任公司十三矿诉辛随超环境污染责任纠纷案 | 水污染 | 损害赔偿 | 财产权 |
| 平南县思旺镇镇南村社中村民小组诉钟诚环境污染责任纠纷案 | 水污染 | 停止侵害 | 人身权 |
| 邹裕开诉罗胜初、罗鉴初水污染责任纠纷案 | 水污染 | 损害赔偿 | 财产权 |
| 江苏常隆有限公司等诉泰州市环保联合会环境污染侵权赔偿纠纷案 | 水污染 | 停止侵害 | 人身权 |
| 付金生、涂任生诉付方根、付宝、翁明胜环境污染责任纠纷案 | 水污染 | 损害赔偿 | 财产权 |
| 张海军与周辉、青松建材化工股份有限公司新型建材分公司环境污染责任纠纷案 | 大气污染 | 停止侵害 | 财产权 |
| 廖友和、黄满兴诉龙门县恒辉塑胶制品有限公司、郑素容大气污染责任纠纷案 | 大气污染 | 停止侵害损害赔偿 | 财产权 |
| 山东富海实业股份有限公司与曲忠全、山东富海实业股份有限公司铝业分公司、二分公司环境污染损害赔偿案 | 大气污染 | 损害赔偿 | 财产权 |
| 郭耀红诉武汉市新洲天兴棉业有限公司大气污染责任纠纷案 | 大气污染 | 损害赔偿 | 财产权 |
| 赵汉兰诉张正海环境侵权纠纷案 | 大气污染 | 停止侵害赔偿损失 | 财产权 |
| 吴义碧诉重庆正轩房地产开发有限公司等公司噪声污染责任纠纷案 | 噪声污染 | 损害赔偿 | 人身权 |
| 马良兄与苏州南山置业有限公司关于商品房销售合同纠纷案 | 噪声污染 | 损害赔偿 | 人身权财产权 |
| 上海洁尚商务酒店有限公司诉上海聚才娱乐有限公司噪声污染责任案 | 噪声污染 | 损害赔偿 | 财产权 |
| 李全中诉何立刚噪声污染责任纠纷案 | 噪声污染 | 损害赔偿 | 财产权 |
| 李素清诉沈阳华隆基房屋开发有限公司、华发热力有限公司纠纷案 | 噪声污染 | 排除妨害 | 人身权 |
| 黄志红诉海安县开发区经济技术开发总公司等污染责任纠纷案 | 噪声污染 | 损害赔偿 | 人身权 |
| 倪荣花诉南京江宁市政建设房地产开发有限公司、南京恒永建设工程有限责任公司环境侵权纠纷案 | 噪声污染 | 损害赔偿 | 财产权 |

| 案件名称 | 纠纷类型 | 诉讼请求 | 权益类型 |
|---|---|---|---|
| 天津市南洋胡氏家具制造有限公司诉邵先双、杨淑香、邵杨环境污染责任纠纷案 | 室内甲醛超标 | 承担侵权责任 | 人身权 |
| 张文迁、帖翠兰诉王占文、天桥岭镇人民政府固体废弃物污染责任纠纷案 | 固体废弃物污染 | 损害赔偿 | 财产权 |
| 中国太平洋财产保险股份有限公司吉安中心支公司环境污染责任纠纷案 | 危险化学品泄漏 | 损害赔偿 | 财产权 |
| 孙长河与中国石油集团东方地球物理勘探有限责任公司辽河物探公司环境污染侵权纠纷案 | 财产纠纷 | 损害赔偿 | 财产权 |
| 乐清市柳市镇西垟村村民委员会诉温州金洋集装码头有限公司案 | 土壤污染 | 停止侵害 | 人身权 |
| 四川省成都市青白江区兴平家庭农场诉四川博能燃气股份有限公司土壤污染责任纠纷案 | 土壤污染 | 损害赔偿 | 财产权 |

　　上述案件是完全符合侵权责任构成要件（有特定的被侵权人）的环境侵权案件。这些案件有三个特点：首先，从纠纷类型上看，多是传统的环境污染纠纷，如水污染、大气污染、噪声污染、土壤污染等。这些传统的污染纠纷在司法实践中的特征表现为，其所呈现出来的损害行为与损害结果之间的因果关系较为明确。其次，从损害结果看，这类案件所造成的损害结果往往是以财产权、人身权的侵害为特征。从民事侵权的角度看，这些案件是典型的民事侵权案件，以诉讼请求人的人身权或财产权受到实际损害为标志。最后，从法律后果上看，这类案件以损害赔偿、停止侵害、排除妨害等民事责任的承担方式来承担否定性的法律后果。这便是以权利中心为基本范式的司法实践。

　　二是不特定多数人的权益受损害的环境公益诉讼案件。此类案件不完全符合侵权责任的构成要件，但一般都是对环境生态造成损害（已有环境损害结果）的环境损害行为。《民事诉讼法》《环境保护法》及全国人大通过的决定解决了诉讼主体的问题，分别赋予符合法定资格的环保团体及检察院以起诉资格。因此，这两类案件仍然是主要基于侵权责任构成要件进行裁判的。此类案件主要适用《民法典》第1229条环境污染责任的归责原则，《环境保护法》第42条第3款防治污染与其他公害的规定，以及最高人民法院《关于审理环境民事公益诉讼案件适用法律若干问题的解释》第13条、第15条、第23条关于证据适用和计算生态修复费用的规定。这类案件造成环境权益救济的请求权基础不明晰，我们无法从立法和司法实践中以尚不能够明确范畴的环境权利为基础的请求权来找到适当的请求权基础。

从法律适用上看,首先,从实体法上看,这类案件均适用《民法典》关于侵权责任构成要件和侵权责任承担的规定,适用频率为100%。其次,从程序法上看,主要适用《民事诉讼法》第55条和第152条关于公益诉讼的规定,适用频率为60%。最后,环保团体提起的环境案件,适用《环境保护法》第58条关于社会组织提起环境公益诉讼的规定;在水污染案件中,则适用《水污染防治法》第17条、第35条和第76条。

三是无权利主体的生态损害的环境民事公益诉讼。典型的案例包括徐州市人民检察院诉徐州鸿顺造纸有限公司案、益阳市环境与资源保护志愿者协会与湖南林源纸业有限公司环境污染责任纠纷案和云南省宜良县国土资源局环境纠纷案。此类案件中,实施损害行为的加害人是确定的,诉讼中的原告是环境公益组织或检察院,被告为环境损害行为人。这类案件更是以保护国家利益和公共利益为目的。例如,在徐州市人民检察院诉徐州鸿顺造纸有限公司案中,徐州市人民检察院认为,鸿顺造纸有限公司非法排放污水且防治污染设备未能有效运行,破坏生态环境,需要承担环境损害责任和服务功能损失赔偿责任。在益阳市环境与资源保护志愿者协会与湖南林源纸业有限公司环境污染责任纠纷案中,益阳市环境与资源保护志愿者协会认为,被告林源纸业有限公司通过暗管向洪道违法排放污水,严重损害了社会公共利益,应当承担环境侵权的法律责任。在云南省宜良县国土资源局环境纠纷案中,由云南省宜良县人民检察院支持起诉,称被告在无证开采磷矿过程中,废渣、剥土随意堆放,形成崩塌、泥石流隐患,林地植被被大面积毁损。这种对国家利益和公共利益的保护便是对环境法益的保护。

| 案件名称 | 纠纷类型 | 诉讼请求 | 权益类型 |
|---|---|---|---|
| 徐州市人民检察院诉徐州鸿顺造纸有限公司案 | 水污染 | 承担环境损害责任、损失赔偿责任 | 国家利益 公共利益 |
| 益阳市环境与资源保护志愿者协会与湖南林源纸业有限公司环境污染责任纠纷案 | 水污染 | 承担环境损害责任、损失赔偿责任 | 国家利益 公共利益 |
| 云南省宜良县国土资源局环境纠纷案 | 土地污染 | 承担环境损害责任、损失赔偿责任 | 国家利益 公共利益 |

这些案件是检察院提起的环境公益诉讼，实体法上也是以《民法典》第1229条为核心依据，程序法上以《民事诉讼法》第229条为依据。除此之外，这些案件还适用最高人民法院《关于审理环境民事公益诉讼案件适用法律若干问题的解释》及《人民法院审理人民检察院提起公益诉讼案件试点工作实施办法》。显然，无论是哪种类型的环境公益诉讼，在法律适用上与环境法律规范体系并不完全匹配，特别是环境损害救济的请求权基础不统一也不完整。

## 二、以环境法益侵害说重构环境公益诉讼价值中心

以法益为中心构建我国环境公益诉讼的价值体系并非立法论，而是解释论。在我国环境公益诉讼中，就环境损害救济的请求权内容而言，我国司法实践已经形成了个体利益、公共利益和国家利益的三重保护，只是尚没有一个合理的逻辑将其一体化。以法益为中心构建环境损害救济体系则实现了对三种环境利益的三位一体保护。就环境损害法益救济的请求权基础而言，亦是如此。我国环境损害救济的请求权基础即法规范体系较为健全，只是缺乏一个统合的逻辑将之串联。因此，环境损害法益救济的逻辑重构并非立法论，也并非理论创设，而是解释论，是解释理论的创新，具体包括以下两个方面：

### （一）以环境损害法益救济明确环境损害救济的内容范畴

环境损害的法益救济逻辑能够更加明确环境损害救济的内容范畴，不仅包括传统的环境侵权救济所保护的人身权、财产权，而且还包括公权益，即国家利益和公共利益。以不特定多数人权益受损害的环境公益诉讼案件为例，2014年至今，笔者从裁判文书网上查阅到14起案子。在这14起案子中，有10起案子是关于水污染的环境民事公益诉讼，2起案子是关于固体废物污染的环境公益诉讼，2起案子针对悬浮颗粒物污染的环境公益诉讼，水污染诉讼占71%。

从诉讼主体看，环境损害救济的请求权主体的法律关系也不清晰。在14起不特定多数人的环境公益诉讼中，有12起是具有原告主体资格的环保组织，2起是检察院。2016年的中国生物多样性保护与绿色发展基金会环境污染责任纠纷审判监督民事裁定书否认了中国生物多样性保护与绿色发展基金会的主体资格。此类案件的被告多为法人，其次是自然人。例如，在中华环保联合会诉宜兴市江山生物制剂有限公司水污染责任纠纷案、恩施自治州建始磺长坪矿业有限责任公司诉重庆市绿色志愿者联合会环境污染公益诉讼纠纷案中，被告为法人，法人对环境污染造成损害具有

危害大、范围广、频率高、治理难度大等特点。被告是自然人的案件多为环境刑事案件的延伸。从司法救济所保护的利益看,不特定多数人权益受损害的环境公益诉讼案件所保护的是国家利益和公共利益,个体权利与利益在这些案件中很难体现,而这类案件本身便是对环境法益的保护。

| 案件名称 | 纠纷类型 | 诉讼请求 | 受损害利益 |
|---|---|---|---|
| 常州市环境公益协会诉储卫清、博世尔公司、金科公司、翔悦公司、精炼公司案 | 危险废物污染 | 承担整治、修复被破坏环境的所有费用 | 国家利益公共利益 |
| 镇江市生态环境公益保护协会诉江苏尊龙光学有限公司、优立光学有限公司环境污染责任纠纷案 | 危险废物污染 | 承担整治、修复被破坏环境的所有费用 | 国家利益公共利益 |
| 连云港市赣榆区环境保护协会诉顾绍成环境污染损害赔偿案 | 水污染 | 赔偿整治河流的费用 | 国家利益公共利益 |
| 中华环保联合会诉宜兴市江山生物制剂有限公司水污染责任纠纷案 | 水污染 | 环境整改 | 国家利益公共利益 |
| 中华环保联合会诉胡展开水污染责任纠纷案 | 水污染 | 承担环境生态修复费用 | 国家利益公共利益 |
| 恩施自治州建始磺长坪矿业有限责任公司诉重庆市绿色志愿者联合会环境污染公益诉讼纠纷案 | 水污染 | 停止侵害、赔偿损失、赔礼道歉 | 国家利益公共利益 |
| 中国生物多样性保护与绿色发展基金会诉卜宪果、卜宪全、卜宣传环境污染公益诉讼案 | 水污染 | 停止侵害、承担环境修复费用 | 国家利益公共利益 |
| 中国生物多样性保护与绿色发展基金会诉刘铁山环境污染公益案 | 水污染 | 停止侵害、承担环境修复费用 | 国家利益公共利益 |
| 广东省环境保护基金会诉焦云水污染责任民事环境公益诉讼案 | 水污染 | 停止侵害、承担环境修复费用 | 国家利益公共利益 |
| 中华环境保护基金会诉中国石化集团南京化学工业有限公司环境民事公益诉讼案 | 水污染 | 停止侵害、承担环境修复费用 | 国家利益公共利益 |
| 江苏省常州市人民检察院诉许建惠、许玉仙环境公益诉讼纠纷案 | 水污染 | 停止侵害、承担环境修复费用 | 国家利益公共利益 |
| 荆州市沙市区人民检察院诉刘良福水污染责任纠纷案 | 水污染 | 停止侵害、承担环境修复费用 | 国家利益公共利益 |

续　表

| 案件名称 | 纠纷类型 | 诉讼请求 | 受损害利益 |
|---|---|---|---|
| 中华环保联合会诉德州振华有限公司大气污染案 | 悬浮颗粒物 | 赔偿损失、停止侵害、赔礼道歉 | 公共利益 |
| 北京自然之友环境研究所诉山东金岭化工大气污染案 | 悬浮颗粒物 | 停止侵害、赔偿损失 | 公共利益 |

### （二）以环境损害法益救济明确环境损害救济请求权基础体系

法益侵害说以环境法益之存在为前提。那么，环境法益在现行环境法律体系中如何体现呢？笔者认为，环境法律体系所保护的利益包括个体利益、公共利益和国家利益，这些皆可视为环境法益。环境损害法益救济的请求权基础能够形成一个严谨的体系，具体如下：

第一，概括性规定。我国《宪法》第 26 条第 1 款规定："国家保护和改善生活环境和生态环境，防治污染和其他公害。"该条的目的便是保护公民享受环境质量的利益，保护环境公共利益。《宪法》第 9 条第 2 款规定："国家保障自然资源的合理利用，保护珍贵的动物和植物。"该条的立法目的是保护国家自然资源的环境利益。

第二，个体利益的请求权基础。结合我国现行的法律法规和司法实践，环境法律体系明确的法定权利包括人身权、财产权等涉及民事法律关系的实体性权利，以及知情权、参与权、获取信息权等涉及行政法律关系的程序性权利。我国新修改的《环境保护法》第 53 条规定："公民、法人和其他组织依法享有获取环境信息、参与和监督环境保护的权利。"该条是涉及行政法律关系的程序性权利。我国《民法典》第 1229 条规定："因污染环境、破坏生态造成他人损害的，侵权人应当承担侵权责任。"根据我国近十几年的司法实践，涉及民事法律关系的环境污染纠纷多是人身权、财产权受到损害的情形。环境法律体系所保护的利益均可视为环境法益。

第三，国家利益的请求权基础。我国《刑法》第六章第六节规定了 9 个破坏环境资源保护的犯罪。其中，大多数罪名以保护自然资源为目的，这便是保护国家环境利益，而环境污染罪则是以保护公民享受环境质量的利益为目标。

第四，公共利益的请求权基础。我国《民法典》第 9 条规定："民事主体从事民事活动，应当有利于节约资源、保护生态环境。"该条被称为绿色原则。该条不是以保护公民个体环境利益为目标，而是以保护生态环境作为总体目标，也就是以环境公共利益的保护为终极目标。

新修改的《民事诉讼法》第 55 条规定："对污染环境、侵害众多消费者合法权益等损害社会公共利益的行为,法律规定的机关和有关组织可以向人民法院提出诉讼。"该条是环境公益诉讼的规定,明确指出环境公益诉讼所针对的是"污染环境、侵害众多消费者合法权益等损害社会公共利益"的行为。该条明确了其目的是保护社会公共利益。

新修改的《环境保护法》第58条规定:"对污染环境、破坏生态,损害社会公共利益的行为,可以向人民法院提起诉讼。"该条也明确指出,其所保护的不是公民个体利益,而是环境公共利益。

除此之外,凡是环境法律体系中的命令性规定和禁止性规定,都可以视为对环境法益的保护。由此,环境法益与涉及环境污染的公民法定权利便有明确的区别和关联,二者互为补充。

### 三、环境控权的司法救济:环境行政公益诉讼

#### (一)法规范构成

2015年7月2日,《检察机关提起公益诉讼改革试点方案》具体规定了检察院提起环境公益诉讼的具体办法。2017年,《行政诉讼法》修改,修改后的第25条规定:"人民检察院在履行职责中发现生态环境和资源保护、食品药品安全、国有财产保护、国有土地使用权出让等领域负有监督管理职责的行政机关违法行使职权或者不作为,致使国家利益或者社会公共利益受到侵害的,应当向行政机关提出检察建议,督促其依法履行职责。行政机关不依法履行职责的,人民检察院依法向人民法院提起诉讼。"

##### 1. 前置程序

《行政诉讼法》和《检察机关提起公益诉讼改革试点方案》都规定了检察院提起环境公益诉讼的前置程序。检察机关在提起民事公益诉讼之前,应当依法督促或者支持法律规定的机关或有关组织提起民事公益诉讼。法律规定的机关或有关组织应当在收到督促或者支持起诉意见书后一个月内依法办理,并将办理情况及时书面回复检察机关。经过诉前程序,法律规定的机关或有关组织没有提起民事公益诉讼,社会公共利益仍处于受侵害状态的,检察机关可以提起民事公益诉讼,向人民法院提出停止侵害、排除妨碍、消除危险、恢复原状、赔偿损失的诉讼请求;行政机关拒不纠正违法行为或不履行法定职责,国家和社会公共利益仍处于受侵害状态的,检察机关可以提起行政公益诉讼,向人民法院提出撤销违法行政行为、在一定期限内履行法定职责、确认行政行为违法或无效的诉讼请求。

在提起行政公益诉讼之前,检察机关应当先行向相关行政机关提出检察建议,督促其纠正违法行政行为或者依法履行职责。行政机关应当在收

到检察建议书后一个月内依法办理,并将办理情况及时书面回复检察机关。经过诉前程序,行政机关拒不纠正违法行为或者不履行法定职责,国家和社会公共利益仍处于受侵害状态的,检察机关可以提起行政公益诉讼。检察机关提起行政公益诉讼,应当有明确的被告、具体的诉讼请求、国家和社会公共利益受到侵害的初步证据,并应当制作公益诉讼起诉书。

2. 取证规则

2015 年 12 月 16 日通过的《人民检察院提起公益诉讼试点工作实施办法(全文)》对检察院的调查取证工作作出了如下规定:"人民检察院可以采取以下方式调查核实污染环境、侵害众多消费者合法权益等违法行为、损害后果涉及的相关证据及有关情况:(一)调阅、复制有关行政执法卷宗材料;(二)询问违法行为人、证人等;(三)收集书证、物证、视听资料等证据;(四)咨询专业人员、相关部门或者行业协会等对专门问题的意见;(五)委托鉴定、评估、审计;(六)勘验物证、现场;(七)其他必要的调查方式。调查核实不得采取限制人身自由以及查封、扣押、冻结财产等强制性措施。"

"人民检察院可以采取以下方式调查核实有关行政机关违法行使职权或者不作为的相关证据及有关情况:(一)调阅、复制行政执法卷宗材料;(二)询问行政机关相关人员以及行政相对人、利害关系人、证人等;(三)收集书证、物证、视听资料等证据;(四)咨询专业人员、相关部门或者行业协会等对专门问题的意见;(五)委托鉴定、评估、审计;(六)勘验物证、现场;(七)其他必要的调查方式。调查核实不得采取限制人身自由以及查封、扣押、冻结财产等强制性措施。人民检察院调查核实有关情况,行政机关及其他有关单位和个人应当配合。"

**(二) 检察院提起环境行政公益诉讼的司法实践**

2017 年 7 月至 2018 年 1 月,全国检察机关提起的生态环境和资源保护领域公益诉讼案件有 6335 件,其中包括督促恢复被污染、破坏的耕地、林地、湿地、草原 15.2 万亩;督促治理恢复被污染水源面积 284 平方公里,督促 1451 家违法企业进行整改。与检察机关相比,环保组织提起的环境公益诉讼案件却寥寥无几。

2017 年和 2018 年,在中国裁判文书网上可搜索到检察院提起的环境行政公益诉讼案件共 92 件。这些案件主要有三个特点:一是大部分案件均产生了损害结果,以森林破坏、土地毁坏、水污染、大气污染等损害结果为主;二是这些案件的被告大多是地方环境保护与自然资源主管部门,诉由大多为相应的行政管理机关没有及时进行行政处罚;三是这些案件均经过了诉前检察监督程序,但在法定期限内,损害仍在发生。

| 序号 | 原告 | 被告 | 时间 | 名称 | 诉由 | 具体诉由 | 适用法律 | 是否产生损害后果 |
|---|---|---|---|---|---|---|---|---|
| 1 | 敖汉旗人民检察院 | 敖汉旗林业局 | 2017年5月26日 | 敖汉旗人民检察院诉敖汉旗林业局案 | 未履行法定职责、怠于履行法定职责 | 被告未作出行政处罚，也未采取有效措施予以应对，致使被盗伐的森林资源未能得到及时有效的恢复 | 《森林法》《行政诉讼法》 | 林地毁坏 |
| 2 | 西安市新城区人民检察院 | 蓝田县国土资源局 | 2017年11月27日 | 新城区检察院诉蓝田县国土资源局案 | 不履行法定职责 | 蓝田县国土资源局在发现蓝田县安案石英矿违法行为后，未严格按照相关法律规定赋予被告的法定职权和职责，致使涉案生态环境长期处于被严重破坏状态，国家和社会公共利益持续受损 | 《矿产资源法》《矿山地质环境保护规定》《行政诉讼法》 | 地表土壤毁坏、林地破坏 |
| 3 | 贵州省金沙县人民检察院 | 大方县星宿苗族彝族仡佬族乡人民政府 | 2017年6月23日 | 贵州省金沙县人民检察院诉大方县星宿苗族彝族仡佬族乡人民政府案 | 怠于履行职责 | 被告不严格依法履行垃圾管理职责，星宿乡龙山村新寨组公路旁垃圾对周边生态环境的侵害仍在持续，生态环境的侵害仍处于受侵害状态 | 《固体废物污染环境防治法》第17条、《环境保护法》第51条、《固体废物污染环境防治法》第17条、《行政诉讼法》 | 水污染、空气污染 |
| 4 | 贵阳市观山湖区人民检察院 | 贵阳市观山湖区生态文明建设局 | 2017年6月27日 | 贵阳市观山湖区人民检察院诉被告贵阳市观山湖区生态文明建设局案 | 确认行为违法、履行法定职责 | 观山湖检察院向观山湖生态局发出检察建议书，建议观山湖生态局依法正确履行环境监管职责，观山湖生态局正未回复，也没有实际履行监管职责，使公共利益持续处于受侵害状态 | 《环境保护法》第10条、《畜禽规模养殖污染防治条例》《行政诉讼法》 | 河流污染 |

续 表

| 序号 | 原告 | 被告 | 时间 | 名称 | 诉由 | 具体诉由 | 适用法律 | 是否产生损害后果 |
|---|---|---|---|---|---|---|---|---|
| 5 | 贵阳市云岩区人民检察院 | 贵阳市云岩区文明建设局 | 2017年8月28日 | 贵阳市云岩区检察院诉贵阳市云岩区文明生态建设局案 | 行政行为违法、未履行监管职责 | 被告作为环境保护主管部门，对大远公司的违法排污行为怠于履行监管职责，导致社会公共利益遭受侵害，在原告发出检察建议之后仍未履行法定职责，社会公共利益持续处于受侵害状态 | 《建设项目环境保护管理条例》第20条、《行政诉讼法》 | 水污染、固体废物污染 |
| 6 | 贵阳市花溪区人民检察院 | 贵阳市花溪区城市管理局 | 2017年4月7日 | 贵阳市花溪区检察院诉贵阳市花溪区城市管理局案 | 违法行政 | 花溪区城市管理局在该公司提供的申请材料不符合法律法规的情况下，向其颁发核准证书 | 《城市建设垃圾管理规定》第7条、《行政诉讼法》 | 道路破坏、固体废物污染周围环境 |
| 7 | 宜昌市伍家岗区人民检察院 | 宜昌市伍家岗区农林水局 | 2017年12月5日 | 宜昌市伍家岗区人民检察院诉宜昌市伍家岗区农林水局案 | 未依法履行林业行政管理和监督法定职责 | 伍家岗区农林水局对置自改变南湾《公益林用途自改变的行为，并未依照《森林法实施条例》第43条依法履行职责，导致南湾区域公益林遭到破坏，国家和社会公共利益持续处于受侵害状态 | 《森林法》第10条、《森林法实施条例》第43条、《行政强制法》第1款及第2款，《行政诉讼法》第50条、《行政诉讼法》 | 森林破坏 |
| 8 | 毕节市七星关区人民检察院 | 七星关区团结乡彝族苗族人民政府 | 2017年5月5日 | 毕节市七星关区人民检察院诉七星关区团结乡彝族苗族人民政府案 | 不当履职 | 被告将该乡产生的固体生活垃圾收集后，未经处理、直接倾倒溶洞 | 《环境保护法》第51条、《固体废物污染环境防治法》第17条、《水污染防治法》第33条及第35条，以及《行政诉讼法》第6条、第74条第2款、第76条 | × |

续表

| 序号 | 原告 | 被告 | 时间 | 名称 | 诉由 | 具体诉由 | 适用法律 | 是否产生损害后果 |
|---|---|---|---|---|---|---|---|---|
| 9 | 伊霍洛旗人民检察院 | 伊金霍洛旗林业局 | 2017年4月18日 | 伊金霍洛旗检察院诉伊金霍洛旗林业局案 | 怠于履行职责 | 伊金霍洛旗林业局仍未全面履行职责,被毁林木至今未恢复,国家和社会公共利益仍处于受侵害状态 | 《森林法》第44条;《行政诉讼法》第72条第2项、第74条、第102条;《最高人民法院关于执行〈中华人民共和国行政诉讼法〉若干问题的解释》第60条第2款 | 擅自改变用林地用途,致使原地表植被及防护林地破坏 |
| 10 | 东台市人民检察院 | 阜宁县林业渔业局 | 2017年12月11日 | 东台市人民检察院诉阜宁县林业渔业局案 | 不履行林业行政管理职责 | 未能及时作出行政处罚决定,怠于履行法定职责,被损毁的林业资源和林业生态环境未完全恢复 | 《林业行政处罚程序规定》;《行政诉讼法》第72条、第74条第2款第(三)项 | 森林破坏 |
| 11 | 晴隆县人民检察院 | 晴隆县环境保护局 | 2017年4月20日 | 晴隆县人民检察院诉晴隆县环境保护局案 | 怠于履行监管职责 | 证明晴隆县环境保护局未严格按照环评报告进行环保设施建设,在该煤矿存在环境违法行为后,仅仅进行了行政处罚,但是没有对整改情况进行跟踪检查,怠于履行监管职责 | 《环境保护法》第10条、第41条;《行政诉讼法》第72条 | 土壤污染 |
| 12 | 纳雍县人民检察院 | 贵州省纳雍县林业局 | 2017年5月5日 | 纳雍县人民检察院诉贵州省纳雍县林业局案 | 未依法履行监管职责 | 公益诉讼人向其发出检察建议进行督促后,被告仍怠于履行职责,国家利益及社会公共利益仍处于被侵害状态 | 《森林法》第13条、第44条;《行政诉讼法》第6条、第72条 | 原始灌木林遭受破坏 |

续表

| 序号 | 原告 | 被告 | 时间 | 名称 | 诉由 | 具体诉由 | 适用法律 | 是否产生损害后果 |
|---|---|---|---|---|---|---|---|---|
| 13 | 榆树市人民检察院 | 榆树市林业局 | 2017年11月27日 | 榆树市人民检察院诉榆树市林业局案 | 不履行法定职责 | 榆树市林业局在收到检察建议后至今未作出回复，亦未依法履行其应履行的法定职责，国家和社会公共利益仍处于受侵害状态 | 《森林法》《行政诉讼法》 | 森林破坏 |
| 14 | 呼伦贝尔市海拉尔区人民检察院 | 呼伦贝尔市海拉尔区林业局 | 2017年6月21日 | 呼伦贝尔市海拉尔区人民检察院诉海拉尔区林业局案 | 怠于履行法定职责 | 被告未履行法定职责，致使被破坏的自然保护区国有林地至今未得到恢复和有效治理，国家和社会公共利益仍处于受侵害状态 | 《森林法》第13条，《行政诉讼法》、《最高人民法院关于执行〈中华人民共和国行政诉讼法〉若干问题的解释》 | 林地遭到严重破坏 |
| 15 | 思南县人民检察院 | 思南县孙家坝镇人民政府 | 2017年12月14日 | 思南县人民检察院诉思南县孙家坝镇政府集镇垃圾管理案 | 未依法履行监管职责 | 被告虽回复了公益诉讼人，但倾倒垃圾的行为并未停止，露天垃圾堆放体量仍然较大，垃圾集中堆放所在地环境清理仍未开展和恢复原状，社会公共利益仍处于受侵害的状态 | 《环境保护法》《固体废物污染环境防治法》《行政诉讼法》 | 露天垃圾堆放造成生态环境污染 |
| 16 | 连南瑶族自治县人民检察院 | 连南瑶族自治县国土资源和环境保护局 | 2017年6月20日 | 连南瑶族自治县人民检察院诉连南瑶族自治县国土资源和环境保护局案 | 不履行法定职责 | 被告在对第三人不执行行政处罚决定时，未督促其依法履行，属于怠于履行监管职责的行为，未对连南瑶族自治县大麦山矿业南侧的废石场进行矿山地质环境治理恢复，亦未足额收缴第三人的矿山地质环境保护保证金，同属怠于履行职责的行为 | 《行政诉讼法》《矿产资源法》《矿山地质环境保护规定》 | 堆放的废石占用了土地资源，严重破坏了自然生态环境 |

续表

| 序号 | 原告 | 被告 | 时间 | 名称 | 诉由 | 具体诉由 | 适用法律 | 是否产生损害后果 |
|---|---|---|---|---|---|---|---|---|
| 17 | 磐石市人民检察院 | 磐石市红旗岭镇政府 | 2017年10月24日 | 磐石市人民检察院诉磐石市红旗岭镇政府案 | 不履行法定职责 | 红旗岭镇政府在收到检察建议后一个月内没有回复公益诉讼人，仅对垃圾场的垃圾进行简单掩埋处理 | 《城市生活垃圾管理办法》《行政诉讼法》 | 森林土地资源破坏 |
| 18 | 通化县人民检察院 | 通化县石湖镇人民政府 | 2017年12月22日 | 通化县人民检察院诉通化县石湖镇人民政府案 | 不履行法定职责 | 通化县林业局未依法履行对被破坏林地恢复之职责，对被非法占用的160.7亩林地未采取任何处理措施，公共利益仍处于被侵害状态 | 《森林法》第10条、第13条、第41条第2款、第43条、第44条；《行政强制法》第50条；《行政诉讼法》第72条 | 非法占用农地，致使林地植被遭受严重破坏 |
| 19 | 六盘水市钟山区人民检察院 | 六盘水市钟山区大湾镇人民政府 | 2017年4月18日 | 六盘水市钟山区人民检察院诉六盘水市钟山区大湾镇人民政府案 | 确认行政行为违法并不履行法定职责 | 大湾镇人民政府未经规划等部门同意，亦未办理环境影响评价审批手续，未采取污染防治措施，将辖区内生活垃圾倾倒、中运至该地至该地无害化处理就该问题向大湾镇政府发出检察建议后，该镇政府至今未回复、整改，垃圾堆场至今未得到妥善解决，污染问题仍然存在，并继续扩大 | 《固体废物污染环境防治法》《城市生活垃圾管理办法》《环境保护法》《固体废物污染环境防治法》《行政诉讼法》 | 该垃圾堆场对周边大气、水、土壤环境造成污染 |

续表

| 序号 | 原告 | 被告 | 时间 | 名称 | 诉由 | 具体诉由 | 适用法律 | 是否产生损害后果 |
|---|---|---|---|---|---|---|---|---|
| 20 | 安徽省无为县人民检察院 | 住房和城乡建设委员会 | 2017年12月7日 | 安徽省无为县人民检察院诉无为县住房和城乡建设委员会案 | 不履行行政管理法定职责 | 被告住建委收到检察建议后，没有采取有效措施停止违法排污行为，其下属单位未经处理的城市污水通过排水管道排入长江，污染长江环境，影响生活饮用水水质，公共利益仍处于被侵害状态 | 《水污染防治法》《行政诉讼法》 | 水污染 |
| 21 | 蛟河市人民检察院 | 蛟河市国土资源局 | 2017年9月29日 | 蛟河市人民检察院诉蛟河市国土资源局案 | 不履行法定职责 | 被告蛟河市国土资源局在履行监管职责过程中，未再采取任何有效措施，致使被毁环保耕地至今未得到恢复，国家和社会公共利益仍处于被侵害状态，存在怠于履行职责的行为 | 《土地管理法》《行政处罚法》《基本农田保护条例》《行政诉讼法》 | 违法采挖泥炭破坏环保耕地 |
| 22 | 内蒙古自治区土默特左旗人民检察院 | 土默特左旗国土资源局 | 2017年7月14日 | 内蒙古自治区土默特左旗人民检察院诉内蒙古土默特左旗国土资源局案 | 未依法履行法定职责 | 至今被告仍未全面履行法定职责，致使被破坏的土地至今未得到治理，国家和社会公共利益仍处于被侵害状态 | 《土地管理法》第74条、第72条《行政诉讼法》 | 耕地破坏、种植条件完全损毁 |
| 23 | 滁州市琅琊区人民检察院 | 滁州市环境保护局 | 2017年10月21日 | 滁州市琅琊区人民检察院诉滁州市环境保护局案 | 怠于履行环境保护行政监管职责 | 滁州市环境保护局没有依法实施罚款等行政处罚，没有采取查封、扣押生产设施、设备等强制措施，上述不依法履行职责的行为，致使涉案违法生产禁而不止，国家和社会公共利益仍处于被侵害状态 | 《环境保护法》第25条、第63条《行政诉讼法》 | × |

续 表

| 序号 | 原告 | 被告 | 时间 | 名称 | 诉由 | 具体诉由 | 适用法律 | 是否产生损害后果 |
|---|---|---|---|---|---|---|---|---|
| 24 | 广州市番禺区人民检察院 | 广州市番禺区环境保护局 | 2017年7月5日 | 广州市番禺区人民检察院诉广州市番禺区环境保护局案 | 不履行法定职责 | 被告至今仍未对相关责任人作出追缴危险废物处置费用的行政决定,也未就追索处置费用向番禺区人民法院提起民事诉讼,导致国有资产仍处于流失状态,应当依法被确认为违法 | 《固体废物污染环境防治法》第55条《行政诉讼法》《最高人民法院关于审理环境公益诉讼案件的工作规范(试行)》 | × |
| 25 | 昆明市西山区人民检察院 | 昆明市西山区城市管理综合行政执法局 | 2017年4月14日 | 昆明市西山区人民检察院诉昆明市西山区城市管理综合行政执法局案 | 未依法正确履行监管职责 | 被告未能严格履行监管职责,致使消纳经营期间在审批范围内违法倾倒大量建筑垃圾 | 《城市建筑垃圾管理规定》《昆明市工程弃土消纳场及弃土调拨项目管理规定》《行政诉讼法》 | 水土、植被不能及时恢复 |
| 26 | 正镶白旗人民检察院 | 正镶白旗生态保护局 | 2017年3月31日 | 正镶白旗人民检察院诉正镶白旗生态保护局案 | 未依法履行职责 | 正镶白旗生态保护局对元通公司非法采矿行为不积极进行查处,发现后也未及时对植被恢复进行收缴,未限期恢复植被,未对未经批准和未按规定时间非法采矿所取得其违法所得的元通公司作出罚款收缴、行政处罚,致使草原植被遭到破坏,至今未恢复,国家和社会公共利益仍处于受侵害状态 | 《草原法》第56条第1款、第66条、第68条;《行政诉讼法》 | 草原生态环境破坏 |

续 表

| 序号 | 原告 | 被告 | 时间 | 名称 | 诉由 | 具体诉由 | 适用法律 | 是否产生损害后果 |
|---|---|---|---|---|---|---|---|---|
| 27 | 西安市鄠邑区人民检察院 | 西安市鄠邑区余下镇人民政府 | 2017年12月18日 | 西安市鄠邑区人民检察院诉西安市鄠邑区余下镇人民政府案 | 不履行监管职责 | 余下镇人民政府负有对辖区内环境卫生工作的监管职责，因其未依法全面履行法定职责，致使该处大量建筑垃圾和生活垃圾长期堆积，污染周边环境，严重影响了罗什村村容村貌和附近村民的生活，损害了社会公共利益 | 《环境保护法》第6条、《行政诉讼法》 | × |
| 28 | 常州市金坛区人民检察院 | 常州市金坛区环境保护局 | 2017年10月18日 | 常州市金坛区人民检察院诉常州市金坛区环境保护局案 | 环境保护行政不作为 | 金坛区环保局怠于向法院申请强制执行行政处罚决定，导致行政处罚决定失去强制执行力，国家和社会公共利益被侵害 | 《行政处罚法》《行政强制法》《行政诉讼法》 | × |
| 29 | 白城市洮北区人民检察院 | 白城市洮北区畜牧管理局 | 2017年12月12日 | 白城市洮北区人民检察院诉白城市洮北区畜牧管理局案 | 不履行法定职责 | 顾景平破坏的草原植被仍然没有恢复，严重破坏了生态资源，国家和社会公共利益受到侵害，洮北区畜牧管理局对此没有依法采取监督管理措施 | 《吉林省草原管理条例》第4条、《草原法》第46条、《行政诉讼法》第72条 | 草原植被破坏 |
| 30 | 赤壁市人民检察院 | 赤壁市林业局 | 2017年5月9日 | 赤壁市人民检察院诉赤壁市林业局案 | 未履行林地保护法定职责 | 赤壁市林业局未依法履行法定监管职责，致使森林资源处于受破坏状态，赤壁市林业局在收到检察建议后，仍未督促金家山矿业公司履行在占用毁坏的林地恢复原状的义务，致使国家和社会公共利益仍处于受侵害状态 | 《森林法》第13条、《行政诉讼法》 | 擅自改变林地用途导致破坏林地 |

303

续 表

| 序号 | 原告 | 被告 | 时间 | 名称 | 诉由 | 具体诉由 | 适用法律 | 是否产生损害后果 |
|---|---|---|---|---|---|---|---|---|
| 31 | 吉林省大安市人民检察院 | 大安市林业局 | 2017年12月13日 | 大安市人民检察院诉大安市林业局案 | 不正确履行法定职责 | 在占地手续和采伐许可证没有办理情况下开始伐木、取土，严重破坏了生态环境，林业局没有采取监督管理措施 | 《森林法》第13条、《行政诉讼法》 | 林地破坏 |
| 32 | 郎溪县人民检察院 | 郎溪县国土资源局 | 2017年12月10日 | 郎溪县人民检察院诉郎溪县国土资源局地质矿产行政管理案 | 不履行法定职责 | 被告拒绝采纳检察建议，未责令前锋公司限期修复矿山地质环境，亦未采取其他有效措施履行矿山地质环境保护监管职责 | 《矿山地质环境保护与恢复治理方案编制规范》《行政诉讼法》 | 山体植被毁损、矿山地质环境遭受严重破坏 |
| 33 | 绥德县人民检察院 | 绥德县环境保护局 | 2017年12月6日 | 绥德县人民检察院诉绥德县环境保护局案 | 不依法履行行政管理法定职责 | 绥德县环境保护局并没有按照检察建议的要求进行处理，仍怠于履行法定职责；绥德火车站仍向无定河进违法排污，城区居民饮用水安全受到威胁，国家和社会公共利益仍处在受侵害的状态 | 《水污染防治法》第44条、《行政处罚法》、《环境行政处罚办法》、《水污染防治法》第3条、《行政诉讼法》第74条第2款 | 水体污染 |
| 34 | 牙克石市人民检察院 | 牙克石市环境保护局 | 2017年5月16日 | 牙克石市人民检察院诉牙克石市环境保护局案 | 不履行法定职责 | 牙克石市环境保护局在免渡河六道街居民饮用水受污染事件中未依法履行职责 | 《环境保护法》第10条、《水污染防治法》第8条、《行政诉讼法》 | 地下水污染 |

续表

| 序号 | 原告 | 被告 | 时间 | 名称 | 诉由 | 具体诉由 | 适用法律 | 是否产生损害后果 |
|---|---|---|---|---|---|---|---|---|
| 35 | 德州经济开发区人民检察院 | 济宁市任城区环境保护局 | 2017年10月10日 | 德州经济开发区人民检察院诉济宁市任城区环境保护局 | 不履行法定职责 | 济宁市原市中区环境保护局未经核实，在明知企业申报登记不实的情况下予以上报，致使该公司长期脱离省、市级重点监控，长期污染环境并造成事故隐患 | 《固体废物污染治法》第58条第2款；《行政诉讼法》第72条、第74条第2款 | 固体废物 造成 水源 空气污染 |
| 36 | 长阳土家族自治县人民检察院 | 长阳二家族自治县林业局 | 2017年5月15日 | 长阳土家族自治县检察院诉长阳县林业局案 | 不履行法定职责 | 被告长阳县林业局未依法对长阳佳和矿业有限责任公司、姚辰非法占用林地修路的行为进行处理，未对长阳佳和矿业有限责任公司、修路占用林地的行为依法作出责令恢复，致使社会公益持续处于受侵害状态 | 《森林法》《行政强制法》《行政诉讼法》 | 林地破坏 |
| 37 | 英德市人民检察院 | 英德市林业局 | 2017年5月16日 | 英德市人民检察院诉英德市林业局 | 不履行法定职责 | 被告英德市林业局未采取有效措施督促得宝公司履行处罚决定，亦未依法及时申请人民法院执行，导致得宝公司擅自改变林地用途的违法行为持续至今，未依法完全履行法定职责 | 《森林法》第13条、《行政强制法》《行政诉讼法》 | 林地破坏 |

续表

| 序号 | 原告 | 被告 | 时间 | 名称 | 诉由 | 具体诉由 | 适用法律 | 是否产生损害后果 |
|---|---|---|---|---|---|---|---|---|
| 38 | 从江县人民检察院 | 从江县林业局 | 2017年7月17日 | 从江县人民检察院诉从江县林业局林业行政管理纠纷案 | 怠于履行监管职责 | 被告对贵州三鑫投资开发有限公司的采石的行为虽然已根据法律占用的林地的规定作出行政处罚,并依法缴纳了罚款,但被告违法占用的1.6亩林地并未恢复原状,且毁损面积已扩大,其该违法使用的林地未得到恢复,其履职违法 | 《森林法实施条例》第43条,《行政诉讼法》第74条第2款 | 林地破坏 |
| 39 | 赫章县人民检察院 | 赫章县可乐彝族苗族乡人民政府 | 2017年5月5日 | 赫章县人民检察院诉赫章县可乐彝族苗族乡人民政府环境保护行政管理案 | 不履行法定职责 | 公益诉讼人向被告发出检察建议书,被告一直未作书面回复,也未积极履职,采取补救措施,当地生态持续遭受破坏,使得该河水中的大量垃圾的存在导致污染范围大,环境受到影响恶劣,社会公共利益仍处于受侵害状态 | 《环境保护法》第51条,《固体废物污染环境防治法》第17条,《水污染防治法》第33条,《行政诉讼法》 | 水污染、土地污染 |
| 40 | 黄石市下陆区人民检察院 | 黄石市下陆区城市管理局 | 2017年12月21日 | 黄石市下陆区人民检察院诉黄石市下陆区城市管理局案 | 不履行法定职责 | 下陆区城市管理局未依法履职,导致国家和社会公共利益仍处于受侵害状态 | 《城乡规划法》第44条;《行政诉讼法》第66条;第72条 | 水库生态、环境受到污染 |

续表

| 序号 | 原告 | 被告 | 时间 | 名称 | 诉由 | 具体诉由 | 适用法律 | 是否产生损害后果 |
|---|---|---|---|---|---|---|---|---|
| 41 | 太仆寺旗人民检察院 | 太仆寺旗林业局 | 2017 年 4 月 1 日 | 太仆寺旗人民检察院诉太仆寺旗林业局不履行行政职责公益诉讼案 | 不履行行政职责 | 被告太仆寺旗林业局未积极履行职责，被毁坏的 160 亩国家级公益林仅有部分得到恢复，其余办公室、牛舍等固定建筑物占用林地尚未恢复，国家和社会公共利益仍然处于受侵害状态 | 《国家级公益林管理办法》第二章《行政诉讼法》第 9 条、《行政诉讼法》第 102 条、《最高人民法院关于执行〈中华人民共和国行政诉讼法〉若干问题的解释》第 60 条 | 林地破坏 |
| 42 | 瑞丽市人民检察院 | 瑞丽市林业局 | 2017 年 5 月 12 日 | 瑞丽市人民检察院诉瑞丽市林业局林业行政管理案 | 不履行法定职责 | 瑞丽市林业局在收到检察建议后依法履行了部分职责，但其多年来怠于履行法定职责的行为给当地林业资源造成了极大损失，其也未依法追究五家企业因非法占用林地和砍伐林木所造成的损失，瑞丽市林业局未全面履行法定职责，致使国家、社会公共利益仍处于受侵害状态 | 《森林法》第 44 条、《森林法实施条例》第 43 条、《行政诉讼法》 | 林地破坏 |
| 43 | 贵州省思南县人民检察院 | 思南县林业局 | 2017 年 12 月 8 日 | 思南县人民检察院诉思南县林业局案 | 不履行林业行政管理职责 | 被告仍未采取有效措施依法全面履行其法定职责，致使被毁坏林地继续受到损害，国家和社会公共利益仍处于受侵害状态 | 《森林法》第 13 条、《森林法实施条例》第 43 条、《行政诉讼法》 | 林地破坏 |

续表

| 序号 | 原告 | 被告 | 时间 | 名称 | 诉由 | 具体诉由 | 适用法律 | 是否产生损害后果 |
|---|---|---|---|---|---|---|---|---|
| 44 | 梨树县人民检察院 | 梨树县林业局 | 2017年4月14日 | 梨树县人民检察院诉梨树县林业局案 | 不履行法定职责 | 被告梨树县林业局至今未履行法定管理职责，国家和社会公共利益处于受侵害状态。梨树县林业局对梨树县天翔石灰石有限责任公司违法毁坏林地不依法履行管理职责 | 《森林法》第44条、《森林法实施条例》第43条、《行政诉讼法》 | 林地破坏 |
| 45 | 桦甸市人民检察院 | 桦甸市林业局 | 2017年3月22日 | 桦甸市人民检察院诉桦甸市林业局案 | 不履行法定职责 | 被告在一个月期限内没有回复公益诉讼人，在公益诉讼人起诉其法定职责之前也未采取措施履行其职责，被违法侵占的5080平方米国有林地至今未恢复植被，国家及社会公共利益仍处于受侵害状态 | 《行政处罚法》《行政诉讼法》《森林法》《森林法实施条例》 | 林地破坏 |
| 46 | 通化市东昌区人民检察院 | 通化市国土资源局 | 2017年3月31日 | 通化市东昌区人民检察院诉通化市国土资源局案 | 行政管理不作为 | 国土部门没有依法履行职责，采取实质性保护、防治措施，目前该区域生态环境及地貌景观破坏问题突出，地质灾害隐患问题严重，国家和社会公共利益仍然处于受侵害状态 | 《矿山地质环境保护规定》第4条《地质灾害防治条例》第2款，第7条《行政诉讼法》 | 地质破坏 |
| 47 | 尤溪县人民检察院 | 尤溪县国土资源局 | 2017年12月12日 | 尤溪县人民检察院诉尤溪县国土资源局案 | 不履行法定职责 | 尤溪县国土资源局未履行矿山生态环境恢复治理义务，导致国家利益和社会公共利益仍处于受侵害状态 | 《矿产资源开采登记管理办法》、《行政诉讼法》第74条 | 矿山地质破坏 |

续 表

| 序号 | 原告 | 被告 | 时间 | 名称 | 诉由 | 具体诉由 | 适用法律 | 是否产生损害后果 |
|---|---|---|---|---|---|---|---|---|
| 48 | 房县人民检察院 | 房县环境保护局 | 2017 年 11 月 30 日 | 房县人民检察院诉房县环境保护局案 | 不全面依法履行环境行政监管法定职责 | 房县环境保护局对信发火纸厂逾期不履行行政处罚决定的行为，未依法违法继续处理，导致信发火纸厂的环境违法问题长期持续存在，房县环境保护局的行为构成怠于履职 | 《环境保护法》《水污染防治法》《行政诉讼法》 | 水污染 |
| 49 | 漳平市人民检察院 | 漳平市林业局 | 2017 年 10 月 10 日 | 漳平市人民检察院诉漳平市林业局案 | 不履行法定职责 | 未全面履行监管职责，督促相对人恢复林地原状，且案涉山场被列入省级生态公益林后，被非法改变林地用途的面积仍在扩大，漳平市林业局对扩大改变林地用途面积的行为也未进行查处 | 《森林法》第 10 条；《森林法实施条例》第 43 条；《行政处罚法》第 51 条；《行政强制法》第 50 条、第 53 条、第 54 条 | 林地破坏 |
| 50 | 肇庆市端州区人民检察院 | 肇庆市端州区农林局 | 2017 年 3 月 16 日 | 肇庆市端州区人民检察院诉肇庆市端州区农林局案 | 怠于履行法定职责 | 肇庆市端州区农林局在收到检察建议书后，只采取电话通知的方式督促违法当事人补种树木，未能积极履职，致使被滥伐的林地至今尚未恢复，社会公共利益仍处于尚受侵害状态 | 《森林法》第 13 条、第 39 条；《行政诉讼法》第 72 条 | 林地破坏 |
| 51 | 利津县人民检察院 | 利津县环境保护局 | 2018 年 3 月 30 日 | 利津县人民检察院诉利津县环境保护局案 | 未依法全面履行法定职责 | 利津县环境保护局作为地方环境保护主管部门，怠于履行监管职责，致使涉案危险废物长期未得到规范化、无害化处理 | 《固体废物污染环境防治法》第 10 条、第 52 条、第 55 条；《行政诉讼法》第 72 条；《关于检察》 | × |

续 表

| 序号 | 原告 | 被告 | 时间 | 名称 | 诉由 | 具体诉由 | 适用法律 | 是否产生损害后果 |
|---|---|---|---|---|---|---|---|---|
| 52 | 泾川县人民检察院 | 泾川县水务局 | 2018 年 5 月 28 日 | 泾川县人民检察院诉泾川县水务局案 | 怠于履行监管法定职责 | 被告未积极履行监管职责，致泾河罗汉洞乡丈八寺银河组疏浚河段淤积内砂丘堆积，影响行洪，国家和社会公共利益仍处于被侵害状态 | 公益诉讼案件适用法律若干问题的解释》第 25 条第三项《河道管理条例》第 5 条第 2 款、《行政诉讼法》第 74 条 第 2 款 第 （二）项 | 河段内砂丘堆积，影响行洪 |
| 53 | 江苏省宿迁市宿城区人民检察院 | 沭阳县农业委员会 | 2018 年 4 月 3 日 | 江苏省宿迁市宿城区人民检察院诉沭阳县农业委员会案 | 不履行监督管理法定职责 | 沭阳县农业委员会收到检察建议书后，超过期限未履行法定职责，其亦未予以书面回复，其拒不履行职责，致使社会公共利益受到侵害 | 《行政诉讼法》第 72 条、第 74 条第 2 款；《关于检察公益诉讼案件适用法律若干问题的解释》第 25 条；《森林法》 | 盗伐林木导致森林破坏 |
| 54 | 广水市人民检察院 | 广水市长岭镇人民政府 | 2018 年 7 月 12 日 | 广水市人民检察院诉广水市长岭镇人民政府案 | 不履行环境保护行政管理法定职责 | 广水市长岭人民政府在建设、使用长岭镇垃圾填埋场时，未依法履行职责，造成环境污染 | 《环境保护法》第 6 条第 2 款、第 28 条；《行政诉讼法》第 72 条、第 74 条第 2 款 | 水污染、空气污染 |

续 表

| 序号 | 原告 | 被告 | 时间 | 名称 | 诉由 | 具体诉由 | 适用法律 | 是否产生损害后果 |
|---|---|---|---|---|---|---|---|---|
| 55 | 邻水县人民检察院 | 邻水县林业局 | 2018年7月13日 | 邻水县人民检察院诉邻水县人民检察院案 | 怠于履职 | 被告未采取有效措施恢复被谢彬破坏的林地及森林资源47.85亩；被告在收到诉前检察建议后，仍未采取有效措施恢复被破坏的林地及森林资源，致使被破坏的林地及森林资源持续处于受损状态 | 《森林法》第10条；《森林法实施条例》第2条第1款；《行政强制法》第50条；《行政诉讼法》第72条、第74条第2款第（一）项；《关于检察公益诉讼案件适用法律若干问题的解释》 | 林地及森林破坏 |
| 56 | 高密市人民检察院 | 高密市环境保护局 | 2018年10月15日 | 高密市人民检察院诉高密市环境保护局案 | 不履行法定监管职责 | 高密市环境保护局作为地方环境保护主管部门对南洋食品公司违法晾晒鸡粪造成环境污染的行为怠于履行法定职责；高密市人民检察院向高密市环境保护局依法发出检察建议后，该局仍未依法依法全面履行职责，致使社会公共利益持续处于受侵害状态 | 《行政诉讼法》第62条、《环境保护法》第10条、《大气污染防治法》第5条 | 恶臭气体排放导致空气污染 |
| 57 | 五莲县人民检察院 | 五莲县环境保护局 | 2018年7月11日 | 五莲县人民检察院诉五莲县环境保护局案 | 不履行环境保护监督管理职责 | 被告未按照检察建议全面行履行环境保护管理职责，受污染土地未得到恢复，社会公共利益仍处于受侵害状态 | 《固体废物污染治法》第5条、《行政强制法》第50条《环境保护法》、《固体废物污染防治法》、《行政诉讼法》第72条 | 土壤遭受铅污染 |

续表

| 序号 | 原告 | 被告 | 时间 | 名称 | 诉由 | 具体诉由 | 适用法律 | 是否产生损害后果 |
|---|---|---|---|---|---|---|---|---|
| 58 | 龙井市人民检察院 | 龙井市林业局 | 2018年5月30日 | 龙井市人民检察院诉龙井市林业局案 | 不履行法定职责 | 龙井林业局没有依法全面履行职责,没有有效监管王某被破坏国家级公益林,导致大面积被毁公益林至今尚未得到恢复,侵害了国家和社会公共利益 | 《行政诉讼法》《行政强制法》《森林法》《森林法实施条例》 | 严重毁环国家级重点公益林 |
| 59 | 汪清县人民检察院 | 延吉市林业局 | 2018年6月26日 | 汪清县人民检察院诉延吉市林业局案 | 不履行法定职责 | 延吉市林业局回函内容与实际情况严重不符,该局实际上未召开专题会议,也未制定损毁林地补植补造实施方案,到集中补植阶段也没有进行补植;到该局始终未依法履行法定职责、国家和社会公共利益仍处于受侵害状态 | 《行政诉讼法》《关于检察公益诉讼案件适用法律若干问题的解释》《森林法》 | 森林破坏 |
| 60 | 鄄城县人民检察院 | 鄄城县住房和城乡建设局 | 2018年6月6日 | 鄄城县人民检察院诉鄄城县住房和城乡建设局案 | 不履行监管治理的法定职责 | 鄄城县住房和城乡建设局未采取有效措施对引黄人城渠河护城河进行监督治理,社会公共利益仍处于受侵害状态 | 《水污染防治法》《城镇排水与污水处理条例》《行政诉讼法》《关于检察公益诉讼案件适用法律若干问题的解释》 | 水污染 |

续　表

| 序号 | 原告 | 被告 | 时间 | 名称 | 诉由 | 具体诉由 | 适用法律 | 是否产生损害后果 |
|---|---|---|---|---|---|---|---|---|
| 61 | 天水市麦积区人民检察院 | 天水市麦积区中滩镇人民政府 | 2018年11月16日 | 麦积区人民检察院诉天水市中滩镇人民政府案 | 不履行环境保护职责 | 被告回复已整治并未达到效果，被告撤销没有及时制止或书面汇报实施有关停取缔迁等工作，被告不履行上报有关停养殖场或撤迁养殖场的职责 | 《环境保护法》《畜禽规模养殖污染防治条例》;《行政诉讼法》第74条第2款第（一）项、第76条 | × |
| 62 | 西安市雁塔区人民检察院 | 西安市长安区林业局 | 2018年6月1日 | 西安市雁塔区人民检察院诉西安市长安区林业局案 | 不履行法定职责 | 西安市长安区林业局对该违法行为不依法履行监管职责，致使国家和社会公共利益持续受到侵害 | 《森林法》《森林法实施条例》《人民检察院提起公益诉讼试点工作实施办法》《民事诉讼法》 | 森林植被破坏 |
| 63 | 北京市密云区人民检察院 | 北京市密云区园林绿化局 | 2018年8月10日 | 北京市密云区人民检察院诉北京市密云区园林绿化局案 | 怠于履行法定职责 | 密云区园林绿化局怠于履行对处罚决定案处罚执行职责，致使国家和社会公共利益受到侵害的状态 | 《森林法》《行政诉讼法》 | 森林破坏 |
| 64 | 宜良县人民检察院 | 昆明阳宗海风景名胜区管理委员会环境和水资源保护局 | 2018年1月18日 | 宜良县人民检察院诉昆明阳宗海风景名胜区管理委员会环境和水资源保护局案 | 不履行环境保护行政管理职责 | 阳宗海风景名胜区管理委员会环境和水资源保护局对政令全山野营地在阳营建设设海一级保护区范围内非法饮业建设施，违法经营住宿和餐饮业的行为未全面履行职责，亦未采取有效措施督促该营地执行行政决定并完善环评手续，影响了阳宗海水环境的保护，国家和社会公共利益仍处于受侵害状态 | 《行政诉讼法》《环境保护法》《云南省阳宗海保护条例》 | × |

313

续　表

| 序号 | 原告 | 被告 | 时间 | 名称 | 诉由 | 具体诉由 | 适用法律 | 是否产生生态损害后果 |
|---|---|---|---|---|---|---|---|---|
| 65 | 吉林市龙潭区人民检察院 | 吉林市龙潭区乌拉街满族镇人民政府 | 2018年11月28日 | 吉林市龙潭区人民检察院诉吉林市龙潭区乌拉街满族镇人民政府案 | 不履行法定职责 | 乌拉街满族镇人民政府对垃圾堆存场的整治工作不到位,其行政区域内的生态环境被破坏而仍处于持续状态,且经检测,垃圾场土壤受到严重污染,地表水含量高、磷、氨氮、钾 | 《环境保护法》第6条;《城市生活垃圾管理办法》第23条;《行政诉讼法》 | 处理生活垃圾的行为对周边土壤、空气、地表水造成严重的污染 |
| 66 | 汕头市澄海区人民检察院 | 汕头市澄海区水务局 | 2018年6月6日 | 汕头市澄海区人民检察院诉汕头市澄海区水务局案 | 不履行水土保持监管职责 | 澄海区水务局对该矿区多年来水土保持设施未经验收而非法生产的行为没有履行监管职责,经汕头市人民检察院发出检察建议督促后,其仍不履职,致国家和社会公共利益持续处于受损害状态 | 《水土保持法》《水土保持法实施条例》《行政诉讼法》《关于检察公益诉讼案件适用法律若干问题的解释》 | 水土流失、水资源受到破坏、风沙灾害影响生态环境 |
| 67 | 长春市宽城区人民检察院 | 长春市国土资源局 | 2018年12月21日 | 长春市宽城区人民检察院诉长春市国土资源局案 | 不履行土地查处法定职责 | 长春市国土资源局虽然对宽城区金润养殖场的违法行为进行了处罚,并在宽城区金润养殖场未自动履行行政处罚决定时,向人民法院提出强制执行申请,但又未主动采取其他有效的监管措施,致使土地一直处于被非法占用状态,国家和社会公共利益持续受到侵害 | 《国有资源行政处罚办法》《行政处罚法》《行政诉讼法》 | 违法占用土地,破坏耕地 |

续表

| 序号 | 原告 | 被告 | 时间 | 名称 | 诉由 | 具体诉由 | 适用法律 | 是否产生损害后果 |
|---|---|---|---|---|---|---|---|---|
| 68 | 洮南市人民检察院 | 洮南市畜牧业管理局 | 2018年11月29日 | 洮南市人民检察院诉洮南市畜牧业管理局案 | 不履行法定职责 | 洮南市畜牧业管理局虽向洮南市人民检察院作出回复，称案件正在公安机关行政复议处理当中，但经洮南市公安局审查后认为不予立案理由无分，将该案件退回洮南市畜牧业管理局，恢复被破坏的草原植被，恢复履行其行政监管职责，使生态环境处于被破坏的状态 | 《草原法》《行政诉讼法》 | 草原植被严重破坏 |
| 69 | 四平市铁东区人民检察院 | 四平市国土资源局 | 2018年10月12日 | 四平市铁东区人民检察院诉四平市国土资源局案 | 不履行法定职责 | 四平市国土资源局不依法履行监管职责，致使东辽河山门镇山门村六组的基本农田遭到侵害破坏 | 《土地管理法》《基本农田保护条例》《国土资源行政处罚办法》《行政诉讼法》 | 基本农田遭到侵害破坏 |
| 70 | 桦甸市人民检察院 | 桦甸市常山镇人民政府 | 2018年12月24日 | 桦甸市人民检察院诉桦甸市常山镇人民政府案 | 不履行法定职责 | 常山镇人民政府仅对垃圾场进行简单填埋处理，存在不当履职情形，社会公共利益仍然处于持续侵害之中 | 《环境保护法》《生活垃圾填埋污染控制标准》《行政诉讼法》 | 林地植被被破坏，大气污染 |

续表

| 序号 | 原告 | 被告 | 时间 | 名称 | 诉由 | 具体诉由 | 适用法律 | 是否产生损害后果 |
|---|---|---|---|---|---|---|---|---|
| 71 | 延安市宝塔区人民检察院 | 志丹县保安街道办事处 | 2018年11月14日 | 延安市宝塔区人民检察院诉志丹县保安街道办事处案 | 不履行法定职责 | 保安街道办事处并未在法定期限内向志丹县检察院作出书面回复，怠于履行职责 | 《环境保护法》《行政诉讼法》 | 固体废物污染周边生态环境 |
| 72 | 吉林省红石林区人民检察院 | 桦甸市红石砬子镇人民政府 | 2018年12月24日 | 吉林省红石林区人民检察院诉桦甸市红石砬子镇人民政府案 | 不履行法定职责 | 红石砬子镇人民政府未经任何部门审批，对植有林地上的行为，没有进行有效管理整治，违反了上述规定，未尽到监管义务，致使危害隐患依然存在，国家和社会公共利益仍持续处于受侵害状态 | 《环境保护法》《行政诉讼法》 | 森林破坏、水质污染、大气污染 |
| 73 | 宿州市埇桥区人民检察院 | 宿州市埇桥区国土资源局 | 2018年7月17日 | 宿州市埇桥区人民检察院诉宿州市埇桥区国土资源局案 | 怠于履行土地资源管理监督职责 | 宿州市埇桥区国土资源局虽书面回复，却仍未依法履行法定职责，致被压占破坏的耕地未得到复垦，国家利益和社会公共利益仍处于受侵害状态 | 《土地管理法》《土地复垦条例》《关于检察公益诉讼案件适用法律若干问题的解释》《行政诉讼法》 | 耕地破坏 |
| 74 | 新丰县人民检察院 | 新丰县国土资源局 | 2018年12月24日 | 新丰县人民检察院诉新丰县国土资源局案 | 不履行行政强制、行政监督法定职责 | 被告在收到检察机关发出的督促履职的检察建议后，并未全面有效履职，只履行了其中收缴的罚款的职责，更未采取切实可行措施解决该处拆迁建筑同题，致使该场地仍未恢复种植条 | 《土地管理法》《行政处罚决定书》《行政诉讼法》 | 土地硬底化，丧失种植条件 |

续　表

| 序号 | 原告 | 被告 | 时间 | 名称 | 诉由 | 具体诉由 | 适用法律 | 是否产生损害后果 |
|---|---|---|---|---|---|---|---|---|
| 75 | 保康县人民检察院 | 保康县歇马镇人民政府 | 2018 年 6 月 21 日 | 保康县人民检察院诉歇马镇人民政府案 | 不履行行政法定职责 | 件,导致国土资源和社会公共利益受侵害状态持续 | 《环境保护法》《水污染防治法》《行政诉讼法》 | 空气污染、土壤污染 |
| 76 | 兴化市人民检察院 | 兴化市环境保护局 | 2018 年 12 月 24 日 | 兴化市人民检察院诉兴化市环境保护局案 | 未完全履行行政法定职责 | 兴化环境保护局未依照《固体废物污染环境防治法》对危险废物进行妥善处置,检察机关向兴化市环境保护局发出检察建议后,该局未完全履行行政法定职责,严重污染环境,致使国家和社会公共利益仍处于受侵害状态 | 《固体废物污染环境防治法》《行政诉讼法》 | 土壤污染、空气污染 |
| 77 | 安康铁路运输检察院 | 白河县水利局 | 2018 年 10 月 17 日 | 安康铁路运输检察院诉白河县水利局案 | 不履行河道监管法定职责 | 白河县水利局未依法监管、采取有效措施进行查处,在白河县人民检察院发出检察建议书后仍不依法积极履行监管职责,致使国家和社会公共利益持续处于受侵害状态 | 《防洪法》、《水法》第 66 条、《行政诉讼法》第 74 条 | 建筑垃圾严重影响行洪安全和破坏生态环境 |
| 78 | 巴东县人民检察院 | 巴东县国土资源局 | 2018 年 10 月 30 日 | 巴东县人民检察院诉巴东县国土资源局案 | 怠于履行监督管理职责 | 巴东县国土资源局未按照法律规定进行处理,其行为应属违法,致使国家利益和社会公共利益持续受侵害状态 | 《土地管理法》第 66 条第 1 款、《基本农田保护条例》、《行政诉讼法》 | 基本农田被占用 |

续表

| 序号 | 原告 | 被告 | 时间 | 名称 | 诉由 | 具体诉由 | 适用法律 | 是否产生损害后果 |
|---|---|---|---|---|---|---|---|---|
| 79 | 莱州市人民检察院 | 莱州市林业局 | 2018年9月4日 | 莱州市人民检察院诉莱州市林业局案 | 不履行森林资源保护监管法定职责 | 被告怠于履行职责，未责令吴增涛补种树木，导致相应树木未能得到补种，损害了国家利益和社会公共利益 | 《森林法》第4条、《行政诉讼法》第74条第2款第（二）项 | 森林破坏 |
| 80 | 湖北省恩施市人民检察院 | 恩施市国土资源局 | 2018年10月12日 | 湖北省恩施市人民检察院诉恩施市国土资源局案 | 未履行土地行政执法的法定职责 | 恩施市国土资源局怠于履行职责，未对恩施市芭蕉侗族乡杨家湾采石场非法占地，未及时复耕，未恢复矿山地质环境恢复治理及土地复垦行为依法处理，在市检察院发出诉前检察建议后，仍然未按照法律规定履行职责，国家和社会公共利益持续处于受侵害状态 | 《行政诉讼法》第25条第4款 | 地质破坏、林地毁损 |
| 81 | 潢川县人民检察院 | 潢川县卫生和计划生育委员会 | 2018年10月24日 | 潢川县人民检察院诉潢川县卫生和计划生育委员会案 | 不履行监管职责 | 被告潢川县卫生和计划生育委员会合作为卫生行政主管部门，对辖区内的医疗机构不按规定处置医疗废水的违法行为未依法履行监管职责；在检察机关向其送达检察建议书两个月后，被告对辖区内的医疗机构违法排放医疗废水行为没有整改到位，社会公共利益持续处于受侵害状态 | 《水污染防治法》《医疗机构管理条例》《医疗废物管理条例》《行政诉讼法》 | 土壤、水环境均有不同程度的污染 |

续　表

| 序号 | 原告 | 被告 | 时间 | 名称 | 诉由 | 具体诉由 | 适用法律 | 是否产生损害后果 |
|---|---|---|---|---|---|---|---|---|
| 82 | 珲春市人民检察院 | 珲春市林业局 | 2018年10月26日 | 珲春市人民检察院诉珲春市林业局案 | 不履行法定职责 | 行政处罚未对挖掘池塘及其他改变林地用途的行为作出处理，导致2000多平方米林地被改变用途，珲春市林业局始终没有依法履职，导致国家和社会公共利益仍然处于受害状态 | 《行政强制法》第72条，《关于检察公益诉讼案件适用法律若干问题的解释》第25条第1款第（二）项 | 林地破坏 |
| 83 | 吉林市船营区人民检察院 | 吉林市林业局 | 2018年9月29日 | 吉林市船营区人民检察院诉吉林市林业局案 | 不履行法定职责 | 吉林市林业局在检察机关向其发出检察建议后，未依法履行限期恢复林地原状的职责，致使该集体林地地块的服务功能全部丧失，国家和社会公共利益遭受着严重的损害 | 《森林法实施条例》第43条，《行政处罚法》第51条，《行政强制法》，《行政诉讼法》 | 林地破坏 |
| 84 | 吉林省扶余市余市人民检察院 | 扶余市林业局 | 2018年11月2日 | 吉林省扶余市人民检察院诉扶余市林业局案 | 怠于履行法定职责 | 扶余市林业局怠于履行职责，向其发出检察建议后，在一个月内，被告扶余市林业局仍未依法履行职责 | 《森林法实施条例》第42条，《森林法实施条例》第43条《行政诉讼法》 | 森林破坏 |
| 85 | 贵州省余庆县人民检察院 | 余庆县龙家镇人民政府 | 2018年5月15日 | 余庆县人民检察院诉余庆县龙家镇人民政府案 | 违法履行环境管理职责 | 余庆县龙家镇人民政府对处理存在违法行使职权的情况，造成龙家镇光辉村鱼塘湾（万丈坑土遇难园）附近垃圾堆场周边环境污染，国家和社会公共利益受到侵害 | 《环境保护法》第6条第2款、第37条；《行政诉讼法》第74条第2款第（一）项 | 生活垃圾倾倒严重影响周围环境 |

319

续 表

| 序号 | 原告 | 被告 | 时间 | 名称 | 诉由 | 具体诉由 | 适用法律 | 是否产生损害后果 |
|---|---|---|---|---|---|---|---|---|
| 86 | 南京市高淳区人民检察院 | 南京市高淳区农业局 | 2018年5月28日 | 南京市高淳区人民检察院诉南京市高淳区农业局案 | 不履行法定职责 | 高淳区农业局在检察院作出不起诉决定后,一直未对马玉保盗伐林木的行为作出行政处罚;高淳区农业局收到检察建议后,虽对马玉保作出了行政处罚决定,但怠于履行后续监督管理职责,致使国有财产未得到挽回,生态环境资源并未实质性修复,国家和社会公共利益仍处于受侵害状态 | 《森林法》第39条第3款,《最高人民法院关于执行〈中华人民共和国行政诉讼法〉若干问题的解释》第101条第1款第(四)项 | 林木破坏 |
| 87 | 吉林省大安市人民检察院 | 大安市林业局 | 2018年6月25日 | 吉林省大安市人民检察院诉大安市林业局案 | 不履行法定职责 | 大安市林业局在毁林后一直未采取任何措施督促相关责任人恢复林地原状;在检察机关督促履职后,大安市林业局以伐根灭失,无法对滥伐林木的违法行为进行鉴定为由,没有对未经审批擅自采伐林木的行为进行监管,没有采取有效措施履行监督管理职责,对擅自采伐林木的行为不予以处罚,国家和社会公共利益仍处于被侵害的状态 | 《森林法实施条例》、《森林法》、《行政处罚法》第72条、《行政诉讼法》 | 森林破坏 |
| 88 | 马鞍山市花山区人民检察院 | 马鞍山市花山区农业委员会 | 2018年9月27日 | 马鞍山市花山区人民检察院诉马鞍山市花山区农业委员会案 | 怠于履行森林资源保护监管职责 | 花山区农业委员会对晨宇公司擅自倾倒铁石膏侵占林地的违法行为,怠于履行监督管理职责,导致涉案林地被非法占用 | 《森林法》第13条、《森林法实施条例》第43条、《行政诉讼法》 | 林地破坏 |

续　表

| 序号 | 原告 | 被告 | 时间 | 名称 | 诉由 | 具体诉由 | 适用法律 | 是否产生损害后果 |
|---|---|---|---|---|---|---|---|---|
| 89 | 湖北省南漳县人民检察院 | 南漳县九集镇人民政府 | 2018年12月21日 | 湖北省南漳县人民检察院诉南漳县九集镇人民政府案 | 未依法履行农村垃圾治理法定职责 | 九集镇人民政府对该镇县沟村垃圾堆放场未依法履行农村生活垃圾治理职责，持续危害周边生态环境，侵害了国家和社会公共利益 | 《环境保护法》第51条、《固体废物污染环境防治法》第49条、《行政诉讼法》 | 水污染、农田污染 |
| 90 | 天水市秦安县人民检察院 | 天水市秦安县国土资源局 | 2018年11月26日 | 秦安县人民检察院诉秦安县国土资源局案 | 不履行土地资源保护的法定职责 | 被告没有全面履行执法定职责，对清水河流域农用地非法采砂未依法履行监管职责 | 《土地管理法》；《行政诉讼法》第74条第2款第（二）项及第76条 | 农用地种植条件遭到破坏 |
| 91 | 东营市垦利区人民检察院 | 东营市垦利区环境保护局 | 2018年11月9日 | 东营市垦利区人民检察院诉东营市垦利区环境保护局案 | 不履行法定职责 | 垦利区环境保护局对滨海化工公司非法处置危险废物污染行为未依法全面履行职责，致使社会公共利益持续处于受侵害状态 | 《行政诉讼法》、《固体废物污染环境防治法》、《环境行政处罚办法》第17条、《行政诉讼法》第72条 | 土壤污染 |
| 92 | 湖南省通道侗族自治县人民检察院 | 通道侗族自治县国土资源局 | 2018年8月14日 | 通道侗族自治县人民检察院诉通道侗族自治县国土资源局案 | 未依法履行职责 | 通道侗族自治县国土资源局违法审批及未对辖区的矿山尽到日常监管职责，虽在收到检察建议书后作出书面回复，但仍未积极全面履行职责，致使国家利益和社会公共利益仍处于持续受侵害状态 | 《矿产资源法》第3条第2款第3款、《土地复垦条例》《行政诉讼法》 | 地质破坏、林地毁损 |

321

根据 92 个检察院提起环境行政公益诉讼案件的判例及法院判决,法院将《行政诉讼法》所规定的怠于履职及不履行职责解释为狭义的环境保护和自然资源管理部门的履职过失,并且多为未及时进行行政处罚、未及时纠正环境污染行为等。这种狭义解释的怠于履职大多产生损害后果,而损害后果的直接责任人并非环境保护和自然资源管理部门,而是污染企业。这种狭义解释使检察院提起环境行政公益诉讼的价值目标较为单一,不能够真正实现该诉讼类型的实质价值。

## 第四节　环境控权的司法救济：环境公益诉讼的功能转变

我国环境公益诉讼多以事后救济为主,以损害赔偿为主要的救济方式,这并不利于环境立法目标和国家环境政策的实现,更不能够实现环境控权的司法救济。环境控权的司法救济应当提升环境公益诉讼的功能,发挥环境公益诉讼预防性救济功能。

### 一、我国环境公益诉讼预防性救济功能实现的阻却因素

我国环境公益诉讼无论从司法实践上还是从理论研究上,都对环境公益诉讼预防性救济功能持忽视的态度。

#### (一) 理论界对环境公益诉讼研究的阻却因素

在中国知网检索以"环境公益诉讼"为关键词的 2014—2017 年的论文,达数千篇,硕博论文共计 600 余篇。从研究视角看,环境公益诉讼的研究论文之研究范围更加广泛与深入。与 2014 年之前的研究论文不同的是,近几年对环境公益诉讼制度的研究,从之前重点研究原告起诉资格拓展到环境公益诉讼制度的方方面面,主要包括对环境公益诉讼制度的结构模式研究[1]与程序规则研究[2]、环保组织作为原告的单一化研究、检察院起诉资格及问题研究、公民提起环境公益诉讼探讨等。从研究方法上看,研究方法更为丰富,从早期的说理性研究逐渐转变到实证研究、判例样本分析[3]、

---

① 杜群:《我国环境公益诉讼单一模式及比较视域下的反思》,载《法律适用》,2016 年第 1 期。
② 周珂:《论环境民事公益诉讼案件程序与实体法律的衔接》,载《黑龙江社会科学》,2017 年第 2 期。陈海嵩:《环境民事公益诉讼程序规则的争议与完善》,载《政法论丛》,2017 年第 3 期。张旭东:《预防性环境民事公益诉讼程序规则思考》,载《法律科学》,2017 年第 4 期。
③ 巩固:《2015 年中国环境民事公益诉讼的实证分析》,载《法学》,2016 年第 9 期。

个案分析[①]、立法理论深化[②]等各种研究方法。比较研究也从早期的美国公民诉讼、德国环境公益诉讼等发达国家的立法例拓展到印度、巴西、南非等国家环境公益诉讼的研究。

　　大量的环境公益诉讼研究在不断积累的理论和反思中，已经开始从环境民事公益诉讼的具体规则、公益、生态损害及环境行政公益诉讼入手，探究环境公益诉讼的本源意义，试图弥补已经普遍实施的环境民事公益诉讼之缺陷。从环境公益诉讼功能与价值的角度来思考，或许更能够接近环境公益诉讼的本源意义。诚然，在诸多的理论研究中，有对环境公益诉讼功能的反思，也有对当前环境民事公益诉讼功能局限的思考，但环境公益诉讼的预防性救济功能应当是一个关键问题，我国理论界对这一问题的偏差表现在：

　　1. 注重对损害结果填补的研究，忽视对损害行为的研究

　　近几年的研究成果中，不乏对"公益诉讼"这一概念的研究，但是大多在结论中只关注公共利益受到损害后的填补性救济问题，忽略了如何通过制度设计来阻止损害环境公共利益的行为发生或继续存在。例如，有学者曾对环境社会公共利益作出分析并指出，无论对环境社会公共利益采取公众共享环境公共利益还是不特定多数人享有环境利益的解释，都难以使其获得民事法律救济。[③] 也有学者在分析生态环境损害赔偿制度时指出，生态环境损害赔偿制度应当与《民事诉讼法》等现行法律法规相衔接，其研究视角也是将生态环境损害赔偿制度与环境民事救济捆绑于一体。[④] 还有学者通过"塔斯曼海号"油轮的漏油事件，分析了实质性环境公共利益损害的独立存在，并以环境民事公益损害的救济必要作为立论。[⑤] 这一观点表明，学者在分析"环境公共利益"这一概念时，预设的公共利益救济是通过

---

① 吕忠梅：《环境司法理性不能止于"天价"赔偿：泰州环境公益诉讼案评析》，载《中国法学》，2016 年第 3 期。张挥：《论环境民事公益诉讼裁判的执行——"天价"环境公益诉讼案件的后续关注》，载《法学论坛》，2016 年第 5 期。

② 王曦：《论环境公益诉讼制度的立法顺序》，载《清华法学》，2016 年第 6 期。湛中乐：《环境行政公益诉讼的发展路径》，载《国家检察官学院学报》，2017 年第 2 期。徐祥民、宋福敏：《建立中国环境公益诉讼制度的理论准备》，载《中国人口·资源与环境》，2016 年第 7 期。罗丽：《我国环境公益诉讼制度的建构问题与解决对策》，载《中国法学》，2017 年第 3 期。王明远：《论我国环境公益诉讼的发展方向：基于行政权与司法权关系理论的分析》，载《中国法学》，2016 第 1 期。

③ 周珂：《论环境民事公益诉讼案件程序与实体法律的衔接》，载《黑龙江社会科学》，2017 年第 2 期。

④ 程多威、王灿发：《论生态环境损害赔偿制度与环境公益诉讼的衔接》，载《环境保护》，2016 年第 2 期。

⑤ 竺效：《论环境民事公益诉讼救济的实体公益》，载《中国人民大学学报》，2016 年第 2 期。

民事法律救济展开的,而民事法律救济往往是事后填补性的损害救济。又如,有学者曾提出环境诉讼保护利益三分论,即私人利益、环境公益和国家公益,并指出三者之间相互构成阻却利益实现因素,最终提出环境公益诉讼是兼具三者之交错利益的存在模式。① 这一分析也是以利益的事后救济结果为视角展开的。此外,有学者通过对个案或群案的实证分析,对环境民事公益诉讼的事实认定与因果关系推定、损害后果的救济方式等进行了详细分析。② 这类研究的视角也是对事后损害性救济进行了详细分析,对环境民事公益诉讼进行了系统化的理论研究,却忽视了环境公益诉讼的预防性救济功能。

之所以理论界会重视对环境公益诉讼中的损害结果、因果关系及救济方法的研究,有两方面的原因:一是因为我国确立环境公益诉讼的法律和司法解释主要是《民事诉讼法》《环境保护法》及最高人民法院《关于审理环境民事公益诉讼案件适用法律若干问题的解释》,这就不可避免地将理论界对环境公益诉讼的研究引导向以民事法律关系为调整对象的环境公益诉讼。二是因为我国环境公益诉讼的研究受侵权法理论影响很深。③ 自《民事诉讼法》修改以来,环境公益诉讼发挥了调整民事法律关系当事人因环境污染或环境损害而产生的纠纷之功能,为理论界的研究增加了很多第一手的研究资料。这些案件的判决大多依据《民法典》和《民事诉讼法》,仅仅在涉及原告起诉资格问题时援引《环境保护法》第 55 条关于环保组织提起环境公益诉讼的规定,在判决思路上也是如此,这就难免使得理论界的研究更多地依靠侵权法理论。显然,侵权法理论最为强调的,是损害结果和填补性的救济方式。

2. 重视二元论的研究范式,忽视环境公益诉讼的整体性功能研究

近几年,理论界对环境公益诉讼的研究倾向于二元结构的划分,即以环境公益诉讼的被告作为划分标准,将环境公益诉讼分为环境民事公益诉讼和环境行政公益诉讼。以这一类型化为基础,对环境民事公益诉讼倾向于细节化的解释论研究,对环境行政公益诉讼倾向于构建性的立法论研究。学者们对环境公益诉讼进行二元结构化研究时,似乎环境民事公益诉

---

① 肖建国:《利益交错中的环境公益诉讼的原理》,载《中国人民大学学报》,2016 年第 2 期。
② 吕忠梅:《环境司法理性不能止于"天价"赔偿:泰州环境公益诉讼案评析》,载《中国法学》,2016 年第 3 期。巩固:《2015 年中国环境民事公益诉讼的实证分析》,载《法学》,2016 第 9 期。
③ 陈海嵩:《境民事公益诉讼程序规则的争议与完善》,载《政法论丛》,2017 年第 3 期。巩固:《2015 年中国环境民事公益诉讼的实证分析》,载《法学》,2016 年第 9 期。吕忠梅:《环境司法理性不能止于"天价"赔偿:泰州环境公益诉讼案评析》,载《中国法学》,2016 年第 3 期。

讼和环境行政公益诉讼就可以涵盖环境公益诉讼的全部内涵与外延。有学者认为，环境行政公益诉讼是行政诉讼的一种特殊形式。[①] 研究环境民事公益诉讼的学者则把环境民事公益诉讼视为基于侵权法律关系的民事诉讼的特殊形式。[②] 这就使得学者分别研究环境民事公益诉讼和环境行政公益诉讼，或者在研究中所使用的环境公益诉讼之概念指向不明晰，从而导致了理论界对环境公益诉讼制度的整体化研究较少，进而忽略了环境公益诉讼本身的价值与功能。理论界将环境民事公益诉讼和环境行政公益诉讼分别作为民事诉讼与行政诉讼的一种特殊诉讼形式，其研究视角自然倾向于对已造成环境损害或生态损害的救济，对环境公益诉讼阻止或停止环境损害行为本身之预防性救济功能探讨不足。[③]

　　基于这样的二元结构研究范式，在认识到环境公益诉讼的预防性功能的学者之观点中，环境公益诉讼预防性功能的实现指向了环境行政公益诉讼的构建。[④] 与此同时，对环境公益诉讼的研究进入了几个误区：第一是以环境公益诉讼被告作为分类标准，并且将检察院针对生态环境部门所提起的公益诉讼作为环境行政公益诉讼的实践。此类诉讼大多针对的是已造成一定环境损害结果的生态环境部门的不作为行为，而非督促生态环境部门积极履职，通过行政命令阻止或停止环境损害行为。二者的区别在于，前者以实际环境损害结果为诉因，后者以环境损害行为的发生为诉因，不强调损害结果。第二是注意到环境公益诉讼的学者，过分强调环境公益诉讼中，环保组织所起到的私人执法之作用。这一思想来源于美国公民诉讼的私人检察官理论。该理论认为，公民提起环境公益诉讼，应在诉前通

---

① 湛中乐：《环境行政公益诉讼的发展路径》，载《国家检察官学院学报》，2017 年第 2 期。
② 陈海嵩：《环境民事公益诉讼程序规则的争议与完善》，载《政法论丛》，2017 年第 3 期。巩固：《2015 年中国环境民事公益诉讼的实证分析》，载《法学》，2016 年第 9 期。吕忠梅：《环境司法理性不能止于"天价"赔偿：泰州环境公益诉讼案评析》，载《中国法学》，2016 年第 3 期。
③ 也有学者认识到了环境公益诉讼的预防性救济功能，并有一定的探讨，只是在解决方案和结论上有待深化。吴凯杰：《论预防性环境公益诉讼》，载《理论与改革》，2017 年第 3 期。张旭东：《预防性环境民事公益诉讼程序规则思考》，载《法律科学》，2017 年第 4 期。
④ 湛中乐：《环境行政公益诉讼的发展路径》，载《国家检察官学院学报》，2017 年第 2 期。李劲：《环境公共利益司法保护的现实考量与进路——以环境公益诉讼为切入点》，载《法学论坛》，2017 年第 2 期。罗丽：《我国环境公益诉讼制度的建构问题与解决对策》，载《中国法学》，2017 年第 3 期。张忠民：《环境公益诉讼被告的局限及其克服》，载《环球法律评论》，2016 年第 5 期。王曦：《论环境公益诉讼制度的立法顺序》，载《清华法学》，2016 年第 6 期。孙茜：《我国环境公益诉讼制度的司法实践与反思》，载《法律适用》，2016 年第 7 期。张旭东：《预防性环境民事公益诉讼程序规则思考》，载《法律科学》，2017 第 4 期。杜群：《我国环境公益诉讼单一模式及比较视域下的反思》，载《法律适用》，2016 年第 1 期。侯佳儒：《环境公益诉讼的美国蓝本与中国借鉴》，载《交大法学》，2015 年第 4 期。

知行政机关并要求行政机关履职,如果行政机关不履职,那么公民可以通过提起诉讼,要求司法权介入。由此,公民便借助司法权,代为行使生态环境部门的环境监督职能。基于这一理论及当今美国行政法的经典理论(如控制司法权过度干预行政权的理论),对环境公益诉讼的研究便开始关注环境组织所发挥的私人执法作用的正当性、司法权对行政权介入合理性等问题。这些研究在研究过程和结论上,忽略了我国环境公益诉讼制度实践的初级阶段这一基本现实,以及环境公益诉讼的功能和价值这一本源问题。第三是客观割裂了环境民事公益诉讼和环境行政公益诉讼的同源性,以侵权法理论和行政法理论两种完全不同的理论对环境公益诉讼展开研究。如此一来,环境公益诉讼的唯一不同之处便在于,提起诉讼的主体是具有公益性的环保组织。环境民事公益诉讼如果以侵权法为理论基础,必然无法避免对环境损害结果、环境损害行为及二者直接因果关系的构成要件分析,以及对侵权结果的货币化赔偿的救济方式。环境公益诉讼制度所起到的作用无非是排除因果关系的构成要件,确认环保组织的原告资格。环境行政公益诉讼如果以行政法理论为基础,那么始终无法避免的问题便是原告起诉资格、原告与行政机构行政行为的相对性问题、行政机构行为违法性及因果关系问题。如果根据有些学者所提出的,《行政诉讼法》确立环境公益诉讼制度,那么其存在的意义也变成了确认原告起诉资格,以及排除原告与行政机构行政行为的相对性要件。然而,这些并不是环境公益诉讼存在的应然性价值。环境公益诉讼应当是通过阻止或停止准备进行、已经进行、进行完成的环境损害行为来实现其预防性救济功能,最终达到风险预防的法律效果。换言之,环境公益诉讼之公益并不以原告起诉资格作为表现形式,而应当是以其诉因和救济方式作为体现。

### (二) 司法实践对环境公益诉讼制度的阻却

#### 1. 自下而上的形成模式带来司法观念上的阻却

我国环境公益诉讼是由司法实践推动国家政策改变,最终实现立法上的确认,并以立法为时间节点,开始新一轮的环境公益诉讼的司法实践。这种自下而上的形成模式决定了我国环境公益诉讼更加关注环境损害结果的救济,而不是预防性救济。自下而上的形成模式使得环境公益诉讼最早是以具有公益性的起诉主体来解决实际的环境损害为目标的。学界普遍认为,在法律法规层面上,环境公益诉讼制度始于 2005 年《国务院关于落实科学发展观加强环境保护的决定》所提出的"要推动环境公益诉讼"。① 我国环境公益诉讼制度的发展是一个自下而上的过程,这一过程主要反映在司法实践与地方试点两个方面。从司法实践看,在1999 年的黑龙江省鸡西市梨树区人民政府诉鸡西市化工局、沈阳冶炼厂环境污染纠纷案中,最高人民法院在复函中赋予了鸡西市人民政府原告资格,这一复函被认为是环境公益诉讼的最早实践。② 2003 年的乐陵市检察院诉金鑫化工厂案被认为是检察院提起公益诉讼的一个开端。③也有学者认为,2007 年的贵阳市"两湖一库"管理局诉贵州天峰化工有限责任公司案是出现较早的环境公益诉讼。④ 从地方试点看,2005 年之后,昆明市、贵阳市、无锡市等地方发布相关地方性法规试点环境公益诉讼,并规定检察院、地方环境管理局和环保公益组织具有起诉资格。⑤ 从时间节点上看,2005—2014 年是自发性的环境公益诉讼时期,全国法院受理环境公益诉讼案件共 65 件。⑥ 这一时期,环境公益诉讼制度的争议主要集中在其"无法可依"的问题,以及具体司法实践所暴露出的与相应的诉讼制度不协调等问题。这些所谓的环境公益诉讼案件,主要是起诉主体具有公益性,但是所针对的纠纷仍然是具有环境损害事实的环境污染纠纷。

2. 中国环境公益诉讼大多以侵权法理论为基础

环境公益诉讼制度近几年的适用范围越来越广泛。从环境公益诉讼的司法实践看,环境公益诉讼案件始终受到民事侵权法律关系构成要件的理论影响,这也就决定了在责任认定上始终是填补性的损害赔偿。因此,在司法实践中,环境公益诉讼的功能主要体现在填补性的事后救济功能。基于侵权法理论基础,我国环境公益诉讼的司法实践主要是对已成事实的环境污染行为的责任追究,以及对环境损害或生态损害的货币化填补与赔

① 王明远:《论我国环境公益诉讼的发展方向:基于行政权与司法权关系理论的分析》,载《中国法学》,2016 第 1 期。杜群:《我国环境公益诉讼单一模式及比较视域下的反思》,载《法律适用》,2016 年第 1 期。颜运秋:《环境公益诉讼两造结构模式研究》,载《江西社会科学》,2017年第 2 期。

② 杜群:《我国环境公益诉讼单一模式及比较视域下的反思》,载《法律适用》,2016 年第 1 期。

③ 同上。

④ 王明远:《论我国环境公益诉讼的发展方向:基于行政权与司法权关系理论的分析》,载《中国法学》,2016 第 1 期。

⑤ 王明远:《论我国环境公益诉讼的发展方向:基于行政权与司法权关系理论的分析》,载《中国法学》,2016 第 1 期。杜群:《我国环境公益诉讼单一模式及比较视域下的反思》,载《法律适用》,2016 年第 1 期。颜运秋:《环境公益诉讼两造结构模式研究》,载《江西社会科学》,2017年第 2 期。

⑥ 孙茜:《我国环境公益诉讼制度的司法实践与反思》,载《法律适用》,2016 年第 7 期。

偿。2012年《民事诉讼法》第55条确立了民事公益诉讼制度,2014年《环境保护法》第58条确立了环境公益诉讼制度,这是我国环境公益诉讼制度的一个新起点。根据最高人民法院在《中国环境司法发展报告(2015—2017)》新闻发布会上公布的数据,2016年7月至2017年6月,全国各级人民法院共受理社会组织提起的环境民事公益诉讼案件57件,审结13件;各试点地区人民法院共受理检察机关提起的环境民事公益诉讼案件791件,审结381件。①

在中国裁判文书网以"环境公益诉讼"为关键词,能够搜索到大约50个判决书,时间在2012—2017年,以2016年和2017年较为集中。其中,环保组织提起的环境公益诉讼18个,检察院提起针对公民或企业的环境公益诉讼11个,检察院提起针对行政机关的环境公益诉讼10个,其他在环境污染纠纷案件中提及的环境公益诉讼10个。这些案件普遍运用侵权法理论进行法律推理和法律论证,主要体现在以下三点:(1)对被告的环境损害行为与环境损害结果进行论证;(2)以货币化赔偿的量化方法对环境损害结果进行评估,以此作为被告承担环境责任的主要方式;(3)选择的适用法律中,除了检察院提起的针对行政机关的环境公益诉讼外,都对与侵权责任相关的条款进行了解释与适用。例如,在北京市朝阳区自然之友环境研究所、福建省绿家园环境友好中心与谢知锦等环境污染纠纷案中,被告谢知锦、倪明香、郑时姜非法采矿造成林地原有植被严重毁坏。原告委托北京中林资产评估有限公司作出的评估报告是本案主要证据之一。该评估报告指出,生态修复项目的总费用在评估基准日的价值为110.19万元;价值损害即生态环境受到损害至恢复原状期间服务功能损失为134万元,其中损毁林木价值5万元,推迟林木正常成熟的损失价值2万元,植被破坏导致碳释放的生态损失价值、森林植被破坏期生态服务价值、森林恢复期生态服务价值127万元。最终,法院认定了被破坏导致碳释放的生态损失价值、森林植被破坏期生态服务价值、森林恢复期生态服务价值合计127万元属于生态公共服务功能的损失价值。

---

① 根据我国主要的全国性环境保护组织自然之友在其博客上发布的统计数据,2015—2016年,全国法院共受理社会组织和试点地区检察机关提起的环境公益诉讼一审案件189件(其中由社会组织提起的112件)、审结73件,受理二审案件11件并全部审结。其中,环境民事公益诉讼一审案件137件,环境行政公益诉讼一审案件51件,行政附带民事公益诉讼一审案件1件。

| 案件名称 | 是否有环境损害结果 | 诉讼请求 | 是否适用侵权责任条款 |
|---|---|---|---|
| 常州市环境公益协会诉储卫清、博世尔公司、金科公司、翔悦公司、精炼公司案 | 是 | 承担整治、修复被破坏环境的所有费用 | 是 |
| 镇江市生态环境公益保护协会诉江苏尊龙光学有限公司、优立光学有限公司环境污染责任纠纷案 | 是 | 承担整治、修复被破坏环境的所有费用 | 是 |
| 连云港市赣榆区环境保护协会诉顾绍成环境污染损害赔偿案 | 是 | 赔偿整治河流的费用 | 是 |
| 中华环保联合会诉宜兴市江山生物制剂有限公司水污染责任纠纷案 | 是 | 环境整改 | 是 |
| 中华环保联合会诉胡展开水污染责任纠纷案 | 是 | 承担环境生态修复费用 | 是 |
| 恩施自治州建始磺长坪矿业有限责任公司诉重庆市绿色志愿者联合会环境污染公益诉讼纠纷案 | 是 | 停止侵害、赔偿损失、赔礼道歉 | 是 |
| 中国生物多样性保护与绿色发展基金会诉卜宪果、卜宪全、卜宣传环境污染公益诉讼案 | 是 | 停止侵害、承担环境修复费用 | 是 |
| 中国生物多样性保护与绿色发展基金会诉刘铁山环境污染公益案 | 是 | 停止侵害、承担环境修复费用 | 是 |
| 广东省环境保护基金会诉焦云水污染责任民事环境公益诉讼案 | 是 | 停止侵害、承担环境修复费用 | 是 |
| 中华环境保护基金会诉中国石化集团南京化学工业有限公司环境民事公益诉讼案 | 是 | 停止侵害、承担环境修复费用 | 是 |
| 江苏省常州市人民检察院诉许建惠、许玉仙环境公益诉讼纠纷案 | 是 | 停止侵害、承担环境修复费用 | 是 |
| 荆州市沙市区人民检察院诉刘良福水污染责任纠纷案 | 是 | 停止侵害、承担环境修复费用 | 是 |
| 中华环保联合会诉德州振华有限公司大气污染案 | 是 | 赔偿损失、停止侵害、赔礼道歉 | 是 |
| 北京自然之友环境研究所诉山东金岭化工大气污染案 | 是 | 停止侵害、赔偿损失 | 是 |

| 案件名称 | 是否有环境损害结果 | 诉讼请求 | 是否适用侵权责任条款 |
|---|---|---|---|
| 徐州市人民检察院诉徐州鸿顺造纸有限公司案 | 是 | 承担环境损害责任、损失赔偿责任 | 是 |
| 益阳市环境与资源保护志愿者协会与湖南林源纸业有限公司环境污染责任纠纷案 | 是 | 承担环境损害责任、损失赔偿责任 | 是 |
| 云南省宜良县国土资源局环境纠纷案 | 是 | 承担环境损害责任、损失赔偿责任 | 是 |
| 北京市朝阳区自然之友环境研究所、福建省绿家园环境友好中心诉谢知锦等环境污染纠纷案 | 是 | 承担环境损害责任、损失赔偿责任 | 是 |
| 北京市朝阳区自然之友环境研究所、中国生物多样性保护与绿色发展基金会诉江苏常隆化工有限公司等环境污染纠纷案 | 是 | 承担环境损害责任、损失赔偿责任 | 是 |

3. 我国检察院提起的环境公益诉讼多与环境刑事犯罪案件相关

在 50 个环境公益诉讼的判例中,检察院提起针对公民或企业的环境公益诉讼 11 个,检察院提起针对行政机关的环境公益诉讼 10 个。其中,检察院提起针对公民或企业的环境公益诉讼大多是与环境刑事案件相关的,且往往都是在环境刑事案件判决后另行起诉。并且,这些案件在另行起诉后,也都适用了侵权责任条款。例如,在荆州市沙市区人民检察院与被告刘良福水污染责任纠纷案中,湖北省荆州市沙市区人民法院于 2016 年 1 月 22 日作出的(2015)鄂沙市刑初字第 00457 号生效刑事判决认定,2014 年 6 月至 2015 年 5 月 13 日,刘良福在未取得工商营业执照和环保行政许可证,未向环保部门办理建设项目环境影响评价文件报批手续,没有安装建设废水污染物防治配套设施的情况下,在荆州市荆州经济开发区胜利村八组 98 号房屋擅自开办金属电镀表面处理加工厂,并将金属电镀加工过程中产生的电镀废液未经任何处理直接排放到该加工厂北侧路边的沟渠中。本案中,法院认为,被告刘良福违反法律规定,对电镀废液未经处理就非法排放,从而污染环境并造成公共环境损害的事实清楚,应依法承担侵权的民事责任,对沙市区人民检察院作为公益诉讼人起诉判令刘良福赔偿损失及承担合理费用的诉讼请求予以支持。

还有一种环境公益诉讼案件,虽然起诉的原告不是检察院,但是其本身也是刑事犯罪案件。例如，在重庆市人民政府、重庆两江志愿服务发展中心与重庆藏金阁物业管理有限公司环境污染责任纠纷案中，重庆市渝北区人民检察院在此案之前向重庆市渝北区人民法院提起公诉，指控首旭公司承接藏金阁公司电镀废水处理委托运行项目，非法将未按程序处理达标的电镀废水直接排放至外环境，首旭公司、程龙（首旭公司法定代表人）等构成污染环境罪，应依法追究刑事责任。本案中，法院认为，重庆市人民政府依据《中共中央办公厅国务院办公厅关于印发的通知》（中办发〔2015〕57 号），有权提起生态环境损害赔偿诉讼，重庆两江志愿服务发展中心具备合法的环境公益诉讼主体资格，原告的诉讼主体资格均不存疑义。

| 案件名称 | 是否涉及刑事犯罪且已有判决 | 是否适用侵权责任条款 |
|---|---|---|
| 重庆市人民政府、重庆两江志愿服务发展中心与重庆藏金阁物业管理有限公司环境污染责任纠纷案 | 是 | 是 |
| 鲍德萍、王常山环境污染责任纠纷案 | 是 | 是 |
| 荆州市沙市区人民检察院与被告刘良福水污染责任纠纷案 | 是 | 是 |
| 刘志军、薛青文污染环境案 | 是 | 是 |
| 陆某某污染环境案 | 是 | 是 |
| 许建惠、许玉仙案 | 是 | 是 |
| 云南省宜良县国土资源局起诉并由云南省宜良县人民检察院支持起诉环境污染责任纠纷案 | 是 | 是 |
| 钟祥市丰登化工厂土壤污染责任纠纷案 | 是 | 是 |
| 北京市朝阳区自然之友环境研究所、福建省绿家园环境友好中心与谢知锦等环境污染纠纷案 | 是 | 是 |

4. 检察院提起的针对行政机关的环境公益诉讼多为行政不作为的情形

在检察院提起的针对行政机关的环境公益诉讼中，大多是要求行政机关履行法定职责的行政不作为之诉，虽然不适用与侵权责任相关的条款，也不以损害结果为证据，但是这类针对行政机关的诉讼之适用范围及所针对之事实都是比较狭窄的。

| 案件名称 | 纠纷类型 | 诉讼请求 |
|---|---|---|
| 十堰市郧阳区人民检察院诉林业局案 | 行政不作为 | 履行行政执行法定职责 |
| 内蒙古自治区苏尼特左旗人民检察院诉生态保护局案 | 行政不作为 | 履行行政执行法定职责 |
| 册亨县人民检察院诉环保局行政不作为行政公益诉讼案 | 行政不作为 | 履行行政执行法定职责 |
| 敖汉旗人民检察院诉林业局案 | 行政不作为 | 履行行政执行法定职责 |
| 新城区检察院诉蓝田县国土资源局不履行法定职责案 | 行政不作为 | 履行行政执行法定职责 |

## 二、我国环境公益诉讼预防性救济功能的实现

我国环境公益诉讼制度处于发展的初级阶段,但是就未来的发展趋势和功能实现而言,我国环境公益诉讼的预防性救济功能实现是必然选择,这就需要在司法实践中直接解释和适用《环境保护法》、调整司法救济认定的标准及救济方式,以及在理论上理顺环境公益诉讼的定位。那么,这里就需要明确三个问题:(1)《环境保护法》关于环境公益诉讼的规定与《民事诉讼法》《行政诉讼法》是否有冲突?(2)如何通过《环境保护法》的解释与适用来实现环境公益诉讼的预防性救济功能?(3)怎样对环境公益诉讼制度进行一个更为明确和清晰的定位?

### (一) 在环境公益诉讼案件中直接适用《环境保护法》

2012年《民事诉讼法》第58条规定:"对污染环境、侵害众多消费者合法权益等损害社会公共利益的行为,法律规定的机构和有关组织可以向人民法院提起诉讼。"2014年《环境保护法》第58条规定:"对污染环境、破坏生态,损害社会公共利益的行为,符合法定条件的社会组织可以向人民法院提起诉讼。"2015年,全国人大常委会通过了《关于授权最高人民检察院在部分地区开展公益诉讼试点工作的决定(草案)》;2014年,最高人民法院、民政部、生态环境部下发了《关于贯彻实施环境民事公益诉讼制度的通知》;2015年,最高人民法院下发了《关于审理环境民事公益诉讼案件适用法律若干问题的解释》。

在法律适用方面,通过对2016—2017年主要的环境公益诉讼案件裁判文书的分析,我国目前环境公益诉讼适用的法条包括两个方面:涉及民事法律关系的环境公益诉讼主要依据《民法典》来确认环境污染损害行为

的侵权之债,依据《民事诉讼法》和《环境保护法》来确认环境公益诉讼的原告资格;涉及环境机构的环境公益诉讼,由于《行政诉讼法》并没有明确规定公益诉讼制度,因此主要依据 2015 年全国人大的决定,由检察院提起环境公益诉讼,并且这类案件往往是由环境污染或资源破坏的刑事案件所引发。如前文所述,当前的法律适用是聚焦在环境损害的事后救济。那么,如何通过法律解释,将环境公益诉讼的预防性救济功能释放出来呢? 笔者认为,司法机构对《环境保护法》的直接解释和适用更为重要,而不是依赖于《民法典》《民事诉讼法》或《行政诉讼法》。只有这样,才能够使环境公益诉讼不再拘泥于已有的环境损失结果,从而发挥出阻止或停止将要进行、正在进行、已经进行的环境损害行为之预防性救济功能。

从法律效力层级上看,《民事诉讼法》和《行政诉讼法》是上位法。对于法律适用原则而言,只要下位法没有与上位法冲突,那么就可以遵循特别法优于一般法的原则,从而在涉及环境污染与环境损害的案件时,直接适用《环境保护法》。

**(二)《环境保护法》的解释与适用方法**

如果司法实践中直接解释和适用《环境保护法》,那么就要对《环境保护法》的解释方法、司法救济的认定标准及司法救济方法进行进一步阐释。

从《环境保护法》的解释方法看,《环境保护法》本身的解释和适用可以实现环境公益诉讼的预防性功能,也就是通过提起环境公益诉讼,阻止或停止准备进行、已经进行的环境损害行为,无论这种行为的实施者是企业还是行政机关。从目的解释上看,《环境保护法》具有预防性的救济目的。《环境保护法》第 1 条规定:"为保护和改善环境,防治污染和其他公害,保障公众健康,推进生态文明建设,促进经济社会可持续发展,制定本法。"这说明立法机关是从防治污染、生态文明建设及可持续发展的角度来制定《环境保护法》的,这便体现了《环境保护法》的预防性目的。从法律原则上则更为明显,《环境保护法》第 5 条规定:"环境保护坚持保护优先、预防为主、综合治理、公众参与、损害担责的原则。"显然,损害担责是排在保护优先、预防为主等原则之后的,足见《环境保护法》的预防性目的。从文义解释上看,《环境保护法》所规定的环境公益诉讼、《民事诉讼法》所规定的公益诉讼、《行政诉讼法》所规定的行政诉讼之起诉条件都是针对行为及其预防性的救济方式,而不是针对结果及其填补的救济方式。《环境保护法》第58 条关于环境公益诉讼制度的规定,并没有加入"造成损害的"这样的表述,而是针对环境损害行为,符合法定条件的环境保护组织都可以提起环境公益诉讼。同时,《民事诉讼法》的公益诉讼规定也是如此,只是针对行为,而不强调损害结果。

从司法救济的认定标准看,结合我国当前的环境污染的基本国情,不能够否定环境公益诉讼对环境损害结果的填补性救济。但是,对于环境公益诉讼案件的受案范围,需要从权益损害的事后救济之诉转为对损害行为的预防性救济之诉,从而将阻止或停止环境损害行为的环境公益诉讼纳入环境公益诉讼的范畴之中。

从救济方法上看,也就是从环境公益诉讼被告的责任承担方式上看,应当将现行的生态修复补偿金、生态损害赔偿金等救济方式作为补充,以法院发布禁止令作为主要的救济方法。这种禁止令可以是对企业发出的,也可以是对行政机关发出的。针对企业发出的禁止令,可以直接针对违反《环境保护法》及相应的环境法律规定的环境保护行为、措施,以及正在进行、已经完成的环境污染行为。针对行政机关发出的禁止令,可以依据《行政诉讼法》《行政许可法》《环境保护法》《环境影响评价法》等法律法规,针对怠于履职或履职不到位的环境保护机构,以及具体行政行为可能或已经影响环境的其他行政机关。对于违反《环境保护法》所规定的信息公开制度、环境影响评价制度及公众参与制度的行为,法院可以通过发布禁止令的方式,要求企业或行政机关采取相应措施。

## 三、对当前环境公益诉讼理论的两个回应

显然,环境公益诉讼的预防性救济功能之必要性已经毫无疑问,实现环境公益诉讼的预防性救济功能主要是通过司法权的介入来阻止或停止正在进行、已经进行的环境损害行为,具体实现方式是对《环境保护法》的直接解释与适用。那么,这里需要回应两个理论上的疑问:一是这一观点怎样解释有学者提出的司法权基于环境公益诉讼,对行政权过度介入与干预的问题? 二是如何再次界定环境公益诉讼的二元化划分?

一方面,在环境公益诉讼中,针对司法权与行政权的关系这一问题,笔者认为,应当回归我国现实国情来认识。我国环境公益诉讼处于刚刚起步阶段,从立法到司法案件量激增不过短短几年的时间,还着实谈不上司法权对行政权的过度干预。并且,大量的司法判例证明,涉及民事法律关系的环境公益诉讼案件与环境侵权案件的主要区别,仅仅是原告(环保组织或检察院)的不同所导致的侵权法律关系构成要件发生了变化,这些环境公益诉讼案件尚谈不上真正实现了环境公益诉讼的应然性价值与功能。涉及行政机关的环境公益诉讼,原告多为检察院,被告多为地方生态环境部门,这距离真正通过环境公益诉讼的方式来约束和监督行政机关作出可

持续发展的行政决策与行政行为之目标还非常远，与实现环境公益诉讼的真正价值也相去甚远。应当讲，环境公益诉讼预防性救济功能的实现与环境行政权和其他行政决策权的行使并不矛盾。第一，通过直接解释和适用《环境保护法》，可以使司法权与行政权形成互补和制约。针对企业的环境损害行为，司法权的介入便是对环境行政执法的有效补充；针对行政机关的环境损害行为，司法权的介入又对环境行政权及其他可能影响或正在损害环境的行政行为形成一种制衡。第二，域外环境公益诉讼判例中的丰富经验告诉我们，法院在环境公益诉讼中的作用是对某种正在进行的环境损害行为加以阻止，以及对行政机关在决策中进行环境考量的形式加以审查，而非以货币性罚款或实质性审查行政决策作为行使司法权的核心。这就从客观上与环境行政机关的行政处罚相区分，也与行政机关进行行政决策相区别。

　　另一方面，针对环境公益诉讼的理论定位，笔者认为，绝对化的二元划分并不利于环境公益诉讼真正的功能和价值之实现，也不利于理论界对这一问题之深入探究。最为重要的是，二元化的分类方法重在强调环境公益诉讼的损害救济功能，而不是预防性救济功能。因此，有三种可能的方案可以对环境公益诉讼进行更为合理的分类。（1）根据环境公益诉讼所适用的实体法进行划分。如前文所述，环境公益诉讼应当直接解释和适用《环境保护法》。但是，显然，现阶段不可能完全摒弃适用侵权责任条款的具有一定公益性质的环境民事诉讼。同时，依据《行政诉讼法》，由检察院提起的以行政机关为被告的环境行政诉讼也存在。那么，可以依据所适用的实体法，将适用侵权责任条款的环境民事诉讼归于原告具有公益性的环境民事诉讼，或者沿用"环境民事公益诉讼"这一提法；将适用《环境保护法》的环境公益诉讼归于环境公益诉讼；将由检察院提起的以行政机关为被告的环境行政诉讼归于具有公益性的环境行政诉讼。也就是，只有适用《环境保护法》的诉讼才称为环境公益诉讼。（2）根据损害结果救济和损害行为救济进行划分，将环境公益诉讼分为结果性环境公益诉讼和行为性环境公益诉讼。现行的涉及民事法律关系且由环保组织或检察院提起的环境诉讼可以视为结果性环境公益诉讼，而阻止或停止行政机关的损害行为或者企业的损害行为的环境公益诉讼则称为行为性环境公益诉讼。也可以根据案件的救济方式来划分，以货币化填补损害的环境公益诉讼称为结果性环境公益诉讼，以法院禁止令为救济方式的环境公益诉讼称为行为性环境公益诉讼。（3）根据实际涉及利益的性质进行划分。涉及特定主体的人身权、财产权损害的环境公益诉讼称为特定性环境公益诉讼，涉及无特定主体的非实质损害的环境公益诉讼称为非特定性环境公益诉讼。

# 参考文献

**中文著作：**

[ 1 ] 孙笑侠：《法律对行政的控制——现代行政法的法律解释》，山东人民出版社 1999 年版。

[ 2 ] 程燎原、王人博：《赢得神圣：权利及其救济通论》，山东人民出版社 1993 年版。

[ 3 ] 王曦：《美国环境法概论》，武汉大学出版社 1992 年版。

[ 4 ] 汪劲：《环境正义——丧钟为谁而鸣》，北京大学出版社 2006 年版。

[ 5 ] 朱瑞祥：《美国联邦最高法院判例史程》，黎明文化事业公司 1984 年版。

[ 6 ] 程虹：《寻归荒野》，生活·读书·新知三联书店 2001 年版。

[ 7 ] 王希：《原则与妥协》，北京大学出版社 2000 年版。

[ 8 ] 马新彦：《美国财产法与判例研究》，法律出版社 2001 年版。

[ 9 ] 陈宝森：《当代美国经济》，社会科学文献出版社 2001 年版。

[10] 刘绪贻、张友伦：《美国通史》（共 6 卷），人民出版社 2002 年版。

[11] ［意］但丁：《神曲》，田德望译，人民文学出版社 2002 年版。

[12] ［英］霍布斯：《利维坦》，黎思复、黎廷弼译，商务印书馆 1985 年版。

[13] ［美］伯纳德·施瓦茨：《行政法》，徐炳译，群众出版社 1986 年版。

[14] ［美］汉密尔顿、［美］杰伊、［美］麦迪逊：《联邦党人文集》，程逢如译，商务印书馆 1980 年版。

[15] ［法］托克维尔：《论美国的民主》，董果良译，商务印书馆 1988 年版。

[16] ［奥］凯尔森：《纯粹法理论》，张书友译，中国法制出版社 2008 年版。

[17] ［奥］凯尔森：《法与国家的一般理论》，沈宗灵译，中国大百科全书出版社 1996 年版。

[18] ［德］卡尔·施密特：《论法学思维的三种模式》，苏慧婕译，中国法制出版社 2012 年版。

[19] ［美］波斯纳：《法律的经济分析》，蒋兆康译，中国大百科全书出版社 1997 年版。

[20] ［美］约瑟夫·L.萨克斯：《保卫环境：公民诉讼战略》，王小钢译，中国政法大学出版社 2011 年版。

[21] ［法］孟德斯鸠：《论法的精神》，张雁深译，商务印书馆 2012 年版。

[22] ［英］约翰·洛克：《政府论》，叶启芳译，商务印书馆 1964 年版。

[23] ［英］约翰·密尔：《论自由》，许宝骙译，商务印书馆 2010 年版。

[24] ［古希腊］柏拉图：《理想国》，郭斌和、张竹明译，商务印书馆 1986 年版。

[25] ［美］罗斯科·庞德：《通过法律的社会控制》，沈宗灵、董世忠译，商务印书馆 1984

年版。

［26］［美］约翰·罗尔斯：《正义论》，何怀宏、何包钢、廖申白译，中国社会科学出版社2001年版。

［27］［英］H. L. A. 哈特：《法律的概念》，许家馨、李冠宜译，法律出版社2011年版。

［28］［英］威廉·韦德：《行政法》，徐炳译，中国大百科全书出版社1997年版。

［29］［美］丹尼斯·米都斯等：《增长的极限》，李宝恒译，吉林人民出版社1997年版。

［30］［美］R. W. 芬德利、［美］D. A. 法贝尔：《美国环境法简论》，程正康、陈立虎等译，中国环境科学出版社1986年版。

［31］［美］罗杰·W. 芬德利、［美］丹尼尔·A. 法伯：《环境法概要》，杨广俊译，中国社会科学出版社1997年版。

［32］［英］S. F. C. 密尔松：《普通法的历史基础》，李显冬译，中国大百科全书出版社1999年版。

［33］［美］阿瑟·库恩：《英美法原理》，陈朝璧译，法律出版社2002年版。

［34］［英］罗素：《宗教与科学》，徐奕春、林国夫译，商务印书馆2000年版。

［35］［美］奥尔多·利奥波德：《原荒纪事》，丘明江译，科学出版社1996年版。

［36］［美］斯蒂格利茨：《经济学》，黄险峰、张帆译，中国人民大学出版社1997年版。

［37］［美］保罗·萨谬尔森、［美］威廉·诺德豪斯：《经济学》（第16版），萧琛等译，华夏出版社1999年版。

［38］联合国环境规划署：《环境法与可持续发展》，王之佳译，中国环境科学出版社1996年版。

［39］［美］J·艾捷尔编：《美国赖以立国的文本》，赵一凡、郭国良主译，海南出版社2000年版。

［40］［美］爱德华·S. 考文：《美国宪法的"高级法"背景》，强世功译，生活·读书·新知三联书店1997年版。

［41］［美］阿兰·S. 罗森鲍姆编：《宪政的哲学之维》，郑戈、刘茂林译，生活·读书·新知三联书店2001年版。

［42］［美］伯纳德·施瓦茨：《美国法律史》，王军译，中国政法大学出版社1997年版。

［43］［美］亨利·梭罗：《瓦尔登湖》，徐迟译，吉林人民出版社2004年版。

［44］［美］威廉·P. 坎宁安：《美国环境百科全书》，张坤民主译，湖南科学技术出版社2003年版。

［45］［美］J. G. 阿巴克尔、［美］G. W. 弗利克、［美］R. M. 小霍尔：《美国环境法手册》，周玉泉、宋迎跃译，中国环境科学出版社1988年版。

［46］［美］霍尔姆斯·罗尔斯通：《环境伦理学》，杨通进译，中国社会科学出版社2000年版。

［47］［美］福克讷：《美国经济史》，王锟译，商务印书馆1964年。

**外文著作：**

［1］William H. Rodgers, *Environmental Law*, West Publishing Co., 1977.

［2］Nancy K. Kubasek, Gary S. Silverman, *Environmental Law*(*Fourth Edition*)，清华大学出版社2003年版。

［3］Lawrence M. Friedman, *A History of American Law*(*Second Edition*), published by Simon & Schuster, 1985.

［4］Edited by Roger E. Meiners and Andrew P. Morriss, *The Common Law and the*

*Environment*, Rowman & Littlefield Publishers, Inc. , 2000.

［5］Henry D. Thoreau, *Excursions*, Boston: Ticknor And Fields, Publishers. 1863.

［6］George Perkins Marsh, *Address Delivered Before The Agriculture Society of Rutland Count*, ySeP. 30,1847, Printed At The Herald Office, 1848.

［7］George Perkins Marsh, *Man And Nature; Or, Physical Geography As Modified by Human Action*, New York: Charles Scribner, 1864.

［8］Roger W. Findley, Daniel A. Farber, *Environmental Law: cases and materials*, 1981.

［9］Samuel B. Flagg, *City Smoke Ordinances and Smoke Abatement*, Washington Government Printing Office, 1912.

［10］Jerome G. Rose, *Legal Foundations of Environmental Planning*, Center of Urban Policy Research Rutgers, The State University of New Jersey, 353,1983.

［11］Robert V. Zener, *Guide to Federal Environmental Law*, Practicing Law Institute, 1981.

［12］Jonathan H. Adler, Fables Of The Cuyahoga: Reconstruction A History Of Environmental Protection, *Fordham Environmental Law Journal*, Vol. XIV 2002.

［13］CEQ, *Memorandum for NEPA Liaisons: Agency Implementing Procedures Under CEQ's NEPA Regulations*, Jan. 19,1979.

［14］Peter L. Strauss, Todd D. Rakoff, Cynthia R. Farina, *Gellhorn and Byse's Anministrative Law cases and comments (revised tenth edition)*, New York: Foundation Press, 2003.

［15］S. P. Hays, *Conservation and the Gospel of Efficiency: The Progressive Conservation Movement*, 1890 – 1920,1959.

［16］Nash, *Wilderness and the American Mind*, 1967.

［17］J. Petulla, *American Environmental History*, 1988.

［18］R. Nash, *The Rights of Nature*, 1989P. Shabecoff, *A Fierce Green Fire: The American Environmental Movement*, 1993.

［19］J. H. Dales, *Pollution, Property and Prices*, 1968.

［20］W. Baxter, *People or Penguins: The Case for Optimal Pollution*, 1974.

**论文：**

［1］ACUS, Valuation of Human Life in Regulatory Decision-Making, *1 C. F. R.* 1/2305.

［2］Brody et al, Blood Lead Levels in the U. S. Populationm 272 *JAMA* 277, 281,1994.

［3］Schwartz, Societal Benefits of Reducing Lead Exposure, 66 *Envtl. Health* 105, 119(1994).

［4］Gunningham & Young, Toward Optimal Environmental Policy: The Case of Biodiversity Conservation, 24 *Ecology L. Q.* 1997.

［5］Drisen, The Societal Cost of Environmal Regulation: Beyond Administrative Cost-Benefit Analysis, 24 *EcologyL.Q.* , 545,1997.

［6］Heinzerlingm, Regulatory Costs of Mythic Proportions, 107 *Yale L. J.* 1981,1998.

［7］ Heinzerlingm, Environmental Law and the Present Future, 87 *Geo. L. J.* 2025,1999.

［8］ James Salzmanm Crating Markets for Ecosystem Services, 80 *N. Y. U. L. Rev.* 870,2005.

［9］ Hardin, The Tragedy of the Commons, 162 *Science* 1243,1968.

［10］ Bosselman, Limitations Inherent in the Title to Wetlands at Common Law, 15 *Stan. Envtl. L. J.* 247,1996.

［11］ Krier, The Tragedy of the Commons Part Two, 15 *Harv. J. L. & Pub. Pol'y* 325,1992.

［12］ Buzee, Recognizing the Regulatory Commons: A Theory of Regulatory Gaps, 89 *lowa L. Rev.* 1,2003.

［13］ Carol Rose, Rethinking Environmental Controls: Management Strategies for Common Resources, 1991 *Duke L. J.* 1.

［14］ Sagoff, Can Environmentalists Be Liberals? Jurisprudential Foundations of Environmentalism, 16 *Envtl. L.* 755,1986.

［15］ Wandesforde-Smith, Learning from Experience, Planning for the Future: Beyond the Parable of Environmentalists as Pin-Striped Pantheists, 13 *Ecology L. Q.* 715,1986.

［16］ Westbrook, Liberal Environmental Jurisprudence, 27 *U. C. Davis L/Rev.* 619,1994.

［17］ W. Ophuls, *Ecology and the Politics of Scarcity*, 1977.

［18］ Kaysen, The Computer That Printed Out WOLF, 50 *Foreign Aff.* 660,1972.

［19］ Krier & Gillette, The Uneasy Case for Technological Optimism, 84 *Mich. L. Rev.*, 405,1985.

［20］ Symposium — Free Market Environmentalism, 15 *Harv. J. L & Pub. Pol'y*, 1992.

［21］ Cole & Grossman, When Is Command-and-Control Efficient? Institutions, Technology, and the Comparative Efficiency of Alternative Regulatory Regimes for Environmental Protection, 1999, *Wis. L. Rev.* 887.

［22］ Nobel Laureate Ronald Coase, The Problem of Social Cost, 3 *J. L. & Econ.* 1,1960,.

［23］ Katz, The Strategic Structure of Offer and Acceptance: Game Theory and the Law of Contract Formation, 89 *Mich. L. Rev.* 1990.

［24］ Mishan, Pareto Optimality and the Law, 19 *Oxford Econ. Papers*, 255,1967.

［25］ Sagoff, Economic Theory and Environmental Law, 79 *Mich. L. Rev.* 1393,1985 (ethics or economics?).

［26］ Sagoff, Orinciples of Federal Pollution Control Law, 71 *Minn. L. Rev.* 19,1986.

［27］ E. F. Schumacher, The Age of Plenty: A Christian View, in Economics, *Ecology and Ethics* 126,133,1980.

［28］ Daniel Botkin, Adjusting Law to Nature's Discordant Harmonies, 7 *Duke Envtl. Law & Pol'y F.*, 1996.

［29］ Dan Tarlock, Slouching Toward Eden: The Eco-Pragmatic Challenges of Ecosystem Revival, 87 *Minn. L. Rev.* 1173,2003.

［30］ Wiener, Law and the New Ecology: Evolution, Categories, and Consequences, 22

*Ecol. L. Q.* 325,1995.

[31] Meyer, The Dance of Nature: New Concepts in Ecology, 69 *Chi. -Kent L. Rev.* 875,1994.

[32] Siebert, Smallpox is Dead, Long Live Smallpox, *N. Y. Times*, Aug. 21,1994.

[33] Carpenter, The Scientific Basis of NEPA — Is It Adequate? 6 *Envtl. L. Rep*, 50014,1976.

[34] Carpenter, Ecology in Court, and Other Disappointments of Environmental Science and Environmental Law, 15 *Nat. Resources Law.* 573,1983.

[35] Sagoff, Ethics, Ecology, and the Environment: Integrating Science and Law, 56 *Tenn. L. Rev.* 77,1988.

[36] Bosselman & Tarlock, The Influence of Ecological Science on American Law: An Introduction, 69 *Chi. -Kent L. Rev.* 847,1994.

[37] Goldstein, Green Wood in the Bundle of Sticks: Fitting Environmental Ethics and Ecology into Real Property Law, 25 *B. C. Envtl. Aff. L. Rev.* 347,1998.

[38] Freyfogle, The Land Ethic and Pilgrim Leopold, 61 *U. Colo. L. Rev.* 217,1990.

[39] C. Mann & M. Plummer, *Noah's Choice: The Future of Endangered Species*, 1995.

[40] Heal, Economics and Resources, in *Economics of Environmental and Natural Resources Policy* 62 (J. A. Butlin ed. , 1981).

[41] Callicott, Do Deconstructive Ecology and Sociobiology Undermine Leopold's Land Ethic? 18 *Envtl. Ethics* 353,1996.

[42] J. Passmore, *Man's Responsibility for Nature: Ecological Problems and Western Traditions*, 1974.

[43] Samuel Hays, Three Decades of Environmental Politics, in *Government and Environmental Politics*, 20,25, (M. J. Lacey ed. , 1989).

[44] Emerson, Nature, 1836, reprinted in G. Gunn ed. , *New World Metaphysics*, 171,1981; See also, R. Elliot & A. Gare eds. , *Environmental Philosophy*, 1983.

[45] John Cochran, New Heaben, New Earth, *CQ Weekly*, pp. 2768,2005. 2004.

[46] Fred P. Bosselman, A. Dan Tarlock, THE INFLUENCE OF ECOLOGICAL SCIENCE ON AMERICAN LAW: AN INTRODUCTION, 69 *Chi. -Kent L. Rev.* 847.

[47] Frederic E. Clements, The Nature and Structure of the Climax, 24 *J. Ecology* 252,255 – 56 (1936).

[48] John E. Weaver & Frederic E. Clements, *Plant Ecology* (2d ed. 1938), at 261;.

[49] Fred P. Bosselman, A. Dan Tarlock, THE INFLUENCE OF ECOLOGICAL SCIENCE ON AMERICAN LAW: AN INTRODUCTION, 69 *Chi. -Kent L. Rev.* 847.

[50] Daniel B. Botkin, *Discordant Harmonies: A New Ecology for the Twenty-First Century* 51 (1990).

[51] Slouching Toward Eden: The Eco-pragmatic challenges of Ecosystem Revival, Stephen Toulmin, The Idol of Stability, in 20 *The Tanner Lectures on Human*

*Values* 325,353 (1999).

[52] Judy Meyer, The Dance of Nature: New Concepts in Ecology, 69 *Chi. -Kent L. Rev.* 876.

[53] Terrence Finn, "Conflict and Compromise: Congress Makes A Law, The Passage of the National Environmental Policy Act" (Ph. D. dissertation, *Department of Government*, Georgetown University, 1972).

[54] Boyer, Alternatives to Administrative Trial-Type Hearings for Resolving Complex Scientific, Economic, and Social Issues, 71 *Mich. L. Rev.* 111,150 - 164.

[55] Louis Hector, Problems of the CAB and the Independent Regulatory Commissions, 69 *Yale L. J.* 931,932,1960.

# 后记：螺蛳壳里做道场

　　自 2013 年博士毕业至今，这是我正式出版的第一部专著。这既让人兴奋，又让人惭愧。兴奋在于，读博期间的研究成果终于付梓；惭愧在于，这中间拖延的时间太长。

　　先说说兴奋的部分。2011 年，我经导师王曦教授推荐，赴美国芝加哥肯特法学院访学一年，没有选择名校却跟随了名师美国第一代著名环境法学者丹·塔洛克（Dan Tarlock）教授，当时他已年逾七十。跟随塔洛克教授，我系统地研究了美国环境法的立法史。2012 年，我回国时，已形成英文稿近十万字，本打算博士毕业论文以"美国环境法立法史"为主题，然而在第一次预答辩时，答辩组老师对当时的文稿从主流法学的视角提出了较多意见和建议。预答辩虽通过，且也计划进入上海交通大学国际能源研究中心工作，但我却对学术研究产生了第一次自我追问，即究竟怎样才能产出一部符合传统法学思维和主流法学研究范式的环境法成果，以及如何将比较环境法中有价值的史料和资料转化为符合主流法学研究范式的学术表达。或许这个追问在很多学者看来是幼稚的，甚至我当时的很多博士同学早已深谙其道，但当时的我便是如此后知后觉。为此，我特向王曦老师申请延期一年毕业，转而埋进图书馆，重新学习法理学和行政法学的经典著述。最终，结合前期对美国环境法——特别是《国家环境政策法》——的研究，我确定了最终的博士论文题目《环境控权研究——以美国〈国家环境政策法〉及其判例为中心》。显然，研究美国环境法的终极目标是观照中国环境法，形成比较法研究。由于延期一年时间较短，我无法完成中美比较研究的部分，只能将美国环境法中的环境控权体系进行梳理和阐释。由此，环境控权论便在心中埋下了种子。我想未来如果我能继续从事学术研究工作，我一定要做出基于中美环境法比较的环境控权论。

　　幸运的是，我毕业后顺利进入高校工作。在工作后的三年里，我便延续了博士期间未完成的研究，对中国环境法中相关的控权模式、内在机理和理论进行了深入研究。犹记得刚读博时,王曦老师常对我们说:"做学问要学会坐冷板凳,要耐得住寂寞。"的确,在对环境控权论的后续研究中,我深感这个过程是寂寞的。做理论研究是一条无法高产的路,但也是一条让人流连忘返的"不归路"。非常幸运的是,本书稿获得国家社科基金后期资助项目支持!我在感念于自己幸运的同时,也首次感受到获得学界评委认可的荣幸和幸福。彼时彼刻,我觉得这条"不归路"走得值得!

再说说惭愧的部分。本书原计划于2020年正式出版,然而其出版之路却着实坎坷。由于特殊情况影响,出版流程等各方面的衔接受阻,加之我自己在后续校稿工作中由于种种原因拖延,使得出版时间一再推迟。书中的核心观点和主要文献源于2020年前,由于后续出版的推迟,书中部分章节出现时间滞后性。原本与编辑老师协商,计划重新编写,但考虑书稿核心观点和内容的前后逻辑一致性,以及对当时我就环境法相关问题的理解和认识之本真记载,我决定仅做小修小补,未进行大面积修改,在此向读者表示歉意,尚有遗憾之处,且见后续著述。在此特别感谢导师王曦教授在我学术研究路上所给予的指引和鼓励,以及对我各方面的关心和指导。感谢丹·塔洛克教授对我学习美国环境法的帮助和指导。感谢郑少华教授、范进学教授、朱芒教授、王文革教授、赵俊教授,在博士论文答辩中给予的中肯意见和建议,为本书得以成稿奠定了坚实的基础。感谢上海人民出版社的冯静老师、上海三联书店的郑秀艳和宋寅悦老师,感谢他们在本书出版过程中的辛苦付出。

所谓螺蛳壳里做道场,是我对自己近十年从事理论研究的感性总结。在偏安一隅之处,在眼前小小的稻田里,默默地做着自己认为或许还有些价值的事情。在环境法研究中,我时常在一个题目开展下去的过程中,突然因为接续不上的其他法学学科的知识和理论而停滞下来,再进行二次学习,有时往往一学便要花费很长时间,有时弄懂某些理论之后又会将自己前期研究推翻,如此循环往复,便难以高产,甚者相当低产,也相当需要徐徐缓步的勇气和耐心。所谓十年磨一剑,尽管我不知我的"剑"是否合格,但我知道我是幸运的。在自己的"螺蛳壳"里,我时常被感动着,感动于学界前辈、师长和朋辈之不弃,感动于他们愿意驻足听我阐述我对环境法的理解和感悟,他们赞许的目光、关切的话语都是激励我不断前行的动力!沿着环境法理论研究做下去,我不知我这小小的"螺蛳壳"里是否真的有"道场",但我还是愿意走在这条令人流连忘返的"不归路"上,安静地做好环境法学的理论研究。仅将此书作为对自己过去十年研究历程的总结,也期望能够为环境法学研究贡献一砖一瓦!

最后，一并感谢过去十年我所遇到的每一位前辈、师长和朋辈对我点滴进步的关心与鼓励！感谢我的家人对我书稿写作的支持！

唐　瑭

于上海滴水湖畔

2024 年 10 月 8 日

**图书在版编目(CIP)数据**

环境控权论/唐瑭著.—上海:上海三联书店,2025.5
ISBN 978 - 7 - 5426 - 8153 - 9

Ⅰ.①环… Ⅱ.①唐… Ⅲ.①国家行政机关-环境管理-法
律责任-研究-中国 Ⅳ.①D922.680.4

中国国家版本馆 CIP 数据核字(2023)第 115695 号

# 环境控权论

著　　者 / 唐　瑭

责任编辑 / 宋寅悦
装帧设计 / 一本好书
监　　制 / 姚　军
责任校对 / 王凌霄

出版发行 / 上海三联书店
　　　　　 (200041)中国上海市静安区威海路 755 号 30 楼
邮　　箱 / sdxsanlian@sina.com
联系电话 / 编辑部:021 - 22895517
　　　　　 发行部:021 - 22895559
印　　刷 / 上海惠敦印务科技有限公司

版　　次 / 2025 年 5 月第 1 版
印　　次 / 2025 年 5 月第 1 次印刷
开　　本 / 710mm×1000mm　1/16
字　　数 / 400 千字
印　　张 / 22.5
书　　号 / ISBN 978 - 7 - 5426 - 8153 - 9/D · 593
定　　价 / 88.00 元

敬启读者,如发现本书有印装质量问题,请与印刷厂联系 13917066329